U0671394

# 深化国企国资和重点行业改革
## 进程、问题与方向

肖红军　黄速建　李　倩　等◎著

Deepening Reform of State-owned Enterprises and Assets,
Key Industries:
Progress, Problems and Directions

经济管理出版社
ECONOMY & MANAGEMENT PUBLISHING HOUSE

图书在版编目（CIP）数据

深化国企国资和重点行业改革：进程、问题与方向/肖红军等著．—北京：经济管理出版社，
2021.3

ISBN 978 - 7 - 5096 - 7867 - 1

Ⅰ.①深…　Ⅱ.①肖…　Ⅲ.①国有企业—企业改革—研究—中国　Ⅳ.①F279.241

中国版本图书馆 CIP 数据核字（2021）第 055561 号

组稿编辑：申桂萍
责任编辑：魏晨红
责任印制：黄章平
责任校对：董杉珊

出版发行：经济管理出版社
　　　　　（北京市海淀区北蜂窝 8 号中雅大厦 A 座 11 层　100038）
网　　　址：www. E - mp. com. cn
电　　　话：（010）51915602
印　　　刷：唐山昊达印刷有限公司
经　　　销：新华书店
开　　　本：720mm×1000mm/16
印　　　张：17.25
字　　　数：334 千字
版　　　次：2021 年 3 月第 1 版　　　2021 年 3 月第 1 次印刷
书　　　号：ISBN 978 - 7 - 5096 - 7867 - 1
定　　　价：88.00 元

# 目　录

# 总　论

在 40 多年的改革历程中，国有企业经历了从"放权让利""政企分离"到"建立现代企业制度"，再到"全面深化改革"的改革历程，并取得了显著的成效。不断深化的国有企业改革极大地促进了国有经济的布局优化、结构调整和战略领先，促进了国有资产的保值增值，为完善基本经济制度、稳固我党的执政地位和全面建成小康社会奠定了坚实的物质和政治基础。但不可回避的是，国有企业发展过程中还存在一系列突出问题，如改革推进不平衡、体制机制不健全、布局结构不合理等问题显著，与党和政府对国有企业的要求尚存在一定的距离。因此，为了更加清晰地了解国企国资和重点行业改革的现状与存在问题，从而为进一步深化改革提供方向与建议展开研究。

## 一、深化国企国资与重点行业改革的意义

深化国企国资和重点行业改革能够准确、深入、全面了解国企国资改革尤其是重点行业改革的现实，总结改革经验和分析改革过程中存在的问题、遇到的困境，从而为进一步深化国企国资和重点行业改革提供决策依据和政策支撑。具体来说，深化国企国资和重点行业改革主要具有以下意义：

第一，深化国企国资和重点行业改革符合国家相关政策的要求。党的十九大报告强调"完善各类国有资产管理体制"和"深化国有企业改革"的要求，需要进一步加快国有经济布局优化、结构调整、战略性重组，以推动国有资本做强、做优、做大，培育具有全球竞争力的世界一流企业。党的十九届四中全会对深化国有企业改革、做强做优做大国有资本等再次做出全面部署，提出"深化国有企业改革，完善中国特色现代企业制度。形成以管资本为主的国有资产监管体制，有效发挥国有资本投资、运营公司功能作用"。中央深改委第十四次会议审议通过的《国企改革三年行动方案（2020—2022 年）》，为当前深化国企国资改革指明了方向，有助于加快深化国企国资改革的进程。国资委制定印发的《关于开展对标世界一流管理提升行动的通知》，指导中央企业和地方重点国有企业开

展对标行动，力争接近或者达到世界一流企业水平。党的十九届五中全会通过的《中共中央关于制定国民经济和社会发展第十四个五年规划和二〇三五年远景目标的建议》再次提出，深化国资国企改革，做强、做优、做大国有资本和国有企业。强调加快国有经济布局优化和结构调整、加快完善中国特色现代企业制度、健全管资本为主的国有资产监管体制。因此，深化国企国资与重点行业改革调研是全面贯彻落实党中央国务院有关国企改革政策的需要，是对我国国有企业改革整体政策背景的响应。

第二，深化国企国资和重点行业改革符合当前经济高质量发展的要求。深化和加快推进国企国资和重点行业改革，调整优化布局，切实推动国有资本做强做优做大，对标世界一流企业，通过世界一流国有企业的引导和带动，能够推动国企实现更高质量发展，培育出具有全球竞争力的世界一流企业。国有企业是我国国民经济的主导力量，控制着国民经济的命脉，往往在市场中发挥龙头企业的作用，是中国特色社会主义的重要物质基础和政治基础。因此，国有企业的高质量发展、高效率增长能够促进我国产业结构升级调整，从而有助于实现我国经济发展从量大到质优的转变，实现经济高质量发展。

第三，深化国企国资和重点行业改革符合提高国家治理体系和治理能力现代化水平的要求。党的十九届四中全会提出"坚持和完善中国特色社会主义制度、推进国家治理体系和治理能力现代化"。国家的经济、政治、文化、社会、生态文明、军事、外事等的发展水平与国家治理体系息息相关，各方面发展水平越高，国家整体治理能力就越高。深化国企国资和重点行业改革，完善配套体制机制建设，构建中国特色社会主义国有经济治理体系，增强国有企业的活力、影响力、控制力，能够充分发挥国有经济在中国特色社会主义制度中的地位作用，夯实国家治理体系和治理能力现代化水平的经济基础，进而有助于国家治理体系和治理能力现代化水平的提高。

第四，深化国企国资和重点行业改革符合国有企业内部完善治理架构的要求。深化国企国资和重点行业改革，加快国有企业内部人事管理、劳动关系、分配制度这三项制度改革，推动国有企业公司治理改革，调整组织架构与管控模式，重新审视国有企业管理者身份定位与激励约束机制，调整国有企业企业家评价体系，充分发挥董事会、监事会、经理层的作用，形成定位清晰、权责对等、运转协调、制衡有效的法人治理结构和灵活高效的市场化经营机制，有助于提高企业经营活力，提高资金、资源、技术、人才等要素的配置与协同效应，增强企业经营绩效和竞争实力。

**二、深化国企国资和重点行业改革总体推进框架**

深化国企国资和重点行业改革的总体推进框架可以分为宏观、中观、微观三个层面。宏观层面主要是根据党的十九大报告的要求，推进国有经济布局优化、结构调整、战略性重组，促进国有资产保值增值，推动国有资本做强做优做大，有效防止国有资产流失。中观层面主要是推进垄断行业改革和其他重点行业改革，主要有电力行业、石油石化行业、铁路行业、通信行业以及军工行业等。微观层面是推进国有企业混合所有制改革、公司治理创新以及三项制度改革，各企业对标世界一流企业，培育具有全球竞争力的世界一流企业。"宏观—中观—微观"自上而下发挥指导作用，指导国企国资改革的顺利推进。"微观—中观—宏观"从下到上是改革的具体实践，是国企国资改革的最终实现路径。通过三个层面改革的协同推进，实现国有资本授权经营体制改革的目标。如图 0-1 所示。

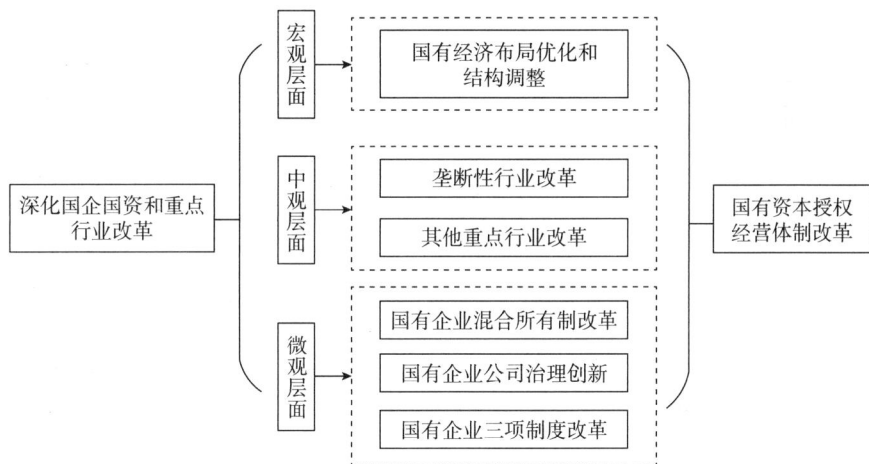

图 0-1 深化国企国资和重点行业改革总体推进框架

### 三、深化国企国资改革的主要研究结论

在深化国企国资改革方面，本书从推进国有资本布局调整优化、混合所有制改革、国有企业公司治理创新、国有企业三项制度改革以及国有资本授权经营体制改革角度展开研究，得出以下主要结论：

第一，国家政府工作报告和中央全会通过的决议都将国有资本布局优化和结构调整作为国资国企改革的重要内容。改革开放以来，我国国有资本布局优化与结构调整先后经历了微观企业产权改革下的国有资本局部调整阶段（1978~1994年）、"抓大放小"指导思想下的国有经济布局战略性调整阶段（1995~2002年）、出资人推动下的央企布局结构重组调整阶段（2003~2012年）以及国有企业分类改革下的国有资本优化配置阶段（2013年至今）四个阶段。在实践方面，基于对《中国统计年鉴》中规模以上工业企业的数据分析，发现在总量布局、行业布局、区域布局以及企业布局四个方面取得了一定的成效，但是仍然存在国有资本规模不断扩大，但效益低于私营资本；国有资本战线仍然过长，布局仍然非常分散；各省区市国有资本发展不均衡；地方国有企业资本总量不断增大，但效益低于中央国有企业资本等问题。基于此，本书提出可以通过明确国有资本需控制的领域；实现政资政企分开，健全以"管资本"为主的国有资本管理体制；处置无效、低效国有资产，提高国有资本配置效率等政策建议进一步推动国有资本布局优化与结构调整。

第二，混合所有制改革是真正涉及企业产权层面的改革，是国有企业改革的突破口，并且也是当前理论界和实务界关注的热点话题。中华人民共和国成立以来，我国混合所有制改革相关的政策演变经历了萌芽与探索（1978～1992年）、初步发展（1993～2003年）、推动与融合（2003～2012年）、分类与深化（2012年至今）四个阶段。虽然党的十八大以来混合所有制改革取得了一定的成效，但是在政策层面、思想认识及实践操作层面仍然存在一些问题。具体包括：一是在政策层面，因混合所有制改革所涉及政策及法律法规文件多且政出多门，比较零散，缺乏统一的协调性；各个省市虽然也相继出台混合所有制改革相关的意见和方案，但缺乏明确的实践操作性等。二是在思想认识层面，政府部门及企业对混合所有制改革存在着认知偏差。三是在实践操作层面，"混不明白""混不进来""混不踏实""混不滋润"。基于此，本书提出相关改革建议，在政策层面要完善混合所有制改革相关的配套政策，营造公平的市场竞争环境。在思想认识层面，加强混合所有制改革政策宣传。在操作层面，深化国有资产监管体制改革，分类推进混合所有制改革；建立产权多元、管理规范化的现代企业治理结构；完善混合所有制改革企业激励制度，持续推进员工持股计划；建立混合所有制改革跟踪评估机制，以提升混合所有制改革企业"改"的质量。

第三，公司治理创新是深化国有企业改革的重要内容，是建立现代企业制度的关键要素。改革开放以来，国有企业改革主要分为四个阶段：行政型治理的松动期——基于政企分开的经理负责制；经济型治理的导入期——现代企业制度的建立；经济型治理机制的形成——国资监管时代的开启；经济型治理机制的进一步优化——制度完善阶段。当前，国有企业改革过程中存在的一系列公司治理问题主要有国有企业企业家的多重身份、行政级别以及任期问题；国有企业企业家选聘和管理中存在的不足；国有企业董事会治理中存在的问题等。因此，要重新审视国有企业职业经理人的定位和任期问题；将管理层的选聘权交还董事会，优化董事会的选聘方式；对国有企业职业经理人的外部环境进行调整；依据国有企业类型，对企业家评价体系做出调整；加强对国有企业董事运营机制、决策机制和工作流程的规范等以进一步推进国有企业公司治理创新。

第四，深化国有企业三项制度改革具有深刻的历史与时代意义。改革开放以来国有企业三项制度改革进程可以分为突破计划经济体制的桎梏（1978～1991年），探索市场经济体制中的劳动、人事、分配制度（1992～2002年），形成与现代企业制度相适应的劳动、人事、分配制度（2003年至今）三个阶段。国有企业三项制度改革基本顺利有序地开展，但是仍然存在以下问题：劳动制度方面，难以自行决定缩减员工规模及缩减方式；人事制度方面，高管人员的选拔任用行政色彩浓重；分配制度方面，薪资调整受政府规制，不够灵活等。对于国有企业在人事、劳动和分配制度改革方面存在的问题，本书针对性地提出了未来的改革方向和建议，具体为：劳动制度改革方面，全面推行公开招聘制度；约束政府对国有企业经济性减员的干预；规范政府对国有企业减员活动的财政补贴与政策优惠。人事制度改革方面，尽快完善国有企业高管人员选拔管理制度；弱化国有企业高管人员的行政身份；建立健全职业经理人制度。分配制度改革方面，完善工资总额预算管理；积极扩大市场竞争范围；加强对国有企业工资分配的精准监管；减少对国有企业工资分配的行政干预等。

第五，国有资本授权经营是国资改革发展到新阶段的重大理论创新，不断探索和形成具有中国特色的社会主义市场经济制度，能够使国有资本高效运营、保值增值，使国有企业能够发挥市场主体活力，做强做优做大。我国国有资本授权经营体制改革可以分为扩大国有企业经营自主权的改革、国有资产管理体制改革背景下的授权经营体制的初步探索、现代企业制度基础上明确国有资产授权经营概念、国资委统一"管企业"的"管资产、管人、管事"三管结合、由"管企业"为主向"管资本"为主转变五个阶段。国有资本授权经营体制改革取得了一定的成效，但在操作层面仍存在一些问题，如国有资本授权经营推进步伐较慢、国有资本授权经营下的监管体系不完善、国有资本授权经营的范围不明晰等。未来需进一步分类逐步推进授权放权以完善国有资本授权经营体制，优化国有资本授权经营的治理机制，明确监管责任，实行分类监管，提高国有资本流动性促进产业发展和科技创新，深化国有企业自身的改革以推进国有资本运营平台发挥潜力。

**四、深化重点行业改革的主要研究结论**

深化重点行业改革方面，本书选择电力行业、石油石化行业、铁路行业、通信行业、军工行业等重点行业展开研究，得出以下主要结论：

第一，电力行业改革。党的十八大以来，电力行业改革的基本特征主要是以能源变革为背景、以市场化改革为方向、以"双效"驱动为动力、以配售分开为主题。当前，我国电力行业改革的重点主要包括产业组织结构、企业市场化改革、电力监管改革、电价、电力市场建设、电力交易机构、发用电计划、售电侧及电网公平接入改革。电力行业改革取得了相当成效，主要有电力基础设施极大改善、电力供需结构不断优化、电力节能减排效果显著、电力国际合作蓬勃开展等。虽然电力行业改革得到了相关主体的有效推进，并取得了阶段性成果，但仍存在一些突出问题，主要体现在经济下行与生态环保的双重约束持续趋紧、政策协调难度大、电价机制未形成、统一市场存壁垒、市场活跃程度低、增量配电推进慢六个方面。因此，应着力促进政策协调、科学形成电价机制、消除统一市场壁垒、增强市场活跃程度、加快推进增量配电改革、深入推进混合所有制改革、提升电力监管水平等。

第二，石油石化行业改革。党的十八大以来，我国石油石化行业改革得到了国家高度重视，围绕油气管网改革、产业升级改革、行业发展规划、投融资结构改革、监管模式改革、价格机制改革等出台了一系列相关政策和措施，使石油石化行业改革在多方面取得突出成效。但是，我国石油石化行业改革仍存在许多问题，如行业结构制约发展、价格机制难以发挥作用、对外依存度过高、绿色发展形势严峻、深化企业改革任务仍然艰巨等。针对这些问题，应通过组建国家管网、调整企业运营模式等措施推进行业改革。通过价格机制改革、转变政府职能等加速市场化进程。通过加速国内勘探与生产、推进国际化步伐、加快以天然气为主体的能源结构绿色转型等保障能源安全，加快绿色转型。通过完善企业现代化法人治理结构、创新驱动、激发企业活力等措施全面深化改革，推动企业高质量发展。

第三，铁路行业改革。党的十八大以来，按照进一步深化国有企业改革的总体部署，围绕铁路行业改革的相关政策性文件也不断完善，铁路行业改革取得了实质性进展。在一系列改革政策的指引下，铁路行业改革取得重大突破，铁道部撤销组建国家铁路局和中国铁路总公司，进而改制成立"中国国家铁路集团有限公司"，铁路行业政企分开和市场化改革取得了实质性的进步。通过改革，我国铁路发展成效显著。但是，铁路行业目前依然存在垄断力量难以破除、行业整体效率和效益不高以及服务水平不高等现实问题，这是未来铁路行业进一步深化改革的重点。未来推进铁路行业改革的总体方向为打破当前"大一统"的产业组织形态，大力推进市场化改革。改革的核心动力是提升铁路行业盈利能力，改革的突破路径为吸引外部资本推进混合所有制改革，改革的核心目标是以提升服务水平满足人民群众新需求，改革的重要抓手为以国铁集团企业改革推动行业高质量发展。

第四，通信行业改革。党的十八大以来，我国通信行业改革取得了良好成效，业务总量和业务收入保持快速增长态势，基础设施建设进一步加强，在"宽带中国"战略的提出与指导下，"光进铜退"得到进一步促进，通信业务结构大幅改变，网络速度得到进一步提高，"提速降费"、普遍服务取得显著成效。当前通信行业的改革重点是市场结构改革、产权改革、服务与价格改革以及组织改革。但是，通信行业仍然存在一些亟待解决的问题，主要包括：法律法规亟待完善，亟须通过立法破除障碍；新技术带来新挑战，行业服务水平有待提升；竞争不足效率偏低，优质资源仍然难以盘活；相关制度建设滞后，国有资产流失风险仍存在；改革动力有待增强，激励机制需进一步完善等。基于此，深化通信行业改革的方向与建议主要有：进一步完善法律法规，加快构建以《电信法》为核心的混合所有制改革配套法律体系，营造公平透明的市场环境。构筑合作共赢生态系统，促进商业模式不断创新，加快发展大规模垂直应用。加快转变政府角色定位，实现从"管资产"向"管资本"的转变，进一步推进市场化运营。建立客观公允评估机制，创建公平规范产权交易市场，以"四公"防止国有资产流失。

第五，军工行业改革。党的十八大以来，我国军工行业发展势头良好，在一系列军工设备生产、采购改革、军工科技创新改革、推进军民融合等政策的指导下，军工行业改革进展顺利，成效显著。当前我国军工行业改革的重点是从封闭走向开放，以坚持军民融合战略为核心，实施军品定价机制改革和装备采购机制改革，推行军队行业市场准入改革。军工企业内部改革的重点则是推动建立现代企业制度，主要是军工企业混合所有制改革；兼并重组策略；实行资产证券化；推进国有资本投资运营公司试点四条路径并进。当然改革过程中也暴露出一系列的问题，主要有改革进程缓慢；所处行业自我封闭特性明显；所处市场竞争程度低，垄断特性明显；总体盈利水平有待提高；军费支出低于发达国家，结构有待优化；军民融合方面固有守旧观念，配套服务与政策法规不完善；机制体制不够健全。因此，要发挥国家主导作用，推动军工行业改革进程；推进军民融合深度发展，营造公平竞争市场环境；强化配套服务体系，加快建设军民融合创新体系；适当加大军费支出，优化军费结构；借鉴发达国家军工改革经验，培养具有全球影响力的双一流军工企业；健全运行与管理体制，建立现代企业制度等。

# 第一章　推动国有资本布局调整优化

推动国有资本布局结构调整优化一直是国资国企改革的重要内容。国有资本布局调整优化目的是使国有资本能高效地投资运营和合理配置，进而有利于维护国家政治、经济和国防安全，有利于增强国有经济的竞争力、创新力、控制力、影响力以及抗风险能力，做强做优做大国有资本，有利于培育具有国际竞争力的世界一流企业。改革开放以来，我国国有资本布局调整优化先后经历了微观企业产权改革下的国有资本局部调整阶段、"抓大放小"指导思想下的国有经济布局战略性调整阶段、出资人推动下的央企布局结构重组调整阶段以及国企分类改革下的国有资本优化配置阶段四个阶段。国有资本布局调整优化在总量布局、行业布局、区域布局以及企业布局等方面取得了很大进展，但在经济高质量发展新时代背景下仍然需要进一步深化。

## 第一节　国有资本布局研究的理论综述

### 一、国有资本布局的理论依据

国有资本布局的理论依据主要存在命脉与非命脉论、竞争与非竞争领域论、盈利与亏损领域论、弥补市场失灵论四种观点。

（一）命脉与非命脉论

命脉与非命脉论认为，我国国有资本布局应服务于国家整体利益发展、整体国家使命以及国家战略定位要求，将国有资本布局划分成命脉领域的相关产业以及非命脉领域的相关产业，国有资本在相关产业的进退与否，应该基于国有经济是否处于命脉领域和非命脉领域来决定，绝大部分国有资本应集中于命脉领域的相关产业。国有经济命脉与非命脉论的相关学者指出国有资本的产业布局要坚定

"有所为有所不为""有进有退"，引导国有资本投向有关国家安全和国民经济命脉的关键领域和重要行业，做强做优做大国有资本，以提升我国国有经济的影响力、引导力以及控制力；而在非命脉领域的相关产业，国有资本应该退出，让集体所有制经济或民营经济进入这些产业，以优化国有资本结构，提高国有资产的运营效率（常修泽，1999；张维达，2003；李荣融，2004；白永秀和严汉平，2004；季晓南，2014；黄群慧，2016；中国社会科学院经济研究所课题组，2020）。命脉与非命脉论属于政府行政主导型国有资本布局观，其从国家安全和国有经济控制力的视角将国有经济划分为命脉和非命脉领域两大部分，并据此决定国有资本的布局结构。然而，国有经济命脉与非命脉领域的边界存在模糊性和交叉性，同时作为国有资本调整主体的政府既是国有资本调整的发起者和主体，又是国有资本调整的对象和服务者，导致国有资本布局调整难以市场化。

（二）竞争与非竞争领域论

竞争与非竞争领域论基于市场中企业相互竞争行为和企业在市场竞争中优胜劣汰的视角分析国有资本布局，认为国有资本在相关产业的进退与否，应该按照国有经济的竞争性领域或非竞争性领域来取舍。竞争与非竞争领域论的相关学者认为可以通过市场化的方式来调整优化国有资本布局，强化国有经济的功能，提升国有经济的发展质量。因此，国有资本布局应集中于非竞争性领域，逐渐从竞争性领域行业有序退出，给予民营企业开放的生存环境与广阔的发展空间，使市场在资源配置中的主导作用充分利用（李文溥，1999；陈鹏联，2000；林凌和刘世庆，1999；符延军和王晓东，2004；罗元青，2005）。进一步地，一些学者认为，基于国有经济功能定位可将国有企业分为一般商业性（竞争性）企业、特定功能性（合理垄断性）企业以及公共政策性（公益性）企业，国有企业应主要是特定功能性企业与公共政策性企业，进一步将国有资本集中体现于这两类企业，而逐渐退出一般商业性企业（杨瑞龙等，1998；蓝定香，2006；黄群慧，2013；高明华等，2014；杨瑞龙等，2017）。竞争与非竞争领域论完全从市场竞争和优胜劣汰的视角看待国有资本的进退问题，带有明显的保护主义色彩。因为市场化是国有经济深化改革的方向，需要用市场竞争机制逐步完善国有资本布局，然而让国有资本完全退出竞争性领域，将导致国有资本享受非竞争领域的垄断所带来的超额利润和政策倾斜，最终导致国有资本布局结构更为不合理。

（三）盈利与亏损领域论

盈利与亏损领域论比竞争与非竞争领域论更突出市场化，认为国有资本布局应当以国有经济实体的亏损与盈利来取舍，是遵守市场经济优胜劣汰公平竞争规律的客观表现。国有资本布局调整的盈利与亏损领域论的相关学者认为国有资本应当向具有长期盈利性、经营效益好、具有进一步发展前景的一些行业集中，而逐步退出长期亏损、扭亏无望以及资源配置低效的行业。国有经济与其他所有制经济都要适应市场竞争的要求，在追求效益最大化、谋求盈利的过程中实现优胜劣汰、公平竞争、公平发展，通过市场机制增强国有资本的运行效率，实现国有资本布局的调整优化，增强国有经济在国民经济中的支配地位。盈利与亏损领域论是一种完全市场化的观点，其基于盈利和亏损标准来调整国有资本布局，虽然运用市场化手段的确可以扭转部分国有企业长期亏损的状态，但是市场经济实体的盈亏是一种短期且动态的现象，国有资本布局不能据此随意调整，否则将造成资源浪费、影响国有经济的建设。

（四）弥补市场失灵论

弥补市场失灵论指出国有资本布局应当更多地集中于某些市场调节作用有限或者市场失灵的产业与领域，如某些公共产品生产领域、自然垄断性产品的生产领域以及国民经济命脉性领域。国有资本布局调整的弥补市场失灵论的相关学者认为国有经济的存在应当主要定位于弥补"市场失灵"，作为实现国家政策目标的工具而存在于公共物品生产领域、自然垄断行业和其他私人企业无力或不愿进入的领域（银温泉和董彦彬，1996；周为民，1997；杨明洪，1998；王珏，2001；许向真，2006；陈小洪等，2009）。但应该看到，弥补市场失灵论显然不符合中国国情和制度，中国的国有经济不仅能弥补市场的不足，而且还具有促进国民经济协调发展的重要作用。因此，纯粹的弥补市场失灵论难以充分概括中国国有资本布局（张晨和张宇，2010；郭强等，2011；李中义，2014）。弥补市场失灵论是一种西方经济学的主流观点，该观点从国有经济功能定位视角将国有经济的存在限定于补充"市场失灵"，认为国有经济只有在自然垄断和公共物品等领域才有存在的必要。然而，我国国有资本不仅具有弥补"市场失灵"的功能，更主要的是还具有对国民经济进行宏观调控的作用（严汉平和郝文龙，2008）。

## 二、国有资本布局的实现方式

学者们关于国有资本布局实现方式的研究主要从明确国有经济功能定位、完善国有资本监督管理体制、分类推进混合所有制改革、组建国有资本投资运营公司、推进并购重组、提高国有资本证券化以及处置无效低效国有资产等方面提出了国有资本布局调整的实现方式。陈小洪（2015）认为，国有资本布局调整优化首先需要基于国有经济分类合理确定国有股权政策，其次需要推进国有企业整体上市和改组，最后需要构建与国有经济分类相适应的国企监管体系。陈东琪等（2015）认为，国有经济布局调整需要在国有经济总体布局调整方面，国有经济应有序进退，降低比例；在国有经济产业布局调整方面，推动国有资本向关系国家安全、国民经济命脉的公益性、基础性、战略性以及前瞻性的产业和领域集中；在国有经济央地层级布局调整方面，应根据国有企业的公益性和竞争性功能，优化布局；在国有经济微观产权布局调整方面，通过股份制、上市、国有资本投资运营公司、"黄金股"等混合所有制形式发挥国有经济作用；在国有经济企业规模布局调整方面，对国有企业做优做强、抓大放小。张学勇（2015）认为，推进国有经济布局结构调整的手段包括国有资产统一监管、组建国有资本投资运营公司、国有企业混合所有制改革。黄群慧（2016）认为，需要基于国有企业功能定位分类进行国有经济战略性调整，基于国家战略性和公共服务性标准进行国有经济产业布局调整，以及基于全面深化国有企业改革和优化市场竞争结构双重目标协同推进国有企业并购重组。袁东明（2016）提出了调整国有资本布局四个方面的建议：①商业性国企实现彻底市场化，放弃其产业引领功能。②借助国有资本投资运营公司调整国有资本存量。③通过特殊法人国企和国有基金引领产业发展。④采取多元化控制模式控制国有资本需要控制的领域。周绍妮和张秋生（2017）指出国有资本布局调整手段的包括：①多种方式处置低效、无效资产。②通过对国有资本分类评价引导其主动布局调整。③差异化收益上缴实现动态调整。④设立国务院国有资产管理领导小组，动态调整国有资本应该布局的领域。刘琼芳（2017）认为，混合所有制导向下国有经济布局和结构调整的思路包括明确国有资产功能定位、组建国有资本投资运营公司、出台相关配套制度、协调推进兼并重组，以及国有资本证券化。刘现伟等（2020）认为，国有资本布局优化的策略主要包括构建以管资本为主的国资监管体制、实施国有企业混合所有制改革、国有资本证券化、建立以资本增值率为核心的长期考核激励机制以及处置低效无效国有资本。

# 第二节　推动国有资本布局调整优化的政策演变

根据国家经济体制改革的脉络，国有资本布局结构优化调整的政策演变可以划分为四个阶段，分别为微观企业产权改革下的国有资本局部调整阶段（1978～1994 年）、"抓大放小"指导思想下的国有经济布局战略性调整阶段（1995～2002 年）、出资人推动下的央企布局结构重组调整阶段（2003～2012 年）以及国企分类改革下的国有资本优化配置阶段（2013 年至今）。

## 一、微观企业产权改革下的国有资本局部调整阶段（1978～1994 年）

改革开放的前 30 年，我国通过对国有企业实行高度集中的计划经济体制来推进工业化进程。然而随着国民经济的发展，国营企业作为政府行政机构的附属物，严重束缚了企业发展的动力和活力，导致国有企业效率严重低下。为此，对国有企业进行扩权让利成为中国国有企业市场化改革的重要突破口。1979 年 7 月，国务院印发了《关于扩大国营工业企业经营管理自主权的若干规定》等 5 个文件，这些文件给国有企业扩大经营权改革提供了政策依据。截至 1980 年 6 月，全国进行扩大自主权试点的工业企业已达 6600 多户，占全国全民所有制工业企业总数的 16%，其产值和利润分别占 60% 和 70%①。为界定扩权后的国有企业的责任、权力和利益的关系，并构建相应的约束机制，国家对国有企业在扩权基础上实行了经济责任制。1981 年 10 月，国务院批转了《关于实行工业生产经济责任制若干问题的意见》，要求全面试行经济责任制。从实践结果来看，绝大部分企业选择了"盈亏包干"的经济责任制形式，到 1982 年底，实行经济责任制的工业企业达到 80% 以上②。推行经济责任制取得了积极成效，但国家与企业间的利益分配关系并没有完全调整到位，出现了"鞭打快牛"现象。为规范国家与企业的分配关系，国家开始试行"利改税"的改革措施，1983 年 4 月，国务院批转了《关于国营企业利改税试行办法》，决定对国营企业实行税利并存的第一步"利改税"。1984 年 9 月，国务院批转了《关于在国营企业推行利改税第二步改革的报告》，决定开始试行第二步"利改税"，主要调整了原来的税目和税率，使国营企业由"税利并存"过渡到完全的"以税代利"。在经历第一阶段的扩权让利改革之后，国有企业活力有了一定程度的增强，但由于许多扩权让利措施并未落实以及改革本身的局限性，国有企业尤其是国有大中型企业并没有真正活起来，从而使国有企业改革从经营权领域扩展到所有权领域。1984 年 10 月，党的十二届三中全会通过的《中共中央关于经济体制改革的决定》提出"要使企业真正成为相对独立的经济实体，成为自主经营、自负盈亏的社会主义商品生产者和经营者，具有自我改造和自我发展的能力，成为具有一定权利和义务的法人"③。20 世纪 90 年代伊始，国有企业陷入了前所未有的困境。面对经营困境，20 世纪 90 年代初，国有企业开始大力推进转换企业经营机制改革，从企业内部机制改革来"搞活"国有企业。1991 年 9 月，中央工作会议提出要通过转换经营机制增强国有大中型企业活力。1992 年 7 月，国务院颁布了《全民所有制工业企业转换经营机制条例》，首次以法律形式明确了企业的 14 项经营自主权，指出"企业应当适应市场的要求，成为依法自主经营、自负盈亏、自我发展、自我

---

① 章迪诚. 中国国有企业改革编年史（1978～2005）［M］. 北京：中国工业出版社，2006：48.
② 章迪诚. 中国国有企业改革编年史（1978～2005）［M］. 北京：中国工业出版社，2006：81.
③ 章迪诚. 中国国有企业改革编年史（1978～2005）［M］. 北京：中国工业出版社，2006：109.

约束的商品生产和经营单位，成为独立享有民事权利和承担民事义务的企业法人"①。这些改革措施都标志着国有企业改革进入以所有权和经营权两权分离为特征的转换经营机制的新阶段。这一阶段的主要做法包括对国有大中型工业企业实行多种形式的承包经营责任制、对国有小型工业企业实行租赁经营责任制、对少数有条件的大中型工业企业实行探索股份制试点②。1993 年 11 月，党的十四届三中全会通过《中共中央关于建立社会主义市场经济体制若干问题的决定》，明确国有企业改革的方向是建立"产权清晰、权责明确、政企分开、管理科学"的现代企业制度。到 1997 年上半年，在地方试点的 2343 户企业中，改造成股份有限公司和有限责任公司的企业分别为 540 户，均占 23%；改造成国有独资公司的企业有 909 户，占 38.8%；尚未完成改造的有 307 户，占 13.2%。在已改制为公司的 1989 户企业中，71.9% 的企业组建了董事会，63% 的企业成立了监事会，61% 的企业的总经理由董事会聘任③。在这一阶段，国有经济比重开始下降，但仍居主体地位。在工业领域，1978 ~ 1994 年，国有企业由 8.37 万户上升到 10.22 万户，集体企业由 26.47 万户上升到 38.51 万户；国有企业工业总产值占全国工业总产值比重由 77.63% 下降至 37.34%，集体企业工业总产值占全国工业总产值比重由 22.37% 上升至 37.72%④。

**二、"抓大放小"指导思想下的国有经济布局战略性调整阶段（1995 ~ 2002 年）**

面对 20 世纪 90 年代国有企业普遍经营困难与大面积亏损的难题，1995 年 9 月，党的十四届五中全会明确指出"要着眼于搞好整个国有经济，通过存量资产的流动和重组，对国有企业实施战略性改组。这种改组要以市场和产业政策为导向，搞好大的，放活小的，把优化国有资产分布结构、企业组织结构同优化投资结构有机地结合起来，择优扶强，优胜劣汰"⑤。这种国有经济布局结构调整的指导思想后来被概括为"抓大放小"。"抓大"主要体现在发展大型企业和大企业集团，推动若干重大行业重组；"放小"主要是放开搞活国有中小企业，尤其是国有中小企业改制退出。1997 年 9 月，党的十五大报告指出"要从战略上调整国有经济布局。对关系国民经济命脉的重要行业和关键领域，国有经济必须占支配地位"。继续强调"要着眼于搞好整个国有经济，抓好大的，放活小的，对

①　章迪诚. 中国国有企业改革编年史（1978 ~ 2005）［M］. 北京：中国工业出版社，2006：302.

②　邵宁. 国有企业改革实录［M］. 北京：经济科学出版社，2014：21.

③　汪海波. 对国有经济改革的历史考察——纪念改革开放 40 周年［J］. 中国浦东干部学院学报，2018，12（3）：102 – 119.

④　根据《新中国 60 年统计资料汇编》计算得到。

⑤　章迪诚. 中国国有企业改革编年史（1978 ~ 2005）［M］. 北京：中国工业出版社，2006：412 – 413.

国有企业实施战略性改组"。① 1999 年 9 月，党的十五届四中全会正式提出国有经济布局调整的原则，即"从战略上调整国有经济布局，要同产业结构的优化升级和所有制结构的调整完善结合起来，坚持有进有退，有所为有所不为。国有经济需要控制的行业和领域主要包括：涉及国家安全的行业，自然垄断的行业，提供重要公共产品和服务的行业，以及支柱产业和高新技术产业中的重要骨干企业"。② 2002 年 11 月，党的十六大在继续坚持"抓大放小"调整国有经济布局和结构的指导思想的基础上，指出"关系国民经济命脉和国家安全的大型国有企业、基础设施和重要自然资源等，由中央政府代表国家履行出资人职责"。③ 在这一阶段，国有企业户数持续下降并逐渐稳定，抓大放小取得显著成效。在工业领域，1995～2002 年，国有企业由 11.80 万户下降到 4.11 万户，集体企业由 41.36 万户下降到 2.75 万户；国有企业工业总产值占全国工业总产值比重由 33.97% 上升至 40.78%，集体企业工业总产值占全国工业总产值比重 36.59% 下降至 8.68%。④

### 三、出资人推动下的央企布局结构重组调整阶段（2003～2012 年）

国务院国资委成立之前，由于国有资产出资人缺位，重组调整主要由各级政府推动。2003 年 3 月，国务院国资委成立，推动央企之间的重组调整就成为国资委履行出资人职能的重要内容。新的国有资产管理体制打破了原来的部门和行业壁垒，初步结束了长期困扰国资监管的"九龙治水"问题。在同一出资人的组织保证下，采取企业自愿和出资人主导相结合的方式实施，使得国有资本调整优化的目标更明确、范围更广泛、规模更大，方式更灵活。中央企业的重组调整也主要集中在这一阶段。中央企业存在分布过宽、功能分割、资源配置分散、历史包袱过重以及资源难以合理流动等问题。2004 年，国务院国资委起草了《关于中央企业国有经济布局和结构调整若干重大问题的思考》，针对国有经济布局优化与国有经济结构调整的不同内涵和中央企业存在的问题，从战略和全局高度提出"五个优化"和"四个集中"的工作指导思想。"五个优化"是指优化国有经济在国民经济行业、领域上的分布，优化国有经济在区域间的分布，优化国有经济在产业内部的分布，优化国有经济在企业间的分布，优化国有经济在企业内部的分布。"四个集中"是指进一步推动国有资本更多地向关系国家安全和国民经济命脉的重要行业和关键领域集中，向具有竞争优势的行业和未来可能形成主导

① 章迪诚. 中国国有企业改革编年史（1978～2005）［M］. 北京：中国工业出版社，2006：462－463.
② 章迪诚. 中国国有企业改革编年史（1978～2005）［M］. 北京：中国工业出版社，2006：534.
③ 章迪诚. 中国国有企业改革编年史（1978～2005）［M］. 北京：中国工业出版社，2006：615－616.
④ 根据《新中国 60 年统计资料汇编》计算得到。

产业的领域集中，向具有较强国际竞争力的大公司大企业集团集中，向中央企业主业集中。① 2006 年，国务院国资委颁布的《关于推进国有资本调整和国有企业重组的指导意见》明确了国有资本应集中的重要行业和关键领域以及中央企业调整重组的目标。这一阶段中央企业重组主要有完善企业产业链、推动优势企业强强联合、探索企业托管模式、以国有资产经营公司为平台推进重组以及推动剥离非优势非主营业务等方式。2012 年，在 39 个工业行业中，有 18 个行业国有企业总产值占比低于 10%，中央企业超过 80% 的资产集中在石油石化、电力、军工、通信、运输、矿业、冶金、机械等重要行业。2003 ~ 2012 年，中央企业从 196 家调整到 116 家，中央企业户均资产从 425 亿元增加到 2724 亿元。《财富》世界500 强的国有企业从 2003 年的 11 家增加到 2012 年的 65 家。②

### 四、国企分类改革下的国有资本优化配置阶段（2013 年至今）

新时代，我国经济发展进入新常态，供给侧结构性矛盾突出。国家通过对国有企业基于功能定位分类推进混合所有制改革、以管资本为主加快推进国资监管体制改革等方式全面深化国有企业改革，有效推进供给侧结构性改革，促进国有资本优化配置。2013 年 11 月，党的十八届三中全会提出要积极发展混合所有制，以管资本为主加强国有资产监管，准确界定不同国有企业功能，国有资本要更多地投向关系国家安全和国民经济命脉的关键领域和重要行业。2015 年 8 月，中共中央、国务院印发了《关于深化国有企业改革指导意见》，提出要基于国有资本的战略定位和发展目标分类推进国有企业改革，调整优化国有资本在商业类和公益类行业和领域的布局。并以管资本为主推动国有资本合理流动优化配置，根据国家战略、国家产业政策以及重点产业布局调整总体要求，优化国有资本重点投资方向和领域，增强国有经济整体功能和效率。一方面借助国有资本投资运营公司对相关国有企业实施清理退出、重组整合以及创新发展等；另一方面通过混合所有制改革促进国有企业转换经营机制，以放大国有资本功能和提高国有资本配置和运行效率。2015 年 9 月，国务院发布的《关于国有企业发展混合所有制经济的意见》进一步提出要分类分层推进国有企业混合所有制改革，并明确指出了国有资本在各类各层国有企业的布局要求。2015 年 12 月，国务院国资委等部委联合发布的《关于国有企业功能界定与分类的指导意见》，进一步明确了国有资本需要基于国有企业功能界定与分类优化布局。2019 年 10 月，党的十九届四中全会指出，"探索公有制多种实现形式，推进国有经济布局优化和结构调整，发展混合所有制经济，增强国有经济竞争力、创新力、控制力、影响力、抗风险能

① 邵宁. 国有企业改革实录 [M]. 北京：经济科学出版社，2014：479.
② 国企改革历程编写组. 国企改革历程 1978 - 2018 [M]. 北京：中国经济出版社，2019：322 - 323.

力，做强做优做大国有资本"。在这一阶段，国有企业改革发展和国有资本布局结构调整取得了显著成效，国有企业规模实力明显提升。工业领域，2013～2018年，国有控股工业企业资产总额由 343985.88 亿元上升到 439908.8 亿元，国有控股工业企业营业收入由 257816.87 亿元上升到 284730.4 亿元，国有控股工业企业利润总额由 15917.68 亿元上升到 18583.1 亿元。[①]

# 第三节　国有资本布局的演变、现状与问题

## 一、国有资本布局的演变与现状

### (一) 国有资本总量布局演变与现状

国有资本总量持续增长。根据《中国财政年鉴》统计数据，2008 年和 2017 年全国国有资本总量（国有资产总量）分别为 134365.5 亿元（416219.2 亿元）和 506209.4 亿元（1835207.2 亿元）。2008～2017 年全国国有资本总量、全国国有企业所有者权益、中央企业所有者权益以及地方国企所有者权益均呈持续增长趋势（见图 1-1）。同样，2008～2017 年全国国有企业资产总额、中央国有企业资产总额以及地方国有企业资产总额均呈现持续增长趋势（见图 1-2）。此外，2008～2017 年，全国国有企业数量从 11.0 万家增加到 18.7 万家，中央国有企业数量从 2.2 万家增加到 5.8 万家，地方国有企业数量从 8.8 万家增加到 12.9 万家，全国国有企业、中央国有企业以及地方国有企业的数量均呈现出上升趋势（见图 1-3）。

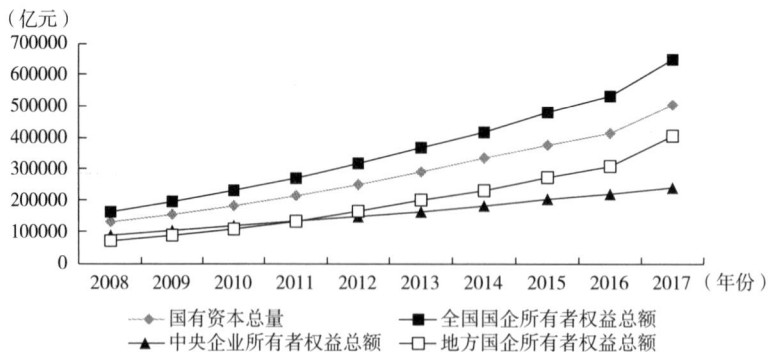

**图 1-1　2008～2017 年国有资本总量变化**

资料来源：《中国财政年鉴》。

---

① 根据《中国统计年鉴 2019》数据整理。

（亿元）

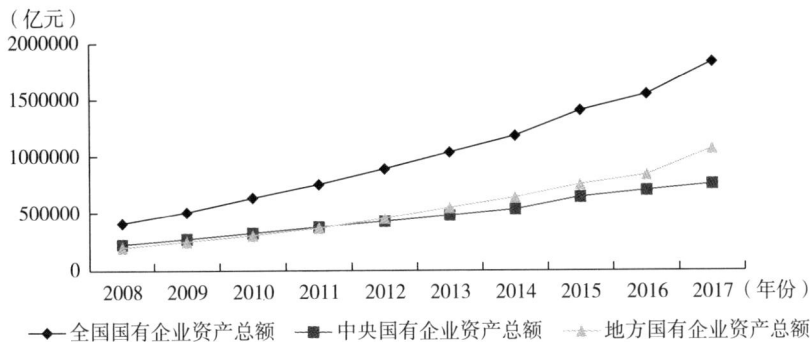

图 1-2 2008～2017 年国有资产总量变化

资料来源：根据《中国财政年鉴》数据整理。

（万家）

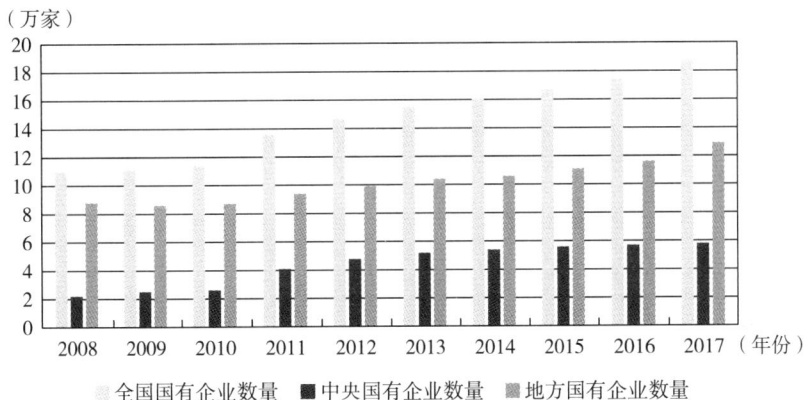

图 1-3 2008～2017 年国有企业数量变化

资料来源：根据《中国财政年鉴》数据整理。

（二）国有资本行业布局演变与现状

1. 各大类行业国有资本布局演变与现状

（1）农林牧渔业，工业，地质勘查及水利业，邮电通信业，批发和零售、餐饮业，信息技术服务业，教育文化广播业 7 个大类行业的国有资本配置比例呈下降趋势。从表 1-1 可以看出，国有资本在工业的比重从 2001 年的 50.8% 下降至 2017 年的 29.0%；国有资本在邮电通信业的比重从 2001 年的 11.1% 下降至 2017 年的 4.6%；国有资本在农林牧渔业的比重从 2001 年的 1.6% 下降至 2017 年的 0.7%；国有资本在教育文化广播业的比重从 2001 年的 1.0% 下降至 2017 年的 0.6%；国有资本在批发和零售、餐饮业的比重从 2001 年的 5.4% 下降至 2017 年的 5.2%；国有资本在信息技术服务业的比重从 2001 年的 0.5% 下降至 2017 年

表1-1 各大类行业中国有资本占全部国有资本的比重

单位:%

| 大类行业 \ 年份 | 2001 | 2002 | 2003 | 2004 | 2005 | 2006 | 2007 | 2008 | 2009 | 2010 | 2011 | 2012 | 2013 | 2014 | 2015 | 2016 | 2017 |
|---|---|---|---|---|---|---|---|---|---|---|---|---|---|---|---|---|---|
| 农林牧渔业 | 1.6 | 1.4 | 1.5 | 1.4 | 1.2 | 0.6 | 0.9 | 0.6 | 0.6 | 0.6 | 0.6 | 0.7 | 0.7 | 0.8 | 0.7 | 0.7 | 0.7 |
| 工业 | 50.8 | 51.0 | 49.7 | 49.2 | 48.9 | 49.9 | 51.6 | 45.5 | 42.4 | 41.4 | 41.8 | 40.6 | 38.7 | 36.9 | 32.9 | 30.7 | 29.0 |
| 建筑业 | 2.3 | 3.2 | 2.9 | 2.6 | 2.7 | 2.5 | 2.7 | 3.6 | 4.2 | 4.1 | 4.3 | 4.7 | 5.1 | 5.0 | 5.4 | 5.5 | 6.6 |
| 地质勘查及水利业 | 0.9 | 0.6 | 0.8 | 0.8 | 0.6 | 0.6 | 0.6 | 0.4 | 0.4 | 0.5 | 0.5 | 0.6 | 0.6 | 0.6 | 0.7 | 0.8 | 0.8 |
| 交通运输仓储业 | 13.0 | 13.5 | 14.4 | 15.2 | 15.3 | 14.8 | 14.3 | 16.1 | 16.4 | 16.9 | 16.6 | 16.7 | 16.7 | 16.4 | 16.4 | 17.2 | 16.2 |
| 邮电通信业 | 11.1 | 11.2 | 11.1 | 10.7 | 10.4 | 9.9 | 8.9 | 10.5 | 9.7 | 8.3 | 8.7 | 7.6 | 6.9 | 6.3 | 5.7 | 5.1 | 4.6 |
| 批发和零售、餐饮业 | 5.4 | 4.6 | 4.1 | 4.6 | 4.5 | 3.3 | 4.3 | 5.1 | 6.0 | 6.5 | 5.2 | 4.7 | 4.7 | 5.4 | 5.4 | 5.2 | 5.2 |
| 房地产业 | 2.5 | 2.6 | 2.9 | 3.1 | 3.2 | 3.7 | 4.1 | 3.5 | 3.9 | 4.4 | 4.4 | 5.4 | 6.1 | 6.4 | 6.8 | 7.2 | 7.8 |
| 信息技术服务业 | 0.5 | 0.5 | 0.4 | 0.4 | 0.3 | 0.4 | 0.4 | 0.3 | 0.3 | 0.3 | 0.2 | 0.2 | 0.2 | 0.2 | 0.3 | 0.3 | 0.3 |
| 社会服务业 | 7.0 | 7.8 | 8.0 | 9.8 | 10.9 | 10.8 | 8.8 | 8.7 | 10.5 | 11.0 | 13.5 | 14.8 | 15.8 | 17.2 | 20.0 | 21.1 | 21.6 |
| 卫生体育福利业 | 0.04 | 0.04 | 0.04 | 0.05 | 0.08 | 0.03 | 0.03 | 0.02 | 0.03 | 0.04 | 0.24 | 0.12 | 0.11 | 0.13 | 0.12 | 0.14 | 0.14 |
| 教育文化广播业 | 1.0 | 1.1 | 1.3 | 1.3 | 1.3 | 1.2 | 0.9 | 0.7 | 0.7 | 0.7 | 0.7 | 0.7 | 0.8 | 0.8 | 0.8 | 0.7 | 0.6 |
| 科学研究和技术服务业 | 0.4 | 0.4 | 0.5 | 0.4 | 0.5 | 0.5 | 0.5 | 0.4 | 0.5 | 0.6 | 0.7 | 0.7 | 0.9 | 1.0 | 1.0 | 0.9 | 1.0 |
| 机关社团及其他 | 3.5 | 2.0 | 2.4 | 0.6 | 0.2 | 1.3 | 1.9 | 4.5 | 4.4 | 4.7 | 2.5 | 2.5 | 2.7 | 3.0 | 4.0 | 4.5 | 5.3 |

资料来源：根据《中国财政年鉴》数据整理。

的0.3%；国有资本在地质勘查及水利业的比重从2001年的0.9%下降至2017年的0.8%。

（2）建筑业、交通运输仓储业、房地产业、社会服务业、卫生体育福利业、科学研究和技术服务业、机关社团及其他7个大类行业的国有资本配置比例呈上升趋势。从表1-1可以看出，国有资本在建筑业的比重从2001年的2.3%上升至2017年的6.6%；国有资本在交通运输仓储业的比重从2001年的13.0%上升至2017年的16.2%；国有资本在房地产业的比重从2001年的2.5%上升至2017年的7.8%；国有资本在社会服务业的比重从2001年的7.0%上升至2017年的21.6%；国有资本在卫生体育福利业的比重从2001年的0.04%上升至2017年的0.14%；国有资本在科学研究和技术服务业的比重从2001年的0.4%上升至2017年的1.0%；国有资本在机关社团及其他的比重从2001年的3.5%上升至2017年的5.3%。

（3）各大类行业的国有资本绝对量均成倍增加。虽然从相对变化来看，各大类行业的国有资本配置比例有升有降，但从绝对量来看，各大类行业的国有资本量均成倍增加（见表1-2）。增长幅度较小的大类行业有农林牧渔业（增长6.7倍）、工业（增长9.3倍）、邮电通信业（增长6.4倍）、信息技术服务业（增长9.8倍）。大部分大类行业的国有资本绝对量均增长了10倍以上，其中多个大类行业的国有资本绝对量增长了50多倍，如建筑业（增长50.9倍）、房地产业（增长55.9倍）、社会服务业（增长54.7倍）、卫生体育福利业（增长68.2倍）。

表1-2　2008~2017年各大类行业中的国有资本额　　　　单位：亿元

| 年份<br>大类行业 | 2001 | 2005 | 2009 | 2013 | 2017 | 增长倍数 |
|---|---|---|---|---|---|---|
| 农林牧渔业 | 1009.2 | 1047.5 | 1843.9 | 4682.9 | 7762.3 | 6.7 |
| 工业 | 31214.6 | 42713.7 | 136718.2 | 247605.3 | 320505.5 | 9.3 |
| 建筑业 | 1403.5 | 2349.5 | 13609.6 | 32520 | 72836.8 | 50.9 |
| 地质勘查及水利业 | 551.5 | 555 | 1383.9 | 4001.7 | 9296.2 | 15.9 |
| 交通运输仓储业 | 8002.6 | 13372.8 | 52903.5 | 106869 | 178386.8 | 21.3 |
| 邮电通信业 | 6829.8 | 9068.3 | 31143.7 | 43920.8 | 50868.3 | 6.4 |
| 批发和零售、餐饮业 | 3348.1 | 3967.2 | 19385.9 | 30236.6 | 57842.8 | 16.3 |
| 房地产业 | 1514.7 | 2760 | 12414 | 39200.5 | 86208.6 | 55.9 |
| 信息技术服务业 | 299.9 | 270.2 | 1011.9 | 1187.5 | 3229.1 | 9.8 |

| 大类行业 \ 年份 | 2001 | 2005 | 2009 | 2013 | 2017 | 增长倍数 |
|---|---|---|---|---|---|---|
| 社会服务业 | 4286.8 | 9556.7 | 33659.9 | 101202.3 | 238975.5 | 54.7 |
| 卫生体育福利业 | 21.6 | 72.8 | 104.3 | 732.8 | 1494.9 | 68.2 |
| 教育文化广播业 | 587.7 | 1113.3 | 2155.8 | 5087.7 | 7164 | 11.2 |
| 科学研究和技术服务业 | 217.4 | 397.8 | 1650.8 | 5902.1 | 10625.7 | 47.9 |
| 机关社团及其他 | 2148.8 | 141.9 | 14108.4 | 17058 | 59055.3 | 26.5 |

资料来源：根据《中国财政年鉴》数据整理。

2. 规模以上工业行业国有资本布局演变与现状

规模以上工业行业国有资本比重持续下降并趋于稳定。从表1-3可以看出，从工业行业国有资本绝对量来看，1998~2018年我国工业行业国有资本保持平稳增长态势，2018年工业行业国有资本比1998年增长近6倍。然而，从规模以上工业行业中国有资本的占比来看，1998~2018年我国规模以上工业行业国有资本总额占工业行业总资本比重持续下降并趋于稳定，从67.85%下降至36.84%。其中，1998~2005年工业行业国有资本退出相对较快，从67.85%降至49.36%；2006~2016年规模以上工业行业国有资本退出相对缓慢，规模以上工业行业国有资本占比缓慢下降了14.25个百分点。2016年以来，在创新驱动发展战略等引导下，规模以上工业行业国有资本比重有所上升，2018年规模以上工业行业国有资本占比达36.84%。

表1-3　1998~2018年规模以上工业行业国有资本总额及其占工业行业总资本的比重

| 年份 | 规模以上工业行业国有资本总额（亿元） | 规模以上工业行业总资本中的国有资本占比（%） |
|---|---|---|
| 1998 | 26771.86 | 67.85 |
| 2000 | 32775.33 | 66.26 |
| 2005 | 50976.03 | 49.36 |
| 2006 | 59140.83 | 47.74 |
| 2007 | 68815.53 | 45.84 |
| 2008 | 77436.65 | 42.45 |
| 2009 | 85643.14 | 41.18 |
| 2010 | 98327.78 | 38.94 |
| 2011 | 109384 | 38.63 |
| 2012 | 120744.4 | 37.38 |
| 2013 | 129755.3 | 35.54 |

| 年份 | 规模以上工业行业国有资本总额（亿元） | 规模以上工业行业总资本中的国有资本占比（％） |
|---|---|---|
| 2014 | 141176.8 | 34.45 |
| 2015 | 151256.5 | 34.06 |
| 2016 | 160468.8 | 33.49 |
| 2017 | 173525 | 35.13 |
| 2018 | 181663.1 | 36.84 |

资料来源：根据《中国统计年鉴》数据整理。

此外，根据《中国统计年鉴》数据，在规模以上工业企业中，1978～2018年，国有控股工业企业资产总额、营业收入占全国规模以上工业企业资产总额、营业收入的比重持续下降。具体而言，在国有工业企业资产总额与营业收入比重方面，1978年，国有控股工业企业资产总额占全国规模以上工业企业资产总额比重为82.5%，2018年这一比重下降到38.8%（见表1-4）。国有控股工业企业营业收入占全国规模以上工业企业营业收入比重由1998年的52.3%下降到2018年的27.1%（见表1-5）。规模以上工业行业国有企业资产占比与营业收入占比的总体下降趋势与规模以上工业行业国有资本占比的总体下降趋势保持一致。

表1-4 国有控股工业企业资产总额占全国规模以上工业企业资产总额比重变化

| 年份 | 国有控股工业企业资产总额（亿元） | 规模以上工业企业资产总额（亿元） | 国有工业占全国工业比重（％） |
|---|---|---|---|
| 1978 | 3732 | 4525 | 82.5 |
| 1980 | 3644 | 4233 | 86.1 |
| 1985 | 5604 | 6972 | 80.4 |
| 1990 | 12088 | 15953 | 75.8 |
| 1995 | 55438 | 79234 | 70.0 |
| 1998 | 74916 | 108822 | 68.8 |
| 2000 | 84015 | 126211 | 66.6 |
| 2005 | 117630 | 244784 | 48.1 |
| 2006 | 135153 | 291215 | 46.4 |
| 2007 | 158188 | 353037 | 44.8 |
| 2008 | 188811 | 431306 | 43.8 |
| 2009 | 215742 | 493693 | 43.7 |

续表

| 年份 | 国有控股工业企业资产总额（亿元） | 规模以上工业企业资产总额（亿元） | 国有工业占全国工业比重（%） |
|------|------|------|------|
| 2010 | 247760 | 592882 | 41.8 |
| 2011 | 281674 | 675797 | 41.7 |
| 2012 | 312094 | 768421 | 40.6 |
| 2013 | 343986 | 870751 | 39.5 |
| 2014 | 371309 | 956777 | 38.8 |
| 2015 | 397404 | 1023398 | 38.8 |
| 2016 | 417704 | 1085866 | 38.5 |
| 2017 | 439623 | 1121910 | 39.2 |
| 2018 | 439909 | 1134382 | 38.8 |

资料来源：根据《中国统计年鉴》数据整理。

**表1-5　国有控股工业企业营业收入占全国规模以上工业企业营业收入比重变化**

| 年份 | 国有控股工业企业营业收入（亿元） | 规模以上工业企业营业收入（亿元） | 国有工业占全国工业比重（%） |
|------|------|------|------|
| 1998 | 33566 | 64149 | 52.3 |
| 1999 | 35951 | 69851 | 51.5 |
| 2000 | 42203 | 84152 | 50.2 |
| 2001 | 44444 | 93733 | 47.4 |
| 2002 | 47844 | 109486 | 43.7 |
| 2003 | 58028 | 143171 | 40.5 |
| 2004 | 71431 | 198909 | 35.9 |
| 2005 | 85574 | 248544 | 34.4 |
| 2006 | 101405 | 313593 | 32.3 |
| 2007 | 122617 | 399717 | 30.7 |
| 2008 | 147508 | 500020 | 29.5 |
| 2009 | 151701 | 542522 | 28.0 |
| 2010 | 194340 | 697744 | 27.9 |
| 2011 | 228900 | 841830 | 27.2 |
| 2012 | 245076 | 929292 | 26.4 |
| 2013 | 257817 | 1038660 | 24.8 |
| 2014 | 262692 | 1107033 | 23.7 |

| 年份 | 国有控股工业企业<br>营业收入（亿元） | 规模以上工业企业<br>营业收入（亿元） | 国有工业占全国<br>工业比重（%） |
|------|------|------|------|
| 2015 | 241669 | 1109853 | 21.8 |
| 2016 | 238990 | 1158999 | 20.6 |
| 2017 | 265393 | 1133161 | 23.4 |
| 2018 | 284730 | 1049491 | 27.1 |

资料来源：根据《中国统计年鉴》数据整理。

3. 工业子行业国有资本布局演变与现状

规模以上工业子行业国有资本占比总体呈下降趋势，但也有少部分工业子行业国有资本占比上升。从表1-6可以看出，1999~2018年，在41个工业子行业中有36个工业子行业国有资本占比呈下降趋势，其中有16个子行业国有资本占比下降超过30个百分点。同时，1999~2018年，烟草制品业，汽车制造业，其他制造业，废弃资源综合利用业以及金属制品、机械和设备修理业5个工业子行业的国有资本占比有所上升。值得注意的是，2018年，煤炭开采和洗选业，石油和天然气开采业，黑色金属矿采选业，有色金属矿采选业，开采专业及辅助性活动，烟草制品业，石油、煤炭及其他燃料加工业，黑色金属冶炼和压延加工业，金属制品、机械和设备修理业，电力、热力生产和供应业，燃气生产和供应业，水的生产和供应业12个行业的国有资本占比超过50%，可以看出这些行业基本上属于垄断性行业和公共服务行业。

表1-6  工业子行业国有资本占全国规模以上工业子行业总资本比重变化

单位:%

| 行业名称 | 1999年 | 2003年 | 2008年 | 2013年 | 2018年 |
|------|------|------|------|------|------|
| 煤炭开采和洗选业 | 94.05 | 90.90 | 71.79 | 70.54 | 73.88 |
| 石油和天然气开采业 | 99.84 | 96.47 | 96.58 | 95.95 | 97.55 |
| 黑色金属矿采选业 | 86.45 | 65.30 | 42.89 | 46.09 | 65.50 |
| 有色金属矿采选业 | 70.51 | 57.43 | 39.82 | 39.48 | 55.79 |
| 非金属矿采选业 | 71.43 | 65.94 | 27.90 | 28.83 | 28.48 |
| 其他采矿业 | — | 98.88 | 1.79 | — | — |
| 开采专业及辅助性活动 | — | — | — | 85.01 | 80.91 |
| 农副食品加工业 | 38.55 | 20.89 | 6.55 | 4.96 | 3.70 |
| 食品制造业 | 38.36 | 26.45 | 10.55 | 8.37 | 7.41 |
| 酒、饮料和精制茶制造业 | 59.57 | 49.82 | 31.62 | 32.76 | 39.39 |

续表

| 行业名称 | 1999 年 | 2003 年 | 2008 年 | 2013 年 | 2018 年 |
|---|---|---|---|---|---|
| 烟草制品业 | 98.72 | 99.11 | 99.36 | 99.32 | 99.52 |
| 纺织业 | 38.96 | 19.23 | 4.71 | 4.04 | 5.35 |
| 纺织服装、服饰业 | 11.56 | 4.87 | 2.05 | 1.78 | 3.32 |
| 皮革、毛皮、羽毛及其制品和制鞋业 | 10.64 | 1.50 | 1.94 | 1.22 | 1.54 |
| 木材加工和木、竹、藤、棕、草制品业 | 31.64 | 24.31 | 4.65 | 2.17 | 3.21 |
| 家具制造业 | 15.42 | 8.15 | 2.34 | 1.98 | 2.09 |
| 造纸和纸制品业 | 42.63 | 33.62 | 16.81 | 11.89 | 8.57 |
| 印刷和记录媒介复制业 | 54.46 | 38.94 | 22.62 | 21.92 | 16.58 |
| 文教、工美、体育和娱乐用品制造业 | 18.58 | 9.17 | 3.94 | 3.00 | 2.45 |
| 石油、煤炭及其他燃料加工业 | 91.70 | 83.40 | 70.22 | 61.73 | 63.02 |
| 化学原料和化学制品制造业 | 69.27 | 54.50 | 34.73 | 24.48 | 24.55 |
| 医药制造业 | 60.80 | 45.49 | 24.15 | 17.24 | 15.54 |
| 化学纤维制造业 | 71.58 | 45.52 | 21.50 | 10.76 | 15.75 |
| 橡胶和塑料制品业 | 29.18 | 31.50 | 11.61 | 6.50 | 5.47 |
| 非金属矿物制品业 | 52.00 | 13.86 | 5.49 | 15.43 | 16.49 |
| 黑色金属冶炼和压延加工业 | 90.73 | 30.88 | 17.81 | 47.63 | 50.69 |
| 有色金属冶炼和压延加工业 | 66.55 | 77.37 | 61.58 | 37.73 | 34.44 |
| 金属制品业 | 21.27 | 57.37 | 43.95 | 11.55 | 9.35 |
| 通用设备制造业 | 59.81 | 14.65 | 8.37 | 18.48 | 15.50 |
| 专用设备制造业 | 60.79 | 37.96 | 20.15 | 24.56 | 18.10 |
| 汽车制造业 | — | 45.44 | 27.81 | 48.38 | 46.23 |
| 铁路、船舶、航空航天和其他运输设备制造业 | 78.48 | 69.37 | 51.75 | 51.82 | 38.83 |
| 电气机械和器材制造业 | 37.75 | 20.48 | 12.07 | 10.34 | 10.43 |
| 计算机、通信和其他电子设备制造业 | 52.11 | 34.72 | 16.92 | 18.20 | 19.77 |
| 仪器仪表制造业 | 42.31 | 23.33 | 20.06 | 16.63 | 12.84 |
| 其他制造业 | — | 5.28 | 7.33 | 32.11 | 10.31 |
| 废弃资源综合利用业 | — | 3.77 | 24.06 | 5.87 | 6.19 |
| 金属制品、机械和设备修理业 | — | — | — | 49.46 | 69.10 |
| 电力、热力生产和供应业 | 89.94 | 87.06 | 90.47 | 89.99 | 88.50 |
| 燃气生产和供应业 | 96.35 | 90.29 | 57.04 | 54.72 | 52.28 |
| 水的生产和供应业 | 93.05 | 89.19 | 81.68 | 82.17 | 83.17 |

注：1999 年与 2003 年铁路、船舶、航空航天和其他运输设备制造业的统计口径为交通运输设备制造业。

资料来源：根据《中国统计年鉴》数据整理。

此外，在国有工业企业数量占比变化方面，从表 1-7 可以看出，1999~2018 年，在 41 个工业子行业中有 40 个工业子行业的国有控股工业企业数量占比呈下降趋势，只有金属制品、机械和设备修理业的国有控股工业企业数量占比有所上升。1999~2018 年，国有工业企业数量占比均保持在 50% 以上的只有烟草制品业，电力、热力生产和供应业，水的生产和供应业等垄断性行业和提供公共产品和服务的行业；有 31 个工业子行业的国有企业数量占比下降到 10% 以下，其中，从 2013 年开始，国有企业在其他采矿业已退出了市场，皮革、毛皮、羽毛及其制品和制鞋业以及家具制造业已大体上退出了市场，到 2018 年国有企业数量占比均仅为 0.3%。

表 1-7 各行业国有控股工业企业数量占全国规模以上工业企业数量比重变化

单位:%

| 行业名称 | 1999 年 | 2003 年 | 2008 年 | 2013 年 | 2018 年 |
|---|---|---|---|---|---|
| 煤炭开采和洗选业 | 51.3 | 32.1 | 9.4 | 12.5 | 19.0 |
| 石油和天然气开采业 | 88.0 | 72.3 | 37.5 | 52.2 | 62.6 |
| 黑色金属矿采选业 | 32.2 | 13.8 | 3.3 | 4.6 | 8.0 |
| 有色金属矿采选业 | 47.5 | 30.5 | 11.3 | 12.9 | 17.0 |
| 非金属矿采选业 | 39.4 | 21.3 | 5.7 | 5.4 | 5.1 |
| 其他采矿业 | — | 38.5 | 3.8 | — | — |
| 开采专业及辅助性活动 | — | — | — | 22.8 | 19.9 |
| 农副食品加工业 | 55.4 | 21.0 | 3.5 | 2.8 | 2.6 |
| 食品制造业 | 52.5 | 21.8 | 4.7 | 3.9 | 3.6 |
| 酒、饮料和精制茶制造业 | 56.4 | 26.3 | 6.0 | 5.1 | 4.1 |
| 烟草制品业 | 88.1 | 82.4 | 76.3 | 80.0 | 80.2 |
| 纺织业 | 27.4 | 9.7 | 1.5 | 1.2 | 0.9 |
| 纺织服装、服饰业 | 12.0 | 3.8 | 1.1 | 1.1 | 1.3 |
| 皮革、毛皮、羽毛及其制品和制鞋业 | 13.3 | 3.1 | 0.4 | 0.5 | 0.3 |
| 木材加工和木、竹、藤、棕、草制品业 | 31.6 | 10.2 | 1.6 | 1.3 | 0.9 |
| 家具制造业 | 20.9 | 7.3 | 0.7 | 0.5 | 0.3 |
| 造纸和纸制品业 | 26.0 | 10.3 | 2.0 | 1.6 | 1.4 |
| 印刷和记录媒介复制业 | 63.9 | 35.5 | 9.1 | 7.1 | 5.0 |
| 文教、工美、体育和娱乐用品制造业 | 17.2 | 5.1 | 1.3 | 1.0 | 0.8 |
| 石油、煤炭及其他燃料加工业 | 31.1 | 17.8 | 9.6 | 10.6 | 11.6 |
| 化学原料和化学制品制造业 | 37.6 | 16.5 | 5.0 | 4.9 | 4.8 |

续表

| 行业名称 | 1999 年 | 2003 年 | 2008 年 | 2013 年 | 2018 年 |
|---|---|---|---|---|---|
| 医药制造业 | 51.1 | 24.6 | 8.1 | 6.6 | 5.7 |
| 化学纤维制造业 | 32.4 | 12.1 | 3.0 | 2.4 | 2.8 |
| 橡胶和塑料制品业 | 20.6 | 7.5 | 2.6 | 1.7 | 1.3 |
| 非金属矿物制品业 | 34.5 | 15.7 | 1.6 | 4.6 | 4.6 |
| 黑色金属冶炼和压延加工业 | 26.1 | 11.8 | 4.6 | 3.7 | 6.1 |
| 有色金属冶炼和压延加工业 | 26.9 | 14.3 | 4.2 | 7.0 | 7.4 |
| 金属制品业 | 20.8 | 7.5 | 5.8 | 2.5 | 2.1 |
| 通用设备制造业 | 35.0 | 15.3 | 2.1 | 3.3 | 2.9 |
| 专用设备制造业 | 46.4 | 23.7 | 3.3 | 4.6 | 3.8 |
| 汽车制造业 | — | — | 5.4 | 5.8 | 5.0 |
| 铁路、船舶、航空航天和其他运输设备制造业 | 45.7 | 23.9 | 7.6 | 10.3 | 8.4 |
| 电气机械和器材制造业 | 25.6 | 10.2 | 2.8 | 2.7 | 2.4 |
| 计算机、通信和其他电子设备制造业 | 34.3 | 15.9 | 5.4 | 4.9 | 3.6 |
| 仪器仪表制造业 | 44.2 | 20.1 | 6.4 | 6.5 | 4.5 |
| 其他制造业 | — | 4.9 | 1.6 | 4.2 | 1.9 |
| 废弃资源综合利用业 | — | 6.5 | 3.7 | 3.5 | 3.9 |
| 金属制品、机械和设备修理业 | — | — | — | 18.0 | 25.5 |
| 电力、热力生产和供应业 | 87.0 | 78.7 | 58.8 | 65.7 | 53.2 |
| 燃气生产和供应业 | 86.4 | 65.6 | 30.4 | 29.6 | 28.2 |
| 水的生产和供应业 | 93.8 | 89.4 | 62.9 | 61.1 | 59.0 |

注：1999 年与 2003 年铁路、船舶、航空航天和其他运输设备制造业的统计口径为交通运输设备制造业。

资料来源：根据《中国统计年鉴》数据整理。

在工业子行业国有资产占比变化方面，从表 1-8 可以看出，1999~2018 年，在 41 个工业子行业中有 36 个工业子行业国有资产占比呈下降趋势，同时，1999~2018 年，烟草制品业，汽车制造业，其他制造业，废弃资源综合利用业以及金属制品、机械和设备修理业 5 个工业子行业的国有资产占比有所上升。1999~2018 年，工业子行业国有资产占比均保持在 50% 以上的有煤炭开采和洗选业，石油和天然气开采业，烟草制品业，电力、热力生产和供应业，燃气生产和供应业，水的生产和供应业 6 个，其中，石油和天然气开采业和烟草制品业的国有资产占比在 90% 以上；2018 年，有 11 个工业子行业的国有资产占比下降到 10% 以下。

表1-8 各行业国有控股工业企业资产总额占全国规模以上工业企业资产总额比重变化

单位:%

| 行业名称 | 1999 年 | 2003 年 | 2008 年 | 2013 年 | 2018 年 |
|---|---|---|---|---|---|
| 煤炭开采和洗选业 | 93.1 | 90.7 | 75.5 | 71.3 | 75.9 |
| 石油和天然气开采业 | 99.8 | 97.1 | 96.4 | 94.4 | 95.4 |
| 黑色金属矿采选业 | 80.1 | 59.0 | 37.6 | 48.1 | 66.3 |
| 有色金属矿采选业 | 78.4 | 63.3 | 41.1 | 43.5 | 54.8 |
| 非金属矿采选业 | 74.6 | 69.0 | 30.0 | 32.3 | 28.8 |
| 其他采矿业 | — | 97.4 | 3.4 | — | — |
| 开采专业及辅助性活动 | — | — | — | 87.2 | 82.5 |
| 农副食品加工业 | 57.4 | 26.1 | 8.6 | 8.1 | 6.1 |
| 食品制造业 | 44.4 | 29.1 | 13.5 | 9.8 | 8.5 |
| 酒、饮料和精制茶制造业 | 61.1 | 47.8 | 27.1 | 28.4 | 34.0 |
| 烟草制品业 | 97.8 | 98.7 | 99.1 | 99.0 | 99.1 |
| 纺织业 | 50.4 | 26.2 | 6.1 | 4.8 | 5.4 |
| 纺织服装、服饰业 | 13.2 | 6.2 | 2.6 | 2.1 | 2.8 |
| 皮革、毛皮、羽毛及其制品和制鞋业 | 15.4 | 4.4 | 1.6 | 1.1 | 1.3 |
| 木材加工和木、竹、藤、棕、草制品业 | 41.9 | 28.9 | 6.6 | 4.1 | 5.3 |
| 家具制造业 | 17.9 | 8.3 | 2.5 | 2.3 | 3.0 |
| 造纸和纸制品业 | 49.0 | 35.9 | 17.9 | 13.9 | 10.7 |
| 印刷和记录媒介复制业 | 55.1 | 38.2 | 19.6 | 17.8 | 13.3 |
| 文教、工美、体育和娱乐用品制造业 | 21.5 | 9.9 | 3.7 | 3.5 | 2.9 |
| 石油、煤炭及其他燃料加工业 | 90.8 | 79.8 | 65.0 | 55.9 | 48.5 |
| 化学原料和化学制品制造业 | 72.0 | 55.5 | 35.1 | 29.1 | 29.2 |
| 医药制造业 | 64.9 | 46.8 | 23.6 | 18.1 | 15.3 |
| 化学纤维制造业 | 72.4 | 44.0 | 19.9 | 10.3 | 16.4 |
| 橡胶和塑料制品业 | 35.5 | 21.3 | 17.8 | 8.4 | 7.2 |
| 非金属矿物制品业 | 52.6 | 34.6 | 7.0 | 18.8 | 18.6 |
| 黑色金属冶炼和压延加工业 | 89.0 | 73.4 | 20.3 | 51.4 | 52.9 |
| 有色金属冶炼和压延加工业 | 71.8 | 61.6 | 59.7 | 41.9 | 38.5 |
| 金属制品业 | 27.4 | 17.5 | 44.5 | 13.5 | 11.0 |
| 通用设备制造业 | 64.6 | 47.0 | 8.7 | 22.9 | 19.6 |
| 专用设备制造业 | 67.3 | 55.3 | 26.8 | 30.0 | 24.6 |
| 汽车制造业 | — | — | 34.5 | 49.7 | 46.3 |

| 行业名称 | 1999 年 | 2003 年 | 2008 年 | 2013 年 | 2018 年 |
|---|---|---|---|---|---|
| 铁路、船舶、航空航天和其他运输设备制造业 | 79.9 | 70.4 | 52.8 | 56.8 | 45.8 |
| 电气机械和器材制造业 | 40.4 | 25.0 | 14.0 | 14.5 | 13.3 |
| 计算机、通信和其他电子设备制造业 | 54.4 | 32.6 | 17.4 | 18.1 | 17.2 |
| 仪器仪表制造业 | 50.6 | 29.8 | 19.4 | 18.8 | 13.3 |
| 其他制造业 | — | 8.9 | 11.8 | 44.2 | 17.3 |
| 废弃资源综合利用业 | — | 2.0 | 21.8 | 7.5 | 8.6 |
| 金属制品、机械和设备修理业 | — | — | — | 57.8 | 69.4 |
| 电力、热力生产和供应业 | 89.4 | 89.0 | 89.6 | 90.3 | 86.8 |
| 燃气生产和供应业 | 94.7 | 88.0 | 57.3 | 56.7 | 54.4 |
| 水的生产和供应业 | 91.3 | 88.2 | 80.0 | 81.4 | 81.9 |

注：1999 年与 2003 年铁路、船舶、航空航天和其他运输设备制造业的统计口径为交通运输设备制造业。

资料来源：根据《中国统计年鉴》数据整理。

在工业子行业国有企业营业收入占比变化方面，从表 1-9 可以看出，1999~2018 年，在 41 个工业子行业中有 34 个工业子行业国有企业营业收入占比呈下降趋势，同时，1999~2018 年，有色金属矿采选业，开采专业及辅助性活动，烟草制品业，汽车制造业，废弃资源综合利用业，金属制品、机械和设备修理业，以及电力、热力生产和供应业 7 个工业子行业的国有企业营业收入占比有所上升。1999~2018 年，工业子行业国有企业营业收入占比均保持在 50% 以上的有煤炭开采和洗选业，石油和天然气开采业，烟草制品业，石油、煤炭及其他燃料加工业，电力、热力生产和供应业，水的生产和供应业 6 个行业，其中，烟草制品业，电力、热力生产和供应业的国有企业营业收入占比在 90% 以上。2018 年，有 17 个工业子行业国有企业营业收入占比下降到 10% 以下。

表 1-9　各行业国有控股工业企业营业收入占全国规模以上工业企业营业收入比重变化

单位：%

| 行业名称 | 1999 年 | 2003 年 | 2008 年 | 2013 年 | 2018 年 |
|---|---|---|---|---|---|
| 煤炭开采和洗选业 | 81.7 | 78.0 | 60.6 | 58.8 | 66.9 |
| 石油和天然气开采业 | 99.8 | 95.6 | 97.1 | 87.7 | 93.4 |
| 黑色金属矿采选业 | 41.6 | 33.8 | 19.3 | 16.9 | 38.2 |
| 有色金属矿采选业 | 46.9 | 41.6 | 30.0 | 29.5 | 49.4 |
| 非金属矿采选业 | 33.8 | 31.4 | 14.3 | 10.3 | 10.1 |

续表

| 行业名称 | 1999 年 | 2003 年 | 2008 年 | 2013 年 | 2018 年 |
|---|---|---|---|---|---|
| 其他采矿业 | — | 91.4 | 0.4 | — | — |
| 开采专业及辅助性活动 | — | — | — | 83.6 | 86.3 |
| 农副食品加工业 | 42.6 | 18.1 | 5.6 | 5.6 | 5.7 |
| 食品制造业 | 32.6 | 17.9 | 9.2 | 5.8 | 7.1 |
| 酒、饮料和精制茶制造业 | 56.7 | 39.5 | 20.4 | 18.7 | 22.8 |
| 烟草制品业 | 97.9 | 98.8 | 99.3 | 99.2 | 99.4 |
| 纺织业 | 35.7 | 16.6 | 3.3 | 2.4 | 2.7 |
| 纺织服装、服饰业 | 7.3 | 3.4 | 1.4 | 1.0 | 1.2 |
| 皮革、毛皮、羽毛及其制品和制鞋业 | 5.4 | 1.7 | 0.8 | 0.9 | 0.6 |
| 木材加工和木、竹、藤、棕、草制品业 | 16.9 | 12.0 | 3.1 | 1.6 | 1.8 |
| 家具制造业 | 8.1 | 3.7 | 2.2 | 1.5 | 2.3 |
| 造纸和纸制品业 | 30.2 | 20.9 | 8.8 | 7.2 | 4.5 |
| 印刷和记录媒介复制业 | 41.8 | 26.8 | 14.2 | 9.7 | 9.0 |
| 文教、工美、体育和娱乐用品制造业 | 8.8 | 3.9 | 1.8 | 4.5 | 4.2 |
| 石油、煤炭及其他燃料加工业 | 89.5 | 85.7 | 72.7 | 68.6 | 60.0 |
| 化学原料和化学制品制造业 | 53.4 | 40.2 | 24.1 | 17.4 | 21.1 |
| 医药制造业 | 58.9 | 40.6 | 17.2 | 11.6 | 11.0 |
| 化学纤维制造业 | 57.4 | 27.6 | 12.7 | 6.4 | 14.1 |
| 橡胶和塑料制品业 | 20.6 | 12.8 | 14.4 | 4.8 | 4.6 |
| 非金属矿物制品业 | 35.1 | 19.5 | 4.1 | 9.0 | 11.8 |
| 黑色金属冶炼和压延加工业 | 76.2 | 60.8 | 11.3 | 32.9 | 37.0 |
| 有色金属冶炼和压延加工业 | 53.8 | 42.5 | 43.9 | 33.4 | 36.8 |
| 金属制品业 | 14.8 | 9.8 | 31.5 | 6.8 | 6.4 |
| 通用设备制造业 | 44.6 | 31.4 | 6.9 | 11.4 | 11.8 |
| 专用设备制造业 | 47.5 | 39.4 | 16.6 | 17.0 | 16.9 |
| 汽车制造业 | — | — | 25.2 | 44.6 | 45.4 |
| 铁路、船舶、航空航天和其他运输设备制造业 | 69.7 | 63.4 | 45.8 | 39.7 | 36.5 |
| 电气机械和器材制造业 | 23.3 | 12.8 | 8.5 | 8.5 | 10.3 |
| 计算机、通信和其他电子设备制造业 | 42.4 | 20.8 | 8.8 | 8.5 | 9.2 |
| 仪器仪表制造业 | 26.0 | 11.7 | 10.1 | 11.2 | 7.9 |
| 其他制造业 | — | 5.3 | 6.5 | 18.8 | 3.9 |
| 废弃资源综合利用业 | — | 1.6 | 13.3 | 6.5 | 7.5 |

| 行业名称 | 1999 年 | 2003 年 | 2008 年 | 2013 年 | 2018 年 |
|---|---|---|---|---|---|
| 金属制品、机械和设备修理业 | — | — | — | 32.6 | 47.9 |
| 电力、热力生产和供应业 | 90.3 | 90.3 | 91.8 | 93.1 | 91.5 |
| 燃气生产和供应业 | 84.8 | 73.8 | 50.2 | 48.9 | 52.2 |
| 水的生产和供应业 | 89.3 | 83.0 | 69.0 | 69.2 | 72.8 |

注：1999 年与 2003 年铁路、船舶、航空航天和其他运输设备制造业的统计口径为交通运输设备制造业。

资料来源：根据《中国统计年鉴》数据整理。

**（三）国有资本区域布局演变与现状**

1. 三大地区国有资本布局演变与现状

东部地区、中部地区以及西部地区规模以上工业企业的国有资本占比总体呈下降趋势。从表 1 - 10 可以看出，就三大地区规模以上工业企业的国有资本占比的时序变化而言，1999 ~ 2018 年，东部地区规模以上工业企业的国有资本占比从 61.7% 降至 32.4%，中部地区规模以上工业企业的国有资本占比从 81.0% 降至 35.1%，西部地区规模以上工业企业的国有资本占比从 86.3% 降至 53.4%。同时，就三大地区规模以上工业企业的国有资本占比的空间比较而言，1999 ~ 2018 年，东部地区规模以上工业企业的国有资本占比最高，占比均超过 50%，中部地区规模以上工业企业的国有资本占比次之，西部地区规模以上工业企业的国有资本占比最低。

此外，表 1 - 11 至表 1 - 14 综合反映了东部地区、中部地区以及西部地区规模以上国有工业企业数量、资产总额、营业收入和利润总额占当地规模以上工业企业数量、资产总额、营业收入和利润总额比重从 1998 ~ 2018 年的变化情况，也反映了规模以上工业行业国有资本在东部、中部与西部地区布局的演变情况。可以看出，就纵向比较而言，1998 ~ 2018 年，各地区规模以上国有工业企业数量、资产总额、营业收入和利润总额占当地规模以上工业企业数量、资产总额、营业收入和利润总额比重均呈下降趋势，尤其在规模以上国有工业企业数量占比方面呈大幅下降趋势。就横向比较而言，国有资本主要分布在中西部地区，越往中西部内地地区延伸，国有资本比重越高。

2. 各省份国有资本布局演变与现状

全国 31 个省份规模以上工业企业的国有资本占比总体呈下降趋势。从表 1 - 10 可以看出，1999 ~ 2018 年，各省份规模以上工业企业的国有资本占比均有不同程度的下降，下降幅度在 40% 以上的有江西、河南、宁夏、湖南、安徽、重庆、河北、内蒙古 8 个省份。2018 年，规模以上工业企业的国有资本占比在

表1—10　各地区国有控股工业企业所有者权益总额占当地规模以上工业企业所有者权益总额比重变化

| 地区 | 1999年企业所有者权益总额（亿元） | | 占比（%） | 2003年企业所有者权益总额（亿元） | | 占比（%） | 2008年企业所有者权益总额（亿元） | | 占比（%） | 2013年企业所有者权益总额（亿元） | | 占比（%） | 2018年企业所有者权益总额（亿元） | | 占比（%） |
|---|---|---|---|---|---|---|---|---|---|---|---|---|---|---|---|
| | 国有控股工业 | 当地规模以上工业 | | 国有控股工业 | 当地规模以上工业 | | 国有控股工业 | 当地规模以上工业 | | 国有控股工业 | 当地规模以上工业 | | 国有控股工业 | 当地规模以上工业 | |
| 东部地区 | 18987.02 | 30786.39 | 61.7 | 23090.55 | 48138.83 | 48.0 | 43428.12 | 1222662.2 | 35.4 | 70383.12 | 227288.4 | 31.0 | 99728.8 | 307722.1 | 32.4 |
| 北京 | 1268.42 | 1567.51 | 80.9 | 1622.35 | 2424 | 66.9 | 6744.01 | 8717.41 | 77.4 | 11314.06 | 15034.67 | 75.3 | 19986.4 | 26572.4 | 75.2 |
| 天津 | 763.45 | 1382.66 | 55.2 | 1061.23 | 1908.36 | 55.6 | 1997.65 | 4060.68 | 49.2 | 3546.18 | 7963.64 | 44.5 | 4011.1 | 8806 | 45.5 |
| 河北 | 1513.5 | 1949.87 | 77.6 | 1617.16 | 2673.05 | 60.5 | 2926.95 | 6730.11 | 43.5 | 5455.28 | 14875.56 | 36.7 | 6279.1 | 17656.5 | 35.6 |
| 辽宁 | 2379.31 | 2947.58 | 80.7 | 2532.5 | 3776.27 | 67.1 | 4380.68 | 9162.4 | 47.8 | 5451.45 | 15769.33 | 34.6 | 5942.9 | 13075.6 | 45.5 |
| 吉林 | 853.43 | 980.67 | 87.0 | 1075.17 | 1373.25 | 78.3 | 1963.31 | 3421.41 | 57.4 | 3118.81 | 6903.35 | 45.2 | 4010.1 | 7841.6 | 51.1 |
| 黑龙江 | 1058.37 | 1205.21 | 87.8 | 1647.45 | 1945.16 | 84.7 | 2504.37 | 3455.59 | 72.5 | 3847.32 | 6025.89 | 63.8 | 3873.8 | 6249.1 | 62.0 |
| 上海 | 2869.77 | 4130.06 | 69.5 | 3492.53 | 5842.1 | 59.8 | 5548.36 | 10671.52 | 52.0 | 8412.2 | 16652.49 | 50.5 | 11415 | 22601.1 | 50.5 |
| 江苏 | 1833.68 | 3773.77 | 48.6 | 1999.28 | 6205.14 | 32.2 | 3141.59 | 19874.05 | 15.8 | 6153.23 | 39794.98 | 15.5 | 9749 | 56666.6 | 17.2 |
| 浙江 | 1237.83 | 2768.4 | 44.7 | 1318.05 | 5356.33 | 24.6 | 2063.84 | 13524.09 | 15.3 | 3888.57 | 23845.65 | 16.3 | 5750.8 | 34553 | 16.6 |
| 福建 | 566.49 | 1232.87 | 45.9 | 652.57 | 2230.96 | 29.3 | 1242 | 5412.59 | 22.9 | 2263.27 | 11181.78 | 20.2 | 3813.5 | 17709.1 | 21.5 |
| 山东 | 2078.01 | 3232.63 | 64.3 | 3054.38 | 5875.5 | 52.0 | 5390.42 | 17647.01 | 30.5 | 8908 | 34869.54 | 25.5 | 11753.7 | 40028.5 | 29.4 |
| 广东 | 2475.84 | 5481.52 | 45.2 | 2873 | 8318.24 | 34.5 | 5281.11 | 19471.95 | 27.1 | 7636.9 | 33286.9 | 22.9 | 12570.4 | 54472.1 | 23.1 |
| 海南 | 88.92 | 133.64 | 66.5 | 144.88 | 210.47 | 68.8 | 243.83 | 513.43 | 47.5 | 387.85 | 1084.66 | 35.8 | 573 | 1490.5 | 38.4 |
| 中部地区 | 5452.88 | 6730.9 | 81.0 | 7255.04 | 10253.16 | 70.8 | 15076.37 | 29739.44 | 50.7 | 24254.32 | 67922.03 | 35.7 | 32676.8 | 93070.4 | 35.1 |
| 河南 | 1305.9 | 1733.73 | 75.3 | 1564.61 | 2348.06 | 66.6 | 2888.36 | 7536.85 | 38.3 | 4217.23 | 21515.5 | 19.6 | 4614.3 | 22167.8 | 20.8 |
| 湖北 | 1344.03 | 1654.85 | 81.2 | 2183.02 | 2793.99 | 78.1 | 4739.53 | 7371.94 | 64.3 | 5991.74 | 13163.43 | 45.5 | 8580 | 19587.4 | 43.8 |
| 湖南 | 640.83 | 801.86 | 79.9 | 831.82 | 1314.1 | 63.3 | 1666.67 | 3710.75 | 44.9 | 2924.37 | 8746.88 | 33.4 | 4219.2 | 13183.7 | 32.0 |

续表

| 地区 | 1999年企业所有者权益总额（亿元）国有控股工业 | 当地规模以上工业 | 占比（%） | 2003年企业所有者权益总额（亿元）国有控股工业 | 当地规模以上工业 | 占比（%） | 2008年企业所有者权益总额（亿元）国有控股工业 | 当地规模以上工业 | 占比（%） | 2013年企业所有者权益总额（亿元）国有控股工业 | 当地规模以上工业 | 占比（%） | 2018年企业所有者权益总额（亿元）国有控股工业 | 当地规模以上工业 | 占比（%） |
|---|---|---|---|---|---|---|---|---|---|---|---|---|---|---|---|
| 山西 | 843.56 | 990.65 | 85.2 | 1153.6 | 1613.07 | 71.5 | 2716.25 | 4429.04 | 61.3 | 5077.87 | 8047.27 | 63.1 | 6718 | 10513 | 63.9 |
| 江西 | 468.99 | 527.84 | 88.9 | 522.23 | 742.6 | 70.3 | 1049.61 | 2905.93 | 36.1 | 1832.28 | 6237.98 | 29.4 | 2736.4 | 11631.2 | 23.5 |
| 安徽 | 849.57 | 1021.97 | 83.1 | 999.76 | 1441.34 | 69.4 | 2015.95 | 3784.93 | 53.3 | 4210.83 | 10210.97 | 41.2 | 5808.9 | 15987.3 | 36.3 |
| 西部地区 | 6126.96 | 7101.51 | 86.3 | 8035.45 | 10737.58 | 74.8 | 18884.41 | 29951.69 | 63.0 | 35900.88 | 63707.07 | 56.4 | 49257.5 | 92316 | 53.4 |
| 重庆 | 503.77 | 606.18 | 83.1 | 665.55 | 917.83 | 72.5 | 1190.9 | 2218.07 | 53.7 | 2124.69 | 4820.83 | 44.1 | 2974.7 | 8118.8 | 36.6 |
| 四川 | 1289.45 | 1622.5 | 79.5 | 1396.23 | 2326.96 | 60.0 | 3114.87 | 6347.68 | 49.1 | 5247.61 | 12924.97 | 40.6 | 8308.9 | 19190.7 | 43.3 |
| 贵州 | 369.72 | 412.6 | 89.6 | 619.56 | 722.33 | 85.8 | 1122.64 | 1564.36 | 71.8 | 2223.19 | 3548.42 | 62.7 | 3412.6 | 5774.6 | 59.1 |
| 云南 | 871.45 | 967.66 | 90.1 | 1156.99 | 1368.64 | 84.5 | 2148.23 | 3016.76 | 71.2 | 3572.11 | 5426.07 | 65.8 | 5397.1 | 8082.7 | 66.8 |
| 西藏 | 39.33 | 44.24 | 88.9 | 56.67 | 66.9 | 84.7 | 140.08 | 171.04 | 81.9 | 285.01 | 361.95 | 78.7 | 563 | 736.8 | 76.4 |
| 陕西 | 654.04 | 770.59 | 84.9 | 1038.36 | 1306.74 | 79.5 | 3336.85 | 4460.78 | 74.8 | 7164.78 | 9861.87 | 72.7 | 9332.3 | 14945.8 | 62.4 |
| 甘肃 | 428.84 | 495.95 | 86.5 | 634.48 | 771.79 | 82.2 | 1523.39 | 1998.33 | 76.2 | 2694.84 | 3621.91 | 74.4 | 2976.1 | 4251.8 | 70.0 |
| 青海 | 201.02 | 212.73 | 94.5 | 237.69 | 276.94 | 85.8 | 599.09 | 803.59 | 74.6 | 952.16 | 1551.99 | 61.4 | 1386.5 | 1981.9 | 70.0 |
| 宁夏 | 136.88 | 161.72 | 84.6 | 193.38 | 253.41 | 76.3 | 462.27 | 721.98 | 64.0 | 945.9 | 1870.46 | 50.6 | 1158.2 | 3246.2 | 35.7 |
| 新疆 | 564.88 | 591.32 | 95.5 | 827.55 | 972.74 | 85.1 | 2195.82 | 2717.44 | 80.8 | 3950.87 | 5622.36 | 70.3 | 5339.2 | 8474.9 | 63.0 |
| 内蒙古 | 636.62 | 682.22 | 93.3 | 709.94 | 994.16 | 71.4 | 2067.83 | 3782.79 | 54.7 | 4707.63 | 9248.03 | 50.9 | 5798.1 | 11166.5 | 51.9 |
| 广西 | 430.96 | 533.8 | 80.7 | 499.05 | 759.14 | 65.7 | 982.44 | 2148.87 | 45.7 | 2032.09 | 4848.21 | 41.9 | 2610.8 | 6345.3 | 41.1 |
| 总计/平均 | 30566.86 | 44618.8 | 68.5 | 38381.04 | 69129.57 | 55.5 | 77388.9 | 182353.4 | 42.4 | 130538.3 | 358917.5 | 36.4 | 181663.1 | 493108.5 | 36.8 |

资料来源：根据《中国统计年鉴》数据整理。

表1-11 各地区国有控股工业企业数量占当地规模以上工业企业数量比重变化

| 地区 | 1999年企业数量（家）国有控股工业 | 当地规模以上工业 | 占比（%） | 2003年企业数量（家）国有控股工业 | 当地规模以上工业 | 占比（%） | 2008年企业数量（家）国有控股工业 | 当地规模以上工业 | 占比（%） | 2013年企业数量（家）国有控股工业 | 当地规模以上工业 | 占比（%） | 2018年企业数量（家）国有控股工业 | 当地规模以上工业 | 占比（%） |
|---|---|---|---|---|---|---|---|---|---|---|---|---|---|---|---|
| 东部地区 | 31785 | 106448 | 29.9 | 16942 | 139960 | 12.1 | 11155 | 315193 | 3.5 | 8652 | 234763 | 3.7 | 8535 | 236743 | 3.6 |
| 北京 | 3309 | 5225 | 63.3 | 1362 | 4019 | 33.9 | 1116 | 7205 | 15.5 | 790 | 3701 | 21.3 | 629 | 3197 | 19.7 |
| 天津 | 1831 | 5213 | 35.1 | 1625 | 5341 | 30.4 | 884 | 7950 | 11.1 | 584 | 5383 | 10.8 | 466 | 4292 | 10.9 |
| 河北 | 3051 | 7418 | 41.1 | 1675 | 7923 | 21.1 | 810 | 12447 | 6.5 | 731 | 12649 | 5.8 | 700 | 14943 | 4.7 |
| 辽宁 | 2609 | 5816 | 44.9 | 1334 | 6842 | 19.5 | 1046 | 21876 | 4.8 | 643 | 17561 | 3.7 | 614 | 6621 | 9.3 |
| 吉林 | 1824 | 2793 | 65.3 | 969 | 2284 | 42.4 | 416 | 5257 | 7.9 | 361 | 5353 | 6.7 | 356 | 5963 | 6.0 |
| 黑龙江 | 2015 | 2957 | 68.1 | 970 | 2567 | 37.8 | 543 | 4392 | 12.4 | 460 | 4098 | 11.2 | 478 | 3740 | 12.8 |
| 上海 | 2728 | 9323 | 29.3 | 1606 | 11098 | 14.5 | 1189 | 18792 | 6.3 | 777 | 9782 | 7.9 | 652 | 8130 | 8.0 |
| 江苏 | 3154 | 18004 | 17.5 | 1242 | 23862 | 5.2 | 921 | 65495 | 1.4 | 904 | 46387 | 1.9 | 1065 | 45675 | 2.3 |
| 浙江 | 1872 | 13301 | 14.1 | 861 | 25526 | 3.4 | 736 | 58816 | 1.3 | 656 | 36904 | 1.8 | 813 | 40586 | 2.0 |
| 福建 | 1578 | 5549 | 28.4 | 888 | 9208 | 9.6 | 540 | 17212 | 3.1 | 457 | 15806 | 2.9 | 532 | 17470 | 3.0 |
| 山东 | 3049 | 11391 | 26.8 | 1961 | 16177 | 12.1 | 1358 | 42629 | 3.2 | 1178 | 38654 | 3.0 | 1119 | 38333 | 2.9 |
| 广东 | 4337 | 18879 | 23.0 | 2103 | 24494 | 8.6 | 1487 | 52574 | 2.8 | 1028 | 38094 | 2.7 | 1058 | 47456 | 2.2 |
| 海南 | 428 | 579 | 73.9 | 346 | 619 | 55.9 | 109 | 548 | 19.9 | 83 | 391 | 21.2 | 53 | 337 | 15.7 |
| 中部地区 | 15199 | 32445 | 46.8 | 8684 | 32151 | 27.0 | 4570 | 66332 | 6.9 | 4094 | 73198 | 5.6 | 4148 | 88660 | 4.7 |
| 河南 | 3177 | 9922 | 32.0 | 2253 | 9091 | 24.8 | 970 | 18700 | 5.2 | 796 | 19773 | 4.0 | 687 | 22081 | 3.1 |
| 湖北 | 3363 | 6874 | 48.9 | 1617 | 6271 | 25.8 | 887 | 12067 | 7.4 | 689 | 13441 | 5.1 | 716 | 15598 | 4.6 |
| 湖南 | 2531 | 4790 | 52.8 | 1642 | 5967 | 27.5 | 854 | 12391 | 6.9 | 739 | 13323 | 5.5 | 715 | 16055 | 4.5 |

续表

| 地区 | 1999年企业数量（家） | | | 2003年企业数量（家） | | | 2008年企业数量（家） | | | 2013年企业数量（家） | | | 2018年企业数量（家） | | |
|---|---|---|---|---|---|---|---|---|---|---|---|---|---|---|---|
| | 国有控股工业 | 当地规模以上工业 | 占比（%） | 国有控股工业 | 当地规模以上工业 | 占比（%） | 国有控股工业 | 当地规模以上工业 | 占比（%） | 国有控股工业 | 当地规模以上工业 | 占比（%） | 国有控股工业 | 当地规模以上工业 | 占比（%） |
| 山西 | 1853 | 3345 | 55.4 | 1354 | 3613 | 37.5 | 650 | 4415 | 14.7 | 752 | 3946 | 19.1 | 878 | 3875 | 22.7 |
| 江西 | 2861 | 3730 | 76.7 | 1071 | 3051 | 35.1 | 577 | 7367 | 7.8 | 475 | 7601 | 6.2 | 464 | 11630 | 4.0 |
| 安徽 | 1414 | 3784 | 37.4 | 747 | 4158 | 18.0 | 632 | 11392 | 5.5 | 643 | 15114 | 4.3 | 688 | 19421 | 3.5 |
| 西部地区 | 14317 | 23140 | 61.9 | 8654 | 24111 | 35.9 | 5588 | 44588 | 12.5 | 5451 | 44585 | 12.2 | 5987 | 53037 | 11.3 |
| 重庆 | 976 | 1975 | 49.4 | 570 | 2241 | 25.4 | 520 | 6119 | 8.5 | 482 | 5237 | 9.2 | 492 | 6772 | 7.3 |
| 四川 | 2065 | 4538 | 45.5 | 1065 | 5448 | 19.5 | 1006 | 13725 | 7.3 | 906 | 13163 | 6.9 | 952 | 14205 | 6.7 |
| 贵州 | 1518 | 2119 | 71.6 | 1037 | 2129 | 48.7 | 530 | 2676 | 19.8 | 493 | 3139 | 15.7 | 485 | 5583 | 8.7 |
| 云南 | 1402 | 2133 | 65.7 | 943 | 1995 | 47.3 | 539 | 3320 | 16.2 | 552 | 3382 | 16.3 | 601 | 4260 | 14.1 |
| 西藏 | 218 | 329 | 66.3 | 199 | 325 | 61.2 | 36 | 88 | 40.9 | 26 | 70 | 37.1 | 34 | 123 | 27.6 |
| 陕西 | 1738 | 2587 | 67.2 | 1235 | 2493 | 49.5 | 685 | 4025 | 17.0 | 691 | 4489 | 15.4 | 746 | 6426 | 11.6 |
| 甘肃 | 1180 | 2245 | 52.6 | 706 | 2884 | 24.5 | 426 | 1940 | 22.0 | 381 | 1830 | 20.8 | 416 | 1917 | 21.7 |
| 青海 | 470 | 559 | 84.1 | 206 | 400 | 51.5 | 146 | 515 | 28.3 | 98 | 465 | 21.1 | 138 | 586 | 23.5 |
| 宁夏 | 329 | 496 | 66.3 | 154 | 418 | 36.8 | 106 | 901 | 11.8 | 106 | 935 | 11.3 | 153 | 1250 | 12.2 |
| 新疆 | 1323 | 1625 | 81.4 | 696 | 1254 | 55.5 | 486 | 1859 | 26.1 | 556 | 2102 | 26.5 | 822 | 3025 | 27.2 |
| 内蒙古 | 955 | 1392 | 68.6 | 591 | 1653 | 35.8 | 481 | 3993 | 12.0 | 621 | 4377 | 14.2 | 606 | 2832 | 21.4 |
| 广西 | 2143 | 3142 | 68.2 | 1252 | 2871 | 43.6 | 627 | 5427 | 11.6 | 539 | 5396 | 10.0 | 542 | 6058 | 8.9 |
| 总计/平均 | 61301 | 162033 | 37.8 | 34280 | 196222 | 17.5 | 21313 | 426113 | 5.0 | 18197 | 352546 | 5.2 | 18670 | 378440 | 4.9 |

资料来源：根据《中国统计年鉴》数据整理。

表1-12 各地区国有控股工业企业资产总额占当地规模以上工业企业资产总额比重变化

| 地区 | 1999年企业资产 | | | 2003年企业资产 | | | 2008年企业资产 | | | 2013年企业资产 | | | 2018年企业资产 | | |
|---|---|---|---|---|---|---|---|---|---|---|---|---|---|---|---|
| | 国有控股工业总额（亿元） | 当地规模以上工业 | 占比（%） | 国有控股工业总额（亿元） | 当地规模以上工业 | 占比（%） | 国有控股工业总额（亿元） | 当地规模以上工业 | 占比（%） | 国有控股工业总额（亿元） | 当地规模以上工业 | 占比（%） | 国有控股工业总额（亿元） | 当地规模以上工业 | 占比（%） |
| 东部地区 | 46951 | 76935 | 61.0 | 53229 | 113525 | 46.9 | 100947 | 286309 | 35.3 | 173424 | 525881 | 33.0 | 222451 | 687711 | 32.3 |
| 北京 | 3184 | 3970 | 80.2 | 3388 | 5178 | 65.4 | 12219 | 16802 | 72.7 | 23335 | 31398 | 74.3 | 34083 | 48010 | 71.0 |
| 天津 | 2238 | 3625 | 61.7 | 2715 | 4627 | 58.7 | 5422 | 10351 | 52.4 | 10543 | 22059 | 47.8 | 10628 | 20940 | 50.8 |
| 河北 | 3777 | 4955 | 76.2 | 4378 | 6976 | 62.8 | 8235 | 17262 | 47.7 | 15333 | 36040 | 42.5 | 17479 | 44372 | 39.4 |
| 辽宁 | 5942 | 7433 | 79.9 | 6278 | 9181 | 68.4 | 11900 | 22041 | 54.0 | 17398 | 37989 | 45.8 | 17229 | 35638 | 48.3 |
| 吉林 | 2569 | 2920 | 88.0 | 2931 | 3675 | 79.8 | 4484 | 7525 | 59.6 | 8253 | 15258 | 54.1 | 9704 | 17968 | 54.0 |
| 黑龙江 | 3013 | 3457 | 87.2 | 3704 | 4499 | 82.3 | 5467 | 7827 | 69.8 | 9094 | 14059 | 64.7 | 8970 | 14982 | 59.9 |
| 上海 | 5850 | 8777 | 66.7 | 6320 | 11609 | 54.4 | 10936 | 22750 | 48.1 | 15167 | 33538 | 45.2 | 20081 | 42662 | 47.1 |
| 江苏 | 4619 | 9882 | 46.7 | 5056 | 16309 | 31.0 | 8298 | 48322 | 17.2 | 16550 | 92082 | 18.0 | 22055 | 119591 | 18.4 |
| 浙江 | 2597 | 6416 | 40.5 | 2688 | 12527 | 21.5 | 5558 | 35551 | 15.6 | 8885 | 59633 | 14.9 | 13019 | 77667 | 16.8 |
| 福建 | 1438 | 2891 | 49.8 | 1629 | 4902 | 33.2 | 3126 | 11695 | 26.7 | 5829 | 24671 | 23.6 | 9128 | 36233 | 25.2 |
| 山东 | 5596 | 8823 | 63.4 | 7489 | 14462 | 51.8 | 12969 | 39225 | 33.1 | 24100 | 78881 | 30.6 | 31853 | 102276 | 31.1 |
| 广东 | 5788 | 13343 | 43.4 | 6328 | 19126 | 33.1 | 11898 | 45750 | 26.0 | 18247 | 77944 | 23.4 | 27050 | 124284 | 21.8 |
| 海南 | 339 | 443 | 76.5 | 323 | 455 | 71.0 | 435 | 1208 | 36.0 | 691 | 2328 | 29.7 | 1172 | 3091 | 37.9 |
| 中部地区 | 16067 | 19772 | 81.3 | 20406 | 27614 | 73.9 | 40013 | 71600 | 55.9 | 71028 | 158052 | 44.9 | 89663 | 216914 | 41.3 |
| 河南 | 3792 | 5091 | 74.5 | 4705 | 6575 | 71.6 | 8300 | 17317 | 47.9 | 12996 | 42022 | 30.9 | 15033 | 50432 | 29.8 |
| 湖北 | 3844 | 4618 | 83.2 | 5439 | 6843 | 79.5 | 9774 | 15431 | 63.3 | 15017 | 30132 | 49.8 | 17466 | 39895 | 43.8 |
| 湖南 | 2151 | 2601 | 82.7 | 2564 | 3643 | 70.4 | 4715 | 8856 | 53.2 | 8177 | 19032 | 43.0 | 10299 | 27195 | 37.9 |

续表

| 地区 | 1999年企业资产总额（亿元）国有控股工业 | 当地规模以上工业 | 占比（%） | 2003年企业资产总额（亿元）国有控股工业 | 当地规模以上工业 | 占比（%） | 2008年企业资产总额（亿元）国有控股工业 | 当地规模以上工业 | 占比（%） | 2013年企业资产总额（亿元）国有控股工业 | 当地规模以上工业 | 占比（%） | 2018年企业资产总额（亿元）国有控股工业 | 当地规模以上工业 | 占比（%） |
|---|---|---|---|---|---|---|---|---|---|---|---|---|---|---|---|
| 山西 | 2494 | 2917 | 85.5 | 3342 | 4565 | 73.2 | 8365 | 13453 | 62.2 | 17552 | 28058 | 62.6 | 24545 | 37707 | 65.1 |
| 江西 | 1591 | 1748 | 91.0 | 1783 | 2269 | 78.6 | 2860 | 6421 | 44.5 | 5162 | 13640 | 37.8 | 7085 | 24086 | 29.4 |
| 安徽 | 2196 | 2797 | 78.5 | 2572 | 3719 | 69.2 | 5999 | 10122 | 59.3 | 12124 | 25168 | 48.2 | 15235 | 37600 | 40.5 |
| 西部地区 | 17454 | 20262 | 86.1 | 20886 | 27669 | 75.5 | 47852 | 73397 | 65.2 | 98237 | 166693 | 58.9 | 127796 | 229757 | 55.6 |
| 重庆 | 1562 | 1852 | 84.4 | 1698 | 2363 | 71.8 | 3068 | 5551 | 55.3 | 6253 | 13136 | 47.6 | 7496 | 19173 | 39.1 |
| 四川 | 3548 | 4468 | 79.4 | 3846 | 6023 | 63.9 | 8516 | 15589 | 54.6 | 17406 | 34729 | 50.1 | 20719 | 44076 | 47.0 |
| 贵州 | 1202 | 1329 | 90.5 | 1665 | 1959 | 85.0 | 3476 | 4566 | 76.1 | 6430 | 9704 | 66.3 | 9229 | 15068 | 61.2 |
| 云南 | 1847 | 2155 | 85.7 | 2447 | 3034 | 80.7 | 4768 | 7185 | 66.4 | 10123 | 15344 | 66.0 | 14098 | 20562 | 68.6 |
| 西藏 | 61 | 68 | 90.4 | 78 | 92 | 85.3 | 177 | 224 | 79.3 | 404 | 549 | 73.7 | 1162 | 1570 | 74.0 |
| 陕西 | 2164 | 2499 | 86.6 | 2971 | 3673 | 80.9 | 7682 | 9906 | 77.5 | 16716 | 22443 | 74.5 | 21376 | 32433 | 65.9 |
| 甘肃 | 1421 | 1608 | 88.4 | 1848 | 2192 | 84.3 | 3485 | 4497 | 77.5 | 7889 | 10159 | 77.7 | 8802 | 12149 | 72.4 |
| 青海 | 600 | 631 | 95.0 | 775 | 871 | 89.0 | 1618 | 2093 | 77.3 | 3057 | 4598 | 66.5 | 4454 | 6338 | 70.3 |
| 宁夏 | 425 | 498 | 85.3 | 549 | 736 | 74.6 | 1350 | 2062 | 65.5 | 2810 | 5588 | 50.3 | 4026 | 9657 | 41.7 |
| 新疆 | 1541 | 1639 | 94.1 | 1715 | 2097 | 81.8 | 4486 | 5653 | 79.4 | 9024 | 14238 | 63.4 | 12278 | 20948 | 58.6 |
| 内蒙古 | 1655 | 1782 | 92.9 | 1807 | 2439 | 74.1 | 6129 | 10089 | 60.8 | 12237 | 23142 | 52.9 | 16485 | 30627 | 53.8 |
| 广西 | 1428 | 1733 | 82.4 | 1486 | 2190 | 67.8 | 3096 | 5981 | 51.8 | 5888 | 13063 | 45.1 | 7673 | 17159 | 44.7 |
| 总计/平均 | 80472 | 116969 | 68.8 | 94520 | 168808 | 56.0 | 188811 | 431306 | 43.8 | 342689 | 850626 | 40.3 | 439909 | 1134382 | 38.8 |

资料来源：根据《中国统计年鉴》数据整理。

表1-13 各地区国有控股工业企业营业收入占当地规模以上工业企业营业收入比重变化

| 地区 | 1999年企业营业收入（亿元） | | 占比（%） | 2003年企业营业收入（亿元） | | 占比（%） | 2008年企业营业收入（亿元） | | 占比（%） | 2013年企业营业收入（亿元） | | 占比（%） | 2018年企业营业收入（亿元） | | 占比（%） |
|---|---|---|---|---|---|---|---|---|---|---|---|---|---|---|---|
| | 国有控股工业 | 当地规模以上工业 | | 国有控股工业 | 当地规模以上工业 | | 国有控股工业 | 当地规模以上工业 | | 国有控股工业 | 当地规模以上工业 | | 国有控股工业 | 当地规模以上工业 | |
| 东部地区 | 23048 | 51396 | 44.8 | 37424 | 109569 | 34.2 | 87057 | 360838 | 24.1 | 140551 | 678104 | 20.7 | 156063 | 663121 | 23.5 |
| 北京 | 1560 | 2093 | 74.5 | 2066 | 3886 | 53.2 | 5500 | 11276 | 48.8 | 10680 | 18625 | 57.3 | 12214 | 21959 | 55.6 |
| 天津 | 764 | 2179 | 35.1 | 1668 | 4202 | 39.7 | 5176 | 12914 | 40.1 | 9222 | 27011 | 34.1 | 6711 | 18107 | 37.1 |
| 河北 | 1703 | 2936 | 58.0 | 2754 | 5921 | 46.5 | 6849 | 22474 | 30.5 | 11408 | 45766 | 24.9 | 11017 | 39563 | 27.8 |
| 辽宁 | 2344 | 3430 | 68.3 | 3887 | 6341 | 61.3 | 9848 | 24372 | 40.4 | 12830 | 52150 | 24.6 | 12940 | 27821 | 46.5 |
| 吉林 | 1056 | 1276 | 82.8 | 2073 | 2639 | 78.6 | 4052 | 8119 | 49.9 | 8554 | 21951 | 39.0 | 9011 | 14206 | 63.4 |
| 黑龙江 | 1444 | 1707 | 84.6 | 2376 | 2942 | 80.8 | 5732 | 8212 | 69.8 | 6669 | 13570 | 49.1 | 5005 | 9323 | 53.7 |
| 上海 | 2898 | 5472 | 53.0 | 4856 | 10983 | 44.2 | 9758 | 26058 | 37.4 | 13822 | 34534 | 40.0 | 16270 | 39815 | 40.9 |
| 江苏 | 2842 | 8258 | 34.4 | 3887 | 18020 | 21.6 | 7798 | 66482 | 11.7 | 14561 | 132270 | 11.0 | 18428 | 132155 | 13.9 |
| 浙江 | 1312 | 5037 | 26.1 | 2147 | 13003 | 16.5 | 5357 | 39631 | 13.5 | 8856 | 61765 | 14.3 | 11636 | 71446 | 16.3 |
| 福建 | 753 | 2060 | 36.6 | 1121 | 4822 | 23.2 | 2096 | 14816 | 14.1 | 4103 | 32847 | 12.5 | 6196 | 51889 | 11.9 |
| 山东 | 3097 | 6567 | 47.2 | 5663 | 14932 | 37.9 | 13566 | 62034 | 21.9 | 22473 | 132319 | 17.0 | 24342 | 96585 | 25.2 |
| 广东 | 3153 | 10209 | 30.9 | 4717 | 21567 | 21.9 | 11046 | 63372 | 17.4 | 16966 | 103655 | 16.4 | 21745 | 138022 | 15.8 |
| 海南 | 123 | 172 | 71.1 | 209 | 312 | 67.0 | 277 | 1078 | 25.7 | 406 | 1641 | 24.7 | 550 | 2232 | 24.6 |
| 中部地区 | 6549 | 10159 | 64.5 | 10754 | 18463 | 58.2 | 30133 | 79395 | 38.0 | 57209 | 207120 | 27.6 | 59255 | 218266 | 27.1 |
| 河南 | 1620 | 2890 | 56.1 | 2855 | 5285 | 54.0 | 7125 | 25390 | 28.1 | 11617 | 59455 | 19.5 | 10291 | 47459 | 21.7 |
| 湖北 | 1635 | 2605 | 62.8 | 2405 | 3994 | 60.2 | 6003 | 13082 | 45.9 | 11966 | 37865 | 31.6 | 11390 | 43272 | 26.3 |
| 湖南 | 929 | 1367 | 68.0 | 1499 | 2605 | 57.6 | 3843 | 11285 | 34.1 | 7146 | 31617 | 22.6 | 8127 | 35421 | 22.9 |

续表

| 地区 | 1999年企业营业收入（亿元） | | | 2003年企业营业收入（亿元） | | | 2008年企业营业收入（亿元） | | | 2013年企业营业收入（亿元） | | | 2018年企业营业收入（亿元） | | |
|---|---|---|---|---|---|---|---|---|---|---|---|---|---|---|---|
| | 国有控股工业 | 当地规模以上工业 | 占比（%） | 国有控股工业 | 当地规模以上工业 | 占比（%） | 国有控股工业 | 当地规模以上工业 | 占比（%） | 国有控股工业 | 当地规模以上工业 | 占比（%） | 国有控股工业 | 当地规模以上工业 | 占比（%） |
| 山西 | 708 | 1013 | 69.9 | 1468 | 2465 | 59.6 | 5380 | 10131 | 53.1 | 10411 | 18405 | 56.6 | 10164 | 19805 | 51.3 |
| 江西 | 650 | 797 | 81.5 | 998 | 1494 | 66.8 | 2725 | 8526 | 32.0 | 5990 | 26700 | 22.4 | 7625 | 32305 | 23.6 |
| 安徽 | 1007 | 1488 | 67.7 | 1528 | 2620 | 58.3 | 5057 | 10980 | 46.1 | 10078 | 33079 | 30.5 | 11657 | 40005 | 29.1 |
| 西部地区 | 6354 | 8297 | 76.6 | 9849 | 15139 | 65.1 | 30318 | 59787 | 50.7 | 60484 | 143925 | 42.0 | 69412 | 168103 | 41.3 |
| 重庆 | 622 | 855 | 72.8 | 899 | 1595 | 56.4 | 2416 | 5668 | 42.6 | 4450 | 15417 | 28.9 | 4955 | 20053 | 24.7 |
| 四川 | 1219 | 1875 | 65.0 | 1762 | 3482 | 50.6 | 4765 | 14286 | 33.4 | 9860 | 35252 | 28.0 | 10629 | 41247 | 25.8 |
| 贵州 | 430 | 508 | 84.7 | 706 | 974 | 72.5 | 1803 | 2922 | 61.7 | 3472 | 6878 | 50.5 | 4214 | 9539 | 44.2 |
| 云南 | 797 | 979 | 81.3 | 1130 | 1537 | 73.5 | 2919 | 4961 | 58.8 | 5349 | 9773 | 54.7 | 7475 | 13641 | 54.8 |
| 西藏 | 11 | 14 | 78.1 | 16 | 20 | 81.5 | 21 | 45 | 47.1 | 53 | 93 | 56.9 | 161 | 260 | 61.8 |
| 陕西 | 738 | 944 | 78.2 | 1389 | 1843 | 75.4 | 4920 | 7195 | 68.4 | 10555 | 17763 | 59.4 | 11464 | 23477 | 48.8 |
| 甘肃 | 512 | 642 | 79.8 | 930 | 1160 | 80.2 | 3020 | 3752 | 80.5 | 6778 | 8444 | 80.3 | 7413 | 9021 | 82.2 |
| 青海 | 150 | 164 | 91.3 | 229 | 275 | 83.2 | 718 | 1045 | 68.7 | 1076 | 2045 | 52.6 | 1440 | 2235 | 64.4 |
| 宁夏 | 152 | 195 | 78.1 | 249 | 378 | 65.7 | 652 | 1334 | 48.9 | 1671 | 3374 | 49.5 | 1808 | 4445 | 40.7 |
| 新疆 | 553 | 613 | 90.4 | 897 | 1097 | 81.7 | 3521 | 4439 | 79.3 | 5796 | 8608 | 67.3 | 6174 | 10767 | 57.3 |
| 内蒙古 | 553 | 637 | 86.7 | 827 | 1358 | 60.9 | 3375 | 8470 | 39.8 | 6288 | 19551 | 32.2 | 6679 | 14351 | 46.5 |
| 广西 | 617 | 871 | 70.7 | 815 | 1418 | 57.5 | 2188 | 5669 | 38.6 | 5135 | 16726 | 30.7 | 7003 | 19070 | 36.7 |
| 总计/平均 | 35951 | 69852 | 51.5 | 58027 | 143172 | 40.5 | 147508 | 500020 | 29.5 | 258243 | 1029150 | 25.1 | 284730 | 1049490 | 27.1 |

资料来源：根据《中国统计年鉴》数据整理。

表1-14 各地区国有控股工业企业利润总额占当地规模以上工业企业利润总额比重变化

| 地区 | 1999年企业利润总额（亿元） | | 占比（%） | 2003年企业利润总额（亿元） | | 占比（%） | 2008年企业利润总额（亿元） | | 占比（%） | 2013年企业利润总额（亿元） | | 占比（%） | 2018年企业利润总额（亿元） | | 占比（%） |
|---|---|---|---|---|---|---|---|---|---|---|---|---|---|---|---|
| | 国有控股工业 | 当地规模以上工业 | | 国有控股工业 | 当地规模以上工业 | | 国有控股工业 | 当地规模以上工业 | | 国有控股工业 | 当地规模以上工业 | | 国有控股工业 | 当地规模以上工业 | |
| 东部地区 | 920 | 2026 | 45.4 | 2731 | 6552 | 41.7 | 4997 | 20187 | 24.8 | 8427 | 40718 | 20.7 | 10326 | 40853 | 25.3 |
| 北京 | 56 | 74 | 75.9 | 119 | 235 | 50.4 | 256 | 557 | 45.9 | 709 | 1255 | 56.5 | 876 | 1530 | 57.2 |
| 天津 | -12 | 77 | -16.1 | 107 | 238 | 45.1 | 434 | 753 | 57.7 | 729 | 1993 | 36.6 | 673 | 1201 | 56.0 |
| 河北 | 52 | 124 | 42.3 | 162 | 387 | 41.9 | 277 | 1370 | 20.2 | 290 | 2561 | 11.3 | 374 | 2212 | 16.9 |
| 辽宁 | 18 | 58 | 30.3 | 116 | 236 | 49.2 | -60 | 782 | -7.7 | 204 | 2462 | 8.3 | 532 | 1460 | 36.4 |
| 吉林 | 16 | 22 | 74.2 | 123 | 160 | 77.0 | 171 | 396 | 43.1 | 550 | 1230 | 44.7 | 448 | 817 | 54.8 |
| 黑龙江 | 188 | 195 | 96.3 | 556 | 576 | 96.5 | 1420 | 1582 | 89.8 | 732 | 1150 | 63.6 | 215 | 487 | 44.2 |
| 上海 | 155 | 265 | 58.4 | 473 | 806 | 58.7 | 335 | 967 | 34.7 | 1314 | 2415 | 54.4 | 1765 | 3338 | 52.9 |
| 江苏 | 72 | 234 | 30.7 | 161 | 794 | 20.2 | 246 | 3973 | 6.2 | 803 | 7834 | 10.2 | 1327 | 8492 | 15.6 |
| 浙江 | 66 | 251 | 26.3 | 110 | 794 | 13.9 | 89 | 1634 | 5.5 | 561 | 3386 | 16.6 | 804 | 4452 | 18.1 |
| 福建 | 44 | 87 | 50.4 | 89 | 314 | 28.3 | 83 | 896 | 9.3 | 194 | 1959 | 9.9 | 377 | 3537 | 10.6 |
| 山东 | 95 | 281 | 33.9 | 398 | 920 | 43.2 | 930 | 3924 | 23.7 | 1214 | 8508 | 14.3 | 1362 | 4872 | 27.9 |
| 广东 | 171 | 357 | 47.8 | 307 | 1075 | 28.6 | 782 | 3273 | 23.9 | 1081 | 5855 | 18.5 | 1534 | 8310 | 18.5 |
| 海南 | -1 | 0 | -342.0 | 12 | 18 | 65.7 | 35 | 81 | 42.9 | 47 | 111 | 42.4 | 40 | 145 | 27.5 |
| 中部地区 | 54 | 186 | 29.3 | 510 | 917 | 55.6 | 1527 | 5609 | 27.2 | 2355 | 12140 | 19.4 | 3072 | 13498 | 22.8 |
| 河南 | 18 | 80 | 22.5 | 112 | 256 | 43.7 | 292 | 2288 | 12.8 | 358 | 4411 | 8.1 | 236 | 3053 | 7.7 |
| 湖北 | 30 | 69 | 44.0 | 132 | 194 | 68.0 | 467 | 909 | 51.4 | 695 | 2081 | 33.4 | 863 | 2755 | 31.3 |
| 湖南 | 1 | 16 | 6.4 | 53 | 111 | 47.4 | 185 | 664 | 27.9 | 358 | 1585 | 22.6 | 396 | 1727 | 22.9 |

续表

| 地区 | 1999年企业利润 | | | 2003年 | | | 2008年企业利润 | | | 2013年利润 | | | 2018年企业利润 | | |
| --- | --- | --- | --- | --- | --- | --- | --- | --- | --- | --- | --- | --- | --- | --- | --- |
| | 国有控股工业总额（亿元） | 当地规模以上工业企业利润（亿元） | 占比（%） | 国有控股工业总额 | 当地规模以上工业企业利润（亿元） | 占比（%） | 国有控股工业总额 | 当地规模以上工业企业利润（亿元） | 占比（%） | 国有控股工业总额 | 当地规模以上工业利润（亿元） | 占比（%） | 国有控股工业总额 | 当地规模以上工业利润（亿元） | 占比（%） |
| 山西 | 4 | 11 | 37.1 | 75 | 135 | 55.7 | 321 | 634 | 50.6 | 346 | 548 | 63.1 | 612 | 1356 | 45.1 |
| 江西 | -7 | -3 | 260.3 | 26 | 51 | 51.1 | 58 | 508 | 11.5 | 229 | 1757 | 13.0 | 331 | 2158 | 15.3 |
| 安徽 | 8 | 13 | 63.0 | 111 | 169 | 66.1 | 204 | 607 | 33.6 | 368 | 1759 | 20.9 | 634 | 2448 | 25.9 |
| 西部地区 | 23 | 76 | 30.5 | 595 | 869 | 68.5 | 2539 | 4767 | 53.3 | 4413 | 9973 | 44.2 | 5185 | 12000 | 43.2 |
| 重庆 | -15 | -9 | 165.0 | 54 | 86 | 62.4 | 109 | 309 | 35.3 | 196 | 878 | 22.4 | 171 | 1219 | 14.1 |
| 四川 | 7 | 26 | 25.6 | 68 | 153 | 44.1 | 198 | 845 | 23.5 | 544 | 2168 | 25.1 | 819 | 2718 | 30.1 |
| 贵州 | 1 | 1 | 226.3 | 28 | 38 | 75.1 | 95 | 182 | 52.1 | 278 | 477 | 58.2 | 604 | 879 | 68.7 |
| 云南 | 52 | 53 | 98.3 | 88 | 108 | 81.4 | 160 | 310 | 51.7 | 323 | 549 | 58.8 | 543 | 925 | 58.7 |
| 西藏 | 1 | 2 | 60.9 | 2 | 3 | 68.0 | -0 | 5 | -1.1 | -2 | 7 | -31.5 | — | 17 | — |
| 陕西 | -7 | 7 | -100.7 | 128 | 159 | 80.8 | 788 | 1009 | 78.1 | 1371 | 1973 | 69.5 | 1299 | 2436 | 53.3 |
| 甘肃 | -10 | -6 | 160.9 | 23 | 30 | 74.3 | 50 | 109 | 45.3 | 214 | 287 | 74.5 | 168 | 270 | 62.3 |
| 青海 | -1 | -1 | 83.4 | 10 | 12 | 81.7 | 132 | 177 | 74.3 | 101 | 141 | 71.2 | 21 | 63 | 34.0 |
| 宁夏 | -1 | -1 | 214.9 | 3 | 9 | 29.9 | 15 | 39 | 37.8 | 96 | 139 | 69.4 | 63 | 174 | 36.3 |
| 新疆 | -1 | 1 | -160.1 | 126 | 140 | 89.9 | 697 | 780 | 89.4 | 626 | 795 | 78.7 | 499 | 789 | 63.2 |
| 内蒙古 | -4 | -1 | 535.2 | 29 | 65 | 44.5 | 231 | 771 | 30.0 | 500 | 1683 | 29.7 | 591 | 1409 | 41.9 |
| 广西 | -0 | 4 | -3.1 | 38 | 66 | 57.4 | 64 | 231 | 27.7 | 166 | 874 | 19.0 | 408 | 1100 | 37.1 |
| 总计/平均 | 998 | 2288 | 43.6 | 3836 | 8337 | 46.0 | 9064 | 30562 | 29.7 | 15194 | 62831 | 24.2 | 18583 | 66351 | 28.0 |

资料来源：根据《中国统计年鉴》数据整理。

30% 以下的有浙江、江苏、河南、福建、广东、江西、山东 7 个省份。

此外，从省份规模以上国有工业企业数量比重变化来看，1999～2018 年，各省份国有控股工业企业数量占当地规模以上工业企业数量比重均呈下降趋势。2018 年，各省份规模以上国有工业企业数量占当地规模以上工业企业数量比重在 10% 以上的有北京、天津、黑龙江、海南、山西、云南、西藏、陕西、甘肃、青海、宁夏、新疆、内蒙古 13 个省份，其中山西、西藏、甘肃、青海、新疆、内蒙古 6 个省份国有企业数量比重在 20% 以上，国有企业数量比重较高的省份绝大部分位于经济欠发达的西部内陆地区（见表 1 – 11）。

从省份规模以上国有工业企业资产总额比重变化来看，1999～2018 年，各省份国有控股工业企业资产总额占当地规模以上工业企业资产总额比重均呈下降趋势。2018 年，规模以上国有工业企业资产总额占全国规模以上工业企业资产总额比重平均为 38.8%，高于全国平均水平的有北京、天津、河北、辽宁、吉林、黑龙江、上海、湖北、山西、安徽以及西部地区所有省份；低于全国平均水平的有江苏、浙江、福建、山东、广东、海南、河南、湖南、江西 9 个省份。资产总额占比在 50% 以上的有北京、天津、吉林、黑龙江、山西、贵州、云南、西藏、陕西、甘肃、青海、新疆、内蒙古 13 个省份，占全国 31 个省份的 41.9%（见表 1 – 12）。

从省份规模以上国有工业企业营业收入比重变化来看，1999～2018 年，除天津和甘肃规模以上国有工业企业营业收入比重有所上升外，其余省份规模以上国有工业企业营业收入比重均呈下降趋势。2018 年，规模以上国有工业企业营业收入占全国规模以上工业企业营业收入比重全国平均水平为 27.1%，低于全国平均水平的有江苏、浙江、福建、山东、广东、海南、河南、湖北、湖南、江西、重庆、四川 12 个省份，其他省份均高于全国平均水平（见表 1 – 13）。

从省份规模以上国有工业企业利润总额比重变化来看，2018 年规模以上国有工业企业利润总额占全国规模以上工业企业利润总额比重全国平均水平为 28.0%，低于全国平均水平的有河北、江苏、浙江、福建、山东、广东、海南、河南、湖南、江西、安徽、重庆 12 个省份。利润总额占比在 50% 以上的有北京、天津、吉林、上海、贵州、云南、陕西、甘肃、新疆 9 个省份（见表 1 – 14）。

（四）国有资本企业布局演变与现状

1. 规模以上工业行业国有资本企业布局演变与现状

从规模以上工业行业国有企业数量占比变化来看，规模以上工业行业国有企业数量持续减少。从规模以上工业行业国有企业数量的绝对量而言，从 1998 年的 64737 家减少到 2018 年的 18670 家；从规模以上工业行业国有企业数量的相对量而言，1998 年国有控股工业企业数量占全国规模以上工业数量比重为

39.2%，到 2018 年这一比重下降到 4.9%（见表 1-15）。

表 1-15 国有控股工业企业户数占全国规模以上工业企业户数比重变化

| 年份 | 国有控股工业企业数量（家） | 规模以上工业企业数量（家） | 国有工业占全国工业比重（%） |
|------|------|------|------|
| 1998 | 64737 | 165080 | 39.2 |
| 1999 | 61301 | 162033 | 37.8 |
| 2000 | 53489 | 162885 | 32.8 |
| 2001 | 46767 | 171256 | 27.3 |
| 2002 | 41125 | 181557 | 22.7 |
| 2003 | 34280 | 196222 | 17.5 |
| 2004 | 31750 | 219463 | 14.5 |
| 2005 | 27477 | 271835 | 10.1 |
| 2006 | 24961 | 301961 | 8.3 |
| 2007 | 20680 | 336768 | 6.1 |
| 2008 | 21313 | 426113 | 5.0 |
| 2009 | 20510 | 434364 | 4.7 |
| 2010 | 20253 | 452872 | 4.5 |
| 2011 | 17052 | 325609 | 5.2 |
| 2012 | 17851 | 343769 | 5.2 |
| 2013 | 18574 | 369813 | 5.0 |
| 2014 | 18808 | 377888 | 5.0 |
| 2015 | 19273 | 383148 | 5.0 |
| 2016 | 19022 | 378599 | 5.0 |
| 2017 | 19022 | 372729 | 5.1 |
| 2018 | 18670 | 378440 | 4.9 |

资料来源：根据《中国统计年鉴》数据整理。

从规模以上工业行业国有企业利润总额占比变化来看，国有控股工业企业利润总额由 1998 年的 525 亿元上升到 2018 年的 18583 亿元，但国有控股工业企业利润总额占全国规模以上工业企业利润总额比重由 1998 年的 36.0% 下降到 2018 年的 28.0%（见表 1-16）。

表1-16 国有控股工业企业利润总额占全国规模以上工业企业利润总额比重变化

| 年份 | 国有控股工业企业利润总额（亿元） | 规模以上工业企业利润总额（亿元） | 国有工业占全国工业比重（%） |
|---|---|---|---|
| 1998 | 525 | 1458 | 36.0 |
| 1999 | 998 | 2288 | 43.6 |
| 2000 | 2408 | 4394 | 54.8 |
| 2001 | 2389 | 4733 | 50.5 |
| 2002 | 2633 | 5784 | 45.5 |
| 2003 | 3836 | 8337 | 46.0 |
| 2004 | 5312 | 11342 | 46.8 |
| 2005 | 6520 | 14803 | 44.0 |
| 2006 | 8486 | 19504 | 43.5 |
| 2007 | 10795 | 27155 | 39.8 |
| 2008 | 9064 | 30562 | 29.7 |
| 2009 | 9287 | 34542 | 26.9 |
| 2010 | 14738 | 53050 | 27.8 |
| 2011 | 16458 | 61396 | 26.8 |
| 2012 | 15176 | 61910 | 24.5 |
| 2013 | 15918 | 68379 | 23.3 |
| 2014 | 14508 | 68155 | 21.3 |
| 2015 | 11417 | 66187 | 17.2 |
| 2016 | 12324 | 71921 | 17.1 |
| 2017 | 17216 | 74916 | 23.0 |
| 2018 | 18583 | 66351 | 28.0 |

资料来源：根据《中国统计年鉴》数据整理。

2. 国有资本企业布局的所有制结构演变与现状

国有资本与其他所有制资本之间的比重保持稳定趋势。在各种所有制经济资产总额与营业收入比重方面，国有控股工业企业资产总额（营业收入）占全国规模以上工业企业资产总额（营业收入）比重由1998年的68.8%（52.3%）下降到2018年的38.8%（27.1%）。而私营工业企业资产总额（营业收入）占全国规模以上工业企业资产总额（营业收入）比重由1998年的1.4%（2.9%）上升到2018年的21.1%（29.7%）。1998年与2018年外资和港澳台企业工业企业资产总额（营业收入）占全国规模以上工业企业资产总额（营业收入）比重基本持平。此外，私营工业企业数量占全国规模以上工业数量比重由 1998 年的 6.5% 上升到 2018 年 58.3%；而外资和港澳台工业企业数量占全国规模以上工业数量比重由 1998 年的 16.0% 下降到 2018 年 12.6%（见表 1-17）。

表 1-17　多种所有制工业企业数量（资产总额、营业收入）占全国规模以上工业
企业数量（资产总额、营业收入）比重变化　　　　单位:%

| 年份 | 企业数量占比 | | | 资产总额占比 | | | 营业收入占比 | | |
|------|------|------|------|------|------|------|------|------|------|
| | 国有企业 | 私营企业 | 外资和港澳台企业 | 国有企业 | 私营企业 | 外资和港澳台企业 | 国有企业 | 私营企业 | 外资和港澳台企业 |
| 1998 | 39.2 | 6.5 | 16.0 | 68.8 | 1.4 | 19.6 | 52.3 | 2.9 | 24.3 |
| 2000 | 32.8 | 13.6 | 17.5 | 66.6 | 3.1 | 20.4 | 50.2 | 5.7 | 26.8 |
| 2005 | 10.1 | 45.5 | 20.7 | 48.1 | 12.4 | 26.3 | 34.4 | 18.4 | 31.6 |
| 2006 | 8.3 | 49.6 | 20.2 | 46.4 | 13.9 | 26.5 | 32.3 | 20.7 | 31.5 |
| 2007 | 6.1 | 52.6 | 20.0 | 44.8 | 15.1 | 27.3 | 30.7 | 22.6 | 31.4 |
| 2008 | 5.0 | 57.7 | 18.3 | 43.8 | 17.6 | 26.0 | 29.5 | 26.3 | 29.3 |
| 2009 | 4.7 | 58.9 | 17.4 | 43.7 | 18.5 | 25.2 | 28.0 | 28.9 | 27.7 |
| 2010 | 4.5 | 60.3 | 16.4 | 41.8 | 19.7 | 25.1 | 27.9 | 29.8 | 27.0 |
| 2011 | 5.2 | 55.5 | 17.6 | 41.7 | 18.9 | 24.0 | 27.2 | 29.4 | 25.7 |
| 2012 | 5.2 | 55.1 | 16.6 | 40.6 | 19.9 | 22.4 | 26.4 | 30.7 | 23.9 |
| 2013 | 5.0 | 56.4 | 15.5 | 39.5 | 21.6 | 21.7 | 24.8 | 32.9 | 23.4 |
| 2014 | 5.0 | 56.6 | 14.6 | 38.8 | 22.3 | 20.7 | 23.7 | 33.6 | 22.8 |
| 2015 | 5.0 | 56.5 | 13.8 | 38.8 | 22.4 | 19.7 | 21.8 | 34.8 | 22.1 |
| 2016 | 5.0 | 56.6 | 13.1 | 38.5 | 22.1 | 19.6 | 20.6 | 35.4 | 21.6 |
| 2017 | 5.1 | 57.7 | 12.7 | 39.2 | 21.6 | 19.3 | 23.4 | 33.6 | 21.9 |
| 2018 | 4.9 | 58.3 | 12.6 | 38.8 | 21.1 | 19.8 | 27.1 | 29.7 | 23.3 |

资料来源：根据《中国统计年鉴》数据整理。

此外，从国有企业资产收益率来看，国有工业企业的资产收益率低于私营工业企业以及外资和港澳台工业企业的资产收益率。国有企业总资产收益率（净资产收益率）由 1998 年的 0.7%（2.0%）上升到 2018 年的 4.2%（10.2%），低于全部规模以上工业企业总资产收益率（净资产收益率）。与此同时，私营企业总资产收益率（净资产收益率）由 1998 年的 4.5%（11.6%）上升到 2018 年的 7.2%（16.4%）；外资和港澳台企业总资产收益率（净资产收益率）由 1998 年的 2.0%（4.7%）上升到 2018 年的 7.5%（16.3%）（见表 1-18）。

表1-18 多种所有制工业企业资产收益率对比　　　　单位:%

| 年份 | 企业类型 | 总资产收益率 | 净资产收益率 |
|---|---|---|---|
| 1998 | 国有 | 0.7 | 2.0 |
| | 私营 | 4.5 | 11.6 |
| | 外资和港澳台 | 2.0 | 4.7 |
| | 全部 | 1.3 | 3.7 |
| 2003 | 国有 | 4.1 | 10.0 |
| | 私营 | 5.9 | 15.0 |
| | 外资和港澳台 | 7.1 | 15.9 |
| | 全部 | 8.1 | 19.2 |
| 2008 | 国有 | 4.8 | 11.7 |
| | 私营 | 10.9 | 25.1 |
| | 外资和港澳台 | 7.3 | 16.7 |
| | 全部 | 7.1 | 16.8 |
| 2013 | 国有 | 4.6 | 12.3 |
| | 私营 | 12.4 | 27.0 |
| | 外资和港澳台 | 8.4 | 19.2 |
| | 全部 | 7.9 | 18.7 |
| 2018 | 国有 | 4.2 | 10.2 |
| | 私营 | 7.2 | 16.4 |
| | 外资和港澳台 | 7.5 | 16.3 |
| | 全部 | 5.8 | 13.5 |

注:总资产收益率=利润总额/资产总额,净资产收益率=利润总额/所有者权益。

资料来源:根据《中国统计年鉴》数据整理。

3. 国有资本的中央和地方企业布局演变与现状

中央国有企业和地方国有企业的所有者权益总额均呈增长趋势。2008~2017年,中央国有企业所有者权益总额由92023.9亿元增长到243228.6亿元,增长了1.64倍;地方国有企业所有者权益总额由74186.9亿元增长到407367.6亿元,增长了4.49倍。然而,就国有资本在中央国有企业和地方国有企业的占比变化而言,中央国有企业所有者权益总额占全国国有企业所有者权益总额的比重呈下降趋势,地方国有企业所有者权益总额占全国国有企业所有者权益总额的比重呈上升趋势。2008~2017年,中央国有企业所有者权益占比从55.37%下降至37.39%,地方国有企业所有者权益占比从44.63%上升至62.61%(见图1-4)。

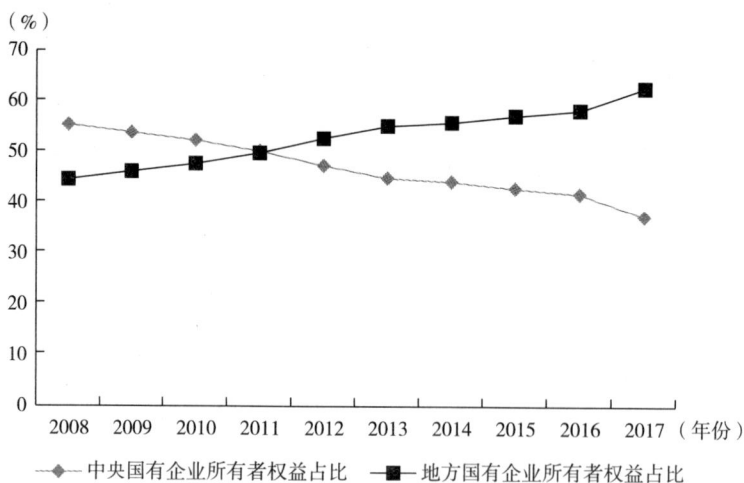

**图 1-4　2008~2017 年中央和地方国有企业所有者权益占比变化**

资料来源：根据《中国财政年鉴》数据整理。

中央国有企业和地方国有企业的数量均呈增长趋势。2008~2017 年，中央国有企业数量由 2.2 万家增长到 5.8 万户，增长了 1.64 倍；地方国有企业数量由 8.8 万家增长到 12.9 万家，增长了 0.47 倍。然而，就中央国有企业和地方国有企业的数量占比变化而言，中央国有企业数量占全国国有企业数量的比重呈上升趋势，地方国有企业数量占全国国有企业数量的比重呈下降趋势。2008~2017 年，中央国有企业数量占比从 20.00% 上升至 31.02%，地方国有企业数量占比从 80.00% 下降至 68.98%（见图 1-5）。

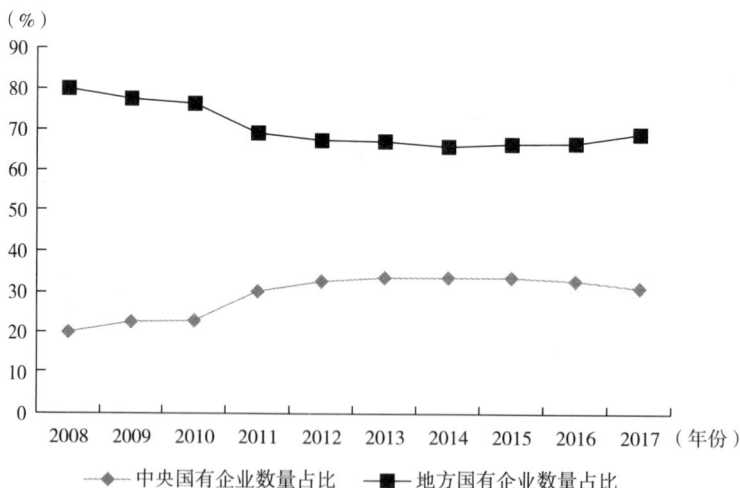

**图 1-5　2008~2017 年中央和地方国有企业数量占比变化**

资料来源：根据《中国财政年鉴》数据整理。

## 二、当前国有资本布局存在的问题

### （一）国有资本规模不断扩大，但效益低于私营资本规模

从工业行业企业资本规模来看，根据《中国统计年鉴 2019》数据，虽然国有控股工业企业资产总额占全国规模以上工业企业资产总额比重由 1998 年的 68.8% 下降到 2018 年的 38.8%。而私营工业企业资产总额占全国规模以上工业企业资产总额比重由 1998 年的 1.4% 上升到 2018 年的 21.1%。但国有工业企业的户均资产总额远远大于私营工业企业户均资产总额，国有工业企业户均资产总额由 1998 年的 1.16 亿元上升到 2018 年 23.6 亿元；而私营工业企业户均资产总额则由 1998 年的 0.14 亿元上升到 2018 年的 1.08 亿元。然而，从企业经济效益来看，国有资本的经济效益与私营资本的经济效益相比有明显差距，国有资本效益明显低于私营资本效益。基于《中国统计年鉴 2019》数据，以利润总额测算的总资产收益率和净资产收益率来看，表 1 - 18 统计数据显示，国有工业企业总资产收益率（净资产收益率）由 1998 年的 0.7%（2.0%）上升到 2018 年的 4.2%（10.2%），低于全部规模以上工业企业总资产收益率（净资产收益率）。与此同时，私营工业企业总资产收益率（净资产收益率）由 1998 年的 4.5%（11.6%）上升到 2018 年的 7.2%（16.4%）；外资和港澳台工业企业总资产收益率（净资产收益率）由 1998 年的 2.0%（4.7%）上升到 2018 年的 7.5%（16.3%）。

### （二）国有资本战线仍然过长，布局仍然非常分散

根据《中国统计年鉴 2019》数据，在国民经济 90 个大类中，国有资本涉及 88 个行业，只有农、林、牧、渔服务业和其他采矿业 2 个行业中没有国有控股企业。从工业类型来看，到 2018 年，在国民经济的 41 个二位数代码的工业小类中，只有其他采矿业这一小类中没有国有控股企业。

### （三）各省份国有资本发展不均衡

从企业数量来看，表 1 - 11 统计数据显示，2018 年，数量接近一半的国有工业企业分布在东部地区（比重为 45.7%），西部地区国有工业企业数量高于中部地区的国有工业企业数量（分别为 32.1% 和 22.2%）。国有工业企业数量排名前三位的省份分别是山东省（1119 家）、江苏省（1065 家）、广东省（1058 家），总共占全部国有工业企业数量的 17.4%。从企业资产规模来看，表 1 - 12 统计数据显示，东部地区国有工业企业资产总额最多，占比为 50.6%；西部地区次之，为 29.1%；中部地区最少，为 20.4%。国有工业企业资产主要集中在北京市（34083 亿元）、山东省（31853 亿元）、广东省（27050 亿元）、山西省（24545 亿元）和江苏省（22055 亿元），共占全部国有工业企业资产的 31.7%。企业国

有资产分布最少的是西藏自治区（1162亿元）、海南省（1172亿元）、宁夏回族自治区（4026亿元）、青海省（4454亿元）和江西省（7085亿元），共占全部国有工业企业资产的4.1%。

（四）地方国有企业资本总量不断增大，但效益低于中央国有企业资本

从国有资本的中央企业与地方企业布局来看，中央企业国有资本占比小于地方企业国有资本占比，然而地方企业国有资本效益低于中央企业国有资本效益。从企业数量来看，表1-19统计结果显示，2008~2017年，我国地方国有企业数量一直保持远远超过中央国有企业数量的趋势，并且地方国有企业数量处于增长趋势，2017年达到12.9万家，占全国国有企业总数的69.0%。从企业资产总额和所有者权益总额来看，2012~2017年，地方国有企业的资产总额也一直超过中央国有企业的资产总额，2017年达到1073333.6亿元，占全国国有企业资产总额的58.5%；2012~2017年，地方国有企业的所有者权益总额也一直超过中央国有企业的所有者权益总额，2017年达到407367.6亿元，占全国国有企业资产总额的62.6%。从企业效益来看，财政部全国国有及国有控股企业经济运行情况的统计显示，2019年1~12月，国有企业利润总额35961.0亿元，其中，中央企业利润总额22652.7亿元，同比增长8.7%，占比63.0%；地方国有企业利润总额13308.3亿元，同比下降1.5%，占比37.0%，表明中央国企的盈利能力与收益水平强于地方国企（项安波和石宁，2015）。

表1-19 国有企业数量、资产总额与所有者权益总额变化情况

| 年份 | 企业数量（万家） | | | 资产总额（亿元） | | | 所有者权益总额（亿元） | | |
|---|---|---|---|---|---|---|---|---|---|
| | 全国 | 中央国企 | 地方国企 | 全国 | 中央国企 | 地方国企 | 全国 | 中央国企 | 地方国企 |
| 2008 | 11.0 | 2.2 | 8.8 | 416219.2 | 229604.0 | 203509.8 | 166210.8 | 92023.9 | 74186.9 |
| 2009 | 11.1 | 2.5 | 8.6 | 514137.2 | 279100.9 | 255143.0 | 198720.3 | 106951.4 | 91768.9 |
| 2010 | 11.4 | 2.6 | 8.7 | 640214.3 | 330314.9 | 309899.3 | 234171.1 | 122465.0 | 111706.1 |
| 2011 | 13.6 | 4.1 | 9.4 | 759081.8 | 384075.3 | 375006.5 | 272991.0 | 136996.5 | 135994.5 |
| 2012 | 14.7 | 4.8 | 9.9 | 894890.1 | 434119.2 | 460770.8 | 319754.7 | 151309.6 | 168445.1 |
| 2013 | 15.5 | 5.2 | 10.4 | 1040947.3 | 485948.9 | 554998.3 | 369972.8 | 166097.8 | 203875.0 |
| 2014 | 16.1 | 5.4 | 10.6 | 1184715.0 | 539776.0 | 644939.0 | 418759.1 | 185050.2 | 233708.9 |
| 2015 | 16.7 | 5.6 | 11.1 | 1406831.5 | 647694.5 | 759137.0 | 482414.4 | 206807.0 | 275607.4 |
| 2016 | 17.4 | 5.7 | 11.6 | 1549141.5 | 705913.7 | 843227.8 | 533926.6 | 223042.3 | 310884.3 |
| 2017 | 18.7 | 5.8 | 12.9 | 1835207.2 | 761873.6 | 1073333.6 | 650596.1 | 243228.6 | 407367.6 |

资料来源：根据《中国财政年鉴》数据整理。

## 第四节　进一步推动国有资本布局调整优化的方向与建议

### 一、进一步推动国有资本布局调整优化的基本原则

（一）维护国家政治、经济和国防安全

从国民经济全局出发，应将国有资本更多地集中于服务国家安全、国民经济命脉、国家使命以及国家战略要求的关键领域和重要行业，重点提供公共服务、发展重要前瞻性战略性产业、保护生态环境、支持科技进步以及保障国家安全的行业和领域。将国有资本集中投向重点地区、重点产业、重要企业、重要环节和重点产品，发挥国有资本在基础工业、支柱产业、高新技术产业和战略性新兴产业等领域的主导作用，增强国家综合国力。

（二）坚持有进有退、有所为有所不为

国有资本布局调整优化应坚持有进有退、有所为有所不为的原则。基于国有经济的功能定位，在一些关系国家安全、国民经济命脉、国家战略的领域以及重大基础设施领域尤其是特殊功能领域，国有资本应继续保持独资形式，并加大增量投入，促进存量结构调整。对于充分竞争行业和领域，国有资本实行参股或部分退出。对于提供公共产品和服务的公益类行业和领域，国有资本可以采取独资形式，具备条件的企业也可以采取投资主体多元化形式，优化国有资本配置。

（三）高质量发展原则

我国经济已由高速增长转向高质量发展，因此国有资本布局调整优化应服务于国有经济高质量发展要求。国有经济的高质量发展要求国有资本布局进行重"质"轻"量"的战略性调整，一方面要实现国有资本保值增值的经济功能定位要求，将国有资本布局向战略性、前瞻性产业和优势产业等具有发展前景的产业集中，提高国有资本运行效率和国有资本整体回报率，实现国有资本"做优"的目标；另一方面推动国有资本更多地投向关系国家安全、国民经济命脉、国计民生、国家使命、国家战略的关键领域和重要行业，培育具有国际竞争力的世界一流企业，实现国有资本"做强"目标（黄速建等，2018；黄群慧，2020）。

### 二、进一步推动国有资本布局调整优化的方向

（一）基于国有企业功能定位分类推进国有资本布局调整优化

我国国有资本的布局结构调整优化将以优化我国国有经济的战略布局、推动

国有经济进一步发挥其功能定位和其使命要求作为导向，而推进国有经济功能定位的前提是国有企业的分类改革（黄群慧，2020）。因为国有企业缺乏明确的作用分类，在实际中很多国企面临着"公益性使命"与"盈利性使命"的矛盾困境。所以，国企的功能定位和使命要求需要进一步明确，以此为基础，将其划分成三种类型：一般商业性、特定功能性与公共政策性，或者商业一类、商业二类与公益类。根据上述三类国有企业的作用定位，分类推动国有资本布局结构调整优化。对于公共政策性国有企业，逐渐退出营利性市场业务领域是其战略性调整的目标，更多地专注于实现公共政策目标；对于一般商业性国有企业，完全剥离行政垄断业务是其战略性调整的目标，建立国有资本的灵活退出机制，同时，凭借市场化的方式促进企业相应效率的提升并增强企业的活力，通过国有资本投资运营公司，将逐步退出的一些国有资本投资于服务于国家战略功能与公共民生功能的相关企业；对于特定功能性国有企业，其战略性调整目标主要是基于国有资本投资运营公司主动地退出战略重要性趋于降低、竞争格局趋于成熟的环节和产业领域，努力在满足国家战略要求、保障国家安全和提供公共服务的各种新兴产业或领域发挥出更大的作用（中国社会科学院工业经济研究所课题组，2014）。

（二）基于公共服务性与国家战略性标准调整优化国有资本布局

根据我国国有经济的基本作用服务定位在公共民生与国家战略的共识，国有资本布局结构的战略性调整方向在经济新常态下是着眼于公共民生服务性强与国家战略性强的领域。从优化国有资本行业布局来看，基于国有资本的特点性质，排除继续着眼于公益性基础性领域发展外，在一些商业竞争类和特定功能类产业的发展上，国有资本在战略性新兴产业上应发挥足够的引领作用。国有资本应逐渐布局"互联网＋"等国家重大战略相关的高端与战略性新兴产业（黄群慧，2016）。从优化国有资本地区布局来看，我国实施的京津冀协同发展战略、长江经济带发展战略以及"一带一路"建设等，都是国有资本布局在战略上调整优化的方向（罗虎，2017）。因此，一方面需要切实推动国有资本向有关国民经济命脉、国家安全的公益性、基础性、战略性、前瞻性的产业集中，更好地服务于国家战略目标，实现国有资本向公益性领域强力回归，更好地发挥国有经济的主导作用；另一方面中央和地方层级国有资本布局应基于其各自功能定位优化布局，中央国有企业的资本布局应着重表现于完成全国性的公共服务网络与实现国家的战略意图，但地方国有企业的资本布局应着重表现于城市基础设施建设和提供公共服务等方面（黄群慧，2016，2020）。

**三、进一步推动国有资本布局调整优化的方式**

（一）积极推进国有企业混合所有制改革

混合所有制改革是国有企业市场化经营机制转换的有效途径，国有企业凭借混合所有制的改革实现产权主体多元化，调整国有企业股权结构，整合国有资本和非国有资本各自的优势。深化国有企业混合所有制改革，一方面通过存量资本和增量资本两个途径调整优化国有经济布局结构和提高国有资本配置效率，最终增强国有经济的竞争力、创新力、控制力、影响力以及抗风险能力；另一方面有助于改善国有企业的市场化经营机制，发挥国有资本的属性优势，使得国企"资本雄厚"与民企"机制灵活"的优势互补，实现国有资本保值增值目标。具体而言，在宏观层面上，凭借混合所有制改革，消除国有资产行政上的垄断，转变国有资本的投资方向与结构布局，为国际资本与民间资本赢得更多领域，减少国有资本的控股比例，创建公平市场竞争环境，优化配置经济资源的市场机制，提升经济活跃度；在微观层面上，凭借混合所有制改革，提升国有企业的运行效率，改善国企的股权结构，完善企业治理机制，实现国有资本的保值增值（冯雷和汤婧，2015）。

（二）探索利用国有资本投资运营公司调整优化存量国有资本

政资政企分开与公平竞争密切相关，只有真正实现了政企分开，国有企业才可能作为独立自主的经营实体，而不是以政府代理人的身份参与市场竞争。加快推动以"管资本"为主的国有资本管理体制改革，组建若干国有资本投资运营公司，有利于淡化国有企业的所有制身份，努力创造良好有序的制度环境，为各种所有制企业提供公平的市场竞争环境，让国有企业与非国有企业之间基于实力和优势展开真正的市场竞争，而不是基于所有制身份所带来的资源优势。而以往的国有资产运营公司或国有资本运营公司并未有效发挥调整存量国有资本的作用。因此，未来将进一步积极探索利用国有资本投资运营公司调整优化存量国有资本布局。一方面，需要加快推进国有资本投资公司改组组建工作，优化国有资本布局结构，将拥有良好资本运作能力、市场化经营程度高和风险管控能力强、有较强的发展潜力与规模优势以及核心业务处在相关关键性领域和重要性行业的国有企业改组组建为国有资本投资公司。凭借国有资本投资公司这一重要抓手，紧密结合国家战略布局，调整国有资本的投向，促进国有资本集中于有竞争性优势的行业、重要战略性与前瞻性行业，以及与国民经济命脉、国家安全的相关关键领域和重要行业。另一方面，可以将国有企业改制改组为国有资本运营公司，通过对国有资本进行市场化资本运作，提高国有资本运营的效率和效果，形成国有资本进退有序、流动合理的高度市场化的竞争机制，最终实现国有资本保值增值的目标。

（三）推进国有企业并购重组

并购重组一直以来都是推进国有资本调整优化的重要实现方式。2006 年 12 月，国务院国资委发布的《关于推进国有资本调整和国有企业重组的指导意见》

指出，由于国有经济的布局太宽，产业分布和企业的组织结构不尽合理，部分企业存在主营业务不突出和核心竞争能力不够强的问题。因此，加快国有大型企业的重组与调整，有助于增强企业规模经济效应，提高企业资源优化配置效率，使产业集中度合理，培育出具有国际竞争力的特大型公司或企业集团，增强国有经济控制力，发挥主导作用。2015 年 11 月，国务院发布的《关于改革和完善国有资产管理体制的若干意见》指出，要通过建立健全优胜劣汰市场化退出机制对相关国有企业实施清理退出、重组整合以及创新发展，以化解过剩产能和淘汰落后产能，并对低效无效国有资产进行处置，最终优化重组国有资本布局。党的十八大以来，国有企业通过战略性重组有效地推进了国有资本布局结构优化调整。2016 年 7 月，国务院办公厅印发的《关于推动中央企业结构调整与重组的指导意见》指出由于中央企业存在产业分布过广、企业层级过多、资源配置效率有待提高等突出的结构性问题，因此需要推进中央企业间强强与专业化整合，以及中央企业内部资源整合和并购重组，实现国有资本优化配置。截至 2019 年 11 月，先后完成了 21 组 39 家中央企业的重组整合，中央企业数量从 117 家减少到 95家（黄群慧，2020）。未来需要基于优化市场竞争结构与全面深化国有企业改革双重目标协同推进国有企业重组并购，提高资源优化配置效率和企业的规模经济效应，形成合理的产业集中度，做强做优做大国有资本和培育具有全球竞争力的世界一流企业。

### 四、进一步推动国有资本布局调整优化的政策建议

（一）明确国有资本需控制的领域

党的十八届三中全会明确指出国有资本布局战略调整方向是"更多投向关系国家安全、国民经济命脉的重要行业和关键领域，重点提供公共服务、发展重要前瞻性战略性产业"。虽然国有资本布局战略调整方向已确定，但是大部分国有企业自身难以界定其是否归属于国有资本布局战略调整的领域，因此在实践操作过程中国有企业也难以确定国有股权是控股还是参股，进而影响国有资本布局相应的决策。因此，国家需要进一步以"正面清单"的形式确定国有资本投向的具体行业和领域，并设立清晰和透明的产业目录，在此基础上分类确定国有股权比例政策。

（二）实现政资政企分开，健全以"管资本"为主的国有资本管理体制

政资政企分开与公平竞争密切相关，只有真正实现了政资政企分开，国有企业才可能作为真正的经营实体而不是政府的代理人参与市场竞争。积极推进以"管资本"为主的国有资本管理体制建设，有助于淡化国有企业的所有制身份，为各种所有制企业创造公平竞争的制度环境。组建国有资本投资运营公司、实现

从以往"管人管事管企业"向"管资本"为主的国有资本管理体制的转变，国有资本投资运营公司作为政府与企业间的"隔离层"，实现"政企分开、政资分开"，为国有资本布局结构优化调整提供了前提条件。具体而言，一方面，政府必须对国有企业放权到位，不干预国有企业的生产经营活动，将其直接出资人身份委托给国有资本投资运营公司，使国有企业成为真正的市场经营主体，让国有企业在公平的市场竞争环境中不断转型升级，实现国有资本做强做优做大的目标。另一方面，各参股机构与国有资本投资运营公司应形成纯粹的股东关系，国有资本投资运营公司履行直接出资人职责，基于国家和地方的具体功能定位，因地制宜地将国有资本集中投入到关系国家安全、国民经济命脉、提供社会公共服务及战略性高新技术产业等关键领域和重要行业，提高国有资本配置和运行效率，提高行业的整体竞争力，实现国有资本布局结构优化调整（刘琼芳，2017）。

（三）处置无效低效国有资产，提高国有资本配置效率

国有资本具有资本逐利的天然属性，需要通过追求盈利性来确保自身的发展壮大，实现国有资本保值增值，实现"盈利性企业使命"。因此，需要充分发挥国有资本的国有属性优势，提高国有资本总体回报率（王宏波等，2019）。随着中国国有资本布局结构的不断调整优化以及国有企业改革的全面深化，将会不断出现一些影响国有资本配置效率的低效、无效国有资产。这些低效、无效国有资产导致大量生产要素被无效占用，扭曲了市场竞争效应，降低了行业的整体效率。因此，要加快推进无效、低效国有资产退出市场，才能充分发挥国有资本的市场竞争优势。首先，国有企业可以引入产业投资基金，采用市场化和专业化的运作方式加快处置无效低效产能。其次，国有企业可以通过并购重组、破产等多种产权交易方式，处置"僵尸企业"和长期亏损企业，优化国有资本投资组合。最后，完善国有资本优胜劣汰的市场化退出机制，尽快出台退出规则和办法，实现国有资本退出的常态化。

# 第二章 深化混合所有制改革

国有企业混合所有制改革是真正涉及产权层面的改革，具有"牵一发而动全身"的效果，有利于企业治理结构和激励机制的完善，能够提升企业的运营效率，剥离国有企业不必要的社会职能，是当前理论界和实务界关注的热点话题。国内外学者开始从不同领域拓展混合所有制改革研究的视角，采用理论、案例、实证等研究方法对国有企业混合所有制改革的必要性、驱动因素、改革模式、分类改革及改革效果等方面进行了探讨，但我国混合所有制改革相关的理论研究稍晚于实践，且还存在一些问题，如市场与政府充分发挥作用的边界未能有效界定、非公有制经济发展缺乏公平的市场竞争环境、不同所有制企业治理机制融合困难以及相关的配套政策体系不健全等。因此，国有企业混合所有制改革不能简单地采用民营化或私有化政策，需要真正理解国有企业改革的目的，厘清政府和市场发挥作用的边界条件，创造公平的市场竞争机制，激发市场活力，完善当前的制度环境和市场环境，持续性地推进国有企业混合所有制改革。

## 第一节 混合所有制研究的理论综述

### 一、混合所有制概念及理论基础

混合所有制起源于 20 世纪六七十年代的"混合经济理论"，这是对西方国家传统资本主义自有放纵模式的改良理论，而最早提出含有经济学原理的"混合所有制"概念的是凯恩斯，他指出国有成分、非国有成分共同参与了同一个经济活动的过程就是混合所有制改革，混合所有制的实质是由单一化向非单一化过渡。混合所有制在西方国家的实践界和理论界一直未引起重视，仅有的少数国有企业也仅仅是把混合所有制作为私有化的过渡，在特定阶段或特定领域出现，这都导致了国外对混合所有制改革的研究比较少，且国外少量的研究基本都是使用案例研究国有企业混合所有制发展的演变及其混合所有制企业的公司治理问题，如Brooks（1987）以混合所有制公司为对象进行研究，发现政府会使用股东权利不顾企业利益而要求企业执行公共政策，导致国有企业公司治理问题极其严重。

我国有关混合所有制的研究起源于20世纪80年代，是在我国经济体制由单一的公有制为主体向多种所有制经济共同发展而转变出来的一个概念。改革开放以后我国国有企业率先成功通过引入非公有资本进行混合所有制改革，有混合所有制企业出现后才有学者开始对混合所有制进行研究，即我国学者对混合所有制相关理论的研究是在吸收西方国家相关先进理论研究基础上而进行的本土化研究（赵春雨，2015）。我国学者关于混合所有制改革理论的研究分为经验总结、宏观研究、微观研究以及创新研究四个阶段，具体分析如下：①经验总结阶段（20世纪80年代中期到90年代末）。1987年，我国学者薛暮桥在《我国生产资料所有制演变》中，最早提出了具有现代意义上的混合所有制概念并对其进行了论述，指出我国的所有制形式伴随着我国经济体制改革的进行日趋复杂，国有企业之间联合经营的形式逐渐增多，因为其投资方属于不同的所有制且采取股份的形式进行融合，这就形成了"混合所有制"。四川省经济体制改革研究所产权制度改革课题组（1988）对四川省当时出现混合所有制的企业进行了研究，得出除了少数战略性企业外，我国应该大力提倡公有制和非公有制企业之间交叉持股。中国社会科学院经济学科片课题组（1993）指出，在我国公有制经济和非公有制经济之间相互渗透，且在我国市场经济中非公有制经济逐渐展现出较高的活力，难以按照所有制形式来划分企业时，混合型所有制结构开始出现。课题组明确提出发展混合所有制经济，是我国较早且系统地提出在我国适合发展混合所有制经济的文献之一。②宏观研究阶段（21世纪初）。进入21世纪后，混合所有制对我国国民经济产生了重要的影响，研究范围由上一阶段的经验总结转向了宏观理论层面相关的研究，开始探讨我国经济体制改革过程中发展混合所有制经济的必要性、合法性及发展混合所有制经济相关的体制障碍突破、法律保护、国资监管等。吉林省工商联混合所有制经济研究课题组（2004）提出，制约企业混合所有制发展的关键是企业在产权方面的不足，并提出了企业在完善产权方面的相关建议。李正图（2005）认为，我国在发展混合所有制企业的过程中，必须要注意相关的制度安排和制度选择方面的问题，朱效平（2007）指出，发展混合所有制企业需要加强国有资产的刑法保护范围和力度。这一时期有关混合所有制的研究，为政府制定相关政策起到了很好的借鉴作用，为企业混合所有制发展提供了良好的外部环境。然而，有关混合所有制的研究仍集中于宏观领域，尚未有学者对国有企业混合所有制改革、相关的治理问题等微观领域进行深入研究。③微观研究阶段（21 世纪初到党的十八届三中全会前）。2004 年，我国政府在党的十七大报告中正式提出以现代产权制度为基础的混合所有制经济，此后，混合所有制企业在我国大量涌现，并且混合所有制企业在我国国民经济发展中发挥着越来越重要的作用。与此同时，我国学者对混合所有制的探讨开始涉及企业微观领域，企业在混合所有制过程中存在的问题、公司治理的特殊性以及混合所有制改革途径及效果等成为当前学者的研究热点（白重恩等，2006；张文魁，2010）。④创新研究阶段（党的十八届三中全会至今）。2013 年，党的十八届三中全会对我国混合所有制的内涵进行了重新界定，提出"我国实现当前基本经济制度的主要形式混合所有制经济"，此后大量的学者开始研究混合所有制，与混合所有制有关的文献如雨后春笋般出现。如黄群慧和黄速建（2014）针对我国经济转型的现实，明确定义了混合所有制经济的概念，进一步强调了在我国国有企业改革中混合所有制改革的重要性，对混合所有制推进过程中遇到的问题做了分析，并提出了相应的建议。黄速建（2014）对我国现阶段国有企业混合所有制改革做了系统且比较全面的研究，对我国混合所有制经济的重要性进行了阐述，并提出了关于国有企业混合所有制改革过程中的重点问题及其相应的对策建议。

对于混合所有制的内涵，学者们认为有宏观层面和微观层面双重含义（黄群慧，2013；沈昊、杨梅英，2019）：一是宏观意义上的整个国民经济的所有制结构，我国以公有制为主体，多种所有制共同发展的所有制结构，其中既包括公有制成分的国有经济和集体经济，也包括其他非公有制成分。二是微观意义上企业产权结构和企业治理结构，即在企业层面国有资本、集体资本和其他非公资本相互融合、交叉持股，使得企业产权结构多元化、治理结构优化的微观经济经济形式（黄速建，2014；盛毅，2020），反映了公有制主体和非公有制主体共担成本和风险、共享剩余要素和剩余价值。另外，有学者指出，宏观上存在多种所有制经济共存的所有制结构即混合所有制经济，所谓微观层面的混合所有制经济是指混合所有制企业（张晖明和陆军芳，2015；杨建君，2014）。前者是指整个国民经济的所有制结构及由此决定的社会经济基础，后者则是就企业个体而言的产权结构及相应的企业（公司）治理结构，前者是后者的前提和基础。从当前来看，新一轮混合所有制改革重点主要是微观层面的混合所有制改革，其根本目的是通过公有资本和非公有资本的相互结合，使国有企业进入市场便有了一个成功的载体，成功解决了国有企业和民营企业市场融合竞争问题，实现公有资本保值增值功能，释放非公有资本经济活力，最终实现各类资本"融合发展、共生共赢"。

混合所有制是指允许公有制经济和其他非公有制经济相互融合，有市场机制和政府干预并存的经济，是介于市场经济和计划经济中间的经济，是指多种形式的非公有资本和公有资本相互融合、交叉持股，形成的一种具有产权结构多元化、治理结构优化的微观经济经济形式（夏立军等，2005；綦好东等，2017；方明月和孙鲲鹏，2019）。实现混合所有制经济的主要手段之一是混合所有制改革，混合所有制改革已成为国有企业改革的方向与目标，也因此形成了大批国民共赢、产权多元化的混合所有制企业。目前，我们所称的混合所有制改革是针对一股独大或一股独占导致国有企业创新力不足、经营效率低下而对国有企业进行的改革，通过非公有资本入股国有企业、并购重组、公开上市、员工持股等模式，使国有企业成为真正参与市场竞争的主体，各类资本互相融合、共同发展，完善企业内部运行机制，使企业的治理效率、创新力和竞争力不断获得提高。

**二、混合所有制改革的必要性**

国有企业在我国国民经济发展历程中的地位和作用无可替代，体现了全民的权益和福祉，是我国国民经济的主要载体。然而，国有企业存在着缺乏市场竞争力、活力不足、微观效益低下等问题，进入社会主义新时代，在我国积极深入推进国有企业混合所有制改革不仅是解决国有企业管理和经营困难的现实要求，也是出于更高、更深层次的考虑。我国进行混合所有制改革的必要性主要体现在以下几个方面：

（1）混合所有制改革是在我国特殊国情下国有企业改革发展到一定阶段的必然产物。在传统的计划经济中，我国是单一的公有制经济，不允许不同的所有制之间相互融合和渗透，极其排除市场中的商品经济和竞争（常修泽，2014；张卓元，2015；常泽修，2017）。在这种单一的所有制结构中，企业缺乏独立性和自主性，群众缺乏积极性和创造性，使整个经济缺乏活力、动力和生机，难以满足人民基本生活需要，拉大了与其他国家经济发展水平的差距（Yusuf等，2005；张卓元，2013）。因此，必须进行经济体制改革，完善我国的所有制结构。针对传统经济的弊端，引入市场机制，使市场机制在资源配置过程中发挥重要作用，另外在引入市场经济的过程中，必然产生非公有制经济成分，这是我国混合所有制经济形成的前提。由此可见，在我国发展混合所有制是历史的必然，在我国现阶段混合所有制改革过程中，必须在坚持公有制主体的前提下，毫不犹豫地发展非公有制经济，充分利用各种资源，快速发展我国的生产力。

（2）优化资源配置，提高国有企业效率。相对于民营企业，我国国有企业的确存在效率低及创新效率损失问题，混合所有制改革能够打破各种所有制之间的封闭界限，降低国有企业的政策负担，使市场配置生产要素和企业人力资源制度化，缓解资源配置不当造成的国有企业效率低下（曹立，2002；马连福等，2015）的问题。Liu等（2013）在对我国国有企业大样本进行实证研究，发现在"部分私有化"的国有企业的经营效率得到了提高，据此得出了混合所有制经济才是符合我国当前国情的经济发展模式。另外，国有企业进行混合所有制改革，引入非国有资本及其管理和文化，提高国有企业活力、创造力及其适应市场的能力，激发企业精神，做强做优做大国有企业（Yusuf 等，2006；Fernandezstembridge 和 Fernandez，2007；郭放等，2015）。

（3）扩大民营经济发展空间，做强做优民营资本。发展混合所有制经济除了是发展国有经济以外，也是为了扩大我国民营经济发展空间，使我国非公有经济获得快速发展（张敏捷，2013；周丽莎，2018）。深化我国国有企业混合所有制改革，促进国有资本垄断领域向我国民营资本开放，坚持竞争中性原则，才能真正让我国非公有资本在国企混合所有制改革过程中"愿意进来"，解决混合所有制过程中的"旋转门""玻璃门"问题，扩大我国民营经济发展空间，做强做优民营资本（郭放等，2015；黄速建等，2019）。

（4）完善国有资产监管体制，优化公司治理模式。我国国有资产管理体制因委托代理问题及政府干预过度等，降低了我国国有企业效率，也容易出现"政资部分、政企不分"等问题。我国国有资产运营体制由原来的管资产向管资本转变，使我国国有资产灵活性得到提高，放大了国有资本功能。另外，国有企业通过引入非公有资本进行混合所有制改革，能够促使我国国有企业积极地参与市场竞争，有利于企业内部治理机制的完善。

由此可见，混合所有制作为我国基本经济制度的重要实现形式，既是新时代坚持公有制主体地位，增强国有经济活力、控制力、影响力的一个有效途径和必然选择，也是推动我国非公有制经济健康持续高质量发展一个有效途径和必然选择。

### 三、混合所有制改革的影响因素

国有企业作为一类特殊而普遍存在的经济行为主体，其混合所有制改革是建立在国有企业内部微观特征和外部宏观环境基础之上的，且各种因素的影响机理和作用互有差异，是一个复杂而动态的变化过程（Locke 和 Duppati，2004；马连福等，2015）。因此，本部分回顾了关于国有企业混合所有制改革的政策文件及国内外相关文献，发现学者主要从企业内部微观环境和外部宏观环境两方面探讨对混合所有制改革的影响，其中企业内部微观环境主要有企业运营层和公司治理层两个方面，外部宏观环境主要有地区和行业两个方面（Bruton 等，2015；方明月和孙鲲鹏，2019）。

内部微观环境：①企业运营层。国有企业具有良好的盈利能力，能够向资本市场传递企业经营良好的信息，有利于企业引入各种非公有资本，快速聚集各类资本（郭明杰和费堃桀，2019）。党的十五届四中全会提出的《中共中央关于国有企业改革和发展若干重大问题的决定》着重强调了企业盈利的重要性,指出扭亏无望、长期亏损、资源枯竭的国有企业要实行破产、关闭。因此,我国国有企业是否进行混合所有制改革及所选择的混改模式受企业自身盈利状况的影响。②公司治理层。公司治理层面能够决定一个企业混合所有制改革的方向,以及影响其混合所有制改革模式的选择,在有效的公司治理中,董事会是治理机构的核心,董事会有决策权、用人权、分配权等,能对经营层有有效考核和监督,如果公司仍然是大股东决策,董事会形同虚设,导致公司流程漫长、决策效率低下,这些都会影响竞争性国有企业混合所有制改革模式的选择(Gupta 和 Fields,2010;黄速建等,2020)。

外部宏观环境:①不同地区及省份之间的差异。我国东南部经济比较发达且相关的法律法规也比较健全,其面临竞争的外在压力和政策性负担少,这些省市进行地方国企改革的时间也较早,改革的模式与路径也非常灵活;而东北三省等一些内陆省市,由于地域及历史遗留等问题,存在国企不活、国资竞争力偏弱的体制机制障碍,地方国有企业问题较大,"僵尸企业"较多,不同地域的国企改革方案需要因地制宜地制定方针政策和改革的模式与路径(王小鲁和樊纲,2004;徐细雄和刘星,2013)。②行业。《国务院关于国有企业发展混合所有制经济的意见》(国发〔2015〕54 号)指出国有企业混合所有制改革要"坚持因地施策、因业施策⋯⋯宜独则独、宜控则控、宜参则参",可以看出国有企业所在地区及所属行业对其混合所有制改革的重要性。国有企业所属行业的垄断属性是影响我国国有企业混合所有制改革的重要因素之一,相比较而言,竞争性国有企业引入非公有资本的意愿更为强烈,且对企业创新的促进作用更为明显(秦华英,2018;黄速建等,2020)。

### 四、混合所有制改革的模式

混合所有制改革的目的是实现产权多元化、股权合理化,降低国有控股的比例,建立现代企业运营制度,实现市场化运作。国内外学者对混合所有制改革的必要性和意义、改革动因以及改革效果的研究比较多,对混合所有制改革模式相关的研究比较少。学者们指出,混合所有制改革模式主要包括引入民营资本、整体上市、实施员工持股计划、资产重组、引入战略投资者等。另外,国有企业混合所有制改革可选择的各种模式并不是非此即彼、相互排斥;相反,国有企业可以根据自身实际情况选择一种或者多种适合企业的模式进行混合所有制改革(黄速建,2014;常泽修,2014;赵玉红,2017)。①引入民营资本。国有企业引入民营资本进行混合所有制改革,是未来国有企业发展的必由之路,国有企业在引入民营资本后,国有股既可以绝对控股也可以参股,必要时国有股应该退出以推进国有企业混合所有制改革的进行。②整体上市。国有企业将企业分为母公司和股份公司两部分，将不好的、与股份公司发展无关的资源通过资产重组剥离给母公司，而将企业中的优质资产投入股份公司中，待股份公司成功整体上市后，可以从资本市场成功获得融资。企业此时可以再将母公司收购回来，进而实现未上市部分的资产重组。我国国有企业可以选择的整体上市模式包括母公司整体上市、资产一次性整体上市、多元业务分别上市、主业资产整体上市以及借壳上市五种（Liu 等，2015）。③员工持股。员工持股包括普通员工持股和管理层持股两种方式，目前很多国有企业以企业股权为载体，给予企业员工一定的股权，企业形成了多元化股权结构，员工持股计划可以被看作一种激励措施，员工可以通过存量转让、增量入股、向现有股东回购和二级市场上买卖这四种方式获得股权，这一方式可以对管理层和员工产生激励作用。④资产重组。国有企业资产重组作为国有企业改革的途径之一，在有效引入社会资本、放宽政府管制、提高国企的经济效率等方面有着十分重要的作用。国有企业资产重组根据主体的不同，主要分为不同层级的国有企业之间资产重组、国有企业和民营企业之间的资产重组。国有企业资产重组根据方式不同，主要分为国有资产的兼并收购、资产剥离、资产置换、国有股权的转让和其他重组模式。⑤引入战略投资者。战略投资者更多的是指持有大量股权或债券，积极参与标的企业公司战略、治理等方面决策的个人或机构。战略投资者是指与基础业务密切相关的企业投资方，其目标是长久的、稳定的利益，拥有大量股权和长期持股，并有能力促进基础业务的发展并积极参与公司治理。战略投资者比一般的企业投资者更加稳定，参与公司治理的热情度更高，是较活跃、稳定的股东。例如，国内外专业的行业及财务投资者，他们的投资经验和整合经验比较丰富，能够在资本运作、战略转型等方面给予企业专业意见。

### 五、混合所有制改革的重点

党的十八届三中全会以后，混合所以制改革在各个层面推进，相关的试点改革进展良好，形成了一些可复制、可推广的经验，有助于进一步推动和深化混合所有制改革。然而，国有企业混合所有制改革在我国垄断领域举步维艰、集团层面混合所有制改革推进缓慢，以及混合所有制改革的重点已不再是"是否引入非国有资本"，而是"引入非国有资本的最优比例"① 等问题，这些均是我国当前混合所有制改革的重点所在。①垄断领域的混合所有制改革。经过 40 多年的所有制改革，我国已基本实现"多种所有制经济共存"，提升了社会生产成本，降

---

① 陈林，万攀兵，许莹盈. 混合所有制企业的股权结构与创新行为——基于自然实验与断点回归的实证检验［J］. 管理世界，2019，35（10）：186－205.

低了社会整体福利。然而仍难以突破电力、石油等七大重点行业和关键领域的垄断坚冰和堡垒，因此，要进一步加深七大重点行业和关键领域国有企业混合所有制改革，发挥非公有资本的"鲶鱼效应"，即通过引入非公有资本激发国有资本的活力和竞争力，使这些垄断行业适应市场经济要求，稳步向市场化目标迈进。②集团层面的混合所有制改革。从企业层级看，国有企业归属层级越低混合程度越高、混合力度越大，中央所属国有企业子公司、孙公司混合所有制发展较快，混合所有制模式主要通过增资扩股、部分股权转让等方式引入合作者，且股权激励和员工持股也得到了有效实施。中央企业集团公司有中国联通、上海贝尔和华录集团三家混合所有制企业，一级子企业混合所有制企业数量占比为22.5%，从二级子企业往下混合所有制企业数量占比超过50%并逐级提高，四级以下子企业中超过90%的企业实现混合。因此，加强集团层面的缓和所有制改革是我国下一步混合所有制改革的重点之一。③引入非国有资本的最优比例。Gomes等（2006）研究证实了国有企业所有制改革过程中存在最优股权结构比例。马连福等（2015）通过实证研究发现混合所有制企业中非国有股东比例介于30%～40%时，非国有资本对企业绩效提升的作用最显著。祁怀锦等（2018）认为，我国国有企业混合所有制改革过程中，国有资本与非国有资本比例在1/3～2/3时，混合所有制改革对我国国有资产的保值增值功能促进作用最明显。综上所述，现有国内外学者基于样本数据从实证角度研究国有企业混合所有制改革中国有股权结构最优比例问题，但由于选取样本的差异性，其结论不完全一致。

### 六、混合所有制改革效应研究

随着我国国有企业混合所有制改革进程的逐步推进，学术界对其经济后果进行了有益探索。国内外学者大都从企业效率、公司治理、企业风险与创新、绩效等方面对我国国有企业混合所有制改革效应进行研究。①从企业效率视角来看，国企混合所有制改革也必须以提升国有资本运作效率为首要动机（Wei等，2017；董晓庆等，2014；綦好东等，2017；任广乾等，2020），混合所有制改革使不同形式的资本相互融合、相互促进，降低了国有企业的政策性负担、企业产权化带来的法人治理结构的完善以及高管选拔和激励机制的完善，从而提高了企业的效率（刘晔等，2016；吴万宗和宗大伟，2016）。②从公司治理角度来看，国有企业混合所有制改革通过股权多元化改善公司的董事会结构，防止控股股东对企业的"掏空"行为，使公司整体的股东利益得到保护，降低公司的代理成本，使企业的公司治理水平显著得到提升（Boateng和Huang，2017；綦好东等，2017）。③从企业风险及创新视角来看，国有企业引入非国有资本后，非公有资本能够为我国国有企业带来先进的管理经验和技术，能够提高企业的技术水平和创新能力（Kato 等，2011；叶德珠和刘少波，2015）。但也有学者发现国有企业混合所有制改革之后，企业的创新效率会因为非国有大股东的掏空等行为而受到抑制，不利于企业的长远发展（钟昀珈等，2016）。④企业绩效方面，目前国内外学者大都采用案例或实证方法研究混合所有制改革对企业绩效的影响，混合所有制改革通过降低企业融资约束、调整股权结构、优化高管激励机制、提高内部控制有效性、降低政策性负担等影响企业的绩效（Liu 等，2013；严汉民和陈阳雯，2019）。

## 第二节　推进混合所有制改革的历史演变

混合所有制实际上是国有资本、非国有资本及国家政府进行博弈的过程，它的发展伴随着我国国有企业改革逐步延伸出来的具有中国特色的现代企业制度，是在我国改革开放的历史大背景下提出来的。改革开放 40 多年来，我国的混合所有制改革在宏观和微观两个层面稳步推进，由于混合所有制改革中存在着国有资产流失、权力寻租等现象，国内外对混合所有制改革的争论不断，我国混合所有制变革的经验和教训告诉我们，混合所有制是一种灵活高效、符合我国发展实际的所有制结构与形式。我国所有制结构改革尽管历经坎坷、道路曲折，既不是照搬照抄传统的社会主义所有制结构模式，更不是对西方发达国家所有制结构模式"拿来就用"，而是立足于我国社会主义初级阶段的基本国情，在对我国传统社会主义单一所有制结构模式进行改革的基础上，充分借鉴、融合与吸收西方发达国家所有制结构模式（秦华英，2018；沈昊和杨梅英，2019）。下面结合我国国有企业混合所有制改革发展历程，把我国混合所有制改革的历史演变分为萌芽与探索、初步发展、推动与融合、分类改革四个阶段，分阶段列举混合所有制改革的背景、政策性文件、为推进混合所有制改革所做的努力，以及对每个阶段的混合所有制改革的特征进行总结。

1. 混合所有制改革萌芽与探索阶段（党的十一届三中全会到党的十四大，1978～1992 年）

党的十一届三中全会之后，我国国有经济在解放思想、改革开放的大背景下开始了新的探索。此时，国有经济占我国国民经济的比重超过了 90%，这一阶段中国国有企业开始了一系列的改革措施，如"扩权让利""规范企业制度""引入市场竞争"等，而此时所有制改革成为我国整个国民经济体制改革的突破口。伴随我国混合所有制改革的逐渐推进，有关我国国有企业混合所有制改革的必要性和紧迫性成为实践界和理论界关注的焦点。这一时期，国家政策已开始放开对所有权的改革，但微观层面尚未触及国有企业的产权改革，国有企业混合所有制改革仍处于萌芽与探索阶段。

1978 年 12 月召开的党的十一届三中全会初步描绘了多种所有制经济共存的格局，使当时的个体经济得到了初步发展，与此同时，也做出了对外开放的重大决策，以加强国际技术交流；1979 年，党中央国务院在厦门、深圳、珠海、汕头试办经济特区，随后在 1980 年开放青岛、天津、连云港等 14 个沿海城市和海南行政区，伴随着对外开放的起步，我国公有资本和境外私人资本之间进行合作、合资，即"三资"企业的设立开创了利用国外私人资本发展我国社会主义经济的先河；1979 年 4 月，党的中央工作会议提出给予国有企业一定的自主经营权，减少政府的行政干预；20 世纪 80 年代，我国政府将国有企业改革的思路转换到所有权和经营权的分离，1982 年，党的十二大报告指出"非公有制经济是对我国公有制经济有益的补充"；1984 年 5 月，《关于进一步扩大国营工业企业自主权的暂行规定》深化了我国放权让利政策，政府和国有企业的关系国家可以通过税利改革进行调整；1984 年，党的十二届三中全会指出坚持发展多种经济形式和经营方式，积极发展对外经济合作、技术交流；1987 年，党的十三大报告指出，目前我国处于社会主义初级阶段，要坚持公有制为主体的前提下，大力发展多种混合所有制经济；1992 年，党的十四大报告指出"在所有制结构上，应以公有制为主体，个体、私营以及外资经济为补充，多所有制经济共同发展，且不同的经济成分可以自愿实现联合经营"，这进一步肯定了股份制试点，"股份制有利于政企分开、有效集聚社会资金、转换企业经营机制"，使国有企业成为自主经营、自负盈亏的商品生产和经营单位，此时我国国有企业的混合所有制改革转向了产权制度改革，替代了原来的放权让利和转变经营机制，为我国混合所有制改革政策的制定和混合所有制理论的发展奠定了坚实的基础。

1978～1992 年，这一阶段的改革完成了国有企业混合所有制改革的理论与实践探索，为大力推进混合所有制改革消除了思想障碍；转变计划经济体制观念，引导国有企业走向市场，通过现代企业制度建设，国有企业已成为真正意义上的市场竞争主体，为我国进一步推进混合所有制改革奠定了制度基础；通过竞争激励、放权让利等改革措施，对一些亏损的中小国有企业进行了改制，实现了国有企业和民营企业快速发展，为我国进一步推进混合所有制改革夯实了物质基础。然而，这一阶段在我国经济领域虽然打破了单一的公有制，实现了我国所有制结构的创新，各种非公有制经济逐渐得到发展，但非公有制经济和公有制经济没有任何的交叉。国家统计局数据显示，截至 1992 年，以个体户、私营企业、外资等形式存在的非公有制经济已占我国经济的 13.4%，即我国已从宏观层面形成了多种所有制经济共存的局面，非公有制经济的发展已逐步走向正轨，为日后混合所有制经济的发展提供了不竭的动力。

2. 混合所有制改革初步发展阶段（党的十四届三中全会至党的十六大，1993～2003 年）

我国混合所有制改革的另一个重要节点是党的十四届三中全会，党的十四届三中全会确立了以产权结构混合为核心的改革思想，提出重点培育符合现实国情的混合所有制企业，这是我国在全球范围内首次提出混合所有制企业的概念，也预示着我国国有企业改革进入了新时期。至此到党的十六大期间初步提出了混合所有制改革，明确了以公有制为主体，多种所有制经济共同发展的基本经济制度，混合所有制改革已成为现阶段我国国企改革的主要方向，是我国混合所有制改革的初步发展时期。与此同时，我国理论界对混合所有制的宏观层面形成了基本共识，掀起了学术界对混合所有制研究的热潮。以吴敬琏等（1997）、许小年（1997）为代表的学者提出需要引入非国有资本实现我国国有企业股权向多元化方向发展，以完善企业制度和法人治理结构，激发企业活力，提升企业绩效。另外，在这个阶段有些学者对西方国有企业改革的经验进行总结，为我国国有企业改革提供了现实指导意义（苏继东，1994；杨玉池，1998）。然而这一时期尚未形成混合所有制相关的理论，也未对我国关于国企改革的政策形成实质性的影响，学术界及其理论界均处于对混合所有制改革的探索阶段。

1993 年，党的十四届三中全会提出我国国有企业改革必须在坚持以公有制为主体的前提下，多种所有制经济相互融合、共同发展；同年，《中国公司法》的颁布从法律层面对我国混合所有制改革给予了支持；1997 年，"混合所有制经济"的概念在党的十五大正式提出，对非公有制经济和公有制之间的功能定位及其关系进行了明确界定，在党的十五大精神的指导下，我国国有企业改革迈开了步伐，与此同时政企分开也迈开了实质性的一步，是我国改革实践的又一次理论飞跃；1999 年，党的十五届四中全会《中共中央关于国有企业改革和发展若干重大的决定》提出"国有大中型优质企业，在保持国家控股或主导的前提下，宜通过上市、合资、相互参股等形式进行股份制改革，发展混合所有制企业"，国家第一次在中央层面使用"发展混合所有制经济"，此时，股份制作为一种资本形式，开始广泛应用到国有企业改革；2002 年，党的十六大明确提出要启动国有资产管理体制改革，深化国有企业改革，两个"毫不不动摇"原则的提出使公有制和非公有制经济相互促进、共同发展。

这一阶段，我国对国有企业进行了大刀阔斧的改革，集体经济、私营经济及个体经济都出现了明显的增加，公有制经济和非公有制经济共存的经济形势已经初步形成，此阶段的混合所有制改革已开始涉及企业微观领域，通过一系列的改革，国有企业活力显著增强，这一阶段混合所有制的发展有了一定的理论基础和实践经验的积累，国有企业混合所有制改革诉求与非公有制企业的发展欲望得以完美契合，公有制经济和非公有制经济开始了大范围的混合，两者都被纳入社会主义建设进程中。在这十年中，国内生产总值翻了 3 倍，从 1993 年的 34560.5 亿元增加到 2002 年的 103935.3 亿元；人均国民生产总值翻了 3.5 倍，从 1993 年的 2939 元增加到 2002 年的 8214.022 元；国民生产总值的平均增长速度约为 15%。

3. 混合所有制改革推动与融合阶段（党的十六大至党的十八大，2003～2012 年）

党的十六大至党的十八大是我国混合所有制改革的推动与融合时期，在这一阶段，我国大力发展混合所有制经济，国有企业混合所有制改革条件基本成熟，引入竞争机制，深入推进了国有企业混合所有制改革。2003 年党的十六大报告指出："除少数必须由国家独资经营的企业以外，应该积极推行股份制，投资主体多元化，进一步发展混合所有制经济。"2003 年，国务院国有资产监督管理委员会的（以下简称"国资委"）成立是我国国有企业改革的标志性事件之一。国资委以我国现代产权理论为指导，推进国有企业股份制改革步伐，健全公司治理结构；随后国有企业推进了加大股份制改革力度、推进股权分置改革、建立完善董事会及引入外资、主辅分离、政策性关闭破产五个方面的改革；2007 年，党的十七大报告提出了"深化垄断行业改革，引入竞争机制"理论，允许非公有资本进入我国垄断行业。

在这一阶段，我国国有企业混合所有制改革已经开始触及国有企业改革的核心，很多国有企业混合所有制改革步伐不断加快，很多中型及一些大型国有企业通过所有权改造，各种所有制经济大量融合，涌现出了越来越多的混合所有制企业。据股票市场发行的可转债统计，2005～2012 年我国现有的国有控股上市公司积极引入民间投资，其中引入民间投资 638 项，金额高达 15146 亿元。2012 年底，有 52% 的中央企业及其子企业引入非公资本形成混合所有制企业，378 家中央国有企业及其子公司控股的上市公司中非国有股权的比例高达 53%，681 家由地方国有企业控股的上市公司中非国有股权的比例超过 60%（黄群慧，2018）。特别是 2010 年"新 36 条"颁布至 2012 年底，民间投资参与各类企业国有产权交易共计 4473 宗，占交易总宗数的 81%，交易金额占总交易金额的 66%。上市和重组已成为这个阶段国有企业混合所有制改革的主要方向，且重组主要是在央企与地方国企、地方国企内部及上下游国企之间，很少有民营企业参与。因此，这个阶段存在着资源配置效率低下、政企难分以及民营企业话语权小和进入门槛高等一系列问题，削弱了非公有制经济参与混合所有制改革的积极性。

4. 混合所有制改革分类改革阶段（党的十八大之后，2012 年至今）

2012 年党的十八大之后，我国国有企业改革得到了实质性推进，党的十八大对我国所有制改革进行了总结，提出国有资本可以从一般行业有秩序地退出，确保各种所有制经济公平参与市场竞争，党的十八大至今是我国混合所有制改革的全面深化阶段，此阶段的重点一方面是分层分类推进我国国有企业混合所有制改革，另一方面是着力推进我国七大重点行业和关键领域的混合所有制改革。

2013 年，党的十八届三中全会明确提出把公有制经济、非公有制经济和混合所有经济列为我国三大经济形式，各种所有制相互促进、共同发展，有利于我国有资本保值增值，提高其竞争力，混合所有制改革模式逐渐清晰，在微观层面为混合所有制企业的发展指明了道路；2015 年的《关于深化国有企业改革的指导意见》明确提出：积极稳妥推进混合所有制经济，以促进国有企业经营机制的转换，放大国有资本功能和提高其配置和运营效率，最终实现各类资本取长补短、相互促进、相互融合；在《关于深化国有企业改革的指导意见》的基础上，国家先后出台了 22 项国企改革配套政策文件，形成了国有企业改革的"1 + N"政策体系。其中，《关于国有企业发展混合所有制经济的意见》提出分类、分层推进混合所有制改革，并全面部署、总结了我国的混合所有制改革可供选择的模式。2016 年中央经济工作会议明确提出，电力、石油等垄断性较强领域的国有企业混合所有制改革迈出了实质性步伐；党的十八大以来，我国各省份、各相关部门及国有企业积极发展混合所有制经济，在电力、石油等重点行业领域推动了三批中央企业混合所有制改革试点工作；2017 年，《关于进一步完善国有企业法人治理结构的指导意见》《中央企业公司制改制工作实施方案》两个关于国有企业混合所有制改革的政策性文件先后颁布，再一次说明我国政府十分重视国有企业混合所有制改革；2017 年，党的十九大报告提出，我国应该持续深化国有企业改革，积极发展混合所有制经济，培育世界一流企业，突出了当前国有企业改革的方向与目标是混合所有制改革，不仅要发展混合所有制企业，还要发展国际化一流企业；2019 年，由国资委印发的《中央企业混合所有制改革操作指引》明确指出，混合所有制改革要按照完善治理、强化激励、突出主业、提高效率的要求推进。同年 4 月，《改革国有资本授权经营体制方案》颁布，国资监管机构由"管企业"向"管资本"转变，激发了企业活力、促进了企业规范运行。随着《国企改革"双百行动"工作方案》的发布，我国国有企业混合所有制改革在继续向更大更广方向发展的基础上，由广入深，由"怎么混"向"怎么改"转变。同时，混合所有制改革的机制进一步突破，与之相配套的参与机制、经营机制、退出机制、分配机制也不断完善。

这一阶段分层、分类推进混合所有制改革，并探索员工持股、职业经理人制度等，使我国国有企业混合所有制改革向纵深方向进一步推进，使我国国有企业的运营及其发展都已开始逐步上升到战略高度。

# 第三节 混合所有制改革的现状与问题

改革开放以来，以深化混合所有制改革为抓手，实现放大国有资本功能，使非公有制经济和公有制经济成为我国社会主义市场经济的"一体两翼"。党的十八届三中全会以来，作为我国基本经济制度的重要实现形式，混合所有制已成为推动国有企业改革的重要突破口，在新的"1 + N"政策体系推动下，国有企业混合所有制改革在混合所有制改革覆盖面、混合所有制改革模式、公司治理结构改革、企业效益等方面均取得了积极成效。但是，截至目前，混合所有制改革并未取得实质性突破，也未真正推动各类资本相互融合、相互促进、共生共赢，国有企业混合所有制改革仍处于徘徊之中。因此，我们既要看到混合所有制改革取得的成效，也不能忽视混合所有制改革出现的问题，本节重点对党的十八大以来我国混合所有制改革的现状与问题进行总结。

## 一、混合所有制改革现状

党的十八大以来，国有企业通过自身的布局调整，以全面、深入的姿态投入到混合所有制改革中，我国混合所有制改革呈现出步伐加快、领域拓宽的良好态势，出现了一批可复制、可推广的典型经验。

（一）分层、分类改革推进为深化混合所有制改革奠定了基础

2015 年 12 月，国资委、财政部、国家发展改革委三部门联合发布了《关于国有企业功能界定与分类指导意见》，为我国国有企业进行分类改革提供了指导性意见。2019 年 11 月，国资委在总结我国当前混合所有制改革的基础上，制定了《中央企业混合所有制改革操作指引》，指出对充分竞争行业和领域的商业类国有企业应积极稳妥推进其进行混合所有制改革，重要行业和领域的商业类国有企业应该积极探索适合自身现实情况的混合所有制改革模式，而适合混合所有制改革的公益类国有企业应该稳妥有序地进行混合所有制改革。另外，中央及其下属企业的分类改革是我国目前国有企业混合所有制分类改革的重中之重。目前，中央企业及其下属企业所属功能界定及分类工作已完成，全国 29 个省份相继出台了混合所有制分类改革的意见或方案。省属国资委一级企业中的 32 家企业已完成功能界定和分类工作。我国混合所有制改革的主要思路以"分类、分层实

施"替代了原来的"一刀切"，我国国有企业混合所有制改革已进入"分类改革与治理"的新时期。截至 2017 年底，商业一类即竞争性国有企业的混合所有制发展较快，归属层级越低的国有企业混合力度越大，中央所属国有企业子公司、孙公司混合所有制发展较快，且混合所有制模式主要通过增资扩股、部分股权转让等方式引入合作者，且股权激励和员工持股也得到了有效实施。国资委产权局副局长郜志宇表示，在中央企业混合所有制改革中，呈现以下特点：商业一类企业、商业二类及公益类混合所有制企业户数占比分别为 73.6%、62.6%、31.1%，显然，竞争性领域混合所有制改革的力度要远远大于公益性领域；从企业层级来看，层级越低混合程度越高。中央企业集团公司中中国联通、上海贝尔和华录集团三家为混合所有制企业，一级子企业混合所有制企业户数占比为 22.5%，从二级子企业往下，混合所有制企业户数占比超过 50% 并逐级提高，四级以下子企业中超过 90% 的企业实现混合①。

（二）混合所有制改革领域向垄断行业和集团层面推进

我国国有企业在混合所有制改革领域层面从非垄断行业向垄断行业迈进，从子公司层面、项目层面向集团层面推进。2016 年至今，我国已先后颁布四批共计 210 家国有企业进行混合所有制改革试点，我国开始加快垄断行业的混合所有制改革"破冰"步伐。首先，2016 年在七大重点领域，先后选择 3 批共 50 家国有企业进行混合所有制改革试点。2016 年 9 月，国家发改委将联通集团、哈电集团、中国核电等 9 家中央企业列入我国第一批混合所有制改革试点名单；2017 年 4 月，启动第二批 10 家混合所有制改革试点工作，前两批混合所有制改革试点涉及了我国 7 大垄断行业及垄断领域；2017 年 12 月，国资委公布第三批 31 家混合所有制改革试点名单，其中 8 家中央企业，21 家地方国有企业，进一步扩大了混合所有制改革重点领域范围，主要集中在军工、油气、铁路等垄断行业及钢铁、煤炭等产能过剩的行业。

2017 年，在国资委负责人会议上提出，国有企业混合所有制改革应该在集团层面有所突破；2018 年，国资委发布的《2018 中国国企国资改革发展报告》中提出，除了在子公司层面进行混合所有制改革外，对集团层面的混合所有制改革应该积极探索。2019 年，随着我国混合所有制改革第四批 160 家混改试点企业名单的公布，中央企业 107 家，地方企业 53 家，企业数量高于前三批的综合且进一步扩大了重点领域混合所有制改革试点范围，深入推进电力、油气、铁路等领域改革，并且加强了由"混"向"改"的转变。

（三）混合所有制改革模式多元化

我国的国有企业在混合所有制改革过程中创新选择及引入民营资本、外资、

---

① http://www.legaldaily.com.cn/index/content/2018 - 01/31/content_ 7465605. htm? node = 20908.

战略投资者及员工持股计划等多种模式进行混合所有制改革，使我国国有企业股权结构更加合理，加深了混合所有制改革力度，使我国股权多元化和混合所有制的改革更进一步。《中国企业社会责任蓝皮书》（2019）显示，2018 年我国新增2880 户混合所有制企业；积极利用股票和产权市场进行混合所有制改革，仅此引入社会资本 1750 亿元；实施股权激励的中央企业控股上市公司 81 户。国资委公开的数据显示：2013 ~ 2018 年，69%的中央企业及各级子企业进行了混合所有制改革，56%的省级国有企业进行混合所有制改革，超过 50%的中央企业二级子企业实施混合所有制改革，在这段时期，我国央企实施混改项目 3359 项，引入各种社会资本超过 9000 亿元，各省份国企实施混改项目 5000 余项，引入各类社会资本 6000 亿余元，股权结构取得了多元化制衡的效果。

（四）管理体制结构的变革

2016 年，《国务院国资委以管资本为主推进职能转变方案》的发布是国资委职能转变的重要一步，加快了国资监管方式的转变，即加快了国资委从"管人、管事、管资产"的二级管理结构（国资委 + 国有企业）向"管资本"的三级管理结构（国资委 + 运营或投资公司 + 国有企业）转变，从决策层的意志、监管层的共识，真正进入实操层面。

（五）公司治理机制方面

在混合所有制改革的同时，国资委在国有企业公司治理机制方面做了很多的推进工作，特别是在完善现代企业制度、选人、用人、强化激励及法人治理等方面取得了实质性进展。2016 年，国资委联合会发布的《关于国有控股混合所有制企业开展员工持股试点的意见》对员工持股试点原则、试点条件、员工持股试点原则、员工入股及股权管理等方面进行了明确说明。2019 年，《国务院国资委授权放权清单（2019 年版）》提出重点在"人"，强调企业中人的积极性，中央企业所属企业市场化选聘的职业经理人，应该实行市场化薪酬分配制度，授权央企探索更加灵活有效的工资总额管理方式。2019 年，国资委发布《关于进一步做好中央企业控股上市公司股权激励工作有关事项的通知》，鼓励我国央企制定或完善长期有效的激励约束机制，使得员工与企业成为利益共同体，激发核心员工的工作积极性；与此同时，文件还强调国有企业混合所有制改革后应该积极完善现代企业制度，健全法人治理结制，充分发挥公司章程在公司治理中的作用。

2017 年，超过 80%的中央企业已建立了比较规范的董事会，独立董事占比有了一定的提高，在中央企业的二级国有公司中，约有一半的企业完成了董事会的建立，且制定了一系列规范性制度文件。2018 年，5 家中央企业集团层面落实了董事会职权试点稳步推进；另外，有 83 家中央企业完成了董事会结构的变动，外部董事数量得到大幅提高，76%的中央企业下属二三级企业和 90%的省级国资委出资一级企业已建立董事会。由此可见，中央企业及子公司加快了董事会建设进程，董事会的有效机制逐步形成，企业的公司治理机制进一步得到完善，提升了国有企业决策的科学性和风险防控水平。2018 年，各大重点领域积极进行混合所有制改革试点，员工持股在 10 家中央企业和 171 家省属一级企业已完成试点，同时中央企业、地方国有企业开展了经理任期制契约化管理和职业经理人制度，截至 2018 年底，职业经理人制度在 40 家中央企业中落地实施，4374 名职业经理人任职于 977 家央企下属公司，通过选聘职业经理人形式完成 95 家省属一级企业的改革试点；股权激励制度在 45 家中央企业控股的 91 户上市公司落地，营业收入实现了 16.7% 的高速增长。

（六）混合所有制改革成效方面

党的十八届三中全会以来，国有企业通过自身的布局调整，以全面、深度的姿态投入到混合所有制改革中，混合所有制改革稳妥有序进行，在改革实践中已经显现出明显的"加减乘除"积极效应，即国有企业通过引入非国有资本进行混合所有制改革，为国企注入了新的经营模式、激励机制，使得国有企业能够快速地剥离非经营性资产，破除国企一股独大的格局，使国有企业的治理结构、经营绩效显著得到提高。混合所有制改革成为国企改革重要突破口，目前有 2/3 的中央企业引进了各类社会资本，各省份混合所有制企业户数占比达到 49%。截至 2019 年，中国中央企业混合所有制改革比例达到 70%，比党的十八大以前提高了 20%，在参与混合所有制改革的企业当中，70% 的企业利润获得了较大增长，说明中国混合所有制改革取得了很好的成效。①实现了资源的优化配置。首先，在降本增效方面：截至 2019 年 5 月，我国中央企业累计减少 14023 家，存量减少比例达 26.9%，超额完成了三年压减 20% 的目标任务，通过压减工作，目前中央企业的管理层级已全部控制在 5 级以内；累计减少人工成本 292 亿元，减少管理费用 246 亿元。其次，"处僵治困"工作基本完成，不少企业将压减工作与"处僵治困"、混合所有制改革、去产能、剥离企业办社会职能等改革协同推进，有效处置和出清了 1900 余户的僵尸和特困企业，相比 2015 年减亏 2000 多亿元，减少亏损企业 4794 户，减少资不抵债的企业 1887 户；与此同时，中央企业全员劳动生产率由 44.6 万元增加到 53.78 万元，提高了 20.6%，中央企业的户均营业收入由 4.55 亿元提高到 6.54 亿元，户均利润总额由 2400 万元提高到 3800 万元，户均效益增幅高于同期央企总体增幅约 20 个百分点。另外化解过剩产能目标完成，2018 年，中央企业化解 1260 多万吨煤炭过剩产能，整合 1 亿吨煤炭产能，淘汰 670 万千瓦煤电产能①。②随着国有资本的调整和国有企业重

---

① 《2019 中国国有经济发展报告》。

组力度的加大，国有经济布局和结构调整取得了重要进展。从产业领域来看，党的十八大以来，我国国有经济更多的是分布在第二、第三产业，其中，第二产业国有企业呈现缓慢收缩趋势，资产总额占全部国有企业资产总额的 32% 左右；第三产业呈现逐年递增趋势，国有企业户数占全部国有企业户数的比重约为 64%；而第一产业国有经济所占比重小于 1%①。③公司制改制全面完成，国有企业与市场经济进一步深度融合。中央企业集团层面和 2600 多户全民所有制子企业全部完成公司制改制，实现了股权结构多元化，完善了现代治理体系，企业走向市场化经营轨道，实现了历史性突破。

**二、混合所有制改革的问题**

2017 年，中国联通作为先锋队打响了母公司混合所有制改革的"第一枪"，从此我国国有企业混合所有制改革进入快速发展阶段。然而，混合所有制改革是一些涉及股权多元化、资产评估、激励机制等方面的综合系统工程，在混合所有制改革的过程中不可能"一混了之"或"一混就灵"，改革过程中无论是在政策层面，还是在理论认知和实践操作层面仍存在如下问题：

（一）政策层面

一方面，混合所有制改革涉及诸多体制机制和规则问题，如国有企业股权结构设置、产权变动和员工持股等，虽然有关中央顶层设计的政策及法律法规文件已经很明确，但因混合所有制改革所涉及政策及法律法规文件多且政出多门，且比较零散，缺乏统一的协调性，需要全盘考虑，重新梳理。各个省份虽然也相继出台了混合所有制改革的意见和方案，但大都搬照国家层面的相关政策，具有比较高的宏观指导性，缺乏明确的实践操作性，结合当地实际情况的政策及配套比较滞后，例如，各地尚未制定明确的混合所有制改革容错免责机制、未明确员工持股与企业绩效考核体系的对接与整合等。另一方面，混合所有制改革推进需要相关的配套政策作为保障，而我国相关的配套政策不完善、法律制度落后、市场发育滞后、公司治理及员工激励等具体事项不明晰，缺乏公平有序的市场竞争环境，制约着民营资本参与混合所有制改革，影响混合所有制改革的整体进程（李笑一，2017；李红娟，2017；秦华英，2018），例如，员工持股计划仍处于试点阶段，有关的法律法规及政策不够明朗，对持股比例有一定的限制，且由政府任命的领导人员不能持股，如此多的政策禁区对我国国有企业混合所有制改革整体进程造成了负面影响。

（二）思想认识层面

政府部门及企业，包括国有企业和民营企业都可能对混合所有制改革存在认

---

① 《2019 中国国有经济发展报告》。

知偏差，这在一定程度上影响了我国混合所有制改革的进展。首先，地方政府仅仅是为了落实中央部署的混合所有制改革任务而进行改革，并不遵循市场经济规律，也不是以完善国有企业治理机制、增强国有企业活力、提高国有企业绩效为目的。其次，国有企业负责人担心在混合所有制改革进程中因自身决策失误而导致混合所有制改革失败，国有资产流失，害怕遭人猜疑而被扣上"为个人谋利益"的帽子；混合所有制改革过程中国有企业负责人因混合所有制改革承担的风险与收益不匹配，宁可无业绩也不愿意积极主动地进行国有企业混合所有制改革；国有企业混合所有制改革充满了不确定性和风险性，企业中的高管团队难以准确评估引入非公资本后正面和负面影响，导致高管难以真正认同混合所有制改革，使混合所有制改革方案不能真正落地。民营资本心存顾虑，担心民营资本在混合所有制改革后受到侵害，进而影响到混合所有制改革的进程。另外，有学者指出，目前对混合所有制改革的范围、程度和深度缺乏统一的认识，在混合所有制改革实践中，难以建立清晰的发展混合所有制经济的正面清单和负面清单（臧跃茹等，2016；马连福等，2017），很多国有企业只是迫于国资监管部门的压力，只将负债率较高或者资不抵债的企业，或者选择资产规模较小的二级、三级企业进行混合所有制改革，尚未实现体制机制的真正转换。

（三）实践操作层面

首先，混不明白，即企业不能正确定位混合所有制改革的目的。混合所有制改革的主要目的是激发市场活力、完善国有企业经营体制等，混合所有制改革不是万能的，不可能解决国有企业的所有问题，也不能直接完成国有企业创新过程中的技术突破和市场开拓。另外，"混"只是形式，"改"才是目的，较多的企业没有抓住问题的本质，更多地关注形式上的"混"，而未深入进行实质上的"改"，从而背离了我国国有企业进行混合所有制改革的主要目的。为追求"混改率"（混合所有制企业占国有企业的比率），一些国有企业从形式上引入了民营资本等外部股东，但是仅仅表现为股权形式的变化，未真正以优化国有经济结构、转换内部经营机制为目标来评判我国国有企业混合所有制改革的情况，在企业内部治理机构上并未成为真正的混合所有制企业。此外，仍有一些国有企业并未正确掌握混合所有制改革的概念，不能正确区分公司制改革与混合所有制改革。实际上，国有企业只有在完成公司制改革的基础上，通过积极引入非公有资本改善企业法人治理结构，才能真正推进企业混合所有制改革。如果仅仅是注册方式由全民所有制改成公司制，资本结构仍然是国有独资的公司就不属于混合所有制企业，公司的改制更谈不上混合所有制改革。还有将不同层级的国有企业重组作为混合所有制改革的主要内容，这不是国有资本和非国有资本的融合，仅仅是不同层级国有企业之间的重组、配置，亦不属于混合所有制改革。

其次，混不进来，即我国民营企业参与混合所有制改革还存在一些隐性障碍。①既得利益者障碍。处于垄断地位的国有企业在行业内的竞争优势明显，形成的贸易壁垒在一定时间内是民营企业无法撼动的；经营者担心非国有股东的引入会导致其权利受到约束、寻租空间变小等、其自身利益受损而不愿意进行混合所有制改革；国有企业员工不愿意因企业混合所有制改革而失去现有较高的待遇，也会反对改革。②政府因怕扣上"国有资产流失"的帽子而被问责，不敢承担混合所有制改革的风险，往往拖延改革进程或者仅是为了完成混合所有制改革指标，没有实现混合所有制改革的实质要求。③民营企业参与混合所有制改革的条件过高，存在层层隐形壁垒。

再次，混不踏实，参与混合所有制改革后企业身份迅速遭遇"政策变脸"。一方面，省、市、区出资时，认为混合所有制改革后的企业已不是国企，得到的产业扶持政策会减少，阻碍了混合所有制改革的顺利进行；另一方面，金融结构支持力度相对减弱，经常出现"雨中撤伞"情况，使企业现金流紧张，打击了企业进行混合所有制改革的积极性。

最后，混不滋润，国有资本和非国有资本难以实现深度的融合。一方面，董事会职权落实不到位，只重形式、不重结果，民营企业无法获得混合所有制改革后董事会的表决权，各种决策程序流于形式，董事会未发挥科学治理的作用，违背了混合所有制改革的初衷，"有股没有权"的现象普遍存在；另一方面，对混合所有制企业员工持股、高管薪酬激励等激励机制松绑不够，还存在较多的限制，无法真正激活员工的积极性和创造性。

# 第四节　混合所有制改革的典型案例

1984 年，中国建材集团有限公司经国务院批准成立，2003 年成为中央企业被国有资产管理委员会直接监管，现已是集科研、流通、制造为一体，拥有科技、成套装备、产业以及物流贸易四大板块的全球最大的综合型建材产业集团。中国建材集团通过"央企市营"的管理实践实现了股权多元化，建立了适应我国市场经济要求的经营机制和管理体制，2019 年世界 500 强企业排行榜中，中国建材集团首次超越业界标杆企业——法国圣戈班集团，居第 203 位。下面以中国建材集团为案例，分析其混合所有制改革的动因、模式选择、混合所有制改革过程中的创新做法、混合所有制改革成效，最后对其混合所有制改革过程中的成功经验进行总结，以期为我国国有企业混合所有制改革提供理论指导和实践启示。

## 一、案例选择

以中国建材集团为案例进行研究的主要原因是：第一，2014 年中国建材集团被国资委列入双试点企业，也是我国首批混合所有制改革试点企业之一，中国建材集团通过混合所有制改革，在企业内部实现了良好运营，提升了企业绩效，缔造了我国进行混合所有制改革企业的典型。第二，近十几年来，中国建材集团在混合所有制改革模式方面进行了积极探索，先后推动 8 家中央企业重组、近千家民营企业混合。第三，中国建材集团通过混合所有制改革，不仅实现了股权多元化，还完善了公司的治理机制，树立了我国国有企业混合所有制改革的标杆，能够为其他国有企业的混合所有制改革提供可借鉴的宝贵经验。

## 二、改革动因

（一）宏观政策因素

党的十八届三中全会以来，国家积极推进混合所有制改革，"1＋N"项政策文件的先后公布，使我国完成了混合所有制改革方面的顶层设计，而中国建材是我国首批混合所有制改革试点单位，国资委有意通过中国建材的混合所有制改革逐步实施混合所有制改革战略。

（二）行业发展亟待整合

2006 年，我国国内水泥行业产量居世界第一，且国内水泥行业的 GDP 占据了建材行业 GDP 的 60%，但由于我国水泥行业结构失衡、产能过剩，行业内企业绩效持续走低。另外，当时我国水泥行业布局"多散乱"导致行业集中度低，企业规模水平参差不齐，恶性竞争问题突出，行业资源严重浪费，亟待整合。针对行业问题，建材集团应该发挥央企在创新能力和管理规范等方面的优势，以存量资本吸收大量的社会资本，使所在行业竞争有序、充满活力。

（三）企业自身发展的需要

2002 年底，只有 20 亿元销售收入的中国建材集团是一家"草根央企"，企业底子薄、资金少、主业不突出、竞争力低，集团发展缓慢。在企业生存和市场环境的双重压力下，决定进军水泥业务，但当时中国建材集团只有两个规模比较小的水泥厂，水泥又是重资产轻投资的业务，如何获得发展资源、采用什么方式发展壮大？处于充分竞争领域中国建材集团应该发挥央企在创新能力、资金实力和规范管理方面的优势，与民营企业大规模混合，以存量资本吸收大量的社会资本进行发展。

（四）企业自身运营管理机制效率低

在实施混合所有制改革之前，中国建材集团实施"政企不分"的运营模式，使国有企业的运营管理与市场化脱节，市场适应力差，自身运营管理机制效率低、发展缓慢。政企不分现象使企业外部监督受阻，外部监督职能被削弱，外部监督难以真正发挥作用。另外，企业内部治理结构不完善、法律制度不规范、内部产权不明晰，导致企业内部所有制缺失和控制不力，最终阻碍了企业发展。

### 三、改革模式

中国建材在推进混合所有制改革的过程中，主要以融资上市、合并重组、非公有资本参与、员工持股等多种模式共同推进混合所有制改革，混合所有制改革模式如图 2-1 所示。

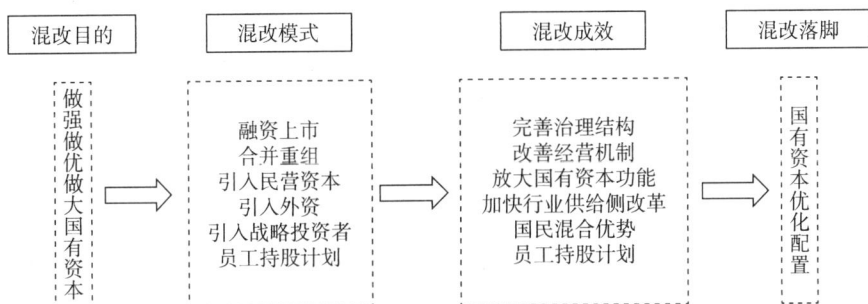

**图 2-1 中国建材混合所有制改革模式**

（一）融资上市、合并重组

2005 年 3 月，中国建筑材料集团发起设立了中国建材股份有限公司，2006 年刚开始进行混合所有制改革时，中国建筑材料集团通过打包旗下几家优质资产，成立中国建材股份有限公司并成功在香港上市，募集到了一定的社会资本，为建材集团后期大规模重组夯实了经济基础。2006 年 7 月，徐州海螺水泥中国建材股份成功收购，标志着中国建材成功迈出了公司联合重组的第一步。

2006 年，中国建材上市后，在水泥行业实施了大规模的收购重组计划。①中国建材子公司并购民营企业，中联水泥不断进行兼并重组，2007 ~ 2008 年，中联水泥收购德州晶华集团有限公司，成立德州中联水泥有限公司，推动了产业结构整合。②中国建材联合重组成立子公司，2009 年 3 月，中国建材与江源金刚水泥有限公司、弘毅投资共同成立北方水泥，中国建材与江源金刚各自占股45%，推动了国有资本、金融资本的相互融合。③子公司与民营资本交叉持股，2006 年，中国建材为谋求发展、抢占南方水泥市场发起了兼并重组，2007 年与多个民营企业签订出资协议，成立南方水泥有限责任公司，最终南方多家民营企业被中国建材并购，实现交叉持股，形成了协同发展平台。④金融机构参股成立子公司，2011年，中国建材与三家金融机构联合重组成立西南水泥。自此，中国建材完成了在全国水泥市场的战略布局，重组水泥企业300余家，募集到大量的社会资本，使公司的水泥板块业务跃居世界第一，成为世界水泥大王，提高了水泥行业的产业集中度，重塑了竞争有序、健康运行的行业结构。中国建材股份有限公司在联合重组的同时，于2009年进行了3次配售，增发H股；中国建材集团与中保投有限公司联合成立产业发展基金，引入外部金融资本助力中国建材混合所有制改革；2017年，中国建材与中材股份公司合并，合并后建材集团拥有中国建材扩大股份后的42.4%，中国建材整合中材股份是其进行混改迈出的极其重要的第一步。

（二）引入民营资本、外资及战略投资者

第一，中国建材在建材、水泥这样的核心主业中保持绝对控股地位的基础上，积极引入各种民营资本，发挥各种非公资本的杠杆效应。第二，在其他非核心业务中，大量引入各类非公资本，以保持中国建材集团的相对控股或第一大股东的地位。第三，产融结合，中国建材在2011年与4家金融机构合作成立了西南水泥；3年后，西南水泥与金融机构联合重组了多个与水泥相关的民营企业，提高了行业集中度。第四，1998年成立之初，中国巨石就是混合所有制企业，1999年，巨石集团和中国建材集团相关资产联合上市，巨石集团成为中国巨石全资子公司，通过联合上市使巨石集团的融资约束得到了缓解。2007年，巨石集团引入战略投资者联想弘毅基金，使巨石集团的股权结构更加多元化；2011年，巨石集团引入国外战略投资者，成为中外合资企业，同年，巨石集团原有股东将其所持有的股份转让给中国巨石股份有限公司，通过这次重组巨石集团成为上市公司全资子公司，重组使得民营资本上升到母公司层面，使企业治理结构得到完善，公司的管理体制更加健全。2020年5月，凯盛科技集团与大家保险集团在北京签署战略合作协议，展开在高新技术产业和保险金融领域的合作。2020年7月，中国建材集团与百度签署战略合作协议，合作第一期签署合同金额2700万元，整个战略合作价值将超过百亿元，双方将在智慧物流、智慧工厂、工业无人驾驶、数字矿山等多个领域开展深入合作。双方响应国家"新基建"号召，共同加速中国企业向智能化、数字化转型，由"中国制造"向"中国智造"转变。

（三）推行员工持股计划——以南京凯盛为例

中国建材集团把建材股份、北新建材、中国巨石选为首批改革试点实施单位，国建集团和凯盛科技也被选为改革试点单位。南京凯盛国际工程有限公司成立于2001年，企业成立之初主要资本是人力资本，企业从2003年实施员工持股，一直到2008年，企业持股员工没有任何分红，企业资金全部为企业发展所用。如今，南京凯盛国有股占 51.5%，核心技术人员及高管持股占 48.85%。

### 四、混合所有制改革成效

经过混合所有制改革中国建材集团大大增强了企业实力，自身内生动力得到不断提升，为公司长远发展奠定了良好的物质基础，并取得了显著成效。

第一，完善企业治理机制，改善经营机制。混合所有制经济具有激励性，在产业方面，建材集团通过混合所有制改革，逐步完善所属产业布局，上下游企业得以优化；在经营层面，公司的经营理念、治理机制得以改善，管理层与员工更加认同企业文化，凝聚力进一步增强。在不到二十年的时间里实现了跨越式发展，成为全球第二、中国最大的综合性建材产业集团。中国建材集团从 2011 年开始连续 9 年荣登《财富》世界 500 强企业榜单，2019 年公司列中国制造业企业 500 强榜单第 15 位，公司资产总额达到 6000 亿元，拥有 14 家上市公司，其中 2 家在海外上市。2018 年，销售收入总额为 2190 亿元，同比增长 18.9%；利润总额为 203.6 亿元，同比增长 44.9%。

第二，进一步放大国有资本功能。建材集团充分利用社会资本，大力发展混合所有制经济，其超过 85% 的企业为混合所有制。建材集团以占比仅为 25% 的国有资本撬动了超过 6000 亿元的总资产，快速实现了国有资本保值增值功能。建材集团通过混合所有制改革已成为世界上最具综合实力的建材企业，居世界 500 强企业中建材行业的首位。

第三，孵化出多家充满竞争力的企业，并培养了一批优秀的企业家。建材集团通过混合所有制改革为企业家尽情发挥自身才能提供了肥沃的土壤，逐步孵化出多家充满竞争力的企业，如南方水泥、中国巨石、中复神鹰、中复连众等；在建材集团不断发展壮大的同时，也培养了一批优秀的企业家。正是这些企业家的出现，才使建材集团得以披荆斩棘，走在行业前列。

第四，加速行业供给侧结构性改革进程。建材集团大力推进联合重组工作，通过对其他企业的收购，大大提高了我国水泥行业的集中度。2008～2018 年，行业集中度从 16% 提高到 62%，通过混合所有制改革，建材集团探索出了一条能够有效推动所属行业供给侧改革的道路。作为大型国有企业，建材集团勇于担当，聚焦行业技术制高点，充分发挥引领者的作用，不断取得创新突破。

第五，开创了国有经济与民营经济共生多赢局面。在混合所有制经济模式下，建材集团规范公司治理、完善公司经营机制，充分发挥其规模优势，并将其与民营经济的灵活性、企业家精神融合起来，形成了独创性的"国民混合"优势。国有经济与民营经济相互促进，共同发展，开创了共生多赢的局面。

### 五、混合所有制改革创新

（一）结合企业发展阶段，稳步推进混改进程

2002 年至今，中国建材集团的混合所有制改革经历了调整、发展、增长、转型四个时期，每个时期根据自身的发展特征采取了不同的混合所有制改革模式。在调整期（2002~2004 年），中国建材集团明确企业发展战略，通过债务重组引入多种非公有资本，为企业获得了进一步发展所需资金，使企业经营逐渐步入正轨；在发展期（2005~2010 年），针对所在行业散而乱、竞争恶劣而导致的效率低下等问题，中国建材集团积极通过资本市场联合重组快速成为了所在行业的领军企业；在增长期（2011~2014 年），站在全球战略角度进行混合所有制改革，推进企业快速发展，成为了世界 500 强企业；在转型期（2015 年至今），中国建材集团在"三期叠加"的背景下，奋力转型、坚持创新，在提质增效、转型升级方面取得了新的突破。

（二）围绕结构调整，打出"六招"改革发展组合拳

中国建材集团在结合国内实际、借鉴国际经验的基础上，以大规模联合重组、严格限制新建、淘汰落后产能、开展错峰生产、发挥大企业引领作用、推动以协会为主导的行业自律"六招"改革发展组合拳，推进了资源整合和产业升级，实现了跨越式发展。

（三）以产权改革为基础

中国建材集团发展混合所有制经济是探索产权多元化股权改革的过程，在上市公司、四大水泥公司、水泥厂层面实施"三层混合"，多种途径和方式引进非公有资本；在联合重组的混合所有制企业里设计了"正三七""倒三七"结构，形成了一种自上而下的控制体系，在保证了集团绝对控制权的同时，也保证了上市公司及其子公司的合理利润。另外，在高新技术企业、转制科研所，积极探索、有序推进员工持股，使员工短期利益和企业长期利益紧密联系在一起。

（四）以联合重组为主线、以转换机制为核心

在"联合重组+资本运营"的双重驱动下，中国建材集团借助资本市场，以"三盘牛肉"吸引了近千家非公企业参与，以海外上市、增发等形式募集到大量的非公有资本，组建了四大水泥平台公司，企业在自身获得快速稳定发展的同时，使其所在行业形成了竞争有序、健康运行的布局；另外，瞄准产业高端核心技术，控制行业制高点，目前在水泥大型成套装备、石膏板等领域已达到或超过世界先进水平。中国建材集团探索了一套"央企市营"混合所有制改革思路，通过灵活的混合所有制改革模式促进了企业经营机制的灵活转换。

## 六、启示

作为我国国民经济命脉的国有企业混合所有制改革是一项动态且复杂的工程，如果策划不周密、思路缺乏创新、实施过程出现失误等，就很难取得理想的效果，有可能会威胁到我国国民经济的稳定发展。我国新一轮的混合所有制改革要促使国有资本和非国有资本深度融合，建立健全混改后企业的公司治理机制，使混改后的国有企业能够按照市场机制运行。本节总结了中国建材集团十几年混合所有制改革过程中的启示，以期为其他国有企业混合所有制改革提供借鉴性指导。第一，国有企业进行混合所有制改革并不代表"一混就灵"，更不是"一混就好"，混合所有制企业必须在混合后的企业治理机制上下功夫，真正实现"国企实力＋民企活力＝企业竞争力"。第二，灵活使用多种模式推进国有企业混合所有制改革。中国建材集团通过兼并重组、民企参股、员工持股等多种模式引入非国有资本进行混合所有制改革，以实现集团股权结构的多元化。多层多模式的混合架构能够充分地发挥出民营资本的有机活力，使集团及其下属的上市公司股权结构更加丰富与多元，帮助企业可持续发展，给企业带来了活力，进一步释放了国企资源、规模、资本以及技术的优势，建立了科学的公司治理结构，实现了企业股权多元化的转变。第三，国企混合所有制改革应该综合考虑产权配置与资本配置，混改既不能一股独大，也不能股权过于分散，需要引入市场化机制，通过对收益权的分配使不同所有制资本获得长效激励，在产权配置的基础上，结合不同资源优势互补以更好地实现国有资本优化配置。中国建材在新公司的运营与管理中更是不断体现着"央企市营"这一理念的核心内容，实现多元化大型国企控股股份制，规范的公司法人治理结构逐步建立；不断完善职业经理人相应制度，即公司的董事和经理人要以市场化选聘模式选拔，脱离国企选拔模式的限制；完善、健全市场化的企业内部机制；公司的运营要充分依照市场化的规律。这种市场化的运营模式，激发了重组双方的主动性，确保了中国建材联合重组战略方针得以有效实施，使集团运营管理及国有资本的活力得以再生，达到了国有企业改革的根本要求。

# 第五节　进一步深化混合所有制改革的方向与建议

目前，我国国有企业面临着日益激烈的国内外调整和严峻的经济形式，其混合所有制改革已经进入深水区，未来国有企业要保证自身发展活力，使自身核心竞争力进一步提升，进一步实现国有资产保值增值功能。国有企业和民营企业若想相互促进，共同发展，就必须坚持在混合所有制改革过程中降低准入条件、建立现代企业制度、改革激励机制、消除行业壁垒，完善国资监管体制，建立公平、开放、有序的市场体系，积极适应市场主体变化，充分激发企业的内生动力。

（一）在政策层面，完善混合所有制改革相关的配套政策，营造公平的市场竞争环境

第一，建立健全国有企业分类管理与考核监管机制。进一步放宽"混改"试点企业范围，界定企业功能定位，全面推进国有企业的分类混合所有制改革，明确不同类型的企业考核与监管机制。对充分竞争类国有企业以追求经济效益为目标，可以采用绝对控股、相对控股、参股等多种方式深入推进股份制，充分参与市场竞争，积极引入各类非公有资本；对公共服务类国有企业，必须在保证社会公共服务正常运行的前提下，积极引入各类资本，引进市场化竞争机制，提高资源配置效率和公共服务能力；对关系国计民生的主要行业、关键领域的国有企业，必须坚持国有资本绝对控股，重要行业和关键领域的企业，社会效益优先，必须实行国有绝对控股且明确国有独资的标准，尽可能缩小国有独资的范围。

第二，顶层设计与基层实践探索相结合，催化政策与实践的相结合。不同省市、不同行业企业的现实情况有显著的差异，导致企业混合所有制改革的模式或操作方式也有所差异，然而在当前的改革过程中，实践探索空间较小，积累的经验有限，难以对接多元化的混合所有制改革需求。因此，我国新一轮国有企业混合所有制改革在强调顶层设计的同时，应该鼓励基层积极进行实践探索，允许出错、宽容失败，以发现问题、积累经验、总结以往规律、创新方法，因地制宜、因势而变、因企施策，积极探索适合自身企业发展的混合所有制改革模式。实践中的基层探索与顶层设计相结合，丰富了我国混合所有制改革经验，催化了政策与实践的相互融合，形成上下共同探索的局面，为我国混合所有制改革持续不断地注入活力和创造力。

第三，建立开放、公平、有序的市场体系。根据竞争中性原则构建国有企业竞争中相关的政策，修订和完善各种政策法规，消除制度性障碍，打破非公有制经济的隐形壁垒。充分坚持公平竞争的原则，淡化资本属性，确保各种类型企业公平参与市场竞争。打破地方保护，对区域内和区域外的民营企业、国有企业、混合所有制企业一视同仁，跨区域企业享有与本地企业同等待遇。切实落实股权平等，股东合法权益都应受到公平的法律保护，改变国有企业"不让改，不想改"、民营企业"不敢改，不想改"的现象，加大对混合所有制企业的财政支持力度，降低企业混改成本。此外，还要加强国有资本和民营资本之间的项目合

作，提高混合所有制改革的质量和效率，培育具有全球竞争力的世界一流企业。

第四，放宽非公资本准入条件，消除行业壁垒。目前，虽然我国绝大多数行业和领域已开始通过混合所有制改革引入非公有资本，但是在基础设施、公用事业及其他行业和领域中，非公有制资本进入门槛高，限制条件多。应该进一步放宽市场准入条件，扩大面向非公有制资本开放的领域和行业。

（二）在思想认识层面，加强混合所有制改革政策宣传

针对固有企业混合所有制改革过程中存在的"国有资产流失""为个人谋福利"等认识误区，我国国有企业混合所有制改革必须以"两个毫不动摇"为导向，采用"现场考察""宣讲会"等多种方式加强我国混合所有制改革政策的宣传力度，做好政策宣讲，阐明混改意义，消除地方政府、企业管理者及员工的思想顾虑，提升混改认同度，将"要我改"变成"我要改"，将混改落到实处。

（三）操作层面

第一，深化国有资产监管体制改革，分类推进混合所有制改革。探索利于混合所有制经济发展的国资监管新方法，逐步实现国资委从"管企业"到"管资本"的转变，切实保证企业经营自主权，切实履行资产收益、选择管理者和参与重大决策等出资人职责。建立出资人监督、企业内部监督、社会和纪检监察监督"四位一体"的监督体系。

第二，建立产权多元、管理规范化的现代企业治理结构。混合所有制改革并不仅仅是将公有资本和非公有资本相互融合，而是通过股权多元化达到优化资源配置、构建现代企业治理结构，切实履行董事会、监事会、股东会和经理层的职权职责，激发混合所有制企业活力和竞争力，推动"国民共进"格局的形成。①优化股权配置结构。企业的股权结构设置方面，混合所有制企业既不应夸大国有资本的作用，也不应夸大非公有制经济的作用。国有股可以通过减持，或引进新的战略投资者来实现股权结构的完善，大力支持各种非公资本，特别是民营资本参与到国企股权多元化改革中，合理的混合所有制股权结构是大股东所占股权应小于其他中小股东股权比例之和，保护不同类别投资者的利益诉求。②坚持市场化法人结构。完善有制衡的法人治理结构，依据同股同权、风险共担、利益共享的原则建设董事会运作体系，优化监事会的监督规范和机制，增强监事会独立履职能力，加强企业内控管理，避免产生权力过于集中、决策机制单一和内部人控制等情形，除管理层外，任何人不得直接干预企业运营与管理。③建立符合市场化需求的职业经理人制度。混合所有制企业的职业经理人可以由公开招聘、内部选拔等多渠道、多路径产生，以市场化和管理契约化为核心，以工作能力与职业素养为选聘人才的首要标准，实施以企业经营绩效为核心的考核机制，充分给予职业经理人企业管理权力，实现权责利相统一。建立职业经理人价值实现与企

业发展相统一的激励机制，同时对职业经理人不单是"用"，也注重"育"，通过对职业经理人的培养，着重提高其政治素质、学习能力、专业技能，提升综合管理能力，增强国际化、市场化水平。完善职业经理人晋升、降职、解聘的流动制度，做到"市场化选聘、契约化管理、差异化薪酬、市场化退出"。④构建国有资本市场化运作的专业平台，通过资本市场化运作优化国有资本布局和资源配置，实现国有资产保值增值功能、健全公司治理结构和明晰产权。

第三，完善混改企业激励制度，持续推进员工持股计划。①改革企业激励制度，完善激励机制。改革企业经营者的任免、考评制度，对企业运营状况和经营者履职的评价也会逐步由政府（国资委）为主转为以市场和股东为主，企业应根据监管要求、行业标准、企业经营现状与发展规划，重视薪酬结构的合理化，制定务实管用的长期激励计划，在吸引和留用人才的同时，适当减轻企业当期成本压力，进一步优化薪酬结构。建立与经营效益和承担风险相对称的激励体系。将"奖罚"的权力归还于股东和市场，在物质激励的基础上，注重企业经营者在成就感、社会认可度等方面的追求。②持续推进员工持股制度。制定相应法律法规，明确规范职工股权的管理，使因岗位变动、退休、死亡等而出现的股权管理、股权流转及退出情况有章可循；探索区域、行业的差异化员工持股制度，避免"一刀切"的政策限制；设立企业混合所有制改革发展基金，为企业实现员工持股改制提供资金支持。

第四，建立混合所有制改革跟踪评估机制，以提升混改企业的"改"的质量。建立定期评估机制持续跟踪混合所有制改革后企业发展现状，以对其他国有企业混合所有制改革产生示范效应。①定期组织相关主管部门和专家对国有企业混合所有制改革进程进行调研评估，修改企业混合所有制改革中出现的问题，及时扫清国有企业混合所有制改革过程中遇到的障碍。②组建混合所有制改革投资基金对混改企业提供资金支持。③形成可持续发展的企业文化，使出资人、董事会、管理层、员工确立现代公司治理理念，各方相互融合后产生凝聚力、向心力。④及时总结混合所有制改革过程中的成功案例，树立典型案例，为参与混合所有制改革的企业提供具有重要参考价值的经验。

# 第三章　推进国有企业公司治理创新

建立完善的现代企业制度过程中，公司治理创新是关键一环，国有企业的公司治理在创新过程中取得了一系列显著成果，但也遇到许多问题，需要进一步优化和创新。

## 第一节　国有企业公司治理研究的理论综述

### 一、公司治理理论

本节主要从委托—代理理论、产权理论、资源依赖理论、利益相关者理论和管家理论五个方面对公司治理的理论进行阐述。

#### （一）委托—代理理论

现代公司治理理论的逻辑起点是委托—代理理论。在公司成立初期，企业所有者有意愿也有能力充分利用公司资产实现利润最大化。然而，由于投资者的能力和精力的限制，随着投资者不断注入资金导致公司的规模逐渐扩大，投资者无法全程参与公司经营，职业经理人会代替投资者经营公司，委托—代理关系由此产生。因此，所有者与经营者分离是公司最显著、最基本的特征。在公司经营过程中，职业经理人作为代理人存在利己心理，其工作方式与目标建立在自身利益最大化基础上，而代理人的自身利益必然与公司利益存在冲突，因此，作为委托人的股东与作为代理人的经营者利益相悖是必然存在的。代理人的道德风险与逆向选择是由委托人与代理人之间激励机制不相容性和合约的非完备性导致的。公司最终的发展模式与股东的意愿相背离。

委托—代理理论认为，公司治理的本质问题是股东与职业经理人之间的委托代理问题。代理风险源自模糊的企业产权关系，是产生公司治理问题的根本原因。降低代理成本是解决委托—代理问题的首要任务。Jensen（1978）指出，约束成本、监督成本与净损失是代理成本的三个主要方面。公司治理的引入保证了股东安全注入资本并取得最大的回报率，同时公司治理的引入有利于缓解公司内部的各种代理问题。公司内部激励约束机制的有效建立，最终可以确保股东与公司利益最大化。

（二）产权理论

1991年科斯提出了产权理论，认为剩余利润所有权由企业的产权所有者占有，因此产权所有者致力于不懈地提高企业的经营效益。产权理论的核心观点是，明确划定各参与者的权利是一切经济活动的首要任务，制度安排是一切经济活动的前提。社会总产品的最大化是权利的合理交易促成的。

产权理论的前提是界定公司的所有权，所有者享受公司相关权利的前提是基于规定的所有权形式。在公司内部，所有者的行为边界即为所有权。股东选举董事作为自己的代言人、股东将公司的资源配置交由董事负责、股东有权利质疑与监管公司的管理决策和财务活动，这些都是公司权利的主要范畴。与此同时，董事会与经理层拥有公司资产的日常经营权、控制权和管理权。公司的产权控制与产权所有是公司治理的实质。产权理论指出，建立合理完善的公司职责体系和授权机制、明确界定股东与经理层之间的权利是避免外部不经济和实现良好公司治理的必要前提条件。

（三）资源依赖理论

资源依赖理论在公司治理领域的应用主要体现在董事会治理层面。资源依赖理论的前提假设是组织的发展需要依靠外部资源，因此企业对外部资源的依赖越少，其面临的不确定性也越少，越有助于企业的生存发展。在资源依赖理论框架下，董事被视为向公司提供资源、连接公司与外部环境的关键节点。董事以"人力资本"的形式提供专业知识与技能、行业经验与业内声誉等优势资源，而这些资源正是企业生存发展所必须依靠的外部资源。伴随着董事会治理实践的深入，董事作为"监督者"在公司经营层面的参与度不断增加，逐步变为管理层的协助者和服务者。

（四）利益相关者理论

利益相关者理论是继股东治理理论之后逐渐产生的，传统股东治理理论以股东为中心，股东享有参与公司治理的权利。而利益相关者理论则将关注重点拓展到了供应商、客户、员工等与企业相关的所有利益相关者，利益相关者同样有权利参与公司治理和公司决策，管理者是包括股东在内的所有利益相关者的代理人，并为利益相关者负责。利益相关者理论认为应该在董事会中增加利益相关者的席位，所有利益相关者拥有剩余控制权与剩余索取权的程度越高，公司治理的效率也越高。

（五）管家理论

管家理论将董事视为股东利益的管家，董事以管家身份向股东报告、维护股东利益、并接受独立审计师的管制。董事对股东具有信托责任，与其他利益相关者无关，董事只对股东负责，董事的核心责任在于最大化股东的长期价值。管家理论与委托—代理理论的根本差异在于，管家理论将董事视为可信任、独立、诚实地服务于股东且不以个人利益最大化为目标的群体。

与此同时，管家理论也受到了一些质疑，批评者认为股东与公司，特别是规模庞大、复杂的集团存在严重的信息不对称，股东对公司的运营情况以及财务状况的认知能力十分有限；公司董事作为专家也并非对股东绝对负责。尽管管家理论依然是世界范围内公司法的法律基础，但是全球金融危机以来，投资者对董事的信任基础已经被逐步侵蚀。

## 二、公司治理机制

（一）内部治理机制

内部治理机制是公司治理的核心内容，也是公司治理的狭义定义，涉及激励机制、监督机制、决策机制等组织内部的治理主体之间制衡关系和权责安排。

1. 激励机制

委托人为了解决代理人与委托人利益不一致的委托—代理问题，通过一整套完善的激励机制，激励经营者在实现个人利益最大化的同时，也使所有者的效用最大化，确保经营者利益与公司利益趋于一致。完善的激励机制可以最大限度地调动经营者的主观能动性，在经营公司过程中以保障公司利益与所有者利益为最终目标。

报酬激励和剩余控制权与支配权激励是激励机制的重要组成部分，此外，激励机制还包括解聘与聘用激励以及剩余激励机制。作为激励机制的重要组成部分，报酬激励主要由固定薪酬、奖金和退休金组成，还包括股票、股票期权等。不同的报酬激励形式有不同的优缺点。在所有报酬激励形式中，固定薪酬尽管不具备很强的激励效应，但与其他激励方式相比具有较强的稳定性，奖金与经营者的经营绩效挂钩，但是容易导致经营者做出损害公司和公司所有者利益的短期行为。因此，奖金激励同时具有较强的风险性和激励效应。为了避免经营者的短期行为，股票和股票期权这种激励方式是目前国际通用的选择，这种激励方式因为可以实现经营者分享剩余索取权，因此，可以有效激励经营者用长期行为代替短期行为，具有很强的激励效应。与股票期权的激励效应类似，退休金对经营者的长期行为同样具有很强的激励效应。

给予公司经营者相应的剩余支配权是另一种重要的激励机制，但是这种激励机制对经营者的激励效应受到公司利润与公司经营剩余在经营者与所有者之间如何分配的影响。使公司经营者享有职位消费或职位特权等权利可以实现经营控制权的激励，控制权激励与薪酬激励等物质激励相比具有更大的激励作用。同时，公司经营者对社会声誉也有强烈的需求，这种需求对应激励机制的另一种非货币激励方式，即声誉激励。一方面，声誉激励可以实现经营者的心理满足感和成就感的获得；另一方面，经营者社会赞誉的提高也会侧面影响经营者的未来货币收入。因此，对经营者来说声誉激励是一种具有长期效应的激励方式。经营者为了自身的长期利益，会选择声誉代替短期的货币收入，经营者的代理行为也随之降低。

公司经营者同时面对公司外部与内部的竞争，特别是来自企业外部的职业经理人市场的竞争时，会选择降低代理人行为来应对被解聘的潜在威胁。因此，解聘机制与聘用机制同样可以对公司经营者的行为产生激励效应。这种激励机制产生效果的前提是，经营者的解聘与聘用权利应掌握在企业自身手中。

2. 监督机制

监督机制是指为避免委托—代理现象的发生，股东与董事等利益相关方对公司经营者的经营决策、行为、成果进行的具有时效性和客观性的审核和监督。在实现方式方面，监事会以公司各项业务活动为依托实现对董事会以及经营者的监察和督导；董事会与股东大会主要以公司治理结构的相互制衡为依托，实现对经营者的监督。

在股东大会、董事会、监事会的三个监督主体中，股东大会具有最高的约束性、权威性和监督权利。监督权力不仅包括对监事和董事的罢免权、选举权和起诉权，而且还包括对公司账目文件、企业经营活动的阅览权。公司股东对经营者具体的监督主要通过"用手投票"和"用脚投票"两种方式实现，其中"用手投票"是指股东可以通过集中投票权替换不称职的董事以达到更换公司经营者的目的。"用脚投票"是指在收益下降时，股东通过抛售手中的股票以保持自身资产价值的稳定。

董事会主要通过聘任和解聘经营者实现监督职责，董事会与经营者是相互制衡的关系。为确保董事会能够聘任到称职的经营者，同时董事会相关决议被贯彻执行，董事会会制定一系列战略约束经营者的行为。

监事会的主要职责是对董事会和总经理进行监督，监事会对股东大会负责。从监督内容上看，监事会的职责包括会计监督和业务监督，从监督实效来看，监事会的监督主要有事前、事中和事后监督。监事会的具体内容包括随时审查公司财务状况审查和调查公司账目。如果董事会或经营者违反了公司章程，监事会可以及时要求这些行为得到纠正。与此同时，监事会还会向股东大会报告各种报表的审核意见，这些报告主要是由董事会编制的。

　　3. 决策机制

　　决策机制通过强化决策能力、优化决策程序、减少决策干扰因素和加强决策科学性实现降低代理成本和提高经营绩效的目的。内部治理结构的决策主体拥有不同的决策层级和权力边界。因此，依据决策主体的不同可以将决策机制分为三个层次：

　　（1）股东层决策权。股东大会具有最高层级的决策权，具有选聘和罢免董事及经理的权利，拥有资产收益决策权，同时股东大会具有决定公司重要经营管理方向、审议公司章程和决定公司重组等公司的重大经营管理决策权。

　　（2）董事会决策权。董事会作为公司的常设机构，其行使的权力主要是由股东大会赋予的。具体来说，董事会主要负责制定公司的重大方针政策、经营目标和管理原则；董事会同时具有选聘和解聘经理人员以及对经理人员进行监督、激励和惩罚的权利。

　　（3）经理层决策权。经理层的决策权主要包括对公司的日常经营管理方面的决策权。

　　（二）外部治理机制

　　公司的外部治理机制主要包括经理人市场、控制权市场、信息披露以及法律与制度四个方面。

　　1. 经理人市场

　　经理人市场不仅是经理人员进入公司的重要通道，同时也增加了经理人员被取代的风险。因此，有效的经理人市场可以帮助企业快速筛选甄别出具有经营能力的职业经理人，经理人的相关信息越透明，经理人市场的有效程度就越高。经理人市场约束机制是完善公司治理结构的前提，通过职业化和市场化的途径建立了规范的职业经理人制度。

　　2. 控制权市场

　　投资者通过股票交易对公司治理产生影响，资本市场通过并购行为可以对经理层产生压力，由此实现经营者的决策有利于公司和股东的利益，即公司控制权市场。公司控制权市场通常被称为接管市场，是指不同主体通过控制股权或投票代理权实现对公司的控制权，同时利用公司控制权替换不符合要求的职业经理人甚至整个管理层。公司控制权市场通过接管激励管理者积极地提升公司业绩、改善公司经营；管理者为了避免业内的声誉受损以及面临失业风险，也会积极地提升个人管理能力，维护公司利益。因此，公司控制权市场是降低代理成本的重要途径。

### 3. 信息披露

作为一种信息传导机制，信息披露通过将公司信息有效传递到资本市场，最终使投资者利用公司有效信息做出理性决策。从信息经济学的角度，投资者在获取公司信息上处于劣势，投资者与管理层存在严重的信息不对称，导致投资者对公司无法做出客观评价，降低了投资者决策的准确性。如果公司不考虑专用性成本，则更有动力向市场主动披露公司相关信息，通过降低信息不对称达到降低资本成本的目的。

### 4. 法律与制度

法律体系是公司外部治理机制中的主要组成部分，法律体系保障了市场经济的有效运行。同时制度环境以改革和政府职能转换为主要内容，实现公司外部治理环境的完善。

## 三、国有企业公司治理

公司治理（Corporate Governance）解决的是由所有权与经营权分离所造成的"代理人问题"[1][2]。国有企业的委托人是国家（或全体公民），代理人是国企高管，由于委托人的缺位，造成了国有企业严重的"内部人控制"问题。如何利用公司治理机制有效监督高管、保护投资者权益、提高国有企业治理效率，成为国有企业公司治理研究的焦点。关于国有企业公司治理的研究主要包括以下几个方面：

### （一）非国有股东参与治理

Shleifer 等（1997）指出公司治理的重要决定因素是股权结构。国有企业的混合所有制改革通过引入民间资本形成了有效的股权制衡机制[3]，削弱国企的"内部人控制"[4] 并缓解国有企业高管超额薪酬问题[5]。不仅可以完善董事会的自动纠错机制、抑制隧道挖掘，同时还可以通过提高监督效果提升企业绩效，最终从根本上改变国有企业的经营机制[6]。非国有股东的参与有利于增加企业的产业

---

① Jensen，Michael C.，Meckling，William H. Theory of the Firm：Managerial Behavior，Agency Costs and Ownership Structure ［J］. Social Science Electronic Publishing，1976，3（4）：305－360.

② Fama E. F.，Jensen M. C. Separation of Ownership and Control ［J］. The Journal of Law and Economics，1983，26（2）：301－325.

③ 郝云宏，汪茜. 混合所有制企业股权制衡机制研究——基于"鄂武商控制权之争"的案例解析 ［J］. 中国工业经济，2015（3）：150－162.

④ 黄速建. 中国国有企业混合所有制改革研究 ［J］. 经济管理，2014（7）：12－21.

⑤ 方军雄. 高管超额薪酬与公司治理决策 ［J］. 管理世界，2012（11）：152－163.

⑥ 郑志刚，胡晓霁，黄继承. 超额委派董事、大股东机会主义与董事投票行为 ［J］. 中国工业经济，2019（10）.

效率①、增加国有企业的创新活动②、改善国有企业内部控制质量③、提升高管的薪酬业绩敏感性④，这种改善作用对竞争性国有企业更有效。但是，马连福等（2015）的研究指出，简单的股权混合并不能改善公司的绩效。因此，非国有股东仅在资本层面实施混合所有制改革，并不能产生预期的影响力，还需要确认非国有股东在参股国有企业中具有的影响力的强弱，影响力越强，民营资本发挥的治理和监督作用越强。

（二）国有企业高管激励问题

1. 政治激励

杨瑞龙等（2013）的研究表明企业领导更像是政府官员而非职业经理人。作为"准官员"，中央企业的管理层与中央企业同级别的政府官员相比具有类似的晋升空间和政治待遇。中央企业管理者之所以能够接受相对较低的薪酬，原因在于中央企业的负责人存在"准官员"向真正官员转换的机会，通过身份转换实现行政级别的跃升和政治生命的延续。因此，通过提高企业绩效而获取政治回报对中央企业管理者而言具有很强的激励作用。中央企业负责人在身份转换过程中具有显著优势，在企业中积累的行业经验和市场化运作能力有助于中央企业管理者身份转换成功后，在新的职位上发挥特长，特别是在带动地方产业发展方面优势明显。现实中，这种政企之间的岗位轮换现象也较为常见，特别是企业向政府机关的单向流动更为普遍。

2. 薪酬激励

伴随着国有企业改革的全面深入，在学术界和社会关注角度，国有企业的高管薪酬一直具有较高的关注度。国有企业普遍存在的"内部人控制""所有者缺位"和管理层"半市场化、半行政化"等制度缺陷⑤，导致国有企业的高管薪酬乱象丛生。国有企业高管的薪酬绩效的匹配程度成为学术界和公众关注的焦点⑥，"天价薪酬"事件的出现使监管层产生困扰。在委托—代理成本中管理层

---

① 刘小玄. 民营化改制对中国产业效率的效果分析——2001 年全国普查工业数据的分析 [J]. 经济研究，2004（8）：16 - 26.

② 李文贵，余明桂. 民营化企业的股权结构与企业创新 [J]. 管理世界，2015（4）.

③ 刘运国，郑巧，蔡贵龙. 非国有股东提高了国有企业的内部控制质量吗？——来自国有上市公司的经验证据 [J]. 会计研究，2016（11）.

④ 蔡贵龙，柳建华，马新啸. 非国有股东治理与国企高管薪酬激励 [J]. 管理世界，2018（5）：137 - 149.

⑤ 芦锐，柳建华，许宁. 内部控制、产权与高管薪酬业绩敏感性 [J]. 会计研究，2011（10）：42 - 48.

⑥ 方军雄. 我国上市公司高管的薪酬存在粘性吗？[J]. 经济研究，2009（3）：112 - 126.

薪酬契约是重要的组成部分①②。管理层权力理论认为，管理者的权力与薪酬正相关，即使企业业绩下降，管理者被降薪甚至被解雇的概率也很小。在此背景下，国有企业高管激励机制是否完善关系着国有企业改革的成败。尽管随着市场化进程的推进，高管薪酬业绩敏感性逐步上升③，但是，以往国有股东采取的统一按照行政级别设置工资的制度使国有企业高管的薪酬激励效果大打折扣，国有企业高管开始纷纷寻求其他形式的隐形激励补偿。

3. 在职消费

国有企业倾向于采取行政手段对管理层激励约束进行干预，并出台了一系列约束管理层的薪酬制度④。例如，2009 年颁布的"限薪令"首次明确规定国有企业高管薪酬上限不得超过上年度中央企业在岗职工平均工资的 30 倍。但是，这种通过行政手段对国有企业高管薪酬进行限制的效果往往差强人意，并容易引发管理层的行为向在职消费⑤⑥和高管腐败⑦⑧方向发展。

（三）国有企业代理成本问题

平新乔等（2003）的研究发现，中国国有企业的代理成本，相当于60% ~70%的利润潜力，这表明国有企业的代理成本较高。国有企业关联交易的发生规模与股权集中度显著正相关，表明国有企业一股独大加重了企业发生关联交易的概率⑨。武常岐和钱婷对集团控制的国有企业进行了研究，研究发现集团控制一方面能够减轻管理层代理问题，另一方面也会加重股东间代理问题⑩。

---

① 吴育辉，吴世农. 高管薪酬：激励还是自利？——来自中国上市公司的证据 [J]. 会计研究，2010（11）：42 - 50，98 - 99.

② 权小锋，吴世农，文芳. 管理层权力、私有收益与薪酬操纵 [J]. 经济研究，2010（11）：75 - 89.

③ 辛清泉，谭伟强. 市场化改革、企业业绩与国有企业经理薪酬 [J]. 经济研究，2009（11）：70 - 83.

④ 方军雄. 所有制、市场化进程与经营绩效——来自中国工业行业统计数据的发现 [J]. 产业经济研究，2009（2）：21 - 28.

⑤ 陈冬华，陈信元，万华林. 国有企业中的薪酬管制与在职消费 [J]. 经济研究，2005（2）：92 - 101.

⑥ 王曾，符国群，黄丹阳等. 国有企业 CEO"政治晋升"与"在职消费"关系研究 [J]. 管理世界，2014（5）：157 - 171.

⑦ 陈信元，陈冬华，万华林等. 地区差异、薪酬管制与高管腐败 [J]. 管理世界，2009（11）：130 - 143.

⑧ 徐细雄，刘星. 放权改革、薪酬管制与企业高管腐败 [J]. 管理世界，2013（3）：125 - 138.

⑨ 陈晓，王琨. 关联交易、公司治理与国有股改革——来自我国资本市场的实证证据 [J]. 经济研究，2005（4）：77 - 86，128.

⑩ 武常岐，钱婷. 集团控制与国有企业治理 [J]. 经济研究，2011（6）：94 - 105.

# 第二节　推进国有企业公司治理改革的政策演变

改革开放 40 多年来，国有企业公司治理的改革和政策演变过程主要逻辑是从行政型治理逐步转变为经济型治理，其转型过程具有间断均衡性、渐进性和双重性的特征。改革开放以来，国有企业改革主要分为以下四个阶段：

## 一、行政型治理的松动期——基于政企分开的经理负责制

行政型治理的松动期依据时间顺序以及发展特征可以分为放权让利和两权分离两个阶段。

1978 年，我国行政型治理开始松动，改革开放的实行也是放权让利阶段的开始。1978 年 4 月，国务院发布了《中共中央关于加快工业发展若干问题的决定（草案）》，指出允许国有企业设立企业基金以调动企业生产的积极性。同年 11 月，国务院再次颁布《关于国营企业试行企业基金的规定》，对企业基金提取的前提、比例及主要用途进行了较为详细的规定。党的十一届三中全会以来，国有企业的经营自主权逐步扩大和下放，计划经济逐步转变为商品经济。在此背景下，1979 年 2 月四川省发布了《关于扩大企业权力，加快生产建设步伐的试点意见》，四川省 100 家国企开展放权让利试点，国企改革试点初见成效。1979 年 7 月，国务院发布了《关于扩大国营工业企业经营管理自主权的若干规定》，向国营工业企业下放的权力包括企业生产计划权、产品销售权、劳动用工权、资金使用权、外汇留成权及固定资产有偿占用权等。企业经营管理逐步实行双轨制的管理方式，即企业部分自主经营与政府直接管理相结合的管理方式，这种方式实现了企业的松绑，扩大了企业的自主权和利润分成，使国有企业拥有了一部分财权和决策权。1984 年 5 月，国务院发布的《关于进一步扩大国营工业企业自主权的暂行规定》再次扩大了国营工业企业自主权。

两权分离阶段始于党的十二届三中全会，会议发布了《中共中央关于经济体制改革的决定》，该决定把增强国营大中型企业的活力作为经济体制改革的中心环节，并强调把国有企业的所有权和经营权进行适当分离。为进一步增强企业活力，国务院相继发布了《关于深化企业改革增强企业活力的若干规定》和《全民所有制工业企业承包经营责任制暂行条例》，规定中推行多种形式的经营承包责任制，同时予以国有企业充分的经营自主权；规定了全民所有制工业企业实行承包经营责任制的内容、形式、合同、双方权利和义务等。国有企业内部的管理

体制也发生了变化，管理过程中强调了经理负责制，同时弱化了党委的领导。在此背景下，《中共中央关于制定国民经济和社会发展十年规划和"八五"计划的建议》以及《全民所有制工业企业转换经营机制条例》应运而生，国有企业逐步实行政企分开，将企业的所有权和经营权适当分离以建立富有活力的国营企业管理体制和运行机制，并规定了国有企业 14 项经营自主权。不可否认的是，总经理负责制的建立为经理的统一集中指挥提供了便利，也为建立现代企业制度打下了必要的基础①。但是，总经理负责制仍然无法避免约束缺位和政企不分的问题。经理人员缺乏考核标准和长期激励机制，导致经理人员出现缺乏监督和短视的行为②；经理人员缺乏有效的制衡机制以及治理结构的不完善，因此滋生了严重的经理腐败问题。行政型治理模式的松动尽管存在诸多问题，但仍然是对现代企业制度的探寻和摸索，也是国有企业改革的必经之路。

### 二、经济型治理的导入期——现代企业制度的建立

1993 年 11 月，党的十四届三中全会通过的《中共中央关于建立社会主义市场经济体制若干问题的决定》明确了国有企业改革新方向——建立"产权明晰，权责明确，政企分开，管理科学"的现代企业制度。现代企业制度正式成为国有企业改革的方向。1993 年的《公司法》中明确了股东会、董事会和监事会三个机构的相互关系和治理结构，其中股东会、董事会以及监事会被学术界称为"新三会"，与此相对应的党委会、工会和职代会被称为"老三会"，在建立现代企业制度的过程中，如何科学妥善处理"老三会"和"新三会"的关系成为与现代企业制度相适应的新型治理结构的关键③。1999 年 9 月，党的十五届四中全会发布了《关于国有企业改革和发展若干重大问题的决定》，强调推进国有企业战略性改组、放开搞活国有中小企业、推进政企分开的重要性和必要性。在此过程中，国有企业的股份制改革通过股权置换等措施取得了显著进展，国有企业的制度框架建设已经取代了观念导入的阶段。在这一时期，国有企业从形式上基本符合公司治理的要求，但是从实现效果来看，初步建立的董事会和监事会依然停留在消极合规的状态。此时的企业制度更多的是行政治理的变形，无法实现形神兼备的现代企业制度，"内部人控制"问题较为严重。2000 年底，我国国有企业的公司治理进入经济治理模式的导入期。

---

① 李志贤. 完善监督机制刻不容缓 [J]. 发展，1997 (4)：6.
② 陈佳贵. 实行厂长负责制必须建立任期目标责任制 [J]. 经济管理，1985 (11)：38 – 39.
③ 余元洲，刘小丽. 论国有现代企业的治理结构 [J]. 经济评论，1996 (3)：56 – 60.

### 三、经济型治理机制的形成——国资监管时代的开启

2001 年的《独立董事制度指导意见》和 2002 年的《中国上市公司治理准则》是企业可持续发展的制度基础。2003 年，国务院国有资产监督管理委员会的成立标志着国有企业改革和国有资产管理进入了新的阶段。在此阶段，国有企业治理机制建设快速推进。2005 年起，一系列法律法规的发布（包括 2005 年新《公司法》的推出、《关于提高上市公司质量的意见》的批准、《关于上市公司股权分置改革的指导意见》、2007 年《关于开展加强上市公司治理专项活动有关事项的通知》）促使公司治理成为企业制度的核心，使上市公司的合规意识得到强化。国有企业的公司治理改革和国有企业转型逐步加快速度。规范、科学的政府监管逐步取代原有的行政整理模式。国有资产管理体制改革在党的十六大之后得到了有效深化，市场在资源配置中的作用得到了进一步强调。随后，董事会试点和国有资本投资公司试点开始同步推进，国有企业进入全面深化改革阶段。国有企业分类改革和国有企业战略重组的推进、"僵尸企业"的处理以及国有资本做强做优做大等都是国有企业深化改革的主要措施。

### 四、经济型治理机制的进一步优化——制度完善阶段

经过制度创新与探索阶段后，国有企业治理机制改革进入攻坚阶段。党的十六届三中全会发布的《中共中央关于完善社会主义市场经济体制若干问题的决定》中明确国有企业的产权地位、产权主要内容、现代产权制度的内涵和建立现代产权制度的意义。党的十八届三中全会发布的《中共中央关于全面深化改革若干重大问题的决定》，强调了产权作为所有制的核心地位以及要完善产权保护制度。国有企业治理机制的改革主要从混合所有制经济、产权保护制度和现代企业制度三个方面展开。在此背景下，国务院相继出台了《关于深化国有企业改革的指导意见》《中央企业公司制改制工作实施方案》，提出了国有企业改革新的目标任务和重大举措，成为新时期全面深化国有企业改革、整体上搞好国有企业的顶层设计。党的十九大报告指出，要进一步深化国有企业改革，发展混合所有制，培育具有全球竞争力的世界一流企业。

现阶段，国有企业公司制改制取得了突破性进展，中央企业及子企业公司制改制工作基本完成，国有企业公司制改革的目标已经基本实现，国有企业逐步由企业治理向公司治理转变，国有企业制度实现了系统性的完善，开启了公司治理新的时代征程。在国有资产管理方面，通过国有企业的差异化管理和分类监管，实现了国有资本出资人权益维护的强化，有效提高了国有资本的运行效率。在混合所有制改革方面，通过不同所有制形式的股份相互融合，实现了法人治理结构

的进一步健全。在企业内部制度建设方面，对国有企业高管薪酬制度进一步改革，2018 年出台的《中央企业领导人员管理规定》实现了管理层选聘、考核和追责机制的进一步市场化[①]。

## 第三节　国有企业公司治理的问题

在国有企业改革过程中存在一系列公司治理问题，主要集中在企业家身份定位、企业家激励约束与董事会治理三个方面。

### 一、国有企业企业家的多重身份、行政级别以及任期问题

首先，不同类型的国有企业之间存在较大差异，但目前对国企高管的定位和身份认定形式较为单一。对于公益性国有企业，是以实现社会公共目标作为评价标准，过多的公司绩效考核指标将导致公益性目标的偏离；对于（合理）垄断性国有企业，应该防止因追求利润而忽视公众利益，或者过度开发稀缺资源，因此企业家的定位应与公益性国有企业相同，即与政府公务员标准一致；对于竞争性国有企业，目前部分竞争性国有企业的企业家依然具有行政级别，选聘职业经理人的范围因行政级别而受到限制，无法实现市场化的竞争上岗机制。国有企业的企业家依然是行政型企业家而非市场型企业家。

其次，对企业家身份的定位包含了对企业家权力的定位。国有企业企业家的权力范围没有明确限定。对于竞争性国有企业的企业家，在保证遵纪守法合规和执行董事会战略决策的约束条件下，没有实现充分放权，企业家的经营权受限，没有发挥他们的最大潜能。而对于公益性国有企业和合理垄断性国有企业，约束条件还不够完善，可参考公务员标准适当增加。

最后，企业成长是由业务增长引起的企业组织自主扩张的演化过程，不断的"干中学"促进了企业家成长。而目前我国国有企业的企业家任期普遍过短，缺乏连续性，使企业家在"干中学"中提升能力的路径受阻。另外，过短的企业家任期也容易导致短期行为，不利于企业可持续发展。与任期相关的另一个问题也需要注意，就是目前存在的国有企业企业家在竞争对手之间的互换，这对于公益性和合理垄断性国有企业也许问题不大，因为它们以公益目标为主。但是对于竞争性国有企业来说，这种任命方式不利于竞争，竞争不力就不利于企业家的创

---

① 戚聿东，肖旭. 新中国 70 年国有企业制度建设的历史进程、基本经验与未竟使命 [J]. 经济与管理研究，2019（10）：3－15.

新和成长。

## 二、国有企业企业家选聘和管理中存在的不足

目前，国有企业企业家选择制度仍存在诸多需要解决的问题。具体表现为：

不区分国有企业类型，统一以党政干部标准来衡量企业家。以党政干部标准来衡量企业家，对于公益性国有企业是合适的；对于自然垄断性国有企业和稀缺资源垄断性国有企业，其适用性很强。但对于竞争性国有企业则不适用。竞争性国有企业是营利组织，企业家要寻求价值回报，党政干部是公务员，两者性质不同，成长规律不同，选任和管理的要求不同。将企业家选择统一按照党政干部选拔任用的标准和程序来执行，不能体现企业的特点和需求。

不区分国有企业类型，使用基本相同的考核标准和薪酬体系。国有企业类别不同，目标追求不同，其考核指标和薪酬机制也应不同。但目前在考核体系上，存在着目标方面的矛盾，既要追求盈利，又要被迫接受不能盈利甚至亏损的政策性任务，两种目标存在于同一企业，很容易导致企业以后者为名寻求巨额补贴，以前者为名寻求自身利益，容易导致腐败。在薪酬体系上，"一刀切"的低薪酬导致所有国有企业的企业家缺乏动力，难以适应国有企业改革和发展的需要。

领导选任缺乏能上能下、能进能出的机制。国有企业企业家长期以来采用行政化方式进行管理，拥有行政级别，能上不能下，能进不能出，难以对企业家产生激励和约束。目前，一些企业正在试点建立能上能下、能进能出的机制，但还没有普遍推行，试点中困难很大，有的试点企业只能选择"两条腿走路"或"双轨制"，传统观念仍然根深蒂固。

市场化选拔人才的机制未得到有效发挥。这既与传统的委任制和行政化管理体制有关，也与未建立透明的、职业化的经理人市场有关。前者需"破"，后者要"立"，两者缺一不可。目前，企业家选择更多采取考试、谈话的方式，虽然对经历有所了解，但对业绩的考察和把握不够。另外，对猎头公司的依赖度也较高，猎头公司推荐一个人，往往只提供这个人成功的信息，而不会提供失败的信息。

经理层不具有独立性。国有企业的最终所有者是全体人民，从委托—代理角度，董事会作为全体人民的代理人负责公司战略决策的制定和对经理层进行有效监督，董事长作为董事会的召集人和对经理层的监督者，不能任意干预经理层的日常经营决策，即经理层要保持独立性，保持独立性意味着对自己的行为独立承担责任。

## 三、国有企业董事会治理中存在的问题

在新形势下，进一步深化国有企业改革的重要任务之一就是加强国有企业董

事会建设。国有企业在改革过程中，董事会建设取得了显著的成效，但也存在一系列问题。

首先，在国有企业董事会建设过程中存在职责不明确的问题。国有企业董事会工作落实的首要条件是对董事会在公司治理中的职责进行准确的定位，理顺董事会职责与国有资产出资人的职责，厘清董事会、监事会与经理层之间的权力与责任。目前国有企业董事会仍然存在流于形式和形同虚设的情况，董事会的选人用人权力在党管干部的原则下被弱化，市场化的选聘机制一直没有在国有企业中建立起来。

其次，董事的选聘、评价、激励和约束机制仍然不健全。《公司法》只规定了董事应该具备的任职条件和资格，这给董事的选聘增添了很多人为因素。董事的选聘并没有考虑企业的实际情况，往往变成了董事的安置。董事评价制度缺失，没有建立起系统的董事激励制度，并且单一的激励形式使董事没有动力从公司的长期利益考虑，长期的激励机制尚未建立。

最后，国有企业董事会存在人员构成不合理的问题。董事会的结构不合理，不利于董事会发挥出整体效应。董事会结构不合理的一个重要方面是董事会中内部人比例过高，董事会成员与经营层成员重合度较高，这一现象必然导致董事会的执行权与决策权的重叠，以及决策权过于集中，董事会的决策等同于董事长的决策。在董事会人员背景方面，董事会成员缺乏知识互补性，缺乏具有财务、法律等背景的专家，导致决策过程中出现知识短板。

# 第四节　国有企业公司治理改革的典型案例

## 一、央企董事会治理的典范——以新兴际华集团为例

央企董事会试点实施以来，取得了一定的成绩，特别是在董事会科学决策、权力配置和风险控制方面成效显著，但一直以来，央企管理层特别是总经理的选聘一直没有实现市场化，这也成为央企董事会改革需要突破的重大瓶颈。新兴际华集团就是在这一背景下率先实现管理层市场化选聘的央企。

（一）新兴际华集团的基本情况

1. 新兴际华集团的发展历史

新兴际华集团有限公司的前身为新兴铸管集团，是由解放军后勤部及所辖军需企事业单位整编重组脱钩而来。作为国资委监管的中央企业，是集生产经营、

资本运营和资产管理于一身的大型国有独资的世界 500 强企业。新兴际华集团是董事会试点的首批中央企业，采取"财务管控＋战略管控"的管控模式，实行三级法人体制，包括际华集团股份（601718）和新兴铸管股份（000778）两家上市公司。与其他央企相比，新兴际华集团市场化程度较高，处于完全竞争性领域。一直以来，不错的经营业绩使新兴际华集团从国资委获得了更多的经营自主权。新兴际华集团的组织结构如图 3-1 所示。

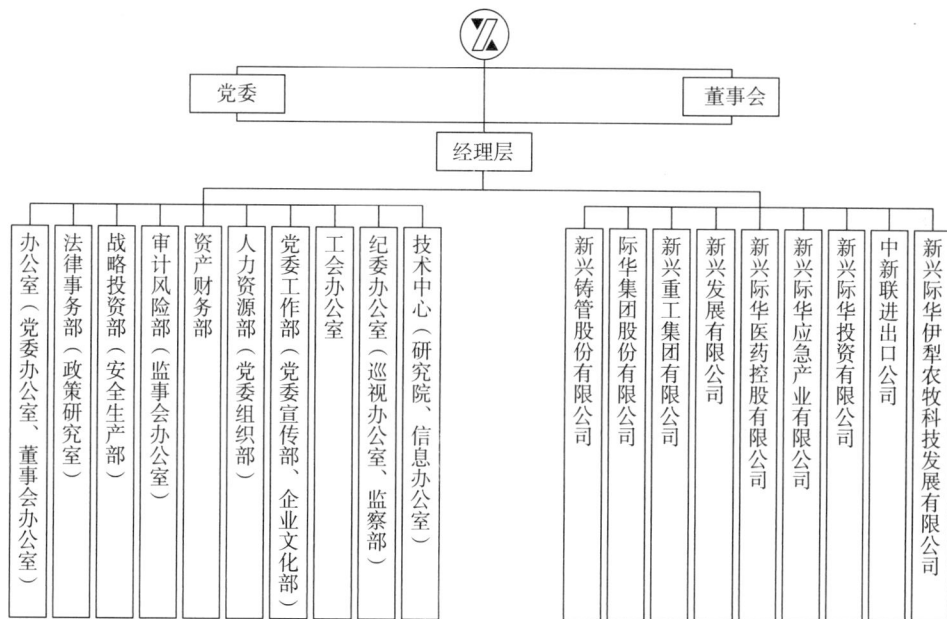

**图 3-1 新兴际华集团组织结构**

资料来源：新兴际华国际集团网站。

2. 新兴际华集团的董事会改革措施

新兴际华集团自 2006 年 11 月启动董事会试点。由于董事会试点时间较长，新兴际华集团在以董事会为核心的公司治理方面积累了丰富的经验，并取得了显著的成绩。一方面，新兴际华集团对董事会和管理层的权力有明确的界定，并在央企中最早实践了董事会直接选聘总经理的市场化选聘机制，实现了"分权有序、集权有道、用权有度、授权有章"；另一方面，通过实行外部董事的一票缓决制度，使外部董事在决策咨询、经营指导和沟通方面的行为更加审慎冷静，通过科学决策将风险降到最低①。新兴际华集团的具体选聘方案如表 3-1 所示②：

---

① 严学锋. 新兴际华探路总经理直选［J］. 董事会，2015，132（12）：77-78.

② 刘明忠. 央企集团高管市场化改革试点探索［J］. 现代国企研究，2016（7）：42-45.

表3-1 新兴际华集团董事会高管市场化选聘方案

| 选聘程序 | 人选推荐、封闭命题、组织面谈、差额考察、确定人选、履行聘任 |
|---|---|
| 选聘模式 | 党组织领导、董事会行权、市场化进退、契约化管理、人本化激励、共性化监督 |
| 选聘主体 | 新兴际华董事会、党委主要负责人（1人），董事会提名委员会成员、董事会其他专门委员会主任（3人均为外部董事），其他中央企业主要负责人（3人），中介机构专家（1人）和国资委企业领导人员管理部门负责人（1人） |
| 选聘依据 | 政治素质、动机与岗位匹配度、战略思维与国际视野、经营与管理能力、创新与学习能力 |
| 选聘对象 | 外部人选由国资委党委从各中央企业党委（党组）推荐产生的国资委优秀经营管理"人才池"择优遴选5人；内部人选由新兴际华党委推荐2人 |

（二）新兴际华集团公司治理改革的经验借鉴

1. 集团高管选聘机制的经验借鉴

（1）突破原有选聘观念，增强发展新动力。新兴际华集团通过将选聘高管的权力真正回归到董事会，无论对董事会还是经理层都意味着压力、动力与责任并存。对于董事会成员而言，国资委将总经理的选择权归还给董事会，即增加了董事会的权力，同时董事会也要承担选聘失误的后果，这一转变增加了董事会的使命感、责任感和危机感，对经理层监督的同时实现对出资人的真正负责。对于经理层而言，必须时刻面对来自董事会的监督与考核，尽最大努力完成设定的目标。选聘主体的转变明确了董事会与经理层之间的权责，实现了经理层和董事会的分层管理，从而激发企业的发展新动力。

（2）突破顶层选聘示范，加速改革纵向延伸。集团层面董事会选聘机制的成功改革将起到很好的示范作用，对照总经理选聘方案，管理层其他成员的选聘也可以依序进行，带动整个集团领导班子观念和身份的转变，增强经理层与董事会之间的契约精神和市场观念，最终形成集团整体契约化和市场化的企业氛围，使公司治理其他方面的改革水到渠成。

（3）突破选聘模式，增强机制活力。董事会试点工作的成功推进，促使企业探索针对管理采取更有效的激励机制和更有力度的约束机制，形成制衡有效、运转协调的公司治理结构，为契约化和市场化的机制激发新的活力，进一步提升企业的核心竞争力。

2. 集团高管激励约束机制的经验借鉴

（1）市场化的身份定位，增强激励约束力度。市场化的身份定位是新兴际华集团一直以来坚持的原则。通过《聘用合同书》实现了经理层身份的市场化，明确了董事会与经理层的权力和责任，合同书规定集团的经理人员是企业生产经营的第一责任人。更重要的是合同书明确规定了经理层市场化的退出机制，摒弃了原有只能进不能出的用人机制。这种市场化的身份安排与传统国有企业的干部选聘机制相比具有更强的激励和约束力度。

（2）契约化管理模式，规范管理制度。新兴际华集团通过《业绩考核办法》《薪酬管理办法》和《年度经营业绩考核责任书》三个契约实现了管理的契约化。以契约的方式明确规定了管理岗位的任务、目标、奖惩和任期等条款。实现了权利与义务、薪酬与业绩、责任与职位的全面统一。管理模式的契约化实现了董事会与经理层对共同目标的确认以及绩效考核的兑现承诺，达成了广泛的平等共识。

（3）完善的公司治理机制，输出多位优秀国企高管。新兴际华集团完善的市场化选聘和契约化管理机制成为企业家能力培育的宝贵土壤。作为国资委监管的中央企业，新兴际华不仅以后来者居上的姿态实现扭亏为盈，更是作为世界500强企业为一汽集团、中国一重、中国煤炭地质总局和中国化学工程集团输出四位正职高管。

3. 集团董事会结构设置的经验借鉴

新兴际华集团的董事会构成趋于合理，董事会成员以外部董事为主（超过半数），董事会成员来自企业界、学界等不同领域，并且相关经验丰富，是董事会科学决策的重要保障，合理的董事会构成将"内部人控制"的发生概率降到最低。

**二、股权制衡与职业经理人制度的建立——以中集集团为例**

中国国际海运集装箱（集团）股份有限公司（以下简称"中集集团"）在混合所有制改革的国有企业样本中是比较特别的，因为中集集团在20世纪90年代就率先完成了混合所有制改革，因此中集集团的案例对其他处于混合所有制改革的企业来说，具有十分重要的借鉴意义。

（一）中集集团的基本情况介绍

1. 中集集团的发展历史

中集集团的前身是中国国际海运集装箱有限公司，是由招商局和丹麦宝隆集团共同出资300万美元在深圳成立的，公司成立之初，董事长和总经理两职分离，分别由外方股东和中方股东出任，避免了董事长和总经理两职合一而缺乏制衡的问题。1987年，宝隆洋行通过减持股份退出了对公司的控制，中国远洋运输总公司（以下简称中远）成为中集集团的新股东，由此新的股权结构形成。股权比例上，中远和招商局各占股45%，宝隆洋行占股10%，中集集团从此进入了股权制衡的发展阶段。1994年，中集集团在深圳证券交易所成功上市。相互制衡的两家国有股东分别占比29.45%，剩余34.56%的股东为社会公众。均衡、相互制衡的股权结构使股东能够通过董事会或股东大会实现自身利益的维护。2009年，中集集团推行了员工层面的股权激励计划，员工股占比达到了2.25%。中集集团的员工股权激励同时面向公司高管和企业的骨干员工，完全按照市场化的流程实现，同时，以资本收益率为考核的核心指标，设定了非常苛刻的行权条件。2012年，中集集团通过B股转H股的方式引入了私募基金联想弘毅。随后实现了招商局持股25.54%、中远持股22.75%、联想弘毅持股5.16%、社会公众持股46.55%的格局。1994年至2014年底，中集集团的总资产达到了877.76亿元，累计利润达到了332.82亿元。这种相互制衡的股权结构使任何一方的股东都不能实现对中集集团的独立管理，也无法将任何一方股东的意志强加给中集集团。中集集团的股权结构如图3-2所示。

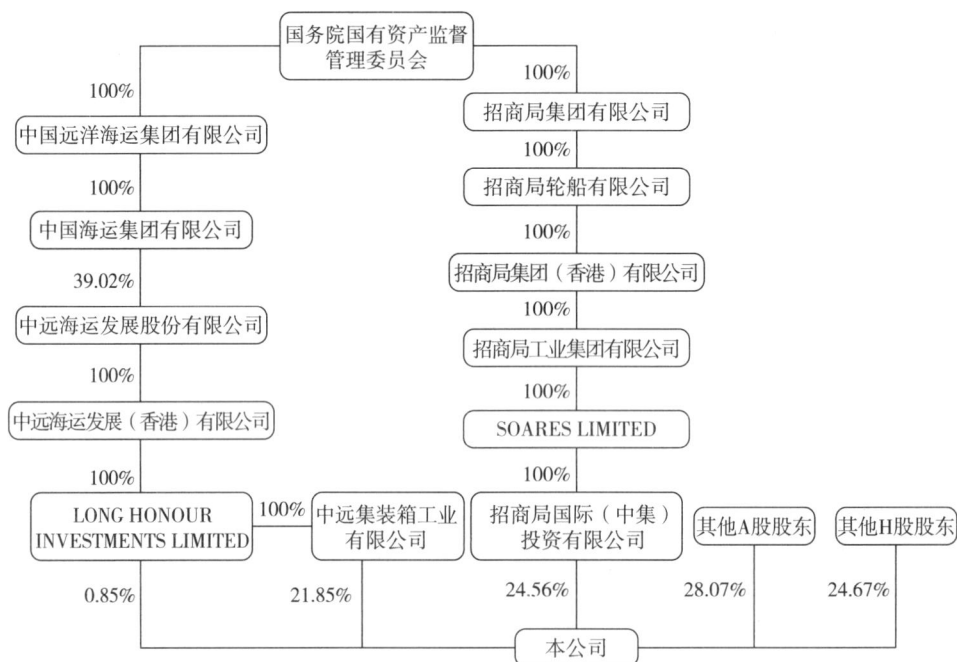

**图3-2 中集集团股权结构**

资料来源：2019年中集集团年报。

目前，中集集团已成为在国际上处于领先地位的能源装备与物流供应商。中集集团是一家多元化的服务全球市场的产业集团，业务、销售网络以及客户遍布全球。2018年，5万名优秀的中集员工创造了约934.98亿元的销售业绩，净利润约33.8亿元。

2. 中集集团的公司治理结构和职业经理人制度

由于中集集团没有一股独大的问题，因此任何一方股东和公司管理层都处在相互制衡的状态，因此，与其他公司相比，中集集团的公司治理运作比较规范。中集集团的董事会由 8 名董事组成，其中只有 1 名执行董事，独立董事 3 名，超过董事会成员比例的1/3，另外 4 名董事分别来自两个相互制衡的大股东——中远集团和招商局，每个股东派出两名董事。与传统国有企业相比，中集集团的董事运作与公司治理更加市场化和规范化。

公司从成立伊始就施行了董事会领导下的总经理负责制，董事会的构成与股权结构特征相一致，存在明显的制衡色彩。执行层中只由总裁进入董事会，这种方式能够有效降低内部人控制的风险，同时实现董事会对经营层的有效监督。另外董事长只是董事会的召集人，公司的具体业务由总裁负责，董事长与总经理的职责分工明确，避免了不必要的内耗，提高了治理效率。

（二）中集集团公司治理改革的经验借鉴

1. 集团股权制衡的经验借鉴

中集集团作为混合所有制改革的典型案例，其成功的关键是中集集团处理好了国有企业改革过程中最敏感的治理结构问题和所有权结构问题。中集集团混合所有制改革的关键是拥有相互制衡的股权结构。中集集团的混合所有制改革不仅实现了股权多元化，同时建立了现代企业制度。大多数上市公司在股权结构上都是混合所有制企业，但大多数上市公司从公司治理的层面看并不是符合现代公司制度的企业。中集集团的混合所有制改革真正建立了现代企业制度，实现了股权多元化和政企分开。

中集集团的股权结构是竞争性国有企业理想的股权结构。竞争性国有企业的混合所有制改革需要依托资本市场的市场化改造，最终变成没有集团的、完全挂在资本市场的上市公司，按照市场化的要求实现彻底的股权多元化，变成真正意义上的混合所有制股份公司。

中集集团通过国有资产管理机制创新，形成了完善的以管资本为主的国有资产管理体制。招商局与中远集团两个股东以国有资本投资的形式入股中集集团，主要通过董事会行驶股东权利，但不干涉企业的实际经营决策，最终目标是实现国有资产的保值增值。管资本意味着国有股东按照市场规律投资，保证国有资本流向利润高的行业。对照中集集团的股权结构可以发现，中集集团的案例具有一定的特殊性。中集集团是由两家股权相对制衡的国有股东合资控股的，和其他由部委转制的中央企业相比减少了不必要的行政干预，对中集集团的资产重组、人员配置和公司经营事务并没有过多的干涉和阻碍。在中集模式的响应下，在竞争领域，部分中央企业已经通过国有资本运作实现了联合控股的"类中集"公司。

与中集集团一样，将决策权回归到董事会，并在适当的时机引入民营资本，实现真正意义的混合所有制企业。

2. 集团职业经理人制度的经验借鉴

在管理层选聘方面，董事会保留了经理层的选聘权，中集集团的管理团队并不由股东派遣，这一方式有效保障了中集集团职业经理人的独立性。这种权责分明的管理体系实现了高效的运作与协调统一。

在身份定位和薪酬激励方面，中集集团的总裁麦伯良放弃了国有企业特有的行政级别，将自己的身份定义为职业经理人，并朝着行业企业家的定位不断努力，依靠不俗的业绩赢得了丰厚的薪酬。因此，在高管薪酬方面中集集团实现了完全的市场化运作。管理层依据公司制定的《董事会聘任人员年度业绩考核及奖励办法》领取薪酬，管理层的薪酬依据企业绩效波动不断变化。中集集团的管理层激励机制使企业家与国有企业签订市场化的合约，承担市场风险和责任。

## 第五节　进一步推进国有企业公司治理创新的方向与建议

### 一、重新审视国有企业职业经理人的定位和任期问题

（一）定位问题

国有经济战略调整要解决国有企业企业家的多重身份和行政级别问题。

首先，对不同类型国有企业的企业家进行分类定位，对于公益性国有企业来说，应该以实现社会公共目标作为评价标准，对企业家的定位应当与政府公务员标准一致；对于（合理）垄断性国有企业来说，为防止因追求利润而忽视公众利益，或者过度开发稀缺资源，企业家的定位应与公益性国有企业相同[①]，即与政府公务员标准一致；应该取消竞争性国有企业企业家的行政级别，在选人用人方面应当扩大选聘范围，冲破不同地区、不同所有制、不同行政级别和用人制度的限制和围墙，实现市场化的竞争上岗[②]。实现行政型企业家向市场型企业家的转变。并将企业家定位为职业经理人。

其次，对企业家身份的定位包含了对企业家权力的定位。应该制定负面清

---

① 高明华，杨丹，杜雯翠等．国有企业分类改革与分类治理——基于七家国有企业的调研［J］．经济社会体制比较，2014（2）：19-34.

② 杨善星．国有企业领导选拔任用方式的经济学思考［J］．管理现代化，2004（5）：38-40.

单，以明确限定国有企业企业家的权利范围。对于竞争性国有企业的企业家，要在保证遵纪守法合规和执行董事会战略决策的约束条件下，可以充分放权，甚至使企业家的经营权无限大，以发挥他们的最大潜能，这类似于数学上的"既定约束条件下求极值"，但前提是，法律和规则一定要到位①。而对于公益性国有企业和合理垄断性国有企业，约束条件可参考公务员标准。

（二）任期问题

企业成长是由业务增长引起的企业组织自主扩张的演化过程，不断地"干中学"促进了企业家成长。因此，国有企业的企业家任期不宜过短，使企业家在"干中学"中提升能力。另外，过短的企业家任期也容易导致短期行为，不利于企业可持续发展。与任期相关的另一个问题也需要注意，就是目前存在的国有企业企业家在竞争对手之间的互换，这对于公益性和合理垄断性国有企业来说也许问题不大，因为它们以公益目标为主。但对竞争性国有企业，这种任命方式不利于竞争，竞争不力就不利于企业家的创新和成长。

**二、将管理层的选聘权交还董事会，优化董事会的选聘方式**

国有企业企业家的选聘机制的改革应当从国有经济战略性调整的现实和方向出发，进行分类改革。主要涉及选聘的主体、对象和方法。

选聘机制的调整包括选聘制度的细化、选聘过程的透明化、选聘方式和选聘对象的多样化、选聘主体的重新界定。合理的选拔录用制度是指能够选拔出"最合适"的人选而不仅是"最能干"的人选，到相应的管理岗位任职的制度②。

（一）选聘的主体

为了提高国有企业选拔任用管理人员的"最合适"水平，雇用经理应从机制设计的角度出发，将选拔任用权移交给具有法律权力和责任的机构和利益相关者。从各国《公司法》来看，将总经理或经营层的聘任、考核、评价、激励交给董事会，可以从制度上消除董事长与总经理的矛盾。同时，应加强董事责任制度建设，尤其要建立董事会备忘录机制，将每位董事的履职行为记录在案，从而明确每位董事的责任，对于不尽职、决策错误和失误，必须给予足够力度的处罚③，以解决董事会职责不清和"集体责任"问题。总体上，所有类型国有企业均应该由董事会选聘总经理。具体地，对于公益性的国有独资企业，应该由国有资本管理机构直接选择经营者，或由授权企业的董事会选聘经营者。对于掌握国家经济命脉、实行国有控股的大型、特大型自然垄断性国有企业和稀缺性资源国

①③　高明华．完善国有企业法人治理精髓在于机制［J］．国资报告，2017（6）．

②　林泽炎．建立与社会主义市场经济相适应的国企经营者选聘体系——关于国有企业经营者选聘机制和技术的探讨［J］．管理世界，2003（4）：136－138．

有企业，应该强化董事会的作用，董事会有权提名、聘任总经理，但要强调董事会和经理层不同于竞争性国有企业的角色。对于竞争性国有企业，政府应原则上不干预其经营者的选聘，严格按照现代企业制度处理，董事长由董事会推举，董事会聘任总经理。

（二）选聘的对象

在企业家选聘过程中，扩大范围找到与企业最匹配的经营者是十分必要的。要按照市场竞争机制确保候选人的"最合适性"，要以胜任职位能力为本。要打破所有制限制，鼓励有能力的非国有企业（包括民资企业和外资企业）的企业家参与国有企业经营者的竞聘，这会带来多元化模式和思路的优势，从而推进企业改革和创新，提高资源的配置效率。

（三）选聘的方法

市场选聘是最公平的选聘方法，为此需要积极推动高度透明的、职业化的经理人市场的建设。这种经理人市场具有四个重要特征：一是经理人的人力资本具有高度的专一性。二是经理人市场是企业家选择的重要来源。三是经理人市场具有信号的显示和传递功能，能够将经理人的业绩与人力资本的价值联系起来。四是诚信约束体系的健全，诚实守信是职业经理人的基础。政府应加快推进经理人市场的步伐，建立经理人市场规则，让更多优秀的企业家脱颖而出。

**三、对国有企业职业经理人的外部环境进行调整**

对企业家个体而言，外部环境因素对不同企业家成长产生的影响往往因人而异，但从大样本的角度来看，外部环境因素对企业家群体的成长产生了至关重要的影响。

（一）政治经济环境

在计划经济体制逐步向市场经济体制过渡的过程中，政治经济环境在企业家的发展中发挥了重要的结构性作用。在高度集中的中央计划经济体制下，国家（或政府）控制着几乎所有的企业和资源，企业家根本没有企业和资源。随着计划经济体制向市场经济体制转变，国家逐步放开对资源的控制，社会政治经济环境的改善有利于企业家的成长。改革开放以来，民营经济的快速发展和大批企业家的涌现，与政企分开、资源放松管制、相关产业退出等宏观政治经济环境的变化密切相关[①]。

但同时，国有企业在一些竞争性领域的垄断、政府对民营企业的企业家进入国有企业的高壁垒，以及公司治理的不规范和形式化，也影响着国有企业企业家的成

---

① 蔡宁，刘志勇. 企业家成长环境理论及其启示［J］. 外国经济与管理，2003，25（10）：2 – 7.

长。这些都需要通过改革尽快改变，为企业家成长提供宽松的政治经济环境。

（二）法律环境

市场经济本质上是法治经济。企业家成长过程中的每一个环节都有赖于健全的法律制度的保障。在法律不完善的环境下，企业家行为更多的是寻租等非生产性行为，这无疑会导致资源配置的错误和无效，不利于国有经济的战略调整。因此，应完善法律制度，促进企业家向生产性行为转变，抑制其非生产性行为，从而促进企业家的健康成长。

（三）文化环境

Sang（2012）提出的六个文化维度分析了文化与创业倾向的关联度，认为文化模式与创业倾向相关，最终会促进企业家的成长并增强该国的全球竞争力。缪清朝（2005）指出，企业家是具有较高知识素质和文化素养的群体，对于企业家来说，文化环境是一种更为直接的环境、更深层次的影响因素和更高明的生存手段。常建坤（2006）分析了中国传统文化的特征，构建了文化影响企业家创新精神的钻石模型，并通过比较中西方文化中企业家创新精神的不同含义，揭示了中国传统文化对企业家创新精神的作用机理，最后，从宏观和微观两个层次提出了提升我国企业家创新精神的文化策略。张新芝（2010）认为，无论是民营企业家还是职业经理人都会受到传统文化的影响，企业家的行为都有传统文化的影子。因此，培养健康的企业家文化同样不可忽视。

**四、依据国有企业类型，对企业家评价体系做出调整**

对于不同类型的国有企业，其企业家的评价体系应该有一定的差异。不能全部以党政干部标准衡量国有企业的企业家。对于公益性国有企业，唯一的目标是社会和谐稳定和提供公共服务；对于自然垄断的国有企业，应把成本控制水平和公众满意度作为重要的评价标准；对于垄断稀缺资源的国有企业，要把成本控制水平和利润水平（尽管利润应该全额或大部分上缴财政）作为重要评价标准；对于竞争性国有企业，要以追求利润最大化为首要目标。

在企业家的评价体系中，要明确规定国有企业负责人能上能下、能进能出、竞争择优的具体条件，制定企业家职务随绩效升降而升降、收入随绩效而浮动的考核措施。董事会应该建立考核与薪酬委员会，明确考核标准，考核标准中绩效的认定应该基于国有企业的不同类型，即不同类型的国有企业，企业家的绩效标准是不同的。绩效考核要作为确定企业家薪酬的依据。

**五、加强对国有企业董事运营机制、决策机制和工作流程的规范**

（一）理顺董事会的职责定位，健全董事会的运行机制

首先，要明确董事会的职责，国有企业的董事会要对出资人负责，按照公司

章程决定公司的重大事项；其次，在接受股东会监督的同时依法维护和落实董事会的选聘权、薪酬分配权和重大决策权，增强董事会的权威性和独立性；最后，要厘清董事会、监事会和经理层三者之间的关系，董事会的主要职责是对管理人员进行监督管理，支持管理人员行使职权。监事会的主要工作是要求董事会通过及时提供相关材料和情况，及时与监事会沟通重大事项的决策。经理层作为公司的执行层应在行使生产经营职权的同时积极实施董事会的决议，对董事会负责。

（二）增强董事会的决策能力，优化董事会结构

首先，要从学历水平、工作经验和管理能力等方面对董事任职条件做出明确规定。同时，董事会成员中要有法律、财务和行业相关的专业技术人才。董事在符合任职回避要求的前提下，有能力和精力履行职责。其次，董事会成员结构要合理、科学。董事之间的履职经验需存在一定的互补性，实现管理能力各有所长的状态，在年龄结构上也要形成梯次。最后，要建立外部董事制度，在董事会中内部董事要少于外部董事，管理层不能过多地进入董事会。

（三）规范董事会的工作流程，健全董事会的议事规则

首先，董事会的决策要严格遵守独立表决和集体审议的决策原则。其次，董事会要有完善的会议记录制度，确定会议记录的准确性和有效性。最后，董事会决议后要进一步对决议事项进行跟踪，对决议的执行效益、综合影响和执行情况进行系统、全面的评价和分析，确保董事会决议能够按照约定时间顺利完成，实现董事会决策的科学性、有效性、及时性和审慎性的全面提升。

# 第四章　深化国有企业三项制度改革

劳动制度、人事制度以及分配制度这三项制度改革明确了国有企业改革的方向，是国有企业改革的核心。在经济体制改革中，国有企业的劳动、人事和分配制度发生了巨大的变化。计划经济体制下的国有企业，是国家的生产单位，不是企业。职工是劳动者，也是全民所有制企业的所有者，与企业之间不存在雇佣关系。随着扩大企业经营自主权、经营责任承包、公司化改造以及国家管理体制的变更，国有企业和员工之间建立起了雇佣劳动关系，基本形成了以市场为导向、以岗位管理为基础的劳动用工机制、基于绩效考核的用人机制和薪酬机制。

## 第一节　深化国有企业三项制度改革的理论综述

### 一、三项制度改革的理论基础

（一）人力资源管理概念

人力资源是组织员工所具有的能够为组织带来效益的一种能力。人力资源管理是组织通过采取一定的方法举措对员工的这种能力进行管理，从而最大化激发员工潜能，充分利用员工自身的体力、知识、技术等能力。人力资源管理是企业经营管理中的关键一环，决定着员工的态度与行为，进而对企业可持续发展、竞争实力以及企业效率的提升产生影响。20世纪六七十年代，西方学者提出了人力资源管理理论（HRM）。人力资源管理实践包括招聘、培训和职业发展、激励机制、绩效管理等具体措施（张楚筠和孙遇春，2010）。人力资源管理项目包括事务性项目和战略性项目，事务性项目为附加值低的基础性活动，主要包括员工招聘、考核、教育培训、人事档案管理、薪资福利等，而战略性项目为附加值高的关键核心性活动，主要包括人力资源政策的制定与执行、企业中高层主管的甄选、员工职业生涯规划、组织发展规划和业务开发等（冯祈善和王善臣，2004）。通过对这些具体活动、项目的实施，做好人力资源配置和员工管理，帮助企业吸引、开发、利用、留住人才，进而有助于企业节约管理成本、提高管理效率、增强竞争优势。

（二）人力资源管理相关理论

人力资源管理的许多经典理论为三项制度改革提供了理论基础，如公平理论。该理论认为，员工对其所获得的报酬是否满意，并不是单看其绝对数值，更多是看其相对数值。员工既会将工资与自己以往的工资作比较，也会与其他内外部员工（同一公司内的员工、其他公司的员工）的工资进行比较，如果实际工资低于他们认为的公平工资，那么员工就会产生不公平感，进而抱怨牢骚、消极怠工。企业的人力资源管理活动可以通过给予下层员工决策发言权，让员工参与决策方法的制定与选择；上层领导公开其决策制定的原因等提高员工的公平性感知（唐贵瑶等，2013）。除此之外，还有需求层次理论、双因素理论、学习型组织理论、领导者特质理论等。企业的人力资源管理活动通过满足不同层次员工的需求、激励员工投身学习、激发企业家精神等方式为企业吸引留住人才。

## 二、三项制度改革的概念与目标

三项制度包含劳动制度、人事制度和分配制度，是企业的内部经营机制。三项制度改革的本质是对企业人力资源管理的变革，通过对劳动、人事、分配制度的改革在企业内部建设高素质、高质量的人员团队，发挥企业内部人力资源效用最大化。20 世纪 90 年代初期中国政府为了激励国有企业走向市场经济，提出改革国有企业三项制度，建立干部能上能下、人员能进能出、工资能增能减的机制和相应制度[1]。21 世纪初期政府又制定了深化国企三项制度改革的目标，把三项制度改革作为规范现代企业制度建设的必备条件，要求国有企业建立与社会主义市场经济体制和现代企业制度相适应的用人和分配制度，形成企业管理人员能上能下、职工能进能出、收入能增能减的机制[2]。2015 年，政府再次把建立国有企业领导人员分类分层管理制度、实行与社会主义市场经济相适应的企业薪酬分配制度、深化企业内部用人制度改革作为深化国企改革的重要内容，2016 年政府又要求中央企业构建市场化劳动用工和收入分配机制，实现企业内部管理人员能

---

[1]　陈佳贵. 中国国有企业改革 30 年研究［M］. 北京：经济管理出版社，2008.

[2]　中国劳动编辑部. 国家经济贸易委员会、人事部、劳动和社会保障部关于深化国有企业内部人事、劳动、分配制度改革的意见［J］. 中国劳动，2001（5）：52 – 54.

上能下、员工能进能出、收入能增能减，增强企业活力和竞争力①。综合 2015 年、2016 年政府的国企三项制度改革指导意见中可以看出，三项制度改革的目标是实现三项制度的市场化，具体任务包括三个方面：加强劳动契约化管理，实现员工能进能出；强化任职条件和考核评价，实现管理人员能上能下；推进收入分配市场化改革，实现收入能增能减。

### 三、三项制度改革的影响因素

国企三项制度改革的影响因素主要在于由计划经济体制转型而来的历史遗留问题、外部面临竞争程度低、内部管理体制不健全等。具体影响因素包括：国企中高管人员的任免行政化程度高，高管拥有"经济人"与"政治人"双重身份，抑制了其企业精神；企业人力资源管理机制不够健全，理念落后，缺乏制度化、标准化；计划经济体制的冗员、身份多元等历史遗留问题影响改革（王晓洪等，2018）。部分国企所处行业的竞争程度低，改革动力与意愿不高；企业历史遗留问题多，改革困难大、积极性低；企业管理体制约束，政府部门监管越位等也是影响国企三项制度改革的重要因素（国务院发展研究中心"深化国有企业改革中的突出矛盾与对策研究"课题组，2015）。这些因素的存在导致改革十分艰难，可以通过针对不同成长期的企业制定统一的改革目标，取得公司高层的支持，加强改革宣传，公开改革方案与过程，引入外部第三方机构，不断总结及时调整方案等（马云攀，2016）。改革的重点是推进国企市场化水平，通过完善国企对外经营、企业内部管理、国企管理体制三个市场化（袁东明，2015）。推进国企三项制度改革的顺利进行。

### 四、三项制度改革的方式

三项制度改革采取了渐进方式，具有三方面的特点：第一，从增量到存量的方式。初期改革用扩大用工权、促进内部流动、加强物质激励来调动企业和职工的积极性，增强企业活力与效率，着眼点在于用企业收益增量来刺激职工，提高激励系统的有效性。其逻辑是：职工的报酬和贡献有了联系，或者岗位和表现有了联系，就有了动力和压力来改进经营管理，企业就会有效率。后来认识到这样的物质刺激具有局限性，如果职工的就业或岗位受终身制的保护，没有下岗失业形成的市场压力，就会缺乏不断提高自身素质、钻研技术、提高劳动生产率的动

---

① 新华网．中共中央、国务院关于深化国有企业改革的指导意见［EB/OL］．http：// www. xinhuanet. com/politics/2015 – 09/13/c_ 1116547305. htm；东风热线：干部能上能下、员工能进能出、薪酬能增能减——《关于进一步深化中央企业劳动用工和收入分配制度改革的指导意见》解读，http：// www. dongfeng. net/index. php？ c = content&a = show&id = 16593.

力。因此，改革的重点便转向了原有劳动力配置的调整优化，通过全员劳动合同制、下岗分流、竞争上岗、薪酬与业绩考核联动等办法来增强职工的竞争意识，适应市场经济的优胜劣汰规律。第二，先试点后推广的方式。三项制度改革是一个不断试错纠错的过程。很多重大改革措施都是先在小范围内试点，然后才推广到全国。例如，劳动合同制最初仅在部分企业实行，并且只针对新招收的工人。试点大约经过了 5 年，后来才把范围扩大到所有企业和全体职工。这是为了尽量减少因改革失败带来的负面影响。如果在改革中出现问题，因为涉及范围小，通过纠错可以把负面影响控制在最小。从实践结果来看，这种做法确实有道理，对保证改革的平稳推进起到了重要作用。第三，内部制度改革与配套制度跟进相结合。三项制度改革的顺利推进，需要外部制度环境的支持。例如，改革了社会保障体系，建立了由企业、职工和政府共同分担的社会化、地方统筹的养老、医疗和失业保险制度，为国有企业三项制度改革的顺利推进创造了外部制度环境。

**五、三项制度改革的必要性研究**

推进三项制度改革具有深刻的历史与时代意义。推进国有企业三项制度改革，是深入贯彻落实习近平新时代中国特色社会主义思想和党的十九大精神的重要举措，有助于增强国企活力、提升国有企业效率（高斯，2020）。推进劳动制度改革，改变国有企业守旧劳动关系，建立符合市场经济的新型劳动关系，能够调动员工积极性，提升企业绩效。推进人事制度改革，充分发挥管理者"经济人"功能，有助于增强企业竞争活力。深化国企分配制度改革，能够缩小收入差距，防止不公正、不公平现象的存在制约经济发展，影响社会和谐（朱妙宽和朱海平，2008）。

综上所述，推进三项制度改革的必要性在于：首先，三项制度改革是国有企业改革历史进程的必然要求。三项制度改革紧随国有企业改革进程向前推进。三项制度改革从放权、调整利益关系、改变分配办法与用工形式开始，经过"破三铁"、下岗分流富余职工，到完善市场化用工制度、探索经营者任用机制、经营者与科技人员激励约束机制，一步一步向制度核心层面纵深推进，适应了同期国有企业改革的要求。其次，三项制度改革是转变企业经营机制的重要途径。三项制度改革在转换企业经营机制过程中具有十分重要的地位和作用。劳动、人事和分配制度改革，是提高经营效益，增强国有企业活力的重要内容。国有企业资源配置效率低下的重要原因之一是不合理的劳动、人事和分配的决策机制。最后，三项制度改革是建立社会主义市场经济体制的客观需要。中国经济体制改革的目标是建立社会主义市场经济体制，使市场机制在资源配置中发挥基础性作用。因此，企业必须改革三项制度，形成对劳动力市场信号反应灵敏和快速决策的能力，否则将无法适应市场经济优胜劣汰的基本规律。另外，三项制度改革也是建立现代企业制度的需要。现代企业制度建立在产权明晰、权责明晰、政企分开、管理科学的基础上，因此，必须改变计划经济体制下国家直接进行劳动力配置和分配的行政式管理模式，建立以市场为导向、以岗位管理为基础、以增强竞争力为目标的劳动、人事、分配机制。

## 第二节　推进国有企业三项制度改革的政策演变

改革开放以来国有企业三项制度改革的进程分为三个阶段：第一阶段为1978～1991年。这一阶段，为适应国有企业扩大经营自主权和实行经营责任承包制的需要，政府开始探索国有企业劳动、人事和工资制度改革的路子，通过放权让利的办法使企业在劳动用工、利润分配上拥有了一定程度的自主权。第二阶段为1992～2002年。这一阶段国有企业改革从放权让利、实行经营责任承包制进入转换经营机制的新阶段。第三阶段为2003年至今。进入21世纪以后，随着社会主义市场经济体制的建立，国有企业改革的重点从转换经营机制转向建立健全现代企业制度。

### 一、突破计划经济体制的桎梏（1978～1991年）

这一时期，三项制度改革的主要措施包括在劳动用工制度改革方面实行劳动合同制，推行优化劳动组合、合同化管理等；在人事制度改革方面实行企业干部聘用制、破除身份界限等；在分配制度改革方面实行企业工资总额与经济效益挂钩、推行岗位工资制等多种工资分配形式。这一时期的改革特点是在原有计划经济体制中寻找改进的空间。

（一）试行劳动合同制

中国在计划经济体制下采用全国统一招收的办法把每年新增的劳动力"包下来"，然后再统一分配到企业，逐步形成"统包统配"的劳动力用工制度。企业无权自行招用劳动力，而是由国家下达用工指标，企业按指标数量招工；劳动者无权选择职业，而是由国家统一分配安置。劳动者一旦进入企业，即成为固定工，终身归属于企业，一切服从企业行政领导的安排。这种"统包统配"即"铁饭碗"式的计划就业制度（固定工制度），使企业与劳动者之间的劳动关系固定化，企业的劳动力沉淀越积越大，人工成本越来越高，效益却每况愈下，但劳动者则稳坐"钓鱼台"，日渐丧失追求劳动效率的动力（赵履宽等，1998）。

1978年开始的国有企业改革，以放权让利为突破口，把由政府管控的部分经营管理权力下放给企业。1979年，国务院发布了《关于扩大国营企业工业企业经营管理自主权的若干规定》，规定企业有权按国家劳动计划指标择优录用职工，并决定奖惩方式，对于那些严重违反劳动纪律、破坏规章制度、屡教不改、造成重大经济损失的职工，企业可以将其开除；企业可在定员、定额内根据需要决定机构设置、任免中层和中层以下管理干部。这使得企业在劳动力的招用、管理、优化等方面有了一定的选择权。1986年，国务院发布了《国营企业实行劳动合同制暂行规定》《国营企业招用工人暂行规定》，引入劳动合同规范企业与员工的劳动关系及权利与义务，双方都有了自由选择权。国有企业采用"老人老办法，新人新办法"，即原有的职工保留固定工身份，新员工则签订劳动合同。

同时，政府开始推行承包经营责任制，促进国有企业政企分开、所有权和经营权分离。为了提高职工积极性、增强企业活力，政府要求国营企业在新招工人中推行劳动合同，合同期满后企业可根据需要延续或终止合同。具体来讲，不论是5年以上的长职工，还是1~5年的短期工和定期轮换工，都要签订劳动合同。这意味着企业与劳动者之间的劳动关系，不再通过行政命令和行政计划来决定，而由具有法律约束力的经济契约来规范、稳定和协调。企业职工中不再有固定工、短期工、轮换工等身份界限，所有职工的权益都将受到法律保障，意味着固定工制度的终结，是对计划经济体制下的劳动用工制度的重大改革。这个措施是旨在通过劳动合同制从数量和质量两方面优化劳动力资源配置，将市场机制引入企业的劳动力管理之中。

有资料显示，截至1992年底，全国有6万多家企业、3000多万职工实行劳动合同制和优化组合（中国人民大学《企业活力》调研组，1994）。劳动合同制使职工体会到了就业竞争的压力，对约束少数后进职工起到了作用，但由于采取"新人新办法，老人老办法"，原有职工仍然实行固定工制度，因此对提高企业效率的作用不明显。20世纪80年代后期，有企业开始把劳动合同制和上岗竞争制结合起来，科学合理设置岗位，根据考核结果对职工进行双向选择和择优聘用，使工作效率和经济效益明显改善。但是大多数企业中的富余人员主要还是内部消化，大部分冗员不能走出企业进入市场，"职工能进不能出"的问题没有得到根本解决。

（二）探索干部聘用制

1986年，在《企业管理现代化纲要》中提出了企业实行全面人事管理的方向，指出国有企业要用系统方法对企业劳动人事管理各个环节进行综合管理，打破"工人"和"干部"身份界限，实行全体职工的统一管理。20世纪80年代，许多企业在人事制度改革方面积极探索，废除了干部选拔任命上的终身制，实行了新的干部聘用制。实行干部聘用制度的基本做法：一是取消企业行政级别，打破工人与干部的身份界限，变身份管理为岗位管理。二是设立管理岗位，对在管理岗位担任行政职务的管理人员实行竞聘上岗，通过考评确认管理人员的素质与能力之后进行聘任。三是实行干部任期制、年度考评或奖惩制度，对管理人员实行基于业绩的动态管理，建立"干部能上能下"机制。

（三）工资与个人贡献、企业经济效益挂钩浮动

计划经济体制下的国有企业分配制度具有以下特点：国家统一制定工资制度以及工资标准、晋升条件和工资形式，工资调整由国家统一安排。对待劳动力，国家实行"低工资、多福利、高就业"的政策。这种制度的弊端之一就是形成了职工吃企业"大锅饭"的局面，职工的劳动贡献与工资之间不存在关系，职工干好干坏一个样，抑制了职工的积极性、主动性和创造性。

1978 年中国实行改革开放政策后，政府对工资制度从分配形式、决定机制等方面改革，逐步实行了以岗位技能工资制为主要形式的内部分配制度。与以前的技术等级工资制（如"八级工资制"，按年龄、技术把工人分成八级，根据级别发放不同的工资）相比，克服了"铁工资"缺乏激励机制的弊病，初步形成了"岗位靠竞争、报酬靠贡献"的机制，使企业内部分配机制逐步从福利型向激励型转变。

第一，恢复奖励制度。国家对企业放权让利，实行利润留成办法，恢复了奖金和计件工资制度。最初政府规定了奖金总额限度，要求企业在该范围内发放奖金，如 1981 年规定年奖金总额不超过 1~2 个月的标准工资总额。但这样确定下来的奖励额度太小，与企业经营效益之间也没有形成紧密联系，因此对企业和职工的激励作用非常有限。于是，政府在随后实施的"利改税"改革中，取消了奖金的上限，允许企业对提取的奖金基金有权自主分配，但征收奖金税。根据规定，奖金总额在 2 个半月工资额以内的免税，在 4 个月工资额以内的征收 30% 的税，在 6 个月工资额以内的征收 100% 的税，对于超过半年以上工资额的征收 300% 的税（唐伶，2010）。这些措施进一步提高了工资的激励作用。

第二，实行工资总额与经济效益挂钩浮动。放权让利改革使国有企业在利润分配上获得了较大的支配权，但是由于没有监督约束机制，使得大部分新增留利被工资、奖金和福利所挤占，出现了工资侵蚀利润的现象。为了抑制工资过快增长、奖金过度分配，20 世纪 80 年代中期，政府结合"利改税"、承包经营责任制改革，突出了对企业经济效益的考核，在全国推行了企业工资总额同经济效益挂钩的办法，规定企业可根据经济效益按规定比例调整工资总额，调整比例为1∶0.3~1∶0.7，年度累计增发的工资总额若超过国家核定的上年工资总额7%时，征收工资调整税。1985 年仅有少数企业实行了工资总额与经济效益挂钩的

办法，随着经营承包责任制的普及，1987 年全国大部分企业开始实行此办法。

第三，改革工资形式。国有企业的工资由标准工资和奖金、津贴组成。标准工资是以国家统一规定的行业和职务来划分的"工资等级表"为基础设定的，如工人的"八级工资制"。20 世纪 80 年代中期，政府进一步认可了企业自主决定工资形式的权力，从而推动了国有企业对工资形式的改革，出现了计件工资制、定额工资、效益工资、岗位工资、浮动工资、结构工资、岗位技能工资等多种工资形式。当时企业界普遍认为，不同类型的企业和岗位，应该采用适合自己特点的工资形式。其中，改革影响最大并且采用最普遍的是岗位技能工资制度（中国人民大学《企业活力》调研组，1994）。岗位技能工资制度由基本工资和辅助工资两部分组成。基本工资包括岗位工资、技能工资和年功工资三个单元，辅助工资包括奖金、效率工资、效益工资和各种津贴。与原有的等级工资制相比较，岗位技能工资制能够比较全面地评价岗位价值，反映岗位之间差别，体现按劳分配原则。岗位技能工资制度的操作也比较灵活容易，有利于企业内部的劳动力流动、拉开岗位之间工资差距，使工资分配向重要岗位倾斜。

## 二、探索市场经济体制中的劳动、人事、分配制度（1992~2002 年）

1993 年，中国在国有企业改革中放弃经营责任承包制，转向建立现代企业制度。国有企业改革从放权让利、实行经营承包责任制进入转换经营机制的新阶段。实行全员劳动合同制、推进劳动分配市场化、下岗分流与再就业工程、社会保障体系建设等各种改革措施相继展开。

### （一）实行全员劳动合同制

20 世纪 90 年代，国有企业开始转换经营机制，探索建立现代企业制度。要转化企业经营机制，必须进一步深化企业劳动、人事、工资制度改革，在企业内部真正形成"干部能上能下、职工能进能出、工资能升能降"的机制。为了进一步落实企业的劳动用工权，政府要求各省试行全员劳动合同制，范围要包括企业干部和工人。因此，以前只在部分工人中试行的劳动合同制开始覆盖到所有职工。

根据中国人民大学调研组的调查，企业实行全员劳动合同制有两种基本做法：一是全员先签订劳动合同，然后再竞争上岗，签订岗位合同；二是先竞争上岗，再签订全员劳动合同和岗位合同。前者适用于富余人员比较少和有能力安置富余人员的企业，后者则相反（中国人民大学《企业活力》调研组，1994）。实行全员劳动合同制，是企业行使劳动用工权、减少富余人员和优化劳动力配置所不可缺少的前提条件，但是由于当时社会保障体系尚不健全，分流富余人员的阻力较大，因此，企业在推行全员劳动合同制时必须综合考虑职工对改革的承受能力和政策、环境允许的限度，逐步推进改革。例如，许继实施了"二次聘任制"，即员工除与集团公司签订统一的劳动合同外，上岗前还必须同用人单位（下属车间或分、子公司）签订二次聘约合同，具体规定所从事岗位的技术、质量、个人素质、行为规范、奖惩细则等，员工违反聘约要求，用人单位有权将其转入公司劳务市场或在本单位降低待遇使用，以促进其改进和提高。实行二次聘任制给了用人单位必要的用人自主权，进一步明确了职工的"责权利"，形成了较强的激励和约束，但没有把富余职工直接推向社会，避免了由此引起的社会不稳定问题（国家经贸委企改司调研组，2001）。

然而，尽管国家明确提出并推进国有企业劳动、人事、分配制度改革，但截至2000年末，相当一部分国有企业的改革还没有到位。当时有调查表明，千户企业中，只有49.9%实行全员竞争上岗制度，46.9%的企业取消了干部与工人的身份界限①。事实表明，企业内部机制转变不到位是国有企业长远改革与发展中的一大隐患，必须进一步深化国有企业内部三项制度改革。

（二）推进劳动分配的市场化

1992年，党的十四大确立了"中国经济体制改革的目标是建立社会主义市场经济体制"，并且提出"适应建立社会主义市场经济的要求，国有企业改革要进一步从放权让利为主，转向机制转换、制度建设为主"。1999年，党的十五届四中全会进一步提出"建立与现代企业制度相适应的收入分配制度"，把转换企业经营机制的目标具体概括为企业优胜劣汰、经营者能上能下、人员能进能出、收入能增能减、技术不断创新、国有资产保值增值等机制的建立。2002年，党的十六大报告提出要深化分配制度改革，调整和规范国家、企业和个人的分配关系，确立劳动、资本、技术和管理等生产要素按贡献参与分配的原则，完善按劳分配为主体的多种分配方式并存的分配制度。因此，为了适应国有企业转换经营机制、建立现代企业制度的要求，政府进一步改革了对企业的工资调控模式，逐步放开了企业工资水平决定，同时企业也开始将市场要素作为工资决定的重要依据，形成市场、企业效益和发展目标决定工资水平的机制，基本工资制度转向多种形式的岗位工资制度，企业内部分配由单一按劳分配向按生产要素分配转换。

第一，改革政府工资调控模式。一是把调控目标从总额改为水平，即以工资增减幅度与效益增减幅度挂钩，不再使用工资总额与效益总额挂钩的方法。新方法政府操作简便，企业增大了工资自主决定的空间。二是在调控手段上通过政府发布工资增长指导线等信息，引导企业根据社会及行业平均工资率和自身经济效益合理确定工资。这些改革标志着政府的劳动分配调控职能由直接向间接转变，劳动分配改革也是以渐进方式展开的。1993年劳动部发布了《全民所有制企业

---

① 新华社. 我国将加快推进国企三项制度改革［J］. 工会博览，2001（15）.

工资总额管理暂行规定》，指出企业可以在企业经济效率和劳动生产率增长率的范围内自主决定工资总额的增长率，这使企业工资决定自主权进一步扩大，工资决定与企业经济效益的联系更加紧密，工资增长的规范机制开始形成。1997年劳动部公布了《试点地区工资指导线制度试行办法》，允许企业参照地区工资指导线和结合经济效益自主决定工资总额。工资指导线是在大量调查数据的基础上形成的，反映了劳动力市场价格的变化状况。工资指导线的发布有利于引导企业把市场要素纳入工资决定，使工资水平与市场接轨，工资结构更加科学合理。这一时期，各地总结出了一些切实可行的办法。例如，1999年上海市开始实行以独立核算为单位的工资水平调控方式，即基层企业按照市政府的政策直接自行决定工资水平。2000年，实行部分企业工资水平完全自主。这些企业界定为：①经市认定的科技型小企业、安置下岗人员的都市型工业小企业、社区服务业中的小企业；②经市认定的高新技术转化企业；③部分有健全的法人治理结构、经营者实行年薪制并配套工资集体协商的实行现代企业制度的企业（劳动和社会保障部劳动工资研究所，2001）。

第二，完善基本工资制度。20世纪80年代，国有企业形成了多种形式的岗位工资制度。进入90年代以后，国有企业进一步完善以岗位工资为主的基本工资制度，并尝试与市场机制调节相接轨。胜利石油管理局针对现行岗位技能工资制中固定部分过大，激励作用偏弱，以及岗薪变动操作与市场接轨不灵等缺陷，将企业经济效益和劳动力市场价格作为变量，进行岗位测评，实行职工收入以岗点工资单元、基本工资单元和工龄工资单元为依据进行分配，并形成了具有特点的岗效薪点工资制（劳动和社会保障部劳动工资研究所，2001）。基本工资制度改革的目标，是建立由市场、企业效益和发展目标决定劳动分配的机制，强化市场价格信号对企业工资决定的导向作用。

第三，调整工资结构。这一时期，国有企业在前期改革的基础上，进一步调整工资收入结构，合理拉开职工收入差距，使工资体现出向实际能力和贡献倾向的特点。有的企业把工资总额中的部分补贴、津贴纳入岗位工资，提高岗位工资的比重。例如，东北地区一些国有企业用国家分配的增资额和各种补贴组成岗位工资，或者从原等级工资中拿出一定金额，加上增资额和纳入工资的各种补贴，组成岗位工资（中国人民大学《企业活力》调研组，1994）。有的企业把工资分成基本工资与浮动工资两部分，基本工资与岗位挂钩，浮动工资与职工贡献有关，在此基础上提高浮动工资的比重，如许继集团使基本工资与浮动工资的比例达到了4:6（国家经贸委企改司调研组，2001）。有的企业突破单一的按劳分配模式，探索按生产要素分配的多种方式。山东省在281户改制国有企业中试点经营者年薪制，允许经营能力要素参与剩余收益分配，根据经营者成果大小，给予一次性奖励或给予本企业的股票、股票期权等收入（劳动和社会保障部劳动工资研究所，2001）。深圳市为了促进国有企业技术创新，在技术资产评定和产权单位同意的前提下，推行国有企业技术入股试点，如某博士以专有技术作价510万入股，与国有企业合资组建合资公司（劳动和社会保障部劳动工资研究所，2001）。更多的企业则是在企业内部探索适合专业技术人员特点的激励和分配形式，实行按岗位定薪，按任务、按业绩定酬的分配办法，如对专业技术人员实行销售收入提成奖励制度，允许专业技术人员参与企业股权分红等。

然而，政府通过行政手段干预企业劳动分配的影响仍然存在。这种干预对国有企业在劳动力市场和经理人市场中的操作尤其不利。政府认可的管理者年薪通常低于经理人的市场价格，高级技术工人的工资也缺乏市场竞争力，致使国有企业对外部人才的吸引力下降，导致内部人才外流。

（三）下岗分流与再就业工程

在计划经济体制下，国家实行"统包统配"即"铁饭碗"式的计划就业制度。使在国有企业产生了劳动力过量配置、固化配置和配置结构不合理的问题。20世纪80年代，国有企业存在着约占职工总数1/3的富余劳动力（吴敬琏，1998）。这个时期，对富余人员采取"企业内部消化为主、社会安置为辅"的政策，由企业或企业主管部门兴办的劳动服务公司和生活服务公司来进行安置。但是，到了20世纪90年代中期以后，随着国有企业改革进入体制转换和结构调整阶段，国有企业实行减员增效、下岗分流、兼并破产的结构调整政策，需要分流安置的职工越来越多，超出了企业内部消化所能解决的规模，因此，必须依靠再就业机制和社会保障制度，来为大量富余职工从计划体制下过渡到市场就业，提供基本生活保障和再就业服务。

1995年，劳动部发布了《关于全面实施再就业工程的通知》，提出帮助企业妥善安置和分流富余职工，促进失业职工实现再就业的扶持政策。如对开发第三产业安置失业和富余职工达到一定比例的企业，提供等同于劳服企业的优惠政策，雇用失业职工和富余职工的企业，可将失业救济金转为工资补助金。各地因地制宜，采取了不同模式。上海市创造了"再就业中心"的新经验，即把下岗人员放到再就业中心进行培训，并组织他们再就业。再就业中心对下岗人员提供为期3年的生活保障。1997年，国务院要求各地都要建立再就业服务中心，由其负责下岗职工的基本生活发放、实施再就业培训，并且把建立再就业服务中心、保证资金到位、落实再就业计划等作为实施企业兼并破产、减员增效计划和核销银行呆坏账准备金的前提条件。同时加强再就业机制建设，出台了多项扶持政策，例如，对下岗职工创办企业提供简化工商登记手续、减免费用和银行贷款支持；对为安置富余人员而兴办第三产业的企业提供减免税政策和银行贷款贴息；

对因企业裁员而失业的职工提供失业保险金；对自谋职业的职工提供一次性生活补助金；对厂内退养职工发放法定退养费；对用人单位招收失业职工和富余职工的企业提供工资性补贴和人员安置费。截至2000年底，全国累计有2100万名国有企业下岗职工进入再就业服务中心，基本生活费发放比例保持在95%左右（劳动保障部，2001）。经过推进下岗分流和再就业工程政策，极大地改变了关于国有企业职工的社会观念，在市场经济劳动力资源配置中发挥杠杆作用的失业、再就业终于进入中国的劳动力市场。

（四）启动社会保障体系建设

社会保障制度改革是企业和劳动者走向市场的重要外部条件，具有减震器和安全网的作用。在计划经济体制下，国有企业承担了许多社会职能，职工的生老病死都得管，企业办社会的现象十分普遍。这使得国有企业负担沉重、效率低。职工如果被辞退，就失去了一切保障，就会引发社会稳定问题。正因如此，即便在20世纪80年代国有企业普遍存在约占职工总数1/3的富余职工的情况下，政府还没有允许企业把职工推向社会。这实质上是限制了国有企业的用人自主权，使企业改革难以深入（葛寿昌，1998）。因此，在国有企业改革过程中必须同时推动社会保障制度的配套跟进，建立社会保障制度。

社会保障制度，就是要把由企业积累的一部分福利费用，如退休养老金、失业保险费、职工医疗费、工伤保险费等，逐步变为由国家统一收取、发放。这避免了企业福利费用提取、发放额度的不平等，同时保证了失业者的基本权利。进入20世纪90年代后，国务院先后就企业职工养老保险制度改革、城镇职工基本医疗保险制度改革、城镇住房制度改革出台决定和条例，进一步完善相关社会保障制度。2002年，国家经贸委等八部门发布《关于国有大中型企业主辅分离、副业改制、分流安置富余人员的实施办法》指出，改制企业要及时为职工持续养老、失业、医疗等各项社会保险关系；通过产权转让、置换企业的国有性质，解除企业对政府的依赖关系；通过一次性补偿，置换职工的全民身份，解除职工对企业的依赖，让职工走向市场。这些措施有利于减少国有企业的减员成本，将职工与国家的关系转变为职工与企业的关系，实现由"国企人"向"市场人"的转变。截至2000年底，中国已有10448万人参加了基本养老保险，10408万人参加失业保险，4300万人参加基本医疗保险，4350万人参加工伤保险，3002万人参加生育保险（劳动保障部，2001）。

### 三、形成与现代企业制度相适应的劳动、人事、分配制度（2003年至今）

2003年，党的十六届三中全会指出，社会主义市场经济体制初步建立，以公有制为主体、多种所有制经济共同发展的基本经济制度已经确立。在此形势下，国有企业改革的新任务是适应经济市场化不断发展的趋势、加快调整国有经济布局和结构、建立健全国有资产管理和监督体制、完善公司法人治理结构和推进垄断行业改革。在实施这些改革的同时，国有企业按照2001年国家有关深化三项制度改革的具体部署，继续探索着与现代企业制度相适应的劳动、人事和分配制度。2015年，中共中央和国务院发布了《关于深化国有企业改革的指导意见》，在肯定国有企业三项制度市场化改革成绩的前提下，指出完善现代企业制度是国有企业在新时期的重要任务，三项制度改革也是其中的一个内容，包括建立国有企业领导人员分类分层管理制度、实行与社会主义市场经济相适应的企业薪酬分配制度和深化企业内部用人制度改革。这一时期的国有企业改革朝着这个方向全面展开。

（一）完善市场化用工制度

在2001年国家有关深化三项制度改革的具体部署的指导下，国有企业基本建立起了以合同管理为核心、以岗位管理为基础的市场化用工制度。具体表现在以下四个方面：①用工管理的合同化与规范化。企业通过市场化手段招聘员工，与员工按照平等自愿、双向选择、协商一致的原则签订劳动合同，依法确定劳动关系。企业不再套用政府行政机关的行政级别，打破了干部与员工的身份界限，变身份管理为岗位管理。劳动关系的管理日益规范化，劳动关系变革、续订、终止、解除工作均在法律框架下进行。②劳动力配置的市场化。企业普遍建立了包括中层管理人员在内的员工竞争上岗制度，对职工进行岗位动态考核，考核结果作为升降职的重要依据。一些企业采取末尾淘汰制，业绩不良者遭到免职或降职。竞争上岗制度使企业劳动力结构得到了优化，劳动生产率得到了提高。③劳动力用工的科学化。企业已经能够自主决定用工数量、用工形式和用工方法。为了提高用工决策能力，企业把劳动用工和战略规划以及其他人力资源管理结合起来，以公司战略为指导，科学设置岗位，规范定岗定员，定期统计盘点，全面掌握人力资源状况，提前做好用工计划和后备人才储备。④多渠道分流安置富余人员。国有企业在经营严重困难时除了裁员之外，还学会了进行劳动力内部市场化流动，进行统筹再配置等，为企业再兴储备人才。近年来，国有企业中的中央企业在三项制度改革，特别是在人员能上能下、能进能出方面，取得了明显效果。中央企业集团总部人员在岗人数由2015年的2.77万减少到2016年的2.64万，同比下降了4.6%；2016年，中国一重各级中层领导岗位全部重新聘任，通过市场化选聘和个别调整，由320人缩减为190人，淘汰率40%①。

---

① 北京市国资委.国资报告：国企改革取得重要阶段性成果［EB/OL］.http://www.bjgzw.gov.cn/QtCommonAction.do? method=cxxx&type=0000004040&id=fb16340b766101&fanhuiFlag=1&flag_qt=4, 2017-06-06.

进入 21 世纪以来，国有企业劳动用工制度改革成效明显。但是，随着国有企业用工方式多元化，在体制内员工与体制外员工之间，正式工与合同工、劳务派遣工、农民工之间，出现了同工不同身份、同工不同酬的状况。党的十八届三中全会提出，规范招人用人制度，消除城乡、行业、身份、性别等一切影响平等就业的制度障碍和就业歧视。这将成为深化国有企业用工制度改革中的重要问题，为此必须建立相应的社会监督机制，促使企业遵守平等就业的社会准则。

（二）探索经营者任用机制

2003 年，国务院国有资产监督管理委员会成立。国务院授权国资委代表国家履行出资人职责，建立管资产和管人、管事相结合的国有资产体制。国资委对所监管企业国有资产的保值增值进行监督，加强国有资产的管理工作；代表国家向部分大企业派出监事会；依法对企业负责人进行任免、考核并根据其经营业绩进行奖惩。与此同时，国资委开始在企业领导管理制度的市场化方面进行探索，如公开选聘国有企业高级经营管理者，扩大中央企业选人用人范围，探索"党管干部"原则与市场化配置企业经营管理者相结合的方式。从 2003 年起，国资委连续 4 年先后组织 78 家（次）中央企业面向社会公开招聘了 81 名高级经营管理者。不少中央和地方国有企业在企业内部积极推行经营管理人员聘任制，通过内部竞聘和地方公开招聘方式聘用企业负责人和高级管理人员。

2009 年，中央办公厅与国务院办公厅对中央企业领导人员的范围、任职资格、选拔任用方式等事项做出具体规定，形成了国有企业领导人任用体制的基本框架：①组织部门或行政部门主导任命。中央企业的"一把手"或者正职领导人由组织部门任命，副职领导人由国资委任命，其他高层领导人由董事会任命。②对国有企业领导人实行干部管理方式。国有企业领导人都有相应的行政级别。在国资委网站列出的 115 家央企名录中，前 54 家一把手（指企业董事长、党委书记及总经理）多为"副部级"。③对国有企业领导人实行行政晋升激励。国有企业领导人可以被提拔到政府部门任职。如 2011 年中国石化集团总经理调任福建省省长，中国商用飞机公司董事长调任河北省任代省长。虽然国有企业领导人采取组织任命体制，但是有关部门也一直在探索与市场化选聘方式的最佳结合点。根据公开资料，2001～2010 年，中组部和国资委共招聘 128 名高管和 12 名海外高层次人才。公开招聘的中央企业高管职位，早期都是副总经理职位，但 2005 年首次招聘 2 名中央企业正职高管，2008 年首次招聘 2 名中央直接管理的中央企业总经理正职岗位，体现出中央企业人事制度的调整在向核心层面迈进①。截至 2016 年底，中央企业集团及下属企业中，由董事会市场化选聘和管理

① 央企全球聘高管四成来自系统内［EB/OL］. http：//www. bjnews. com. cn/finance/2011/05/16/124373. html，2011－05－16.

的经理层成员约占 5.1%，其中，中央企业二级企业中，由董事会选聘和管理的经理层成员约占 7.4%。省级国资委单位所出资企业及下属企业中，通过市场化选聘并管理的经理层人员占 14%。招商局、中国建材等 50 多家中央企业和上海、广东等 20 多个省级国资委在二三级企业探索实施了职业经理人制度①。

21 世纪以后，国有企业领导人选拔任用机制改革取得了一定成效，但是还存在一些问题：一是现有制度难以保证决策主体的积极性，与《公司法》的相关规定不相吻合。二是组织任命方式和管理办法不利于选拔出优秀的企业家。三是异化的激励机制可能导致国有企业领导人追求政治目标而非经济目标。

（三）加强经营者激励约束机制

党的十六次全国代表大会报告明确提出，"深化分配制度改革，调整和规范国家、企业和个人的分配关系，确立劳动、资本、技术和管理等生产要素按贡献参与分配的原则，完善按劳分配为主体的多种分配方式并存的分配制度"。在这期间，国有企业开始探索通过年薪制、股票期权等奖励制度，建立经营者和科技人员的收入分配激励和约束机制，形成向关键岗位、重要岗位和从事创新劳动的职工倾斜的分配格局。但是随着强调收入向经营者及科技人员倾斜，在国有企业出现了经营者收入快速增长、但一般职工工资多年不涨的现象，或者垄断行业的平均工资远高于其他行业的现象。因此，国家又开始对这种现象进行处理。

2003 年后，政府对国有企业经营者业绩考核出台了一系列规定，以加强薪酬与业绩考核之间的联系，形成有效的激励约束机制。国资委制定了《中央企业负责人经营业绩考核暂行办法》，规定在年度考核中考核利润总额、经济增加值以及其他反映企业经营管理水平和风险控制能力的分类指标，在任期考核中考核国有资本保值增值率、总资产固定周转率以及其他符合企业中长期发展战略、反映可持续发展能力的分类指标。考核结果分为 A、B、C、D、E 五个等级。国资委根据年度考核结果和任期考核结果对企业负责人实施奖惩，并把经营业绩考核结果作为企业负责人任免的重要依据。奖励形式为年度绩效薪金奖励、任期激励和中长期激励。具体来讲，绩效薪金和年度考核结果挂钩，由绩效薪金基数乘以绩效薪金倍数而算出。每个考核等级之间，绩效薪金倍数相差 0.5～1.5 倍，当考核等级为 E 时，绩效薪金为零；当考核等级为 A 时，绩效薪金为绩效薪金基数的 2～3 倍。最高考核等级和最低考核等级的绩效薪金差距最高可达到 3 倍。除了把考核结果引入绩效薪金计算以外，国资委还规定根据考核等级决定绩效薪金的兑现比例、任期激励。

---

① 北京市国资委. 国资报告：国企改革取得重要阶段性成果［EB/OL］. http：//www. bjgzw. gov. cn/QtCommonAction. do? method = cxxx&type = 0000004040&id = fb16340b766101&fanhuiFlag = 1&flag＿ qt = 4，2017－06－06.

这一时期，国资委还制定了《中央企业负责人薪酬管理暂行办法》，规定中央企业领导人的薪酬采取年薪制，由基本年薪、绩效年薪和中长期激励收益组成。基本年薪主要根据经营规模、经营管理难度、所承担的战略责任和所在地区企业平均工资、所在行业平均工资、本企业平均工资等因素综合确定。绩效年薪和经营业绩考核结果挂钩。基本年薪占年薪总额的1/4~1/3，绩效年薪占年薪总额的3/4~2/3。国有企业领导人员的薪酬以基本年薪和绩效年薪为主。未纳入中央直接管理的企业领导人员的薪酬，大都参照以上管理办法，实行年薪制，绩效年薪根据考核结果上下浮动。

为了规范国有企业领导人薪酬，财政部2009年制定了《金融类国有及国有控股企业负责人薪酬管理办法（征求意见稿）》，提出"合理控制各级机构负责人薪酬，避免进一步拉大与社会平均收入水平以及企业内部职工收入水平的差距"，规定金融类国有及国有控股企业负责人最高年薪为税前280万元。人力资源和社会保障部2009年出台的《关于进一步规范中央企业负责人薪酬管理的指导意见》规定，企业主要负责人的基本年薪与上年度中央企业在岗职工平均工资相联系，中央企业主要负责人薪酬水平不超过中央企业在岗职工平均工资的12倍。

政府部门对国有企业领导人实施考核与薪酬监管，是为了防止出现企业领导人自定薪酬、薪酬脱离经营业绩、薪酬水平差距不合理的状况。各项规定表明，有关部门在考核、薪酬计算方面确实下了功夫，设计了详细的程序，通过把绩效薪金与考核结果挂钩、把职工平均工资引入基本薪酬计算、采取延期支付形式等方法，来防止企业领导人员自定薪酬、单方面压低职工工资的状况。政府有关部门表示这些方法是有效的。据国资委负责人披露，"国资委成立前三年，国企负责人每年薪酬的升幅大约是40%，一些亏损企业，负责人却可以拿到一两百万。国资委成立以后，从2003年到2006年，这一升幅下降到了14.9%[①]"。但是总体来看，国有企业领导人薪酬增长未得到有效控制。有资料显示，1999~2012年，中央非金融企业主要负责人年薪平均水平年均增长达到21.9%，比同期城镇单位在岗职工平均工资水平增长了7.6个百分点[②]。国有企业领导人与职工平均工资的差距日益扩大。1999年，36户中央企业主要负责人平均年薪也仅为当年全国城镇单位在岗职工平均工资的7.3倍。但是，到了2012年，中央非金融企业主要负责人薪酬水平也达到当年全国城镇单位在岗职工平均工资的16.8倍。另外，在很多情况下，国有企业领导人的薪酬并未反映出其真实业绩，尤其是未出现"业绩降，薪酬降"，部分企业亏损严重，领导人的薪酬却高居不下。部分国有企业经营业绩考核指标剔除垄断等非经营因素的影响。在企业业绩出现异常

① 沈亮. 央企负责人薪酬调查：年薪20万至118万不等 [N]. 南方周末，2008-01-31.

② 杨黎明. 关于改革完善国企高管薪酬分配制度的再思考 [J]. 中国党政干部论坛，2014（6）.

增长的情况下，很容易导致企业高管人员的薪酬"水涨船高"。

2015 年，中共中央和国务院发表了关于深化国有企业改革的指导意见。2016 年，国资委出台了《关于进一步深化中央企业劳动用工和收入分配制度改革的指导意见》。今后将对国有企业领导人员实行与选任方式相匹配、与企业功能性性质相适应、与经营业绩相挂钩的差异化薪酬分配办法。对党中央、国务院和地方党委、政府及其部门任命的国有企业领导人员，合理确定基本年薪、绩效年薪和任期激励收入。对市场化选聘的职业经理人实行市场化薪酬分配机制，可以采取多种方式探索完善中长期激励机制。健全与激励机制相对称的经济责任审计、信息披露、延期支付、追索扣回等约束机制。

## 第三节  国有企业三项制度改革的现状与问题

国企三项制度改革基本上是以政府放权为中心展开的。政府在劳动、人事以及分配方面不断地放权，企业不断地增大这些方面的自主权，形成了现今的国有企业格局。然而，国企三项制度改革仍然不够彻底，具体表现是政府仍可以干预国有企业的劳动、人事、分配活动，使国有企业相对于民营企业在一些方面具有体制优势，而在另一些方面则具有体制劣势（见表 4-1）。这里的体制优势是指国有企业因为与政府的关系在人力资源的获得、利用、调整、退出以及价格制定等方面较民营企业具有优势，可以以较低的成本进行经营活动。体制劣势是指国有企业因为与政府的关系在人力资源的获得、利用、调整、退出以及价格制定等方面较民营企业具有劣势，必须以较高成本进行经营活动。国有企业的这些与生俱来的体制优势及劣势，不利于公平竞争状态的形成。

表 4-1  国企三项制度领域的体制优势与劣势

| 体制影响<br>制度领域 | 体制优势 | 体制劣势 |
|---|---|---|
| 劳动制度 | 经济性减员可以得到补贴和政策优惠 | 行政干预阻碍劳动投入调整和结构优化 |
| 人事制度 | 高管的行政企业双通道带来"人脉优势"，容易得到政府扶持 | 行政化的干部制度造成高管缺乏企业家精神，且能上不能下 |
| 分配制度 | 垄断地位为高工资福利提供充足财源 | 行政规制使工资调整不能恰当实施和发挥激励作用；经济性减员受限工资成本压力得不到解决 |

注：笔者编制。

### 一、劳动制度：难以自行决定缩减员工规模及缩减方式

在劳动方面，总体上看，国有企业在员工招聘方面已经掌握了自主权，可以自行决定招聘的数量及方式方法，并且采取的手段和民营企业也无大的差异。但在员工解聘方面仍然面临着来自行政、社会等方面的较大压力，员工能进不能出的问题比较突出。国有企业很难自行决定缩减员工规模及缩减方式，但如果不得不减员（如企业濒临破产、符合国家产能压缩政策范围）时，政府往往又会提供各种支持。这表明国有企业在员工解聘方面既有体制劣势，又有体制优势，是两者并存交织的复杂状态。

国有企业难以决定缩减规模与缩减方式的原因与行政干预有一定关系。国有企业分散在各个城市，很多是当地经济的主要支撑者，对就业有着极大的贡献。如果国有企业实施大规模减员，就会对整个城市的经济发展及就业带来巨大冲击，也会大幅度降低当地行政部门的绩效。所以，各级政府往往会从维护社会稳定出发来要求国有企业为职工提供充分就业岗位，最小限度地减少裁员，减轻社会就业压力。如果国有企业不得不减员，则会要求国有企业采取各种手段妥善分流安置职工以保证他们的生计。所以，我们在现实中看到国有企业会采取内退、转岗、自愿离职、解除劳动合同等分流安置措施，但内退、转岗这样的做法在民营企业中鲜有。虽然在政府文件中明文规定企业有权按照法律和企业规章解除劳动合同、辞退、开除职工，尽管相关配套的法律实施条例、社会保障体系也建立起来，解雇员工的权益原则上可以保证，但在现实中要真正落实这个权益还是比较困难。由于国有企业缩减员工规模仍受行政约束，使得应当缩小经营规模时的减员措施不能及时、充分实施，影响了企业基于市场形势的恰当决策，对企业人员调整和结构优化构成了障碍。从竞争中性角度来看，可以说是国有企业面临的一个体制劣势。

虽然一般情况下国有企业较民营企业解聘员工的成本高，但政府往往会出手支持，补偿相关支出。近年来国家为了支持钢铁、煤炭行业去产能拨付了1000亿元去产能专项奖补资金。根据规定，奖补资金分为两部分，分别支持地方政府和中央企业，前者通过专项转移支付拨付，后者通过国有资本经营预算拨付①。资金用途主要涉及职工的养老和医疗保险费、补偿金、所拖欠工资等。资金重点用于国有企业职工分流安置，也可以统筹用于符合条件的非国有企业职工分流安置。钢铁行业中既有国有企业又有民营企业。但从文件可知国有企业较民营企业可以享受到更多的政策优惠。有研究显示，武钢在优化人力资源过程中各级政府

① 财政部．关于加强工业企业结构调整专项奖补资金使用管理的通知［EB/OL］．http://www.mof.gov.cn/gp/xxgkml/jjjss/201606/t20160614_2512205.html? flyarg = 1&amp；Flyarg = 2，2016 - 06 - 07．

部门都给予了大力支持，如湖北省政府阶段性减少 2% 的社保费率；湖北省人社厅将去产能钢铁、煤炭企业稳岗补贴支付比例从 50% 提高至 70%；武汉市提供了 3 万多个就业岗位，组织了 3 场大型招聘会，发动武汉市企业对口帮扶；鄂州市给鄂钢提供公益性岗位，给予每人 750 元/月的政府补贴，此外，武钢还享受了中央去产能补贴、国家僵尸企业补贴。因为政府支持可以降低国有企业的减员成本，减轻国有企业的减员负担，所以国有企业往往能够顺利完成减员计划，其职工的安置待遇一般也比民营企业好。这可以说是国有企业具有的一个体制优势。

### 二、人事制度：高管人员的选拔任用行政色彩浓重

在人事制度方面，国有企业在中层及以下管理人员级别已经建立起了以人岗匹配、竞争上岗、绩效考核为基础的干部选拔任用制度，可以根据需要独立选拔任用中层及以下管理人员，受上级部门的干预较少（个别开后门的除外）[1]，但在高管人员的选拔任用方面，政府管得还比较多，可以说行政化的色彩较浓，市场化的成分较少。因为国有企业本身具有行政级别，所以国有企业的高管人员也相应地有行政级别，必须按照干部管理权限由上级行政部门来任命管理。一般来讲，国有企业的正职领导人，包括党委书记、董事长、总经理由各级组织部门任命管理，副职领导人由各级国资委任命管理，国有企业领导人因此也分为正部级、副部级、正厅级、副厅级、正处级、副处级等。这样的选拔任用制度从国家监控角度来看有其合理性，但从竞争中性角度来看却不够合理，因为它给国有企业既带来体制优势，也带来体制弱势。

"人脉关系"是最突出的体制优势。因为国有企业高管人员同时有行政级别，所以比民营企业经营者多了进入仕途的途径。相反，民营企业家无论业绩如何优秀，都不可能从体制外直接转为体制内的政府官员，最多只能取得各级人大代表、政协委员等象征地位的"政治身份"。现实中很多国有企业高管人员被提拔到主管行业任职，同时也有很多行业官员退休后到国有企业任高管。这样国有企业与政府之间就形成了紧密的关系。而这种关系使国有企业更容易收集到政策信息，在经营过程中更容易获得政府扶持，如更迅速、更准确地捕捉政策方向，从而做出更准确的决策，更多地受到政府关注而获得政府的融资机会。有研究显示，民营企业家的政府官员背景（如聘请在政府部门任职的官员担任企业高管）可以帮助其获得更多银行贷款，但人大代表和政协委员的政治身份的影响并不显著，从中可见政府官员的身份的重量。国有企业的人脉优势在土地占有、政策补

---

　　[1]　虽然这个制度还不完善，存在着绩效考核流于形式、干部岗位错配及过度配置、管理人员能上不能下等问题，但其主要原因是企业执行不力，与行政约束无关，因此不在本书的讨论范围。

贴、股票上市等其他资源获取方面也同样发挥着重要作用，给国有企业带来了超额利润，但从竞争中性视角来看，它阻碍了自由公平竞争态势的形成。

另外，行政化的干部选拔任用制度又给国有企业带来了企业家精神欠缺的体制劣势。政府对国有企业高管人员采取行政晋升激励，即使企业业绩差的人也只是异地换位，鲜有降级或取消公务员身份的事例。这就造成国企高管人员往往只能上不能下。国有企业高管人员的任职时间、任职单位因政府需要而定，流动较频繁。政府这样的做法，导致国有企业高管人员可能会把行政晋升而非企业发展作为自己的追求，在一定程度上减弱了国有企业高管人员的拼搏动力，难以专注企业经营，从而影响企业的长远发展。只有让国有企业高管人员像民营企业家那样有压力、有激励，才能产生一批具有敏锐洞察力和创新精神的企业家，为国民经济的健康发展奠定人力资源基础。

**三、分配制度：薪资调整受政府规制，不够灵活**

在分配制度方面，国有企业与民营企业相比，也是既有体制优势又有体制劣势。从体制优势看，与大多数民营企业相比，国有企业雇用稳定、工资待遇高，对求职者有着较强的吸引力，在劳动力市场上有着超过民营企业的优势。这是因为国有企业大都处于垄断行业，可以排他性地占有资源和市场，以较低成本简单获利，为工资福利分配提供充裕的财源。并且国有企业很少减员，即便减员，员工也可以获得高于市场水平的补偿。这使得国有企业在获取人力资源方面处于优势。前些年由于规则不明晰、监管不到位、公司治理不完善，国有企业高管人员自定薪酬、薪酬过高、与经营效益脱节的现象比较突出，近年来国家实施限薪政策，才使国有企业高管人员的高薪状况得到了控制。这反映出国有企业在高管人员薪酬上的优势也是存在的（韩小芳，2018；陈晓东和金碚，2015；刘学梅，2016）。

同时，国有企业的工资调整受政府规制，不能灵活应对市场变化。现在政府对国有企业工资总额采取工资总额预算监管的方式，明确了工资总额的上限和上涨幅度，即工资上涨幅度不能超过劳动生产率的上涨幅度、不能超过经济效益的上涨幅度。尽管这种方法有其合理之处，但限制了企业利用薪酬吸引、刺激人才，使国有企业工资水平不能随环境变化而灵活变化，特别是一些管理、科研等关键岗位总体上比民营企业低，难以获取高级人才。另外，国有企业还承担了保证职工就业等社会责任，不能按经营需要减员，工资成本压力无法解除。而减员是市场经济中企业经营的必然手段，没有了这个手段，就使国有企业在工资调整方面处于不利的立场。

# 第四节　国有企业三项制度改革的典型案例

## 一、许继集团有限公司

### （一）公司基本情况

许继集团有限公司（以下简称许继）是国家电网公司直属产业单位，是一家高科技产业集团，是中国电力装备制造行业领先企业。许继的产品种类极为丰富，包含发电、输电、配电、用电等电力系统各个环节，横跨一二次、高中压、交直流装备领域，是国内综合配套能力最强、最具竞争力的电力装备制造商及系统解决方案提供商。2010 年，许继加入国家电网公司后，全面深化变革，完善劳动、人事、分配制度改革，加快创新发展。坚持集团化运作和集约化管理，推进信息化与工业化深度融合，积极培育新业态和新商业模式，企业实现了高质量与可持续发展。①

### （二）主要做法

许继集团在推进三项制度改革过程中具体做法为：第一，以公开招聘，竞聘上岗等方式实施人事制度改革。从 1985 年起打破干部和工人的身份界限，对集团公司所有中层管理岗位实行竞聘上岗。竞聘的基本条件是承诺完成公司公布的所竞聘单位或部门的工作指标。符合条件的员工都可以自愿报名竞聘，公司组成竞聘委员会进行选拔。竞聘者陈述本人为完成指标所要采取的具体措施并回答评委提出的问题。评委根据竞聘计划、答辩水平和民意测试对竞聘者做出评价并确定任职候选人。最后由党委决定任职者。中层经营管理人员的任期为三年，任期届满职务自行解聘，若要继续任职，需要再次参加竞聘。许继对中层经营管理人员还实行了"一年一次年度考评、三年届满任期考评"的制度，并且根据年度考评结果，每年按 5% 的比例对末尾者实行淘汰，接近淘汰线的给予警告。第二，进行劳动用工制度改革，落实全员劳动合同制。主要通过二次聘约制、竞争上岗制、员工末尾淘汰制、职工培训制等方式推进劳动用工制度改革，员工积极性得以调动，主动参与学习培训以提高自身素养。第三，调整传统收入结构，推进分配制度改革。许继废除原有的平均主义"大锅饭"制度，坚持以按劳分配为基础，同时结合技术、资本等要素，将员工工资与其所做贡献、所在岗位、所

---

① 资料来源：中国轨道交通网，http：//www.rail-transit.com/。

承担职位等相挂钩（国家经贸委企改司调研组，2001）。

（三）取得的成效

三项制度改革的核心任务：一是改变劳动关系的性质。计划经济体制下，劳动者既是全民所有制的所有者也是生产工人，是国家行政体系的组成部分。三项制度改革，明确了国家是全民所有制经济的代表，企业是国资委管辖的经济实体，而劳动者通过市场进入企业，企业和劳动者之间的关系是两个独立主体之间的雇佣劳动关系。雇佣劳动关系是市场经济条件下劳动关系的基本形式，是以资本为核心、以劳动为从属的雇佣劳动关系。二是改变劳动者的管理办法。将原有的以政府直接管理，转变为企业依照自身经营状况自行决定，企业与劳动者按照法律缔结、解除及调整劳动合同。许继通过推进三项制度改革，实现了改革的核心任务，改变了劳动关系的性质，改变了劳动者的管理办法。建立起全体员工岗位靠竞争，管理人员上下靠业绩，收入分配多少靠贡献的新机制。干部队伍的思想观念从根本上得到了转变，有了压力、危机感和向上意识，蕴藏在员工身上的潜在能量得到了释放，建立起一支专业水平高、管理能力强、知识储备丰富的人才队伍。为许继在激烈市场中取得竞争优势、实现跨越式发展奠定了基础（国家经贸委企改司调研组，2001）。

## 二、云南机场集团有限责任公司

（一）公司基本情况

云南机场集团 2007 年改制为云南机场集团有限责任公司。云南机场集团有限责任公司（以下简称云南机场集团）下辖 13 个机场（昆明、丽江、西双版纳、芒市、大理、腾冲、迪庆、普洱、临沧、保山、昭通、文山、泸沽湖），通过针对这些机场完善的一体化管理模式，已经在云南建成一个以昆明机场枢纽建设为中心，定位清晰、协同密切、互为补充的机场群。初步形成了干支结合，支支连通的蛛网式航线网络。云南机场始终坚持聚焦主业，做强非航，资源一体，强化协同。以旅游资源为连接天地的纽带，将机场、航空公司、旅游、物流统一起来，融合发展，形成聚合效应。云南机场的发展战略包括门户枢纽战略、机场集群战略以及产业聚合战略。①

（二）主要做法

云南机场集团积极开展三项制度改革，采取了大量有效工作。主要有：第一，在劳动用工中强化了合同化管理，建立了全员竞争上岗制度，定岗定编，综合依据集团经营战略和劳动力市场决定劳动力配置，精简优化员工队伍。第二，

① 资料来源：云南机场集团官网，https://www.ynairport.com/。

在经营者任用机制上规范了国有企业经营者任用体制的基本框架，加强岗位考核，建立绩效考核机制，增强业绩考核与薪酬的联动性。第三，改革薪酬制度，建立完善收入分配激励和约束机制，形成向关键岗位、重要岗位和从事创新劳动的职工倾斜的分配格局，加大对关键人才的激励力度。第四，积极探索市场化选聘职业经理人制度，根据云南省国资委2018年发布的《云南机场集团三项制度改革取得新进展》①，集团制定出《云南机场集团有限责任公司关于职业经理人制度建设工作的方案》《云南机场集团市场化选聘控股企业高级管理人员实施办法（试行）》等多项管理规定，废除了集团经理人员"政治人"身份以及由政府行政任命制度，从而实现市场化选聘职业经理人。

（三）取得的成效

云南机场集团三项制度改革取得了一系列显著成效。根据云南省国资委2018年发布的《云南机场集团三项制度改革取得新进展》，云南机场集团人事和劳动用工制度改革取得重大进展，培养出一大批优秀人才，2017年已选拔出有潜力承担部门或队室管理的管理序列后备人才99名，核心岗位人才100名，机场运营管理、机场建设等领域专家100名，选拔培养民航专业技术技能人才32名。通过公开招聘方式获得人才方面，仅2017年就面向社会发布公开招聘信息14次，招录各类人才272名。2017年，云南机场总计实现人才聘任、转岗、调动700多人。在培养国际化人才方面，2017年，云南机场集团公司为适应集团全球发展需要，经过全面评比，共筛选出100名符合国际化素质要求的人员作为国际化人才培养的后备力量，按照国际化人才职业化＋专业化＋外语交流能力培养方案进行全面培养。目前，集团公司国际化人才队伍初具规模，为集团公司未来实现全球发展提供了有力的人才保障。集团市场化选聘职业经理人工作取得显著成效，目前，云南空港百事特商务有限公司、七彩云南通用航空有限公司已陆续开展公司高层管理人员的市场化选聘。分配制度改革方面，实施工资总额包干，各单位根据队伍结构、岗位与职位、员工自身绩效等指标建立了具有自身特色的薪酬分配体系。建立T系列、E系列技术技能通道体系，关注员工自身能力与所做的贡献，拓宽员工升职机会②。通过三项制度改革，云南机场集团逐步实现了员工能进能出、干部能上能下、收入能增能减。

①② 资料来源：国务院国有资产监督管理委员会，www.sasac.gov.cn。

# 第五节　进一步深化国有企业三项制度改革的方向与建议

在当前深化国企三项制度改革背景下，应逐步消除这些体制优势与劣势，以法规和市场规律为依据，以公开透明机制为保障，为企业内部机制改革创造有利外部环境，把改革方案中的市场化内容真正贯彻到国有企业的劳动、人事、分配制度中。解决各项制度领域问题，可从以下几个方面着手（见表4-2）：

**表4-2　国企三项制度改革的基本思路**

| 改革思路<br><br>国企三项<br>制度改革 | 摆正政府与<br>国企间关系 | 厘清国企经营<br>活动类型并界定<br>社会责任 | 在政策上平等<br>对待各类企业 | 构建国企经<br>营活动透明化机制 |
|---|---|---|---|---|
| 劳动制度 | 约束对国企经济性减员的干预 | 明确公共活动和补贴内容；减轻保障就业责任 | 规范减员补贴与优惠，缩小与民企的差距 | 建立信息公开制度，公布补贴与优惠的使用细目 |
| 人事制度 | 取消行政级别和企业职务的关联，明确政府监管内容 | 扩大高管市场化聘任比例 | 推行职业经理人制度和市场化薪酬协商机制 | 建立高管内外审计、信息披露、重大事项问责追责机制 |
| 分配制度 | 减少对工资分配的干预；实行工资总额预算周期管理 | 实施工资总额的分类管理 | 完善与效益及生产率挂钩的工资决定机制 | 建立信息公开、决策透明的工资机制以减少社会不公平感 |

注：笔者编制。

## 一、劳动制度改革的方向与建议

（一）全面推行公开招聘制度

为了加强劳动契约化管理、实现员工能进能出，要全面推行公开招聘制度。国有企业招聘的现存问题是招聘信息与过程不透明、设置有歧视性条件、降低条件招聘与企业有特定利益关联的人员。这扭曲了国有企业的就业公平环境，也使得国有企业员工质量受损。因此，国有企业首先应该以公平、公正、竞争、择优为原则，向社会公开招聘，并通过信息披露确保公开招聘的公平、公正。其次要加强劳动合同管理。国有企业中干部与员工间、体制内员工与体制外员工间、正式工与临时工间在工作内容、绩效要求、劳动合同期限以及续签、解除等方面仍然存在着差距。这有悖于劳动法律规定，不利于营造公平劳动环境，激励员工积极性，同时也会对优化人员结构、人员正常退出形成障碍。因此，国有企业必须打破身份界限，健全以合同管理为核心、以岗位管理为基础的市场化用工制度，强化劳动合同对员工能进能出的作用，并确保劳动合同的依法规范使用。

（二）约束政府对国有企业经济性减员的干预

强化市场经济体制下依法减员、依法就业的观念，在保障劳动者合法权益的同时，允许国有企业减缩经营规模。而要做到这一点，首先从根源上必须改革政府官员的业绩考核方法，适当调整考核指标，减少与国有企业就业、产值等指标的联系程度。其次明确界定国有企业的社会责任。突出国有资本保值增值责任以及利税实现义务，减轻保障就业以及"尽可能不减员"的责任，让国有企业与民营企业处于同样的政策环境中，可以按照市场灵活安排劳动投入的增减，实现员工能进能出。

（三）规范政府对国有企业减员活动的财政补贴与政策优惠

规范政府对国有企业减员活动的财政补贴与政策优惠，缩小国有企业与民营企业在获得政府支持方面的差距。明确区分国有企业的经营活动类型与性质，根据国有企业承担与公共利益相关的活动合理确定财政补贴与政策优惠，同时促进国有企业建立信息公开制度，向社会公布财政补贴与政策优惠的使用细目，避免因过少补偿而将承担公共服务义务的国有企业置于不利地位，也防止国有企业因其公共服务义务而获得过度补偿从而扭曲市场竞争环境。这里的难点是如何从专业角度来区分经营活动类型和成本，如果不能做到这一点，即使有公开透明的审计机制也没有效果。因此，必须有一支高度专业化的审计队伍，他们经过充分授权对国有企业经营效益与成本进行核算。另外，如果要规范补贴与优惠，最好是放开市场，让其他类型企业参与公共服务的提供。这样不仅可以保证公共服务的充分提供、降低成本，还可以获得多元化的成本数据，有利于更精准、更合理地确定财政补贴与优惠。

**二、人事制度改革的方向与建议**

（一）尽快完善国有企业高管人员选拔管理制度

在人事制度方面，尽快完善国有企业高管人员选拔管理制度，部分国有企业仍然沿用过去的职级体系，岗位职责和任职条件划分不明确，造成了管理人员岗位错配、过度配置。这降低了国有企业人员配置效率，影响了竞争力的提高。逐步取消高管人员的行政级别，由董事会负责管理。政府作为所有者一方的代表参与董事会决策，以此发挥对国有企业的影响力。加强企业董事会和专业委员会在高管人员选拔任用、绩效考核以及薪酬制定中的作用，通过现代企业制度替代行政化的人事管理方式，激励国有企业高管人员励精图治、兢兢业业地致力于企业发展，在企业经营上实现其社会价值。

（二）弱化国有企业高管人员的行政身份

弱化国有企业高管人员的行政身份，推动国有企业高管人员与职业经理人的身份转换，使其扎根企业、全身心专著企业经营。并且弱化对国有企业高管人员的行政晋升激励，克服因行政经营双通道带来的"人脉优势"，减少政策寻租机会，使国有企业高管人员像民营企业经营者一样去适应政策环境，通过向政府反映意见等形式来推动政策的改进或修订。

（三）建立健全职业经理人制度

首先要扩大国有企业高管人员市场化聘任比例。同时要积累理论参考经验和实践经验完善以任期制和经营目标为核心的职业经理人契约化管理制度。薪酬可参照市场及本行业实际情况，由董事会决定。并且要强化内外审计、增加信息披露力度，重大事项要追责，甚至要追究法律责任。

### 三、分配制度改革的方向与建议

分配制度方面的基本思路是：既要加强立法和政府监管，限制国有企业的垄断地位，缩小与民营企业间的收入分配差距，又要减少政府的行政干预，使国有企业可以按照市场规律决定工资分配，提高资源配置效率。

（一）完善工资总额预算管理

为了推进收入分配市场化改革，实现收入能增能减，要完善工资总额预算管理。工资总额的预算管理是指要将人工成本纳入预算管理，而预算管理的基本原则是收支平衡，也就是要将工资总额控制在盈利水准以下。市场化运营企业如果无视收入和盈利提高工资，后果只能是企业破产。而部分国有企业不仅没有完善的全口径人工成本预算管理体系，而且还在工资总额之外另立名目变相发放报酬，导致了国有企业的人工成本不合理增长，影响了人工成本投入产出效率（劳动生产率）。

（二）积极扩大市场竞争范围

使民营资本进入一些至今被国有企业垄断的领域，提高社会整体的资源利用效率，加快技术进步速度，促使国有企业建立健全与劳动力市场相适应、与企业经济效益和劳动生产率挂钩的工资决定和工资增长机制，合理决定劳动成本和高级管理人员薪酬。

（三）加强对国有企业工资分配的精准监管

加强工资分配的精准监管，实行工资总额和水平双调控，要求对劳动报酬和劳动生产率进行行业对标，建立信息公开、决策透明的工资分配机制，减少社会不公平感。对行政任命高管人员以及垄断领域高管人员的收入要继续限高，强化国企高管人员薪酬与企业利润联动机制，引进职业经理人奖金第三方托管与追偿制度，对于决策方案经市场证实失当并对企业绩效造成明显损失的，董事会进行追讨已付的奖金和分红。并且国有企业中仍然存在薪酬与企业效益、个人绩效联系不紧密，员工吃"大锅饭"的现象，导致国有企业人工成本投入产出效率低下、员工积极性不高、人才逆向选择。为解决这些问题，要加强监管，严格执行以企业效益和个人绩效为依据的薪酬制度。另外，还要规范员工福利制度，加强福利项目和补贴费管理，严格清理规范工资外收入。

（四）减少对国有企业工资分配的行政干预

对工资总额进行分类管理，对处于竞争领域的企业，工资总额完全实行备案制，由企业董事会自主决定。对行政任命和市场选聘经营者实行差异化薪酬制度，行政任命经营者的薪酬参照公务员工资体系并结合企业实际情况由国资委决定，市场选聘经营者由企业自主决定。对工资总额实行预算周期管理，让企业有充分的时间进行决策，使工资分配更加符合市场规律和企业经营状况。

# 第五章　深化国有资本授权 经营体制改革

国有资产管理体制的改革是我国社会主义经济体制改革的基本问题，如何在公有制与市场经济的融合中探索提高国有资本效率的有效形式是国有资产体制改革的目标。从 1992 年国有资产授权经营的初步理论到 2013 年党的十八届三中全会提出国有资本授权经营体制改革，国有资产管理体制改革的理论与实践在不断地创新与升华，不断探索和形成具有中国特色的社会主义市场经济制度，使国有资本能够高效运营，保值增值，国有企业能够发挥市场主体活力，做强做优做大。国有资本授权经营体制改革在当前阶段是需要持续推进和不断深化的。

## 第一节　国有资本授权经营体制研究的理论综述

### 一、国有资本授权经营的理论基础

（一）产权理论

西方经济学通过产权理论明确了产权是一系列经济权利的集合（比所有权的范围更广，包括所有权、支配权、使用权、处置权、收益权等），合理配置产权中的各项经济权利，充分发挥产权的资源配置功能，能够形成有效的产权制度，这也是企业的委托—代理理论所阐述的内容。

（二）公共产品理论

公共产品理论也提倡将所有权与经营权进行分离，将经营权让渡给代理人，在信息不对称及利益冲突的环境下通过设计和优化契约来激励代理人，提高公共产品的运营效率，所有者仅将剩余索取权进行保留。

（三）新制度经济学理论

新制度经济学理论也通过处理政府与市场的关系，转变政府职能，促进公共服务市场化来有效提供公共产品。

因此，在借鉴西方经济学理论基础上，探索具有中国特色的社会主义市场经济，通过成立国有资产监管部门，统一管理国有资产，通过产权和所有权的分离的方式，探索授权经营，提高国有资产运营效率，是具有重大理论意义和现实意义的。

**二、国有资本授权经营的概念内涵**

（一）国有资产和国有资本

国有资本的概念并不是直接产生的，最先出现的概念是国有资产。国有资产指的是所有权属于国家的各类资产，包括实物也包括资金，国有资产体现为国有企业的资产，对国有资产的管理也体现为对国有企业的直接管理，会涉及具体的业务管理。而国有资本强调的是将国有资产以出资入股的方式投入企业，对国有资本的管理侧重于对资本运营的管理，是管股权，保障国有资本能够保值增值强调价值本身，而不再具体管理企业。

（二）授权经营

顾名思义，授权经营是在产权理论发展的基础上，将所有权和经营权相分离后，所有权一方将经营权授权给另一方从事经营活动。授权经营的前提是所有权和经营权相分离，而在改革开放初期，我国国有企业的产权关系等各种关系并没有理顺，所有权和经营权界定并不清晰，也就谈不上授权经营。授权经营是随着国企改革进程而出现的。

从历史沿革来看，国有企业改革大体经历了四个发展阶段：1978 年底到 1984 年 9 月，以改革政府与企业的关系为主；1984 年 10 月到 1993 年 10 月，以改革政府与企业、企业与员工以及企业与市场的关系为主；1993 年 11 月到 2013 年 10 月，以改革所有者与企业关系、企业的产权关系、企业内部关系为主；2013 年 11 月至今，是改革全面推进，通过发展混合所有企业和分类改革推进国有企业各种关系改革的阶段。前两个阶段是改革企业的控制权，后两个阶段是所有权改革。① 特别是 1993 年 11 月党的十四届三中全会明确提出了建立现代企业制度，使得国有企业开始向以出资关系为基础、减少行政干预、确认企业财产权、形成市场主体地位的方向演进。授权经营才慢慢发展起来。

1992 年 9 月下发的《关于国家试点企业集团国有资产授权经营的实施办法（试行）》中提到，"授权经营"的内容是"将企业集团中紧密层企业的国有资产统一授权给核心企业经营和管理"。而国有资本授权经营是借鉴了西方经济学中

---

① 黄速建，胡叶琳．国有企业改革 40 年：范式与基本逻辑［J］．南京大学学报（哲学·人文科学·社会科学版），2019（2）：38－48.

产权等理论，将所有权和产权相分离，并基于现代企业制度的所有权和经营权相分离，将经营决策权授权给国有企业。

（三）国有资本授权经营

国有资本授权经营的理论也经历了从国有资产授权经营到国有资本授权经营的理论升华。从最初基于产权制度和现代企业制度的建立而发展起来的国有资产授权经营，到从管国有企业到管国有资本，从管人管事管资产到管资本的转变，深化了国有资本授权经营的理论认识①。国有资本授权经营把国有企业的经营权授权给国有资产投资运营公司，专业化的投资运营平台更有利于国有资本通过市场化的手段得到保值增值。国有资本授权经营是国资改革发展到新阶段的重大理论创新，是在经济发展中逐步形成的。

## 三、国有资本授权经营的实现方式

由于国资委作为政府部门无法直接经营国有资本，对成立新的国有资产经营机构的讨论应运而生，由此也展开了国资委与国有资产经营机构，以及国有企业之间关系定位的探讨。国资委的成立和成功运作可以解决国有资产管理体系中所有者缺位政资不分的难题，但国资委作为行政机构不能直接经营国有资本，只能以国有资产管理者的身份来授权国有资产的经营机构来对国有资本进行运营。

（一）是否设立中间层

最初授权经营是否设立中间层，以及怎样设立并不明确。郑海航和张多中（2004）研究认为，国有资产的经营机构可以是国有控股公司，在事实上也是履行出资人代表职责的实体，是由国资委或局批准设立的，以控股方式实现国有资产保值增值的特殊企业法人。国有控股公司对国资委，是授权与被授权的关系；对下属公司，是实质上的国有资产的出资人，形成委托—代理关系。但当时认为除非国有资产数量巨大，国有企业数量众多，否则可不设国有控股公司这一中间层，可直接将国有股权委托投资银行、基金、信托公司等经营，或直接授权资产量大、竞争力强、业务相对单一的国有企业来经营国有资产。

（二）如何设立授权经营机构

如何设立授权经营机构的讨论也比较多。邵宁等（1996）就关于国有资产的授权经营机构做过相关的探讨，如建议将行业总公司或大型集团企业改组为国有资产的授权投资机构，给予优势企业以资本经营权，使得优势企业在市场环境中获得更好的发展。李粟（2009）认为，随着国有资产产权运营体制发展起来的资本授权经营的模式，就是比较典型的沪深模式，形成三个层次的国有资产管理体

① 李南山．国资授权经营体制改革：理论、实践与路径变革［J］．上海市经济管理干部学院学报，2018，16（3）：1-9．

制，如国有资产管理委员会以及国有控股公司和国有控股、参股的企业。2009年，国务院国资委主任李荣融表示要将国资委的职能更多地放在监督上，逐步委托企业作为经营实体来对国有资产进行运营管理。建立国有资产经营公司的目的就是充分发挥市场在资源配置中的基础作用，市场化运作国有资产。李南山（2018）提出，在国资监管机构与国有企业之间建立一条隔离带，即由国资委授权国有资本运营机构对国有企业进行资本运营管理，从而使国有资产的管理从产权管理进入到了股权管理。成立专门的国有资本运营机构，可以使国有资产的经营管理更加专业化，更好地适应现代市场经济的要求，实现国有资产的保值增值；从另一个角度来看，授权给专门的资本运营机构，可以更好地监管规模较大的国有资产，减少管理幅度从而提升管理效率。陈清泰（2013）认为，国有投资机构与投资和被投资的企业之间应建立股东与公司的关系，这样有利于所有权和经营权的分离，确保企业的独立经营权，有利于企业的股权多元化，同时可以增强投资者的财务约束。被投资企业仅仅受国有投资机构这一股东的控制，从而远离了政府的直接管理和控制，有利于企业更好地实现财务目标，对国有企业是一次解放，更有利于国有企业做大做强。成为真正的法人实体，通过建立国有资产的管理，运营和监督机制，可以实现政资分开，政企分开，并实现所有权和经营权的分离，使国有企业自主经营，自负盈亏，成为真正意义上的法人实体和市场主体，从而使国家更好地拥有和管理国有企业。

（三）国有资本投资运营公司的功能及定位

国企改革的过程中逐渐出现了国有投资公司的概念，以配合国企改革，解决国有资本经营的问题。1999年，作为国有企业改革的配套措施提出了成立国有投资公司，为了推行债转股的改革而成立了四家资产管理公司，其实质就是承担着特定任务的国有投资公司。国有投资公司是为了利用市场办法来解决国有资本经营的问题，以配合国企改革，就应成为有效的市场经营主体并被赋予国家投资公司的权力，且其本身的经营管理体制也应市场化，不应变成政府职能部门。因此，我国经济体制改革应引进国有投资公司作为国有资本运作的一种方式来提升国家财政投资的效率。[①] 关于国有资本投资运营公司，厉以宁（2014）认为，我国应根据行业特点成立综合性的国有资本投资基金公司，以提升国有资本的资源配置效率，完善国有资本有序进入和退出的运行机制。而国有资本投资运营公司其运营模式及功能定位与传统意义上的集团公司以及母公司的运营模式是不同的，国有资本投资运营公司是作为实际意义上国有资产的出资人履行职责的，是

---

① 林毅夫．国有投资公司与国有资本的市场化［J］．经济研究参考，2001（1）：32－38.

政府的经理人，为国家负责，实现国有资产的保值增值，防止国有资产流失①。国资委既具有国有资本监管这一行政管理职能，又需要履行代表出资人的股东权力，若要实现政资分开，政企分开，就不能由国资委来进行经营与决策，需要设立市场化的非政府部门的代理人，即国有投资运营公司来行使经营与决策权。因此，国有资本授权经营的核心就是国有资本投资运营公司，应建立"国有资本监管部门—国有资本投资运营公司—国有企业"三级国资授权体系架构，形成权经营的链条。② 成立国有资本投资、运营公司可以实现资企分离。如果国有资本运营由国有企业本身承担，会使得国有企业资本运营扩大规模，反而忽略了产业经营和科技创新，无法适应经济转型的高质量发展要求。通过建立国资投资运营管理体制，实现资企分离，有利于促使国有企业专注实体经济，使得国家可以在宏观层面上优化都有资本的布局，抑制国有企业通过高杠杆实现规模扩张以及冲动投资，使得国有资本的保值增值是通过专注于科技创新以及产品创新，通过提供高附加值的产品不断满足消费者的新需求，促进和引领产业升级和制造升级，实现实体经济的高质量发展，从而提升产业的竞争力，使得国有企业能够更好地抢占国际竞争的制高点③。

由此可见，设立国有资本投资运营公司，可以真正实现三分离——政资分离、政企分离、资企分离，是国有资产向有资本的资本属性回归，从而释放资本增值的内在动力，优化资本配置，促进资本的合理流动，使得国有资本不断做强做优做大。

**四、国有资本授权经营的三层架构**

在国有资本授权经营改革以前，是政府作为出资人或国资委作为出资人代表直接面对国有企业，也就是政府直接面对市场主体这样的两层架构。两层架构下"管人管事管资产"的管理模式也由此带来一系列问题，如政企不分、政资不分、国有资本运营效率低下、国有资产监管不足等。

因此，有必要将出资人、经营者和监管者等分开，由此产生了三层管理架构，即在政府和作为市场主体的国有企业之间增加了国有资本投资公司和国有资本运营公司。国有资本投资、运营公司均为国有独资公司，将被授权来开展国有资本的市场化运作，是专业的国有资本运作平台，其目标是国有资本的保值增

---

① 陈道江. 国有资本投资运营的理性分析与路径选择 [J]. 中共中央党校学报，2014，18（2）：59－63.

② 马忠，张冰石，夏子航. 以管资本为导向的国有资本授权经营体系优化研究 [J]. 经济纵横，2017（5）：20－25.

③ 宋韶君，刘文希. 国有资本投资公司职能及绩效评价体系的构建逻辑 [J]. 中国商论，2019（13）：117－119.

值，并不从事日常生产经营活动。

综上所述，国有资本授权经营即是国有资本出资人代表机构"授权"国有资本投资、运营公司来"经营"国有资本的市场化运作。授权之后，出资人的权力下放，国有资本投资、运营公司将行使授权范围内的出资人的权利（具体授权的范围有明确规定），如对所出资持股的国有企业行使股东职责，维护股东利益等。至此，原国有资本出资人代表机构只管理对国有资本投资、运营公司的资本出资（具体授权放权范围有明确规定），即"管资本"，而不再对被出资的国有企业的生产经营活动产生影响，即不再"管企业"，从而实现了从管人管事管资产到管资本的转变。

## 五、国有资本授权经营的模式

（一）直接授权模式

2018 年 7 月，国务院公布的《关于推进国有资本投资、运营公司改革试点的实施意见》中首次明确提出了政府直接授权的模式，即在试点企业中采用国有资产监管机构间接授予出资人职责（间接授权）和政府直接授予出资人职责（直接授权）两种模式。根据权力授予的路径，国有资本投资运营公司可通过间接授权和直接授权对所出资的企业来行使作为出资人的权利。在间接授权模式下，权力路径为政府—国资委—国有资本投资运营公司—国家出资企业，在这种模式下，国有资本投资运营公司的治理机制会随出资人职能的转变而发生转变。在直接授权模式下，政府作为出资人，委托财政部代表政府授权出资。

（二）间接授权模式

直接模式的授权路径为财政部（代表政府）—国有资本投资运营公司—国家出资企业。相对于间接投资，直接投资由政府直接出资，减少了国资委这一层级，使委托—代理链条变短，国有资本投资运营公司会拥有更多的自主权[①]。

这里需要再次强调的是，上文提到的授权经营的三层架构是指出资人和被投资的国有企业之间增加了一层国有资本投资运营公司，而直接授权和间接授权模式都是授权给投资运营公司，并不影响授权经营的三层架构。直接授权和间接授权的差别仅在于出资人代表机构是否通过国资委进行出资。在国有资本投资、运营两类公司的改革试点中，国有资本授权经营模式主要采用的是间接授权模式。

可以看出，国有资本授权经营的发展是伴随着我国国有企业改革的深化发展起来的。从国有资本授权经营的理论基础上来说，国有资本授权经营借鉴了《西方经济学》中的产权等理论，将所有权和产权相分离，并基于现代企业制度的所

---

① 胡俊．授权视角下国有资本投资运营公司特殊治理的法律改进［J］．法学杂志，2019（7）．

有权和经营权相分离，将经营决策权授权给国有企业。从国有资本授权经营的机制上来说，由于政府作为国有资本的所有权人代表本身处于信息不对称的劣势一方，而国有企业自身才是真正能够掌握实际生产经营中相关信息的优势一方，因此，将生产经营决策权授权给国有企业是十分必要的。从国有授权经营的模式上来讲，为解决国有企业多头管理无人负责的困境，成立统一的国有资产监督管理部门国资委来统一管理国有资本是十分必要的，而在国资委和国有企业之间设置中间层——国有资本投资运营公司，可以实现政企分离、政资分离、资企分离，真正实现国有企业的经营自主权，促进国有资产的保值增值，发挥国有资本的功能，提高国有资本的活力。

# 第二节 推进国有资本授权经营体制改革的政策演变

国有资本授权经营体制改革是在国有企业改革中不断地探索和前进的，从最开始的试点到具体改革理念的提出及改革方案的制订，在循序渐进中不断推进和完善。大体可以分为以下几个阶段：

1. 扩大国有企业经营自主权的改革

1978 年党的十一届三中全会后，党和国家开始不断地推进经济体制改革，使国有企业能够充分发挥经营自主权，成为国有资本授权经营得以发展的基础。在改革开放以前，国营企业以及其他的企事业单位在计划经济模式下受到一定的制约，而国有企业又在国民经济中占据主导地位，为了搞活国营的大中型企业必须要推进国有企业的改革。党的十一届三中全会以后，为扩大企业在生产，调动国有企业生产积极性，进一步推进了所有权和经营权的分离，扩大国有企业经营自主权，广泛推进扩权让利，推行承包经营责任制。在这个过程中，相关法律的出台确立了政府国有企业之间的委托关系，此时的政府监管国有企业，将国家预算内的拨款转为贷款，形成了政府和国有企业之间的债权关系。

在这个阶段，政府和企业的关系进一步得到调整，也只有国有企业能拥有经营自主权，才能有下一步的授权经营，因此这一阶段的改革为国有资本授权经营发展奠定了基础，也明确了今后以企业自主经营为主的改革方向。

2. 国有资产管理体制改革背景下的授权经营体制的初步探索

在政府和企业的关系调整，经营自主权的权力主体明确为国有企业之后，将国有资产授权给国有企业经营的理念开始出现雏形，这一阶段开始对国有资产授权经营的体制进行探索。

　　自 1991 年起，我国开始就国有资产授权经营体制的建立进行研究和探索。国务院有关部门认为授权经营是国有资产管理体制改革的重要方面，应先在经国家批准的企业进行试点，以期能发现问题，整改后为制订国有资产授权经营的法律法规提供实践依据。1991 年，《国务院批转国家计委、国家体改委、国务院生产办公室关于选择一批大型企业集团进行试点的请示的通知》（国发〔1991〕71号），也提出结合国有资产管理体制的改革，经国有资产管理部门授权，进行把紧密层企业的国有资产交由核心企业经营的试点。而在授权经营试点方面，1992年 9 月，国家国有资产管理局、国家计委、国家体改委、原国务院经贸办联合下发了《关于国家试点企业集团国有资产授权经营的实施办法（试行）》（国资企发〔1992〕50 号），试点单位选择了 7 家集团企业。本办法规定，授权经营的内容是："将企业集团中紧密层企业的国有资产统一授权给核心企业经营和管理。"授权经营的申报程序是："参加国有资产授权经营试点，由企业集团核心企业提出申请，报国务院经贸办、国家体改委、国家计委和国家国有资产管理局审定。"

　　在这个阶段，国家意识到了国有资产授权经营是整个国有资产管理体制改革的重要方面，但国有资产授权经营的内涵、范围、法律法规等并没有确定下来，授权经营也只在探索阶段。

　　3. 现代企业制度基础上明确国有资产授权经营概念

　　在这一阶段，市场的主体即国有企业进行了现代企业制度的改革。在现代企业制度建立之前，国有企业的各项权责其实并不完全清晰，授权经营的权利义务也难以明确，因此现代企业制度其实是国有资产授权经营的基础，只有建立了现代企业制度，国有资产授权经营的内涵才能体现。1993 年 10 月，党的十四届三中全会通过了《中共中央关于建立社会主义市场经济体制若干问题的决定》，提出要建立现代企业制度，建立社会主义市场经济体制，在国家宏观调控的基础上，将市场作为发挥资源配置的主要工具。对于国有企业要转换经营机制，建立产权清晰、政企分开、科学管理、权责明确的现代企业制度，以便更好地适应市场经济发展的要求。在中央和地方建立现代企业制度的同时，在国有产权理论以及现代企业制度理论的指导下，国有资产授权经营改革也开启了探索和试点阶段，如大型央企集团的国资授权经营、"五位一体"的上海模式以及"三层构架"的深圳模式等。

　　1994 年，我国《公司法》颁布，其中第七十二条为国资授权经营提供了法律依据。规定中提到国务院可以授权大型国有独资公司行使资产所有者的权利，其中有独资公司应当经营管理制度健全且经营状况较好。1999 年 9 月，党的十五届四中全会召开，在《中共中央关于国有企业改革和发展若干重大问题的决定》中提出"建设国有资产授权经营的管理体制"，这是在党的文件中首次明确提出国有资产授权经营的概念，提出要以"国家所有、分级管理、授权经营、分工监督"为原则来建立国资授权经营管理体制。

国有企业遵循现代企业制度能更好地适应市场经济的发展，也只有市场经济下的现代企业制度才能使国有企业焕发新的活力，在此基础上授权经营才能真正明确和落到实处。但是，前三个阶段国有企业都受到多部门的共同管理，并没有一个统一的组织机构来管理国有企业。而国有资产授权经营管理概念的正式提出对国有资产的管理提出了更高的要求，除了在现代企业制度的基础上对改革国有企业自身之外，在监管方式上必须改变以往的多头管理模式。

4. 国资委统一"管企业"的"管资产、管人、管事"三管结合

这一阶段，国有企业的管理和监管主体进行了改革，从以往的多头管理变为国资委统一"管企业"，并且是"管资产、管人、管事"三管结合。从 1992 年授权经营的《实施办法》中可以看到，授权经营的申报程序是："参加国有资产授权经营试点，由企业集团核心企业提出申请，报国务院经贸办、国家体改委、国家计委和国家国有资产管理局审定。"各个部门都参与了授权经营的审定管理。在 2003 年以前，国有企业处于"多头管理，无人负责"的境地，管人、管事、管资产分属于不同的部门，如领导班子中不同的成员可能归属于不同的部门管理（中组部、人事部、地方政府等），资产由财政部管理、职工工资由劳动部管理等，多部门参与使管理相对混乱，出现问题会因责任不清而无人负责。因此，为了改变国有企业的这一困境，党的十六大决定对国有资产管理体制进行改革，改变国有企业无人管理和负责的状况。[1]

自党的十六大起，进入了国有资产管理体制改革的阶段。2002 年 11 月，党的十六大报告提出了建立中央政府和地方政府分别代表国家来履行出资人的职责，在享受所有者权益的同时要承担相应的责任与义务，建立管资产、管人、管事相结合的国有资产管理体制，专门成立了管理和监督国有资产的国资委。2003 年 3 月 21 日，根据第十届全国人大会第一次会议审议批准的《国务院关于机构设置的通知》（国发〔2003〕8 号），国务院国有资产监督管理委员会（以下简称国资委）正式成立。

国资委"管资产、管人、管事"三管结合与监督职能重叠的研究和探讨。国资委成立后，授权经营和之前相比即为国有企业将不再被多个部门管理，国资委将代表国家履行出资人的职责，并将经营权下放给国有企业，国资委来进行监管。[2] 同时在这个阶段国资委如何行使出资人的权利，如何在国务院和人大的授

---

① 邵宁. 国有企业改革：回顾与展望 [J]. 新金融，2015（9）：9–13.

② 柳学信，孔晓旭，牛志伟. 新中国 70 年国有资产监管体制改革的经验回顾与未来展望 [J]. 经济体制改革，2019（5）：5–11.

权和监督下，来对国有企业进行监管也成了学者讨论的焦点，只有国资委自身的身份和职能明确了，才能更好地推进国有资产授权经营。但实际操作中，发现国资委的身份角色和股东还是有很大区别的。① 这个问题开始被进一步研究。有学者认为，在现有体制中，国资委本身既要履行出资人职责，又要履行监管职责，双重身份出现重叠成为一个问题。国资委作为政府机构，其监管职责是责无旁贷，可以考虑将国有资产委托信托投资公司或者特色公司来经营管理。②

5. 由"管企业"为主向"管资本"为主转变

由上一阶段国资委管资产、管人、管事和监督职能重叠的问题出发，这一阶段主要解决的就是将国资委的具体管理职能和监督职能相分离，使国资委不再管企业和具体的资产运营，而将这些管理职能赋予国有资本投资运营公司，管理的重点由"管企业"转向"管资本"，国资委开始以管资本为主对国有资产进行监管。国有资产授权经营开始向国有资本授权经营转变。

2012年11月党的十八大召开，以习近平总书记为核心的党中央对国资国企改革高度重视，陆续出台了国企改革的一系列文件，国企改革不断推进向纵深发展，迈出了实质性步伐。

2013年，党的十八届三中全会的召开是国有资本授权经营体制改革的重大关键节点。在此之前，学术界就是否用管资本来代替直接管理国有企业展开广泛讨论，随着国有资产授权经营试点的不断推进和经验总结。党的十八届三中全会的召开做出了重大理论的创新，正式提出了"以管资本为主加强国有资产监管"，并特别指出要坚持和完善基本经济制度，要"完善国有资产管理体制，以管资本为主加强国有资产监管，改革国有资本授权经营体制，组建若干国有资本运营公司，支持有条件的国有企业改组为国有资本投资公司"。自此，国有资本授权经营体制改革成为国企改革关注的焦点，授权经营改革进入了新的发展阶段。

2015年8月，党中央和国务院印发了《关于深化国有企业改革的指导意见》进一步提出以管资本为主推进国有资产监管机构职能转变，以管资本为主改革国有资本授权经营体制。国有资产监管机构要准确把握依法履行出资人职责的定位，科学界定国有资产出资人监管的边界，建立监管权力清单和责任清单，实现以管企业为主向以管资本为主的转变。改组组建国有资本投资、运营公司，探索有效的运营模式，通过开展投资融资、产业培育、资本整合，推动产业聚集和转型升级，优化国有资本布局结构；通过股权运作、价值管理、有序进退，促进国

---

① 郑海航. 关于国有资产管理体制与国有企业改革的若干问题［A］//中国经济分析与展望（2009～2010）［R］. 中国科学院，2016－12－12.

② 顾功耘，罗培新. 试论国资授权经营的法律问题［J］. 甘肃政法学院学报，2005（4）：10－16.

有资本合理流动，实现保值增值。科学界定国有资本所有权和经营权的边界，国有资产监管机构依法对国有资本投资、运营公司和其他直接监管的企业履行出资人职责，并授权国有资本投资、运营公司对授权范围内的国有资本履行出资人职责。国有资本投资、运营公司作为国有资本市场化运作的专业平台，依法自主开展国有资本运作，对所出资企业行使股东职责，按照责权对应原则切实承担起国有资产保值增值责任。开展政府直接授权国有资本投资、运营公司履行出资人职责的试点。

2017年国务院办公厅转发了《国务院国资委以管资本为主推进职能转变方案》（国办发〔2017〕38号），进一步提出探索国有资产监管的体制机制，推进国资委的职能转变，提高国有资本的运营和配置效率。精简监管事项，改进了监管方式，特别突出国有资本运营，牵头改组和组建国有资本运营公司，实施资本运作，并且通过市场化的方式来设立相关投资基金，如国有企业结构调整基金、中央企业创新发展投资引导基金和国有资本风险投资基金等。建立并且健全国有资本的运作机制，组织并指导和监督国资做平台的资本运营工作，鼓励国有资本向关系国家安全、国民经济命脉以及国计民生的重要行业和领域集中，向战略性前瞻性产业核心竞争力的优势企业集中，促进国有企业的长远发展。

2018年国资委出台了《国务院国资委出资人监管权力和责任清单（试行）》（国资发法规〔2018〕25号），特别明确了9大类36项权责事项，进一步明确国有资本授权经营中国资委的权责。2018年7月30日，国务院公布《关于推进国有资本投资、运营公司改革试点的实施意见》（国发〔2018〕23号），进一步明确了国有资本投资公司和运营公司的不同功能定位。指出国有资本投资公司，主要控股战略性核心业务，通过开展投资融资、产业培育和资本运作等来进行引导投资和调整结构。国有资本运营公司主要是财务性持股，并通过股权运作、基金投资等方式使国有资产存量盘活，并使国有资本保持合理流动及保值增值。并且首次明确提出了政府直接授权的模式，即在试点中采用国有资产监管机构授予出资人职责和政府直接授予出资人职责两种模式。

2019年4月19日，国务院印发了《改革国有资本授权经营体制方案》（国发〔2019〕9号），明确提出了分类开展授权放权等改革要求。其中提到国资委、财政部以及其他部门机构被国务院授权成为出资人代表机构，对国家出资企业履行出资人职责，并且依据股权关系对国家出资企业开展授权放权。其中，对国有资本投资和运营公司，要结合企业的发展阶段、管理及治理能力等向符合条件的企业开展授权放权，授权放权的内容包括战略规划、主业管理、选人用人、工资总额、股权激励、重大财务事项管理等。对其他商业类和公益类的企业，充分落实企业的经营自主权，出资人代表机构仅在集团层面监管或依据股权来参与公司治理，不干预集团公司及下属企业的生产经营事项。2019 年 6 月 3 日印发了《国务院国资委授权放权清单（2019 年版）》，对分类进行授权放权的具体事项进行了进一步的明确。

由此可见，在国有资本授权经营体制的改革中，国资委、财政部等作为出资人代表机构，转变了职能和履行职责的方式，较好地界定出了国家出资的权责边界，通过清单管理可以更好地发挥董事的作用，提高了监管效率，减少了行政审批。并且按照企业的不同类别进行划分，结合企业的功能定位、管理水平、治理能力及发展阶段等分类授权，可以有效地动态调整授权事项，实现权责对等；有效地评估授权效果，有利于事中、事后监管，对国有投资运营公司给予了更多的自主权。同时，国有资产出资人代表机构可以更好地处理放活与管理的关系，有利于全面把控监管事项，依法放权提高监管效率，并将企业的经营自主权授予企业以提升企业活力。通过国有本授权经营体制改革，可以深化国资国企改革，完善国有资产管理体制，充分发挥国有企业的市场主体地位。未来可进一步探索研究国有资本授权经营改革体制，进一步探索可授权企业董事会行使的权利。①

2019 年 11 月 7 日，国务院国资委印发了《关于以管资本为主加快国有资产监管职能转变的实施意见》，意见特别强调要以管资本为主转变国有资产监管的职能，如转变监管的理念、监管重点、监管方式、监管导向；把握管资本的内涵，优化国有资本的配置，增强国有企业活力，通过良好的资本运作提高国有资本回报；将管资本的手段方式进一步优化，如清单管理、完善法人治理、分类授权放权、强化事中事后监管；加强组织领导，强化队伍建设，为国有资产监管体制提供支撑保障。

综上所述，这个阶段主要是从"管企业"为主转向"管资本"为主，发挥市场在资源配置中的决定性作用，这个过程还在继续推进中，需要不断地发现并及时解决问题。

# 第三节  国有资本授权经营体制改革的问题

党的十八大之后，国资委专门成立了国有企业改革课题组和文件起草组，对国有企业改革问题进行了深入研究，经过反复论证研究和修改，在 2015 年 8 月，党中央和国务院印发了《关于深化国有企业改革的指导意见》，在这个国企改革

---

① 周丽莎. 改革国有资本授权经营体制实现授权放权机制有效运行［N］. 经济参考报，2019－06－24（007）.

里程碑式的重要文件中，特别强调了改革的核心问题——所有权和经营权的分离，提出了要以管资本为主来推进国有资本授权经营体制改革，推进国有资产监管机构的职能转变。国有资产监管机构通过准确把握依法履行出资人职责的定位，科学界定国有资产出资人监管的边界，建立监管权力清单和责任清单，实现以管企业为主向以管资产为主的转变。2017年，国务院办公厅转发了《国务院国资委以管资本为主推进职能转变方案》，进一步提出探索国有资产监管的体制机制，推进国资委的职能转变，提高国有资本的运营和配置效率。2019年11月，《国务院国资委关于以管资本为主加快国有资产监管职能转变的实施意见》出台，进一步强调了以管资本为主转变国有资产监管职能，并对管资本的内涵进行了细化，突出了五项职能，同时也提出了优化管资本的方式和手段。

国有资本授权经营体制的顶层设计在逐步完善，改革也取得了一定的成就，但在操作层面上可能存在以下问题：

## 一、国有资本授权经营推进步伐需加快

由于我国国有企业的改革发展是渐进式的，各个国有企业由于有着不同的历史背景，承担着不同的社会责任，所处的行业不同面临的市场环境也不同，有些企业会由于一些历史遗留问题导致企业自身面临的问题错综复杂，国有企业的改革发展处于不均衡的状态。因此，这些企业由于自身原因很难马上参与到国有资本授权经营里来，使国有资本授权经营的推进速度受到了影响。

## 二、国有资本授权经营下的监管体系不完善

国有资本的授权经营正在起步阶段，而正是由于国有企业改革发展的不均衡使国有资本的授权经营也需要分类进行一企一策，对不同的企业其授权经营的范围也有不同，而对不同的行业国家的监管要求也有具体的规定。因此，在授权经营进行探索性推进的同时，监管体系也应结合具体的授权方式来进一步完善，如创新监管方式等。监管体系不完善在国有资产授权经营的初期影响可能还不明显，但随着国有资产授权经营的进一步细化推进，将会逐步暴露出问题，因此放权授权与监管同样重要，两者能做到相互对应，在授权范围和方式进一步确立的同时，应创新和完善具体的监管方式。

## 三、国有资本授权经营的范围不明晰

国有资本的授权经营正在起步阶段，国有资本投资运营公司的授权给出了大方面的意见，但文件中也提到对符合要求的公司进行授权，符合什么样的要求并没有明确，不利于企业对照自身情况进行整改。另外在清单管理中，所涉及的对

两类企业授权经营的内容是否符合每个企业的实际情况也需要在实践中进行验证。授权经营强调一企一策，根据不同企业的情况决定不同的授权范围，国有企业改革本身发展的不平衡也使得其在实际中的操作会更复杂，且对于地方国企来说没有参照的具体标准很难进行推进。国有企业有其不同于一般企业的特殊性，而对不同行业的监管要求国家也有具体的规定。因此，授权经营在探索性推进的同时，也应结合具体的授权方式进一步完善监管体系。在监管不完善的情况下，不明确范围的授权放权可能会暴露出问题。

## 第四节　推进国有资本授权经营体制改革的典型案例

党的十八大以来，国有企业改革不断向纵深发展，改革成效显著，国有资产的监管体制得到了进一步完善。2013 年 11 月，党的十八届三中全会正式提出以管资本为主加强国有资产监管，改革国有资本授权经营体制，组建和改组国有资本运营公司及国有资本投资公司，其实都是为了进一步改革国有资本授权经营体制，使基于现代企业制度的所有权和经营权相分离，真正实现放权、授权，把自主经营权还给企业，让企业充分发挥市场主体的作用和活力，真正走向市场。国有资本的授权经营制度，就是将国有资本出资人的权利授予国有资本运营公司，使企业能够自主经营，完善相应的权利和义务的法律规范，而进一步推动授权经营体制的改革和完善。因此，国资委的任务就是选择中央企业进行试点。2014年 7 月，国资委公布了首批进入改革试点的国有企业名单，中粮集团有限公司以及国家开发投资公司两家企业被选定为国有资本投资公司的试点单位，并陆续把企业的重大决策、任免企业高管人员、薪酬管理、约束激励以及经营业绩的考核等共 21 项权利授予了试点企业。2016 年，将中国国新和诚通集团作为国有资本运营公司试点，两家资本运营公司确定了运营的方案及平台，通过运营划入国有股份，并使国有资本在流转中增值。另外 8 家央企作为资本投资公司进行试点，分别是国投、中粮集团、神华集团、宝武集团、中国五矿、招商局集团、中交集团、保利集团。2018 年 7 月国务院公布了《关于推进国有资本投资、运营公司改革试点的实施意见》，进一步明确了国有资本投资公司和运营公司的不同功能定位。指出国有资本投资公司主要控股战略性核心业务，通过开展投资融资、产业培育和资本运作等来引导投资和调整结构。国有资本运营公司主要是财务性持股，并通过股权运作、基金投资等方式盘活国有资产存量，并使国有资本保持合理流动及保值增值。2019 年初，国有资本授权经营改革加速进行，国资委又选择并新增了 11 家央企作为国有资本投资运营公司的改革试点企业，包括航空工业集团、国家电投、国机集团、中铝集团、中国远洋海运、通用技术集团、华润集团、中国建材、新兴际华集团、中广核、南光集团。加上之前已有的 10 家试点企业，国有资本投资运营公司试点企业已到央企总数的 1/5，共 21 家试点企业，足以看出国资委的改革决心和力度。以下简要介绍中国国新控股有限责任公司（以下简称中国国新）的试点情况。

### 一、中国国新成立背景

中国国新成立于 2010 年 12 月 22 日，是国务院国资委监管的中央企业之一，2016 年初被国务院国有企业改革领导小组确定为国有资本运营公司试点，首期注册资本为 45 亿元。其最初的定位是资产整合的平台，并不直接从事生产经营活动。中国国新的成立是为了配合国资委对中央企业进行布局结构的优化，专门从事国有资产的经营和管理，是企业化的操作平台。中国国新从事的经营管理是央企范围内的企业重组和资产整合，并不是专门的投资公司。

中国国新试点前的主要工作是吸纳规模较小且实力相对较弱的中央企业。这些企业由于与其他大型央企的产业关联度不大或难以并入其他集团企业，自身发展潜力有限。由中国国新吸纳之后，对于有潜在竞争力、有发展前景或国家政策支持的业务，中国国新可以通过资金注入或支持重组上市等基于帮助，有利于国有资产的保值增值。对于不具备持续发展能力的央企，中国国新在保障职工合法权益的基础上妥善安置，使这些企业的国有资本能平稳退出。

由此可见，中国国新的主要定位虽然是配合国企改革中的布局优化，吸纳的也都是规模较小相对较弱的央企，但其业务涉及资本运营，这也为后续中国国新被确定为国有资本运营公司试点奠定了基础。

### 二、开展资本运营的主要做法

（一）设立基金投资培育战略性新兴产业

2016 年，由中国国新控股有限责任公司、中国邮政储蓄银行股份有限公司、中国建设银行股份有限公司、深圳市投资控股有限公司共同出资设立了中国国有资本风险投资基金股份有限公司（以下简称"国风投基金"）。自此，中国国新逐渐形成了以国风投基金为核心的基金系，包括国新国同基金、央企运营基金、国新建信基金、双百基金和科创基金。

2019 年，中国国新牵头发起设立了国企改革"双百行动"发展基金（以下简称"双百基金"），"双百基金"总规模 600 亿元，首期规模 300 亿元，主要出资方有部分中央企业、地方国有企业、国内金融机构和民营企业，投资对象为

"双百企业"，主要投资战略性新兴产业、非上市企业股权多元化和混合所有制改革、上市公司并购重组等领域。

中国国新通过发起设立股权投资基金吸纳社会资本达 2200 亿元[①]，这些资本除了主要来源于国有企业之外，也有一部分民营资本。中国国新通过基金的杠杆作用，利用社会资本扩大投资规模，实现更好的投资和盈利。

而中国国新基金的投资对象也不局限于国有企业，也包括投资于国家政策支持的、有发展前景的优势民营企业，不仅可以发挥国有资本的带动作用，帮助民营企业成长，同时也能实现国有资本的保值增值。投资的领域有生物医药、新能源、高端制造、新技术等，在很多国家鼓励和支持的领域都能看到中国国新基金投资的身影。特别是国新基金的投资主要以财务性持股为主，并不要求战略控股，这也是国有运营公司的基本定位，而这一点特别受到民营企业的欢迎。

（二）通过金融服务平台防范央企风险

经国资委同意，中国国新搭建了中央企业金融服务平台，通过国新资本设立运营商业保理、融资租赁、保险经纪三家功能机构，通过新设或并购拥有财务公司、金服公司、大公国际等功能机构，综合运用专业化、多样化的工具手段，积极面向中央企业提供高质量、特色化、定制化金融服务，推动党中央、国务院"三去一降一补"、防范化解重大风险等重大决策部署更好地在中央企业落地。

（三）资产管理服务央企改革重组

中国国新依托国新资产打造国有资本运营公司资产管理平台，以服务中央企业重组整合、改革脱困、提质增效、聚焦主业为目标，以市场化、专业化服务为抓手，稳步开展特色资产管理业务。努力发挥运营公司在推动中央企业深化重点领域改革、优化治理结构、非主业或同质化资产整合、化解过剩产能、改革重组脱困、做强做优主业等方面的重要作用，同时做好整体划入企业的改革发展及代持股企业的管理工作，全力打造国内一流、行业领先、共赢共生的特色资产管理平台。

（四）通过股权运作平台盘活存量国有资产

国新投资作为中国国新确定的专业化、市场化股权运作平台，主动发挥资本引领作用，充分利用资本市场的枢纽功能，通过盘活央企上市公司存量股权、引导资本向战略性新兴产业和科技创新产业集聚；参与央企资本运营，助力央企做好市值管理、提升产业竞争力；在支持央企上市公司做强做优做大的同时，获取长期稳定收益、实现国有资本保值增值。

（五）境外投资支持企业"走出去"

围绕服务"一带一路"建设，大力推动中国企业境外优质项目落地，支持

---

① 刘青山．中国国新：能投会管，"国民"共进［J］．国资报告，2020（4）：42-45.

企业"走出去"。

## 三、取得的成效

截至 2019 年底，中国国新资产总额超过 4200 亿元，公司年度净利润突破 100 亿元。基金的总规模超过了 7000 亿元，投资 14 个科创板项目。利润连续 4 年高速增长，年平均增长率为 29%。

试点以来，中国国新按照党中央、国务院决策部署，围绕国务院国资委工作要求，聚焦试点目标和功能定位，充分发挥国有资本市场化运作专业平台作用，积极探索"资本＋人才＋技术"轻资产运营模式，逐步形成了 5 大业务板块和 1 个服务保障平台即"5＋1"业务格局。基金投资板块以中国国有资本风险投资基金为核心，设立运营包括国新国同基金、央企运营基金、国新建信基金、双百基金和科创基金在内的国新基金系，着力支持中央企业深化改革、创新发展和优化布局，培育孵化前瞻性战略性产业；金融服务板块目前已拥有商业保理、融资租赁、财务公司、保险经纪、金服公司、大公资信等 7 家主要金融、类金融机构；此外，还有资产管理板块、股权运作板块、境外投资板块。此外，成功推动划入的中国华星集团有限公司（原中国华星集团公司）、中国文化产业发展集团有限公司（原中国印刷集团公司）两户原中央企业结构调整，实现转型发展①。

## 四、启示意义

（一）以国家战略为导向

从中国国新案例可以看出，中国国新的所有业务范围和经营目标都要以国家战略为导向，以国家政策为指导来做好国有资本运营公司的定位。要把国家战略和资本运营结合起来，一切为国家战略服务，不仅能获得盈利，也能担负起国有企业所肩负的重大责任。

（二）有利于扶持国家政策支持的产业

除国有企业从事国家政策支持的产业之外，也有一些民营企业在从事新制造、新技术等创新活动，这些民营企业除了面临融资难的问题外，更重要的是缺乏发展资源，缺少资源整合的机会。中国国新作为国有资本运营公司拥有大量的资源，在投资国家政策支持产业的同时，不仅提供了资金支持还能带来不可估量的资源优势，形成资源整合效应，帮助被投资企业发展，从而有利于扶持国家政策支持的产业。

（三）有利于实现国有资本和民营资本双赢

在国有资本难以做到直接投资的地方，通过国有资本运营公司设立的基金投

---

① 资料来源：中国国新官网，https：//www.crhc.cn/gygx/gsjj/。

资民营企业，不仅可以帮助民营资本盈利，还可以拓宽国有资本的投资渠道，激发国有企业活力，使国有资本也分享到民营资本发展壮大的盈利，实现国有资本和民营资本的双赢。也正是因为彼此的合作发挥了国有资本的带动作用，使民营资本在获得发展机会的同时也能够回馈国有资本，从而实现双赢，有利于国有企业保值增值。

## 第五节　进一步深化国有资本授权经营体制改革的方向与建议

国有资本授权经营体制改革取得了一定的成效，但基于上文所提出的一些问题，提出以下建议：

### 一、加快推进国有企业改革

国有资本投资运营体制的推进若要顺利发展到能够实现优化资源配置、充分发挥市场的效能、提高国有资本的运营效率，需要加快推进国有企业自身的改革。如我国的国有资本总额庞大，虽然国有企业现代企业制度的建立已经在逐步完善，但董事会制度并未完全在所有国有企业中有效地发挥作用，国有资本的授权经营离不开董事会作用的充分发挥，也离不开公司治理机制的有效运行。只有发挥出国有企业董事会和监事会的有效职能，才能实现真正的放权。国有企业还可进一步探索和完善中长期的激励机制，通过多种形式的股权激励来提高企业管理层以及员工工作的积极性，且股权激励的收益不纳入单位的工资总额，使授权放权能够促使国有企业焕发活力。对改革出现中的难点问题进行明确的指导，如央企审批所属企业的混合所有制改革方案以文件的形式来明确要求，并对试点企业、示范企业及综合改革试点、董事会职权落实试点等提出专项授权。[①]

### 二、明确监管责任，实行分类监管

国有资本授权经营的授权并不是权力下放后不再过问，而是要放管结合，权责对等。从另一个角度上来说，授权经营也是委托代理，授权方在授权之后仍负有监管职责，并不能因为授权而推卸责任。授权方的监管将从管企业向管资本转变，从以往国有资产的实物形态而转向了国有资本的价值形态，要采用新的方

---

① 周丽莎. 改革国有资本授权经营体制　实现授权放权机制有效运行［N］. 经济参考报，2019 - 06 - 24（007）.

式，通过市场化和法制化的手段加强资本监控，形成监管的权力与责任清单，完善监管的流程化操作，运用现代化的互联网、数控等方法，加强事前规范、事中监控、事后问责等，掌握企业目前的运营状况，提升监管效率。并且按照被授权企业的不同功能定位，对企业战略制定、资本运营模式、人才选拔机制与考核等方面进行分类监管，促进国有资本优化配置，充分发挥市场的作用，使国有资本能够合理流动，更好地保值增值，从而促进我国经济的高质量发展。①

### 三、分类逐步推进授权放权以完善国有资本授权经营体制

2019 年提出的分类进行授权放权以及授权放权清单的出台，揭示了当前国有资本授权经营体制改革的重点和方向。可进一步明确出被授权企业的详细情况，对授权放权给出详细指导。具体情况可结合我国国有企业改革发展的不均衡的特点，需要进一步就战略规划、主业管理等方面分类开展授权放权，赋予国有投资运营公司更多的自主权。根据企业的经营特点和市场环境等做出具体的划分，并按照企业的不同类别细化，结合企业的功能定位、管理水平、治理能力及发展阶段等分类授权，充分考虑企业的自身特点，避免盲目授权和急于求成。未来进一步探索可授权的范围和具体内容，赋予企业董事会可以行使的权力，进一步完善国有资本授权经营体制。

---

① 李南山. 国资授权经营体制改革：理论、实践与路径变革 ［J］. 上海市经济管理干部学院学报，2018，16（3）：1-9.

# 第六章　深化电力行业改革

电力行业具有自然垄断的属性，关系到国家经济、政治等的安全，是重要的战略性、基础性行业。1985 年，我国为解决电力供应严重短缺问题启动了电力行业改革，经过三十余年的改革发展，电力行业取得了巨大发展，不仅技术装备水平大幅提高，而且用电水平和供电质量显著提升。党的十八大以来，为应对电力供需结构性变化以及节能减排新需求等，电力行业开启了新一轮的深化改革。党的十九届四中全会进一步提出，推进国有经济布局优化和结构调整，增强国有经济竞争力、创新力、控制力、影响力、抗风险能力，做强做优做大国有资本。电力行业改革有力地促进了能源变革和经济转型，但也仍存在一些难题亟待破解。

## 第一节　党的十八大以来电力行业改革主要特征

改革开放后，我国就开始了电力行业改革。具体来说，我国电力行业改革大体上可以划分为三个阶段，分别是 1985～2001 年、2002～2014 年、2015 年至今。各个阶段电力行业改革的主题和重点均有显著差异。关于电力行业改革的理论探讨相对于改革实践稍晚，在 20 世纪 90 年代初才逐渐兴起。

为贯彻落实党的十八大、十八届三中全会提出的全面深化经济体制改革精神，使市场在资源配置中起决定性作用和更好发挥政府作用，2015 年，中共中央、国务院出台了《关于进一步深化电力体制改革的若干意见》（中发〔2015〕9 号），标志着 2002 年之后新一轮电力行业改革正式拉开序幕。同年，国家发改委公布了 6 个配套文件，分别是《关于推进输配电价改革的实施意见》《关于推进电力市场建设的实施意见》《关于电力交易机构组建和规范运行的实施意见》《关于有序放开发用电计划的实施意见》《关于推进售电侧改革的实施意见》《关于加强和规范燃煤自备电厂监督管理的指导意见》，从电价、电力市场建设、电力交易机构、发用电计划、售电侧、电网公平接入等方面明确和细化了电力改革的具体方案和政策措施。之后围绕以上六个方面又相继出台了一系列的政策文件，如《省级电网输配电价定价办法（试行）》《关于加强电力中长期交易监管的意见》《关于深化电力现货市场建设试点工作的意见》等。

本轮改革的基本特征可以概括为以下几点：

## 一、以能源变革为背景

本轮电力改革的重要背景之一就是第四次工业革命带来又一次能源变革。人类历史上曾经发生过两次能源转型：第一次是煤炭取代木材成为主导能源，第二次是油气取代煤炭成为主要能源，每次能源转型都与全球产业变迁如影随形。进入 21 世纪，随着人工智能、清洁能源、机器人技术、量子信息技术、虚拟现实以及生物技术等的突破，第四次工业革命逐渐兴起，这本质上是一场绿色工业革命，它的基本特征就是大幅度地提高资源生产率，降低经济增长对不可再生资源要素的依赖，减少二氧化碳等温室气体排放。经过改革开放 40 多年以来的高速增长，我国对各类资源、能源的需求不断攀升，环境保护压力日益加大。习近平总书记多次强调，要立足我国国情，紧跟国际能源技术革命新趋势，以绿色低碳为方向，分类推动技术创新、产业创新、商业模式创新，并同其他领域高新技术紧密结合，把能源技术及其关联产业培育成带动我国产业升级的新增长点。为顺应世界产业、能源发展趋势，积极应对国内能源、环境变化，我国于 2015 年开启了新一轮电力行业改革。

## 二、以市场化改革为方向

我国电力行业改革始终是以市场化需求为导向，本轮改革亦不例外。改革开放初期，电力需求猛增，而电力全产业链环节，包括发电、输电、配电和用电等均实行集中统一的计划管理体制，造成电力供应和电力建设资金双重短缺。为了缓解这一矛盾，我国打破政府独家投资办电的思路，开展集资办电，促进电力投资主体多元化，如鼓励引进国外资金、地方资金以及社会资金参与电力投资，从而迈出了电力行业市场化改革的第一步。2002 年开始的厂网分离改革亦是为了建设竞争性电力市场，破除电力行业的体制性垄断。同样，本轮电力行业改革的主要目标是努力降低电力成本、理顺价格形成机制，逐步打破垄断、有序放开竞争性业务。因此，市场化依然是本轮电力行业改革的重要特征之一。

## 三、以"双效"驱动为动力

改革开放以来，我国电力行业改革一直聚焦于供给侧。2002 年之前，尤其是 1997 年亚洲金融危机之前，我国电力行业面临供给不足的困境。因此，第一轮电力行业改革是以需求驱动为主要动力的，目的是通过聚集多方资源在短期内实现电力供需的平衡。事实证明，以需求驱动为主要动力的第一轮电力行业改革成绩斐然。1977 年，我国电力装机总容量仅有 5145 万千瓦，而到 2001 年底，国内电力装机已经达到 33849 万千瓦，总规模跃居世界第二。2002 年，为了解决电力上网问题，我国借鉴发达国家电力市场建设经验，按照"厂网分开，竞价上网"的原则推动第二轮电力行业改革，以引入竞争打破发电环节的垄断。原先的国家电力公司被拆分为两家电网公司、五家发电集团和四大辅业集团，分别是国家电网、南方电网、华能、大唐、国电、华电、中电投、电力顾问集团、水电顾问集团、水电建设集团以及葛洲坝集团。因此，该轮改革是以效率驱动为主要动力。党的十八大之后，中央提出了全面深化体制改革的要求，为了解决电力行业市场交易机制缺失，资源利用效率不高，市场化定价机制尚未完全形成，新能源和可再生能源开发利用面临困难等问题，我国开启了本轮电力行业改革，力图通过改革发挥市场配置电力资源的决定性作用，提高全社会节能环保效益，推动经济结构调整和产业升级。由此可见，本轮改革是以效率、效益"双效"驱动为主要动力的。

### 四、以配售分开为主题

1985 年开始的第一轮电力行业改革以集资办电、政企分开为主题，着力改变单纯依靠财政投入的电力投资体制，同时，为进一步转向市场经济体制，成立国家电力公司，撤销电力工业部，到 2000 年底，全国绝大多数地方的电力企业已经实现政企分开。2002 年电力行业改革的主题是厂网分离，通过电力企业重组，实行竞价上网，建立区域电力市场等改革举措，努力实现打破垄断，引入竞争，提高效率，降低成本，健全电价机制，优化资源配置，促进电力发展，推进全国联网，构建政府监管下的政企分开、公平竞争、开放有序、健康发展的电力市场体系。该轮改革基本破除了发电环节的体制性垄断，激发了市场活力和企业竞争力。2015 年开始的电力行业改革，以推进配售分开为主题，即对电力产业链上自然垄断的中间部分实行管制，非自然垄断的两头部分逐步放开，向社会放开配售电业务，建立相对独立、规范运行的交易机构。各项改革试点迅速推进，输配电改革试点、售电侧改革试点、增量配电业务改革试点等取得显著进展。多元化股权结构的售电公司注册登记数量超过 1 万家。电力交易机构建设逐渐规范化，北京和广州两大区域性电力交易中心和各省份电力交易中心正加快推进股份制改造。电力现货市场开始试运行。输配电价改革持续深入推进，五大区域电网首个监管周期的输配电价实现核定。电力市场化交易机制进一步完善，煤炭、钢铁、有色、建材等行业电力用户用电计划被放开。

## 第二节　当前电力行业改革的重点领域

与 2002 年开始的上一轮电力行业改革聚焦于厂网分离，打破发电环节的垄断不同，2015 年开始的本轮电力行业改革着力于推动配售分开，通过"管住中间，放开两头"，提高电力行业市场化程度。即本轮电力改革主要针对发电的下游环节包括输电、配电、售电、用电等，在进一步完善政企分开、厂网分开、主辅分开的基础上，逐步打破垄断，有序放开竞争性业务。当前，我国电力行业改革的重点主要包括九大方面，即产业组织结构、企业市场化改革、电力监管改革、电价改革、电力市场改革、电力交易机构改革、发用电计划改革、售电侧改革及电网公平接入改革。

### 一、产业组织结构

产业组织结构演变一直贯穿我国电力行业改革的进程。改革开放之前及 20 世纪 90 年代初期，我国一直是政府办电，主要职能一开始集中在水利电力部，到 1988 年，水利电力部被撤销成立能源部，这一阶段的典型特征是政企不分。为了培育市场主体，1991 年，负责电力生产、建设、经营的五大区域电力集团成立；1993 年，为了进一步推动政企分开，引入竞争机制，能源部被撤销成立电力部；1996 年，国务院出台了《关于组建国家电力公司的通知》，随后，国家电力公司正式成立。这一时期，政企分开逐渐走向深入，但是整个电力市场仍然是国家完全垄断的。为了改变电力市场垄断格局，1998 年，国家在省级层面开始政企分开改革试点，2002 年国务院发布了《中国电力体制改革方案》，国家电力公司被拆分为两家电网公司、五家发电集团和四大辅业集团。本轮电力行业改革主要聚焦发电的下游环节，在产业组织结构上更多是成立独立核算的售电公司，将逐步降低售电市场的垄断程度。

### 二、企业市场化改革

党的十八大之后，虽然很多国有企业通过股份制改造已变成混合所有制，但政府干预仍无处不在，行政化垄断体制未真正打破，准入限制未真正放开。为了结合国有企业和民营企业的优势，促进国有资本放大功能、保值增值、提高竞争力，2013 年，中共十八届三中全会提出了分类改革的新思路和混合所有制改革的新内容。电力行业市场化改革与混合所有制改革方向一致，本质相同，推动电力企业市场化成为本轮改革的重点领域。根据《关于深化国有企业改革的指导意见》《关于国有企业发展混合所有制经济的意见》和《关于鼓励和规范国有企业投资项目引入非国有资本的指导意见》等文件精神，在竞争性领域引入社会资本，近年来，多家电力央企加快了深化混合所有制改革步伐。资料显示，国家电投完成集团层面公司制改制，正在继续推进资产证券化和债转股；中国大唐加快瘦身健体、处僵治困，全面完成集团公司改制；华能集团国企改革基础工作全面完成，企业在金融、水电、物流贸易等领域积极实施混合所有制改革[①]。

### 三、电力监管改革

深化电力行业改革离不开监管水平的提高。本轮电力行业改革不仅催生了很多新的市场主体，市场化交易机制逐渐形成，而且对电力监管也提出了新的要求。中发〔2015〕9号文提出了加强电力行业科学监管的要求，具体从三个方面加强科学监管：一是完善电力监管组织体系。基于统一市场的要求，从电监会开始从上而下实行三级垂直监管组织体系。二是创新监管措施和手段。有效开展电力交易、调度、供电服务和安全监管，加强电网公平接入、电网投资行为、成本及投资运营效率监管，切实保障新能源并网接入，促进节能减排，保障居民供电和电网安全可靠运行。三是扩大监管主体。过去，电力监管职能主要由国家能源局负责行使，具体包括电力规划与政策制定、电力市场运行和秩序监管、指导监督电价、监督电力安全生产等。随着本轮电力改革的深入，尤其是国家、区域及各省电力交易机构的相继成立，电力监管主体逐步由国家能源局一方扩大为国家能源局、地方政府、电力交易中心市场管理委员会等多方。此外，进一步加强和完善行业协会自律、协调、监督、服务的功能，充分发挥在政府、用户和企业之间的桥梁纽带作用。

### 四、电价改革

电价改革是本轮电力改革的核心议题，理顺电价形成机制成为中发〔2015〕9号文中近期推进改革的重点任务之首。当前，我国输配、发售电价仍实行的是规制电价，输配电企业处于垄断地位，所有机构、居民等用户均必须从其处购电。电价改革主要需要解决三大问题：一是单独核定输配电价，二是分步实现公益性以外的发售电价格由市场形成，三是妥善处理电价交叉补贴。其本质是理顺输配、发售环节电价的形成机制，避免价格扭曲即某类或某个用户的电价高于或低于供电成本造成的资源浪费和效率损失。

---

① 多家电力央企2018年将发力混合所有制改革〔EB/OL〕. http：//www. sohu. com/a/222259136_813870。

目前，电价改革重点推进的是理顺输配电价形成机制。根据《关于推进输配电价改革的实施意见》，输配电价改革主要采取了"试点先行、分类推进"的策略。一方面认真进行输配电价测算工作。由于输配电环节属于公用事业领域且是自然垄断环节，适用政府定价，合理定价的前提是科学准确测算输配电成本。另一方面避免一刀切，明确过渡期的电价政策。包括过渡期由电网企业申报现有各类用户电价间交叉补贴数额，经政府审核后通过输配电价回收；已制定输配电价的地区，电力直接交易按核定的输配电价执行，未单独核定的地区可采取保持电网购销差价不变的方式。

输配电价改革首先在深圳试点，逐步扩大到内蒙古西部、安徽、湖北、宁夏、云南、贵州等地，七个试点各具代表性，基本上涵盖了所有类型的地方电网公司，试点方案基本一致，同时也结合了各地的实际，如内蒙古西部在试点方案中提出核定输配电价时需考虑交叉补贴等。截至目前，各试点地区的改革成效是显而易见的，均有效降低了居民的电费支出和实体经济的用能成本。

**五、电力市场改革**

推动电力市场化，发挥市场机制决定性作用，优化电力资源配置需要大力推进电力市场建设。从理论上讲，电力市场建设应该着重解决四个方面的问题：一是明晰电力市场的主要类型，二是确立电力市场的市场主体，三是构建电力市场的交易机制，四是完善电力市场的支撑机制。基于此，中发〔2015〕9号文中聚焦电力交易体制，提出了电力市场建设的五大重点任务，即规范市场主体准入标准、引导市场主体开展多方直接交易、鼓励建立长期稳定的交易机制、建立辅助服务分担共享新机制、完善跨省跨区电力市场交易机制。《关于推进电力市场建设的实施意见》中进一步明确了完善电力市场构成、市场模式分类和电力市场体系的三大目标以及通过试点逐步推进的改革路径，同时将电力市场改革的主要任务细化到八个方面，分别是组建相对独立的电力交易机构，搭建电力市场交易技术支持系统，建立优先购电、优先发电制度，建立相对稳定的中长期交易机制，完善跨省跨区电力交易机制，建立有效竞争的现货交易机制，建立辅助服务交易机制，形成促进可再生能源利用的市场机制，建立市场风险防范机制。

目前，我国电力市场改革正处于试点阶段，广东、山东、山西、福建、甘肃、四川、新疆等地纷纷开展跨区域省间富余可再生能源电力现货交易试点、辅助服务调峰交易试点等电力市场改革试点工作，并取得了积极成效，省间电力市场基本实现市场化运营。与2015年底相比，市场交易电量和直接交易电量的增幅均超过30%，清洁能源交易电量的增幅超过20%，通过市场交易大幅度减少了用户的购电成本。

### 六、电力交易机构改革

从广义上讲，电力交易机构的组建和规范运行也是属于电力市场改革的重要内容。《关于推进电力市场建设的实施意见》中就将组建相对独立的电力交易机构作为电力市场改革的重要任务之一。本节将其与电力市场改革分开阐述一方面是依照中发〔2015〕9号文，另一方面主要基于电力市场改革较为偏向于市场机制建设的考虑。根据中发〔2015〕9号文，电力交易机构改革的目标是使电力交易机构相对独立、公平规范，因此，需要从四个方面入手，分别是遵循市场经济规律和电力技术特性定位电网企业功能、改革和规范电网企业运营模式、组建和规范运行电力交易机构、完善电力交易机构的市场功能。《关于电力交易机构组建和规范运行的实施意见》进一步指出，电力交易机构不以营利为目的，在政府监管下为市场主体提供规范公开透明的电力交易服务；将原来由电网企业承担的交易业务与其他业务分开，对交易机构进行组建或重组；有序组建相对独立的区域和省（区、市）交易机构。尤其需要指出的是，《关于电力交易机构组建和规范运行的实施意见》着重对电力交易机构的监管进行了要求，包括国家能源局及其派出机构和政府有关部门对市场管理委员会的监督、审定，交易机构日常管理运营接受政府的市场监管、外部审计、业务稽核等。

经过近几年的改革，跨区域的两大电力交易中心——北京、广州电力交易中心和各省（区、市）电力交易中心均相继成立，为电力交易机构改革奠定了重要基础，也在电力市场化交易中发挥了重要作用。但是，由于只有广州电力交易中心和山西、湖北、重庆、广东、广西、云南、贵州、海南8省份电力交易中心为股份制公司，其他电力交易中心仍为电网企业全资子公司，国家能源局为推动实现电力交易机构相对独立和规范运行，于2018年发布了《关于推进电力交易机构规范化建设的通知》，从推进电力交易机构股份制改造、充分发挥市场管理委员会作用以及进一步规范电力交易机构运行三个方面对电力交易机构改革进行了重点要求。

### 七、发用电计划改革

发用电计划管理是我国电力计划管理体制的基础制度和主要内容，实施发用电计划管理主要是为了保障中长期电量平衡和电网安全稳定运行，在过去尤其是电力供给短缺时期发挥了重要作用。随着电力供需发生新变化以及适应全面深化市场化改革的要求，2015年，中央提出推进发用电计划改革，有序缩减发用电计划，完善政府公益性调节性服务功能，进一步提升以需求侧管理为主的供需平衡保障水平。为了配合中发〔2015〕9号文的实施，国家发改委发布了《关于有序放开发用电计划的实施意见》，提出建立优先购电制度保障无议价能力的用户用电，建立优先发电制度保障清洁能源发电、调节性电源发电优先上网，积极推进直接交易，有序放开发用电计划，切实保障电力电量平衡的改革思路。

为了将发用电计划推向深入，2017 年，国家发改委、国家能源局下发了《关于有序放开发用电计划的通知》，对于有序放开的多类发用电计划，如跨省区送受电计划、既有燃煤发电企业计划电量等进行了明确规定和规范。2018 年，我国率先全面放开了煤炭、钢铁、有色、建材四大行业电力用户的发用电计划，为全面放开发用电计划进行试点。2019 年，国家发改委发布了《关于全面放开经营性电力用户发用电计划的通知》，要求对于经营性电力用户的发用电计划原则上全部放开。我国发用电计划改革正在积极、稳步向前推进。

## 八、售电侧改革

与上一轮电力行业改革专注于发电环节引入竞争机制相比，本轮电力行业改革更多地聚焦了售电环节的市场化。2015 年，中央提出要稳步推进售电侧改革，有序向社会资本放开配售电业务，包括鼓励社会资本投资配电业务、建立市场主体准入和退出机制、多途径培育市场主体、赋予市场主体相应的权责。为了贯彻落实中发〔2015〕9 号文的精神，国家发改委制定了《关于推进售电侧改革的实施意见》，提出了向社会资本开放售电侧业务，多途径培育售电侧市场竞争主体，让更多的用户拥有选择权，提升售电服务质量和用户用能水平的改革目标，并对售电侧市场主体及相关业务、售电侧市场主体准入与退出、市场化交易、信用体系建设与风险防范等进行了明确和规范。

售电侧改革同样采取了试点先行、分步推进的基本思路。近年来，越来越多的省份进入售电侧改革试点行列。目前，福建、黑龙江、江苏、广东、浙江等地正按照国家发改委、国家能源局的要求，各有侧重进行售电侧改革试点。自中发〔2015〕9 号文下发以来，各地参与售电侧改革的积极性非常高，售电公司的数量以及参与跨省跨区等市场交易的形式不断增加。但由于市场化基础薄弱，随着改革的深入和售电市场的放开，我国售电公司目前依然处于发展的初级阶段，其模式、监管等仍需进一步探索。

## 九、电网公平接入改革

能源互联网发展的重要特征就是分布式电源及储能设备的接入，这也是能源变革和节能减排的要求。中发〔2015〕9 号文明确提出本轮电力行业改革的重点任务之一是要开放电网公平接入，建立分布式电源发展新机制，因此，需要积极发展分布式电源、完善并网运行服务、加强和规范自备电厂监督管理、全面放开用户侧分布式电源市场。事实上，2012 年国家能源局就发布了《分布式发电管理办法》和《分布式发电并网管理办法》，明确鼓励各类法人及个人投资分布式发电。2014 年，为了发展分布式电源，完善并网运行服务，国家能源局又相继出台了《关于进一步落实分布式光伏发电有关政策的通知》和《关于推进分布式光伏发电应用示范区建设的通知》。中发〔2015〕9 号文下发后，国家发改委、国家能源局从加强和规范自备电厂监督管理入手率先进行改革，并出台了《关于加强和规范燃煤自备电厂监督管理的指导意见》，通过统筹纳入规划，公平参与优选，科学规范建设，做好电网接入；加强运行管理，参与辅助服务；加强综合利用，鼓励对外供热供电，推动燃煤削减；推进环保改造，提高能效水平，淘汰落后机组；确定市场主体，有序参与市场交易，平等参与购电等举措，逐步推进自备电厂与公用电厂同等管理，推动其有序发展，促进清洁能源消纳，提升能源利用效率。由于配电网是分布式能源系统的核心，为了进一步推动电网公平接入，2016 年至今，国家发展改革委、能源局相继发布了《关于规范开展增量配电业务改革试点的通知》《关于进一步推进增量配电业务改革的通知》，并开展了三批试点，但进展相对缓慢，投产项目较少。

党的十八大以来电力行业改革主要政策文件如表 6 - 1 所示。

**表 6 - 1　党的十八大以来电力行业改革主要政策文件**

| 序号 | 政策文件 | 发布机构 | 时间 | 主要内容 |
|---|---|---|---|---|
| 1 | 《关于进一步深化电力体制改革的若干意见》 | 中共中央、国务院 | 2015 年 3 月 | 进一步深化电力体制改革 |
| 2 | 《关于推进输配电价改革的实施意见》 | 国家发展改革委、国家能源局 | 2015 年 11 月 | 理顺电价形成机制 |
| 3 | 《关于推进电力市场建设的实施意见》 | 国家发展改革委、国家能源局 | 2015 年 11 月 | 形成竞争充分、开放有序、健康发展的市场体系 |
| 4 | 《关于电力交易机构组建和规范运行的实施意见》 | 国家发展改革委、国家能源局 | 2015 年 11 月 | 推进交易机构相对独立，规范运行 |
| 5 | 《关于有序放开发用电计划的实施意见》 | 国家发展改革委、国家能源局 | 2015 年 11 月 | 有序放开公益性和调节性以外的发用电计划 |
| 6 | 《关于推进售电侧改革的实施意见》 | 国家发展改革委、国家能源局 | 2015 年 11 月 | 提出推进售电侧改革意见有序向社会资本开放配售电业务 |
| 7 | 《关于加强和规范燃煤自备电厂监督管理的指导意见》 | 国家发展改革委、国家能源局 | 2015 年 11 月 | 加强和规范燃煤自备电厂监督管理 |

| 序号 | 政策文件 | 发布机构 | 时间 | 主要内容 |
|---|---|---|---|---|
| 8 | 《省级电网输配电价定价办法（试行）》 | 国家发展改革委 | 2016 年 12 月 | 建立规则明晰、水平合理、监管有力、科学透明的独立输配电价体系 |
| 9 | 《关于加强电力中长期交易监管的意见》 | 国家能源局 | 2019 年 9 月 | 加强电力中长期交易监管 |
| 10 | 《关于深化电力现货市场建设试点工作的意见》 | 国家发展改革委、国家能源局 | 2019 年 7 月 | 深化电力现货市场建设试点工作 |
| 11 | 《关于推进电力交易机构规范化建设的通知》 | 国家发展改革委、国家能源局 | 2018 年 8 月 | 推进电力交易机构规范化建设 |
| 12 | 《关于有序放开发用电计划的通知》 | 国家发展改革委、国家能源局 | 2017 年 3 月 | 进一步有序放开发用电计划 |
| 13 | 《关于积极推进电力市场化交易进一步完善交易机制的通知》 | 国家发展改革委、国家能源局 | 2018 年 7 月 | 积极推进电力市场化交易，进一步完善交易机制 |
| 14 | 《关于全面放开经营性电力用户发用电计划的通知》 | 国家发展改革委 | 2019 年 6 月 | 全面放开经营性电力用户发用电计划 |
| 15 | 《关于规范开展增量配电业务改革试点的通知》 | 国家发展改革委、国家能源局 | 2016 年 11 月 | 规范开展增量配电业务改革试点 |
| 16 | 《关于进一步推进增量配电业务改革的通知》 | 国家发展改革委、国家能源局 | 2019 年 1 月 | 进一步推进增量配电业务改革 |
| 17 | 《关于深化国有企业改革的指导意见》 | 中共中央、国务院 | 2015 年 8 月 | 深化国有企业改革 |
| 18 | 《关于国有企业发展混合所有制经济的意见》 | 国务院 | 2015 年 9 月 | 国有企业发展混合所有制经济 |
| 19 | 《关于鼓励和规范国有企业投资项目引入非国有资本的指导意见》 | 国家发展改革委、财政部、人力资源和社会保障部、国资委 | 2015 年 10 月 | 鼓励和规范国有企业投资项目引入非国有资本 |

资料来源：笔者整理。

# 第三节　电力行业发展改革的成效

进入 21 世纪，尤其是党的十八大以来，我国电力行业不仅体制机制改革深入推进，而且还取得了明显的发展成效。大容量、高参数、环保型电力设备快速增长，电网覆盖面和智能化程度不断提高，我国电力行业持续向高效、环保、安全、经济的目标迈进。

## 一、电力基础设施极大改善

改革开放以来，我国不断加大电力投资，促进电力适度超前发展，基础设施条件得到极大改善。2018年，我国发电装机容量达到189967万千瓦，（见图6－1）是1977年的约40倍。党的十八大以来，我国发电装机容量年均增速维持在7%～9%，略高于GDP增速，电力生产弹性系数不仅大于能源生产弹性系数（见图6－2），而且绝对值也超过1，说明发电增长率高于国民经济增长率。

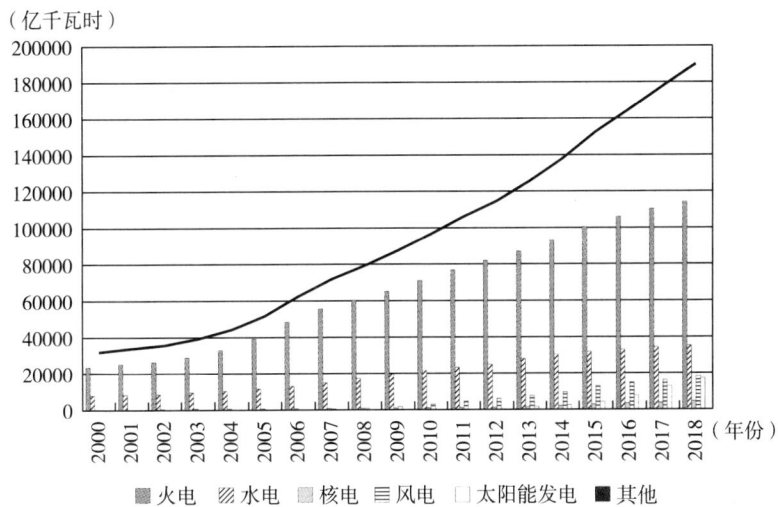

图6－1　我国电力装机容量及电源结构

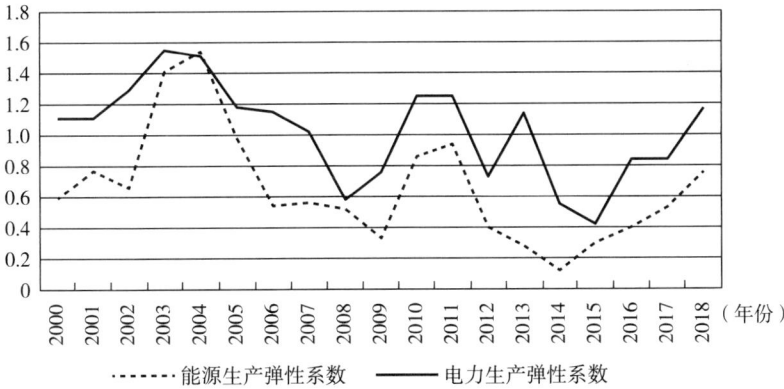

图6－2　能源和电力生产弹性系数

与此同时，电源结构也在不断优化，清洁电力的比重持续上升。与2012年相比，2018年我国火电占比已从71.5%降到60%，清洁电力占比增幅则超过10个百分点，其中，核电占比从1%提升到2.5%，风电占比从5.5%提升到9.7%，太阳能占比从0.3%提升到9.2%。

电网建设不断提质增效，不仅实现了全国统一联网和跨地区输电，而且电网运行安全水平、输配效率也大幅度提升。目前，我国电网输变电规模高居世界首位，跨区、跨省送电量分别完成5405亿千瓦时和14440亿千瓦时，均比上年增长超过10%。特高压等新基建重大项目快速推进。目前，我国共有25条在运特高压线路，7条在建特高压线路，同时，还规划投资了12条特高压线路，投资规模超过1500亿元。

## 二、电力供需结构不断优化

改革开放初期，我国电力供应严重短缺，不仅企业正常生产受到制约，而且居民基本生活用电都无法得到有效保障。随着电力行业改革的持续深入和跨越式发展，电力供需结构实现了再平衡，近20年来，电力供需比均大于1，党的十八大以来呈显著的上升态势。发电量保持快速增长，发电结构也得到明显改善。2012年之后，每年至少保证5%以上的增长率，同时，火电发电量占比也由80%以上逐步下降到69%左右（见图6-3），风电、太阳能及水电等非化石发电量占比超过30%。党的十八大以来，虽然我国电力消费增速略低于发电量增速，近年来增速保持在3%~6%的范围内，但是用电总量持续提高（见图6-4）。电力消费结构也在不断优化，工业消费电力占比从75%左右下降到69%，服务业消费电力占比和生活用电量占比则分别提高到14.8%、14%左右（见表6-2）。农网改造、微电网建设等深入推进，广大农村地区和人烟稀少的山区、海岛的用电水平大幅度提升。

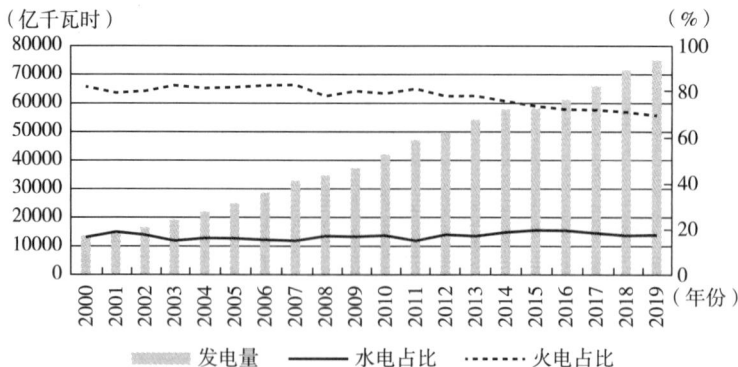

图6-3 全国发电量及结构

（千瓦时）

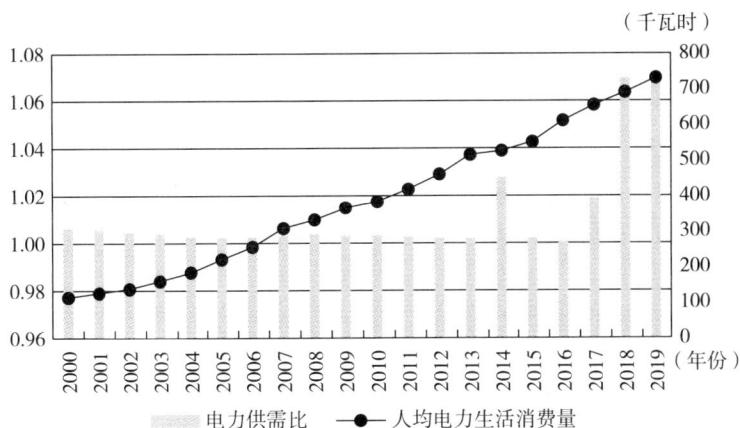

图6-4 全国电力供需比和人均电力生活消费量

表6-2 电力消费结构演变

| 年份 | 工业电力消费占比 | 生活消费电力占比 | 服务业电力消费占比 | 电力消费增速 | 生活消费电力增速 |
|------|------|------|------|------|------|
| 2001 | 0.743 | 0.129 | 0.108 | 0.093 | 0.309 |
| 2002 | 0.753 | 0.134 | 0.102 | 0.118 | 0.158 |
| 2003 | 0.745 | 0.131 | 0.111 | 0.156 | 0.136 |
| 2004 | 0.748 | 0.123 | 0.109 | 0.154 | 0.080 |
| 2005 | 0.743 | 0.116 | 0.111 | 0.135 | 0.068 |
| 2006 | 0.744 | 0.117 | 0.110 | 0.146 | 0.162 |
| 2007 | 0.743 | 0.124 | 0.106 | 0.144 | 0.212 |
| 2008 | 0.735 | 0.127 | 0.112 | 0.056 | 0.082 |
| 2009 | 0.725 | 0.132 | 0.118 | 0.072 | 0.108 |
| 2010 | 0.736 | 0.122 | 0.118 | 0.132 | 0.052 |
| 2011 | 0.738 | 0.120 | 0.121 | 0.121 | 0.097 |
| 2012 | 0.728 | 0.125 | 0.127 | 0.059 | 0.107 |
| 2013 | 0.724 | 0.129 | 0.128 | 0.089 | 0.124 |
| 2014 | 0.724 | 0.127 | 0.131 | 0.040 | 0.027 |
| 2015 | 0.716 | 0.130 | 0.136 | 0.029 | 0.054 |
| 2016 | 0.703 | 0.137 | 0.142 | 0.056 | 0.113 |
| 2017 | 0.694 | 0.140 | 0.148 | 0.057 | 0.077 |

资料来源：笔者根据《中国统计年鉴》相关数据计算得出。

### 三、电力节能减排效果显著

为加强电力节能减排，国家出台了一系列政策文件，包括《能源发展战略行动计划（2014—2020）》《煤电节能减排升级与改造行动计划（2014—2020）》《全面实施燃煤电厂超低排放和节能改造工作方案》等。主要利用先进技术加强供给侧和需求侧的节能减排，取得了明显效果。

（1）供给侧方面。一是利用风电、核电、太阳能、海洋能等现代能源技术大力发展安全高效的清洁低碳电能；二是推广煤电灵活性改造技术，促进煤电清洁化发展，提高清洁煤电在煤炭使用中比重；三是开展大规模电能替代，提高电能占终端能源消费比重及能源利用效率；四是强化储能，升级改造配电网，加快建设能源互联网以此提升可再生能源消纳能力。

（2）消费侧方面。一是创新用电需求管理方式，引导用户高峰时少用电，低谷时多用电，降低用电成本；二是推动能源消费革命，在居民生活采暖、生产制造、交通运输等领域积极推进电能替代；三是通过发展综合能源服务，促进可再生能源并网消纳以及大容量储能、能源微网等的突破，不断提高能源利用效率。

党的十八大以来，单位 GDP 电耗和单位工业增加值电耗均持续下降，其中，单位 GDP 电耗由 0.09 千瓦/元下降到 0.07 千瓦/元，降幅超过 20%，单位工业增加值电耗由 0.15 千瓦/元下降到 0.13 千瓦/元，降幅接近 15%。如图 6-5 所示。三项发电常规大气污染物排放量大幅度降低，到 2020 年底，我国电力烟尘、二氧化硫、氮氧化物排放量将分别下降到 20 万吨以下、100 万吨以下和 100 万吨以下，与 2015 年相比降幅分别达到 50%、67% 和 60%。

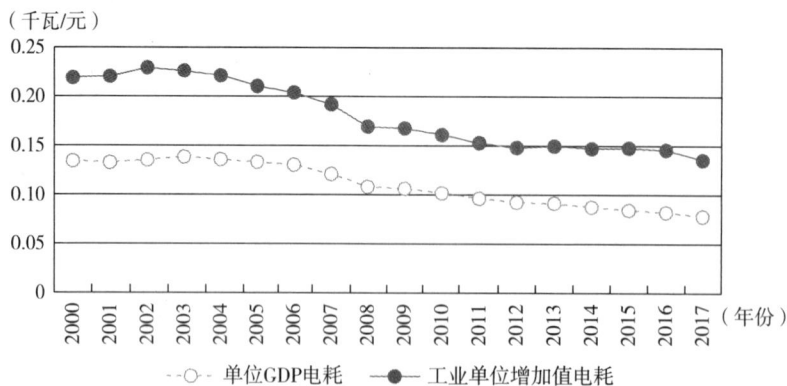

（千瓦/元）

图 6-5　单位 GDP 和工业单位增加值电耗

### 四、电力国际合作蓬勃开展

党的十八大召开之后，随着"一带一路"倡议的提出，我国电力行业"走出去"蓬勃开展，国际电力合作深入推进。主要体现在两个方面：一是海外市场开拓成效显著。我国电力行业主要通过境外工程承包和劳务、电力设备出口、对外投资、对外援建等方式不断开拓海外市场，合作领域以火电、水电和输变电为主，风电、太阳能等新能源合作尚处于初级阶段。我国海外电力市场已从亚洲逐步扩张到非洲、南美、欧洲等地区，产品结构不断升级迭代。党的十八大以来，我国电力企业累计出口签约电站总装机容量已经超过法国的电力总装机容量。二是电力基础设施互联互通取得积极进展。"一带一路"沿线国家电力资源开发利用程度和效率、人均装机容量、发用电量等均远低于发达国家，迫切需要加快电源建设、电网互联、可再生能源开发和吸收先进电力技术。我国与"一带一路"沿线国家已经合作共建了一大批重点电力项目，主要包括巴基斯坦苏基克纳里水电项目（870MW）、巴基斯坦 Quaid－e－Azam 太阳能公园项目（1000MW）、巴基斯坦科哈拉水电项目（1100MW）、巴基斯坦塔尔 Oracle 坑口燃煤电厂（1320MW）、巴基斯坦塔尔 SEC 坑口煤电一体化项目（1320MW）、巴基斯坦中电胡布燃煤发电项目（1320MW）、巴基斯坦萨西瓦尔燃煤发电项目（1320MW）、卡西姆港燃煤发电项目（1320MW）、迪拜哈翔清洁燃煤电站项目（2400MW）、印度尼西亚卡扬河梯级水电项目（9000MW）等。

## 第四节　电力行业改革发展中尚存的突出问题

从理论上讲，在自然垄断行业，由于国家安全、资源稀缺、规模经济等因素影响，垄断或寡头垄断的市场结构是最有效率的。电力行业总体上具有自然垄断属性，但从产业链角度来看，中间的输配电环节更具自然垄断特征，而两头的发电、售电环节自然垄断程度相对较轻。从发达国家的电力行业改革经验和全球电力行业发展趋势来看，我国电力行业改革亟须放开竞争性业务，促进电网公平接入。因此，本轮电力行业改革无论是顶层设计，还是实践举措都基本遵循了正确方向。自 2015 年中发〔2015〕9 号文下发以来，改革得到了相关主体的有效推进，并取得了阶段性成果，但仍存在一些突出问题，主要体现在经济下行与生态环保的双重约束持续趋紧、政策协调难度大、电价机制未形成、统一市场存壁垒、市场活跃程度低、增量配电推进慢六个方面。

## 一、电力行业外部发展环境约束加大应对难度

从外部环境来看，电力行业发展至少面临三大约束：一是世界百年未有之大变局深度演进。当前，贸易保护主义、单边主义、民粹主义等逆全球化因素暗流涌动，给电力行业推进高水平对外开放带来了更多的不确定性。二是经济下行压力加大。党的十八大以来，电力供应稳定增长，但是消费增速明显回落。随着经济由高速增长转向高质量发展，工业生产增长趋缓导致电力整体需求呈现走弱。当前，全球制造业产业格局重塑，产业链纵向收缩、区域集聚分工趋势增强，我国制造业面临中高端回流、中低端分流的"双向挤压"，造成国内产业链供应链安全风险持续增加，国内经济运行面临"六保""六稳"的严峻考验，这些都给电力行业发展带来了新挑战。三是能源变革驱动电力清洁化发展。一方面，全球正在进行第三次能源转型，尽管处于初期阶段，与前两次能源转型相比，已具有明显的区别，其主要特征表现为以低碳、可持续的能源供给与能源消费为目标；另一方面，国内资源和环境约束不断强化，土地、劳动力等生产要素成本不断上升，电力行业清洁化发展步伐需要进一步加快。

当前，电力行业在清洁能源消纳和智能电网建设等方面亟须实现突破发展。为促进清洁能源消纳，国家能源局制定出台了《清洁能源消纳行动计划（2018—2020）》，虽然在电网基础设施完善、促进源网荷储互动等方面已经取得了积极成效，但是我国"三弃"（弃风、弃光、弃水）问题仍然比较突出，弃风、弃光大部分集中在"三北"地区，弃水主要集中在西南地区。主要的制约因素是以跨区输电能力不足为表现形式的有利于清洁能源消纳的体制机制尚未建立，电力市场化调节功能仍未充分发挥。例如，东北、西北等地新能源跨区外送能力不到装机容量的1/4。同时，数字经济背景下我国需要加快建设智能电网以提升电网整体安全水平。

## 二、电力行业改革相关政策在地区间、主体间存在较大协调难度

电力行业是一个系统。从产业链的角度来看，包含了发电、输电、配电、售电等相关环节；从生态系统的角度来看，既包括发电企业、电网企业、电力用户，也包括电力行业监管机构等；从纯粹技术的角度来看，电力行业的一个显著特征就是要实现电力供应与需求的瞬时平衡；从生产目标的角度来看，电力行业生产至少需要实现安全、环保、经济、高效等目标，这些目标有的相辅相成，有的相互制约，需要实现目标之间的协同，即"多位一体"；从电力市场的角度来看，能量市场、辅助服务市场、容量市场、输电权市场等机制紧密关联。因此，推进电力行业改革必须注重科学、合理的顶层设计，使相关政策能够协调高效地

发挥作用。

当前，我国电力行业改革的相关政策存在协调难度较大的问题，主要体现在两个方面：其一，现有顶层设计框架尚不完善，改革推进的有机性、有序性存在争议。中发〔2015〕9 号文是本轮电力行业改革的纲领性文件，随后又陆续出台很多配套性文件，但是这些文件仅仅是对改革的重点领域、任务、路径及举措等进行了规范，对重点领域之间的改革相关性、协同性缺乏指导，导致有的改革难以推进。例如，如果没有较为成熟的电力批发市场通过竞争产生红利，售电业务也很难向终端用户提供红利，增量配电业务就难以展开。[①] 其二，各地、各主体、各项目存在较大的异质性，导致改革政策落地需要较高的多方协调，甚至博弈成本。由于认识和实际存在差异，各类试点在改革落实过程中采取的规则、标准等有所不同，政府与市场主体、企业与社会、中央与地方、各部门等之间的协调难度较大。

### 三、市场化电价机制尚未形成

目前，电价改革虽然取得了积极进展，但很多机制设计还有待进一步完善，导致电价形成过程中仍带有较强的政府规制色彩。

一方面输配电价核定还需要不断改进。目前，《省级电网输配电价定价办法（试行）》尚未明确电价计算方法。事实上，输配电价核定本身就是全球性难题，如何实现科学、合理、可行地对电力企业历史成本和未来成本进行监测，预测不仅需要监管部门掌握很多专业知识以及大量的经验，还需要具备足够的支撑，如电网企业建立成本归集和核算机制，这显然是一个巨大考验。现有的输配电价核定办法只是规定了监管周期内的成本监审办法，没有经过动态调整难以科学指导下一个监管周期的输配电价核定实践。对地方电网和增量配电网进行输配电价核定的工作量较大，且还需要考虑与省级电网的衔接配合。

另一方面交叉补贴需要不断规范。目前，我国对居民生活用电、农电实行低电价，工商企业承担了较高的电价，这种交叉补贴形成的价格扭曲不利于电力资源配置效率的提高。因此，克服交叉补贴是电价改革必须要解决的难题。现行居民阶梯电价制度对于合理体现电能资源价值和公平负担原则没有得到完全体现，工商企业承担的补贴一部分流向了高收入人群。

此外，政府通过电网企业代征的基金附加水平仍较高，地区之间征收标准差异较大，不利于电价有效传导，进一步发挥市场引导电价的作用。

---

① 资料来源：《电改应更重政策的协调与配套》，http://shoudian.bjx.com.cn/html/20150424/611643. shtml。

### 四、全国统一电力市场建设存在壁垒

根据中央改革部署，电力市场建设的总体目标是要在全国范围内形成竞争充分、开放有序、健康发展的市场集体，即要构建全国统一电力市场。为了实现这一目标，必须积极培育市场主体，坚持节能减排，建立公平、规范、高效的电力交易平台，引入市场竞争，打破市场壁垒。近年来，改革确实向以上方向进行了发力，但诸多壁垒亟须打破。

一是电力市场之间的协同壁垒。电力市场体系既包括中长期交易市场，也包括现货交易；既有区域电力市场，也有省份电力市场。这些电力市场虽然聚焦的主题、经营地理范围各不相同，但作为一个系统需要相互耦合，形成协同发展。但目前，中长期交易市场、现货市场，尤其是不同地区的电力市场在市场模式、交易规则等方面存在较大差异，不利于电力市场的融合发展和资源配置效率的提高。

二是清洁转型壁垒。在当前世界能源变革背景下，发展清洁能源，并向低碳节能转型是我国构建现代经济体系，促进生态文明的重要任务。由于波动性强、储存难、分布不均等特征，清洁能源消纳面临较大困难。其主要原因在于投资和消费的鼓励政策尚不完善，清洁能源、常规能源及相关各方的利益难以有效协调。

三是有效竞争壁垒。跨省份交易仍然较难，个别省份严控省外购电、设置外购电量上限、压低省外购电价格等现象较为突出，严重制约了全国电力市场作用的发挥和能源资源的充分、高效配置。

此外，电力监管和风险防控尚有待进一步完善、健全，这方面的缺陷对包括发电企业、电网企业、售电企业、电力用户等在内的整个市场都是重大考验。

### 五、售电侧改革市场活跃度较低

售电侧改革实施以来，各地参与售电侧改革试点的意愿都很高，一些央企、地方电力企业和民营企业陆续投资成立了售电公司，积极参与直接交易试点活动。资料显示，截至目前，通过工商注册的售电公司超过万家，但已在交易中心通过公示的售电公司仅不到四成。[①] 真正入市的售电公司中实现盈利的更是少之又少，不少公司陆续主动退市。因此，售电侧改革主要面临市场活跃度较低的问题。导致这一问题的原因大体有两个：

一方面售电公司自身能力存在缺陷。售电领域是专业性很强的领域，很多售

---

① 资料来源：《2019 年售电公司生存环境大起底》，http：//shoudian. bjx. com. cn/html/20190212/961782. shtml。

电公司对该领域的规则、政策以及行业特征等均不是很熟悉，很难准确理解交易规则，并进行偏差电量的预测，仅仅依靠"吃差价"的模式来追逐利润，提供增值服务并能够获利的非常少。赚"快钱"的心理、单一的商业模式和偏低的业务水平使售电企业很难适应售电市场上的不确定性。

另一方面售电侧改革环境仍需进一步优化。主要体现在两个方面：一是当前售电侧改革的顶层设计尚不完善，市场放开程度不够，监管机制不健全，且政策变化频繁，导致售电侧市场不确定性较大；二是售电侧改革与电力行业其他领域的改革，如输配电价改革、发用电计划放开、电力市场建设、交易机构组建等都是紧密相关、系统联动的，不能单兵突进。目前，在推进售电侧改革过程中，往往没有运用系统思维。

### 六、增量配电改革推进艰难缓慢

目前，我国增量配电改革试点虽然高频次开展，且基本实现了地级市以上全覆盖，但取得实质性进展的项目不足两成。2018 年，国家发改委和国家能源局为此专门成立了督导组对多个省份进行调研、督导，并重点通报了进展缓慢和问题突出的试点项目。因此，总体来看，增量配电改革推进缓慢，主要体现在以下四个方面：

一是项目审批不规范。一方面各地政府、电网企业对于增量配电改革的政策理解存在理解和认知差异；另一方面由于改革牵涉多方利益，股权纠葛、资产交织非常多见，多方利益博弈导致试点项目难以落地。地方政府甚至在增量配电改革实践中设置前置条件，干预项目招标结果。从而导致社会资本投资积极性受挫。

二是政策标准不完善。支撑增量配电改革的相关政策规范、规划及标准存在一定程度的不完善，适应增量配电业务发展的标准管理体系尚未建立，增量配电网规划流于形式，从而导致存量资产处置、项目核准、系统接入、供电业务许可证办理等诸多环节受不利影响。

三是配电价格不合理。作为电价改革的重要部分，当前实施的输配电价核定、成本监审等举措尚存在一定的问题和不足，不少地方尚未研究出台配电价格的定价办法，由于无法核定，配电价格基本没有盈利空间。

四是区域划分不清晰。配电网一直主要依靠电网企业制订规划并投资。一些试点项目在划分配电区域时，往往存在压缩试点项目范围、将控股参股项目与配电区域划分互为前提等情况。

# 第五节　进一步深化电力行业改革的方向与建议

当前，我国电力行业市场化改革逐步进入攻坚克难的深水区，体制改革推进面临更加复杂的形势，从总体思路来看，未来进一步深化电力行业改革需要在坚持"管住中间，放开两头"的原则下，进一步厘清改革各领域的顺序和轻重缓急，加强各领域改革措施的科学性、协调性和动态性，促进改革顶层设计的激励相容，强化改革举措的落实、执行与反馈，提升电力监管水平。具体来说，根据前文分析，从促进政策协调、科学形成电价机制、消除统一市场壁垒、增强市场活跃程度、加快推进增量配电改革、深入推进混合所有制改革、提升电力监管水平等方面提出对策建议。

## 一、合理有序推进电力行业各项改革

本轮电力行业改革主要目的是还原电力商品属性，逐步打破垄断，支持清洁能源发展，因此，涉及的改革领域众多，如形成由市场决定电价的机制、构建电力市场体系、有序放开竞争性业务等。目前，我国在推进电力行业改革的思路主要还是通过单个领域的试点积累经验并逐渐推广，如各地广泛开展售电侧改革试点、增量配电改革试点等。这种思路符合改革进入深水区的特征和当前国内电力行业发展实际，但也存在一个重大缺陷，即长期以来，我国一直用孤立、静态的思维去谋划电力行业改革，缺少动态、系统的思维。电力行业本身就是一个处于发展状态的系统，改革涉及的多个领域都是密切相关、相互制约的，如售电侧改革就与输配电价、发用电计划放开、电力市场建设等其他领域的改革紧密关联，无法实现多个改革领域的协调推进就会导致改革缓慢、停滞，成本巨大。这也是导致当前很多领域改革陷入困境的重要原因。

现有的中发〔2015〕9号及相关配套文件等电力行业改革文件，仅仅提出要有序放开输配以外的竞争性环节电价，有序向社会资本放开配售电业务，有序放开公益性和调节性以外的发用电计划，但如何"有序"并未有明确规定。因此，应从顶层设计层面开展对电力行业重要领域改革协同的研究，明确改革路线图，完善相关机制设计和制度安排，促进电价改革、电力市场建设、交易机构组建、售电侧改革、增量配电改革等协同、协调推进。实证研究表明，非协同改革会使过早引入竞争的领域或环节承担大量的改革成本，导致相关企业出现大范围亏损，成为改革向纵深推进的阻力（肖兴志，2013）。

## 二、确立市场化电价形成机制

确立市场化电价形成机制需要从以下四个方面入手：

一是逐步妥善解决电价交叉补贴问题。交叉补贴现象的存在有其一定的合理性，在短期内并不适宜全部取消，因此，要通过完善顶层设计，逐步妥善解决。具体来说，主要需要解决两个问题：其一，如何降低实体经济，尤其是工商业企业的电价负担；其二，如何使居民用电价格能够反映供电成本，同时又可以兼顾不同收入居民的承受能力。对于前者，可以在不扩张补贴规模的前提下，将补贴方式从交叉补贴的暗补转向明补。对于后者，需要进一步完善居民阶梯电价制度，通过价格信号的作用，让高收入人群和低收入人群承担合理的电力消费价格。

二是逐步取消政府基金及附加，还原电力商品属性。电价中的政府基金及附加具有阶段性、特殊性，应根据电力行业发展和市场化改革进程逐步取消。可以通过成立电力发展基金的方式对一些长期性、保障性的电力公共支出进行支持。

三是动态完善输配电价核定机制。当前，试行的输配电价核定办法并不完善，要形成输配电价核定的动态调整机制，通过总结上一个监管周期输配电价核定实践来不断增强核定办法的科学性、系统性和可操作性。

四是加强对电网企业的监管和激励。输配电价改革对电网企业来说是一次利益冲击，而且为适应电价改革要求，电网企业需要重塑其成本归集、核算机制。因此，在提升对电网企业监管能力的同时，也要通过优化明确电网企业服务质量、供电可靠性等绩效考核标准、办法、流程、挂钩兑现机制等来强化对电网企业的激励。

## 三、构建全国统一电力市场

构建全国统一电力市场需要从以下四个方面入手：

一是促进电力市场融合、协调发展。主要是促进中长期交易市场和现货市场、区域市场和全国市场融合、协调发展。需要指出的是，促进区域市场与全国市场的融合与协调不是要将区域市场与全国市场同质化，必须因地制宜地反映区域市场特征。一方面从顶层设计层面搭建统一的市场框架、运行平台、交易规则，统一协调运营，对不同类型市场明晰定位和交易主体，开展分工协作。另一方面厘清交易时序，做好不同市场之间的有效衔接。省间资源优化配置优先于省内市场电力电量平衡，区域现货市场优先于省内现货市场出清。

二是建立促进清洁能源消纳的市场化机制。例如，探索建立清洁能源配额和配额指标交易机制，推动清洁能源强制优先替代，推动市场机制与计划手段并举。拓展清洁能源消纳市场，完善清洁能源打捆交易机制，促进清洁能源有效消纳。

三是以市场机制消除省间电力市场壁垒。从社会效益和长期效益来看，消除省间电力市场壁垒对购入省、卖出省来说是"双赢"，要提升并统一各地认识。加强对地方政府干预省间电力市场交易的督导工作，并实施问责。充分发挥市场机制，释放省间电力市场壁垒消除的红利。

四是建立市场风险防控机制，营造公平竞争的市场环境。提升监管水平，建立供需紧张、市场力操纵市场、输电阻塞、信用等风险防控机制。适度进行信息披露，提升市场透明开放程度。

### 四、增强售电市场活跃度

增强售电市场活跃度，推动售电侧改革进一步深入主要需要进行两方面的改善和提高：

一方面鼓励引导售电公司加强自身能力建设。制定鼓励政策，充分发挥行业协会的重要作用，加强对售电公司能力建设的培训，使售电公司提升对售电市场、核心规则、发展规律、相关政策等的理解和判断，同时，促进售电公司不断丰富自身技术资源，如建设用户用能管理平台等，使增值服务能够真正落地、落实。

另一方面不断改善售电侧改革环境。需要做到"两手抓"：其一，要加快完善售电侧改革的顶层设计。当前，售电侧改革陷入困境，绝大多数售电公司经营绩效低下，甚至陆续退市，很大程度上归咎于售电侧改革顶层设计的不完善，一些规制、政策本身存在瑕疵，且不断变动，导致市场不确定性增大。因此，要遵循售电侧市场发展规律，尽快制订完善相关市场规则，引导市场主体实现有效竞争，同时，还要进一步统筹相关改革任务，系统、有序推进售电侧改革。其二，要强化对相关机制设计和制度安排的落实和执行。不仅要推动各市场主体的公平无歧视准入，培育多元化售电主体，如明确售电主体的权利义务，避免行政过度干预，形成多主体自由买卖的市场格局；而且还要加强对售电市场公平竞争等的监管，维护用户利益和市场秩序。

### 五、加快推进增量配电改革

加快推进增量配电改革需要从以下四个方面入手：

一是规范增量配电试点项目审批及管理。目前，增量配电试点已经开展了四批，虽然节奏加快，但是落实和绩效情况并不理想。在招标过程中，地方行政力量干预现象较为突出。因此，需要对前期试点项目中出现的突出问题进行研究，提出针对性的解决办法，并且科学合理控制增量配电试点项目审批节奏，规范项目招投标流程及审批管理，特别是加强事中事后监管。

二是优化调整配电价格机制。一方面要加快制定和形成科学、合理、可行的配电价格核定办法和动态调整机制，使其真正反映配网投资、运营成本，激励配电企业降低损耗。另一方面优化输配电价格结构。我国终端电价中输电费用与配电费用的比例与发达国家相比正好呈现倒挂态势，输电费用过高，配电费用过低难以确保配电企业拥有一定的盈利空间，应尽快调整这一价格结构。

三是完善规划、政策与标准。进一步完善配电网规划、区域规划以及增量配电改革的相关政策与实施标准，确保各类规划、政策与标准之间的衔接与协调，从而发挥合力推进增量配电改革走向深入。

四是协调各方利益，实现激励相容。增量配电改革涉及地方政府、电网企业等多个市场主体的利益调整。要切实推出部分优质项目，调动社会资本的积极性，同时，也要避免对电网企业的生产经营造成过度冲击。要通过相关制度安排，厘清股权纠纷，合理区域划分，调动各方改革参与积极性，实现合作共赢。

**六、深入推进混合所有制改革**

电力行业混合所有制改革的主要目标是提高电力国有企业和国有资本的运营效率，发挥电力国有企业优势和放大国有资本的功能。为了实现以上目标，需要在电力市场上营造公平竞争的环境，逐步放开适合引入社会资本的垄断领域。当前，我国电力行业混合所有制改革已经进入深水区，在经历了本轮混合所有制改革启动初期的热潮之后，各方审慎观望态度渐浓，实质推进迟缓。其障碍主要表现为：民营资本在电力行业准入、资源获取等方面仍存在诸多限制，推出引入社会资本的并非是优质项目，担忧电力国有资产流失等。这些障碍有的是共性问题，也有的是电力行业的个性问题，破解关键在于以竞争中性推进电力行业混合所有制改革。竞争中性对企业经营形式的要求主要体现在国有企业具有较高的公司化程度，且商业和非商业目标能够有效分离。

一方面，政府层面要营造以竞争中性推进混合所有制改革的良好环境，这不是只针对电力行业混合所有制改革，而是针对所有国有垄断领域的混合所有制改革。主要可以采取两方面的行动：其一，以竞争中性的内涵、指向等制订或完善相关法律法规及指导意见。例如，有超过3/4的OECD国家在相关法律或政策框架（主要是竞争法和竞争政策）中明确了公有产权和私有产权的企业拥有平等的权利和义务。其二，强化政府在执法或政策实施过程中对竞争中性的落实力度。当前，我国在环保、知识产权保护等领域均制定了较为完善的法律或政策，但由于实际工作中执行不到位，法律或政策效果大打折扣。在营造竞争中性良好氛围的实践中应加强执法及政策落实，形成较好且稳定的社会预期。

另一方面，从电力行业来说，要以竞争中性原则贯穿电力国企混合所有制改革实践全过程。在电力产业链中适合开展混合所有制改革的对象选择，针对不同电力改革领域混合所有制模式和方案制定，电力国有资产定价原则和流程，电力混合所有制企业包括售电公司的股权结构安排，电力职工劳动关系调整，电力监管等混合所有制改革各环节应严格遵守竞争中性原则。以竞争中性原则实施前期相关制度改革，扫除混合所有制改革的障碍。减少政府对电力企业改革过程的过度干预，优化电力监管和国有资本监管模式，避免采用选择性的行为及政策干扰电力企业混合所有制改革推进。

### 七、着力提升电力监管水平

本轮电力行业改革将电力监管提到了非常重要的位置，作为本轮电力行业改革的纲领性文件——中发〔2015〕9号文中多次出现"监管"。由于本轮电力行业改革不仅涉及电价机制形成、售电侧改革、有序放开发用电计划等领域，而且还要聚力推进电力市场建设、电力交易机构组建和规范运行、加强和规范燃煤自备电厂监督管理等，即整个电力市场将发生重大变革，这就需要电力监管及时跟进。当前，我国电力监管主要存在体制机制仍不完善、监管机构独立性难以保证、监管能力不足等问题。因此，需要从以下四个方面入手：

一是完善电力监管条例等相关制度安排。当前，我国电力监管机构主要根据电力监管条例等对输配电价、清洁能源消纳、电力市场等进行监管。随着本轮电力行业改革的深入，很多领域发生了重大变化，相应的监管制度也应进行动态调整和完善，如促进售电市场主体的平等准入、公平竞争，透明输配电价成本核算机制，完善电力市场交易规则等。

二是强化电力监管执行。执行是确保监管有效性的重要方面。当前，我国在知识产权保护、环境保护等方面有很多好的制度，但监管效果却差强人意，主要原因在于没有真正认真执行。应该通过激励相容的机制设计来促进电力监管的执行力度，提升电力监管的有效性。

三是充分发挥电力行业协会的监管作用。目前，我国电力监管主要依赖于政府部门，包括国家能源局、国资委、财政部、市场管理局等。虽然2002年成立了电监会，但是仍归属国家能源局，因而很难做到电力监管的独立性。应充分发挥第三方监管职能部门，如电力行业协会的作用，对电力企业高管行为的约束、经营状况的评价等更多依赖市场和股东。

四是利用大数据、人工智能等先进技术手段提升电力监管能力。监管部门的监管能力不足也是当前制约电力监管有效性的重要因素。可以借助电力大数据等先进技术手段来提升监管的精准性和可靠性，降低电力监管的交易成本。

# 第七章　深化石油石化行业改革

石油石化行业是我国的支柱产业，改革开放后，实现了政企分离、改制上市、国际化经营，为国家经济快速增长做出了巨大贡献。党的十八大以来，我国石油石化行业同步全球发展并保持稳步上升，截至2019年，营业收入、利润等均占全国规模以上工业企业的1/10左右①。中国有三家石油石化企业进入世界500强百名以内，中国石油化工集团有限公司（以下简称"中国石化"），在世界500强中排名第2位，与2012年相比排名上升3位；中国石油天然气集团有限公司（以下简称"中国石油"），排名第4位，上升2位；中国海油石油集团有限公司（以下简称"中国海油"），排名第63位，上升38位。党的十八大提出的"深化经济体制改革，推进经济结构战略性调整，全面提高开放型经济水平"为我国石油石化行业改革指明了方向，从政府的政策转变到企业的改革发展，石油石化行业国资国企改革逐步深化。

## 第一节　石油石化行业发展现状

### 一、勘探和开发领域国企垄断

在党的十八大以前，经过多次重组和并购，我国形成了以中国石油、中国石化和中国海油等为主体的寡头竞争模式，权限设定、财政补贴、进出口权限制等行政垄断行为限制了其他企业和资本形式的进入。通过行政垄断，新企业难以进入石油勘探和开发领域参与竞争。截至2019年，国内具备开发资格的企业仅有中国石油、中国石化、中国海油、延长石油（隶属陕西省人民政府）四家，且

---

① 中国国际石油化工联合有限责任公司，中国社会科学院数量经济与技术经济研究所. 中国石油产业发展报告（2019）［M］. 北京：社会科学文献出版社，2019：270.

主要集中在三家央属国有企业（见图7-1、表7-1、表7-2）。

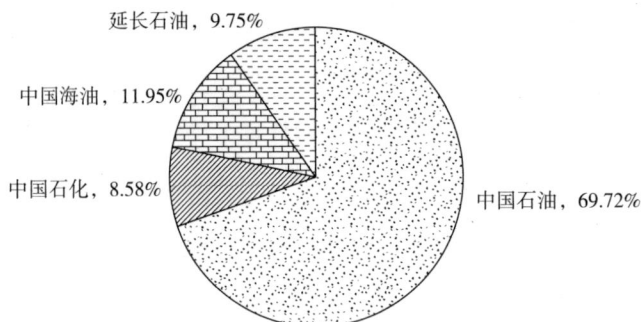

**图7-1 2019年国内新增探明石油地质储量四家企业所占份额**

资料来源：中国石油、中国石化的数据来自企业年报，延长石油的数据来自公司官网，中国海油的数据来自公司官网估算，全国数据来自2020年全国能源工作会议。

**表7-1 三家企业国内原油产量及市场份额**

| 年份 | 中国石油 | | 中国石化 | | 中国海油 | | 全国 | 三家市场合计（%） |
| --- | --- | --- | --- | --- | --- | --- | --- | --- |
| | 原油产量（万吨） | 市场（%） | 原油产量（万吨） | 市场（%） | 原油产量（万吨） | 市场（%） | 原油产量（万吨） | |
| 2012 | 11033 | 53 | 4318 | 21 | 3857 | 19 | 20747 | 93 |
| 2013 | 11260 | 54 | 4378 | 21 | 3943 | 19 | 20992 | 93 |
| 2014 | 11367 | 54 | 4378 | 21 | 4152 | 20 | 21143 | 94 |
| 2015 | 11143 | 52 | 4174 | 19 | 4194 | 20 | 21456 | 91 |
| 2016 | 10545 | 53 | 3566 | 18 | 4235 | 21 | 19969 | 92 |
| 2017 | 10254 | 54 | 3505 | 18 | 4278 | 22 | 19151 | 94 |
| 2018 | 10102 | 53 | 3506 | 19 | 4196 | 22 | 18911 | 94 |
| 2019 | 10177 | 53 | 3513 | 18 | 4490 | 24 | 19101 | 95 |
| 平均 | 10735.13 | 53.25 | 3917.25 | 19.38 | 4168.09 | 20.88 | 20183.75 | 93.25 |

资料来源：中国石油、中国石化的数据来自企业年报，中国海油的数据2017年准确，其他年份数据通过年均增加值估算，或用原油总产量（包括海外）进行倒推估算，全国数据来自国家统计局。

**表7-2 三家企业国内天然气产量及市场份额**

| 年份 | 中国石油 | | 中国石化 | | 中国海油 | | 全国 | 三家（两家）市场合计（%） |
| --- | --- | --- | --- | --- | --- | --- | --- | --- |
| | 天然气产量（亿立方米） | 市场（%） | 天然气产量（亿立方米） | 市场（%） | 天然气产量（亿立方米） | 市场（%） | 天然气产量（亿立方米） | |
| 2012 | 799 | 72 | 169 | 15 | — | | 1106.08 | 88 |
| 2013 | 888 | 73 | 187 | 15 | — | | 1208.6 | 89 |

| 年份 | 中国石油 | | 中国石化 | | 中国海油 | | 全国 | 三家（两家）市场合计（％） |
|---|---|---|---|---|---|---|---|---|
| | 天然气产量（亿立方米） | 市场（％） | 天然气产量（亿立方米） | 市场（％） | 天然气产量（亿立方米） | 市场（％） | 天然气产量（亿立方米） | |
| 2014 | 955 | 73 | 203 | 16 | — | — | 1301.6 | 89 |
| 2015 | 955 | 71 | 208 | 15 | — | — | 1346.09 | 86 |
| 2016 | 981 | 72 | 216 | 16 | — | — | 1368.65 | 87 |
| 2017 | 1033 | 70 | 257 | 17 | 143 | 10 | 1480.35 | 97 |
| 2018 | 1094 | 68 | 276 | 17 | 151 | 9 | 1602.65 | 95 |
| 2019 | 1188 | 67 | 296 | 17 | 159 | 9 | 1761.74 | 93 |
| 平均 | 10735.13 | 70.90 | 226.54 | 16.12 | 151.05 | 15.89 | 1396.97 | — |

资料来源：中国石油、中国石化的数据来自企业年报，中国海油的数据2017～2019年准确，其他年份数据缺失，全国数据来自国家统计局。

早在20世纪70年代就允许国外石油企业（如英国石油公司）在我国境内进行石油勘探，由于我国把石油天然气资源作为战略资源，严格控制开发权，因此我国石油石化企业一直占据绝对主导地位。1993年，国务院出台《对外合作开发陆上石油资源条例》，限制外商在华进行油气勘探开发必须与中方合资、合作。2004年国家发展改革委公布的《政府核准的投资项目目录》中，石油天然气勘探与开发项目需政府批准。党的十八大以来，石油石化行业取消了专营制度，逐步开放石油石化产业上游，但收效甚微。近年来，对外合作规模逐步扩大，2018年国内对外合作油气产量当量首次迈上千万吨台阶，2019年达1072万吨油当量，增幅6％。2019年7月，国家出台政策宣布与中方合资、合作限制被取消，未来国企垄断局面将被打破，逐步形成以大型国有企业为主导、多种经济成分共同参与的勘查开发体系。

**二、炼制和加工领域产能稳中有升**

原油加工是通过炼制和化工技术把原油转化为成品油的过程，是产业链的中间环节。2012年，我国的原油加工量为46791万吨，以后逐年增长，2018年为58809万吨，2019年达到65198.1万吨，实现了10.86％的增长率。如图7-2所示。国内汽油产量也是逐年上升，从2012年的8976.07万吨上升到2019年的14120.7万吨。如图7-3所示。2012年我国炼油规模为7.19亿吨，2014年达到7.4亿吨，原油供给不足，装置负荷率仅有70％。2015年，原油进口权和原油进口使用权开放，地方炼厂加速扩张，截至2018年底，有42家地方炼厂获得进口原油使用权，其中包括多家民营炼油厂。2012 年，我国炼油能力为 6.885 亿吨，到 2018 年国内炼油能力达到 8.377 亿吨，其中地方炼厂原油一次加工能力为 2.95 亿吨/年①，2019 年国内炼油能力达到 8.60 亿吨。

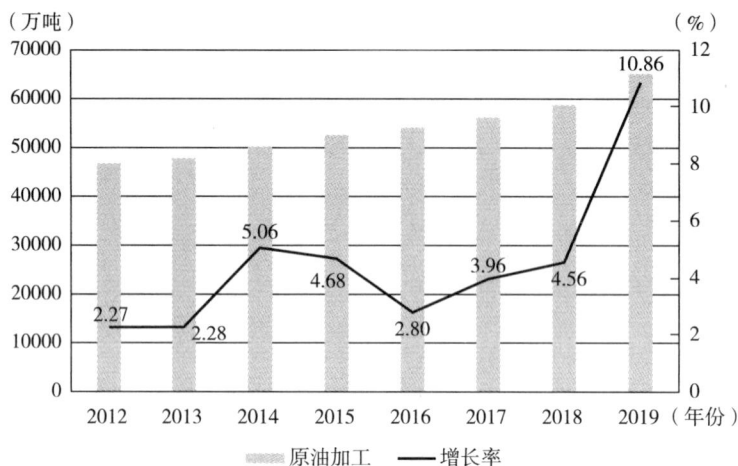

图 7 - 2　2012～2019 年国内原油加工量

资料来源：国家统计局。

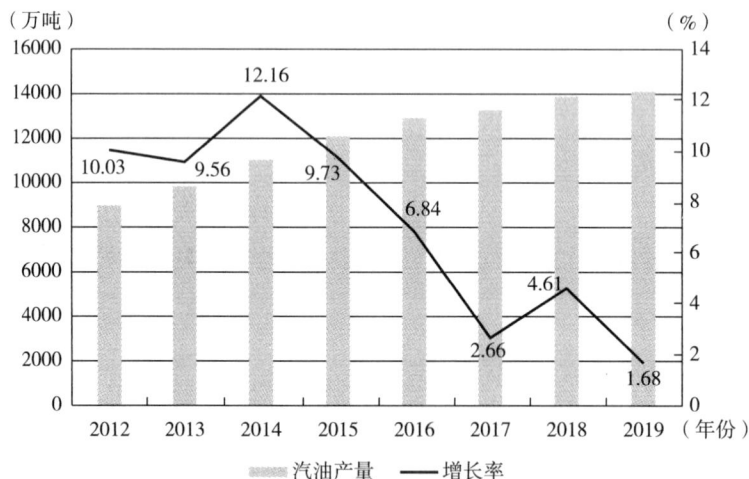

图 7 - 3　2012～2019 年国内汽油产量

资料来源：2012～2018 年的数据来自国家统计局，2019 年的数据来自中国报告网。

---

①　中国国际石油化工联合有限责任公司，中国社会科学院数量经济与技术经济研究所．中国石油产业发展报告（2019）［M］．北京：社会科学文献出版社，2019：140 - 141.

### 三、重视产品营销

我国国企两大巨头的成品油销售保持稳步增长，全国成品油消费量稳中有升（见图7-4）。我国油气行业一直注重营销网络建设，优化营销网络布局，加强加油站开发和重点油库建设，不断增强市场应对能力。2012年，国内加油站数量为9.63万座，已遍布全国各地，近年加油站数量没有明显增加。截至2019年，全国加油站106556座，其中中国石油加油站全国22365座，中国石化加油站全球数量第二，全国3万多座。面对市场竞争日益加剧的严峻挑战，石油石化行业企业不断创新营销模式，加大精细营销和战略营销，针对区域、产品、业务环节等差别，大力实施差异化营销策略，致力于打造一批便捷、绿色、智能的加油站。积极拓展终端营销网络，非油品业务销售收入大幅增长。

（万吨）

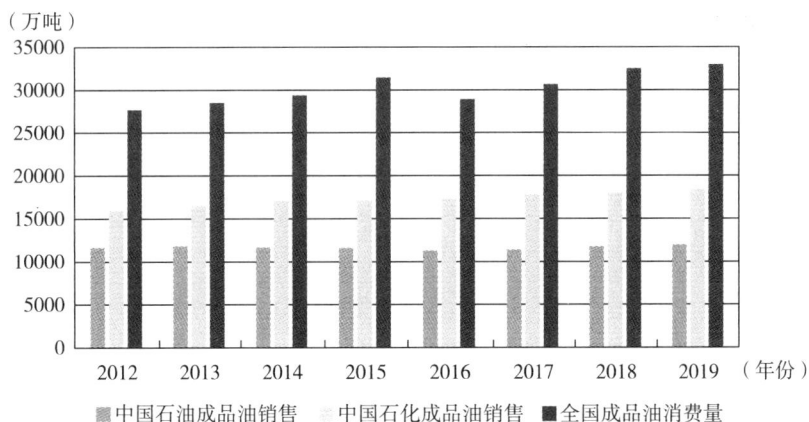

图7-4　2012~2019年两企业成品油销售和全国成品油消费量

资料来源：中国石油、中国石化数据来自企业年报，全国成品油销售无统计值，用成品油消费量替代，2017年、2018年、2019年全国数据来国家发改委，其他年份数据采用年均增加值估算。

在天然气销售方面，国内消费总量逐年递增（见图7-5），2012年为1463亿立方米，2019年达到3067亿立方米，增长了2.1倍。天然气消费总量的增长，一方面是我国进一步加快能源转型取得的成绩；另一方面是石油石化企业注重营销，能够充分利用国内外资源，优化资源组合、市场布局和销售结构，完善差异化营销策略，积极推进天然气相关工程，加大市场开发力度。充分结合行业发展和政策变化，分析市场发展趋势，有针对性地制定终端业务营销策略，零售业务结构持续优化，城镇燃气、压缩天然气、液化天然气加气站、天然气发电和分布式能源等终端销售业务快速拓展。

（亿立方米）　　　　　　　　　　　　　　　　　　　（％）

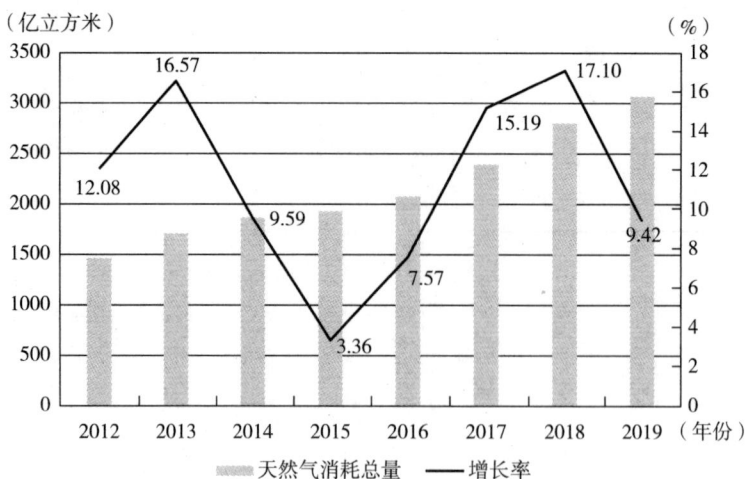

**图 7 - 5　2012 ~ 2019 年国内天然气消费总量**

资料来源：2012 ~ 2017 年的数据来自国家统计局，2018 年、2019 年的全国数据来国家发改委。

### 四、国际化发展不断推进

随着"一带一路"的开展，供给侧改革的深化，我国石油石化行业稳步前进。2013 年，中国通过"一带一路"构建周边地缘区域性合作机制。"一带一路"沿线国家是重要的石油生产国和消费国，2018 年与"一带一路"沿线国家的原油进口量和成品油出口量分别占我国总量的 63% 和 56%[①]。"一带一路"地区拥有丰富的原油剩余可采储量和天然气可采储量，与我国形成了良好的合作基础，已经开展了与阿联酋、沙特阿拉伯、俄罗斯、印度尼西亚、泰国等多国多家企业石油、天然气方面的全方位合作，目前项目大多在合作期内。在 2018 年 11 月首届中国国际进口博览会和 2019 年 4 月第二届"一带一路"国际合作高峰论坛等活动中，多个石油石化项目达成合作协议。但是，合作过程仍存在一定的不确定因素，如地缘政治风险、勘探开发不确定性风险、汇率变动影响。

在引进外资合作的同时，石油石化企业也走出国门，组织境外石油勘探和开发。2019 年，我国石油企业海外权益产量达到 2.1 亿吨油当量。其中，中国海油在 2019 年油气净产量为 506.5 百万桶油当量，其中海外净产量占总产量超过 1/3。截至 2018 年底，中国石油正在执行的国内对外合作勘探开发合同达 34 个，中国石化在全球 26 个国家拥有 50 个油气勘探开发项目。由图 7 - 6 可见，中国石油的海外权益原油数量不断攀升，2019 年达到 7535 万吨，是 2012 年的近两倍。近

---

[①]　中国国际石油化工联合有限责任公司，中国社会科学院数量经济与技术经济研究所 . 中国石油产业发展报告（2019）[M] . 北京：社会科学文献出版社，2019：281.

年来，面对激烈的国际竞争，石油石化行业积极开拓市场，提升效率和效益，发展并建立长期合作海外经销商，达成油田勘探、炼油化工和仓储物流长期合作项目。

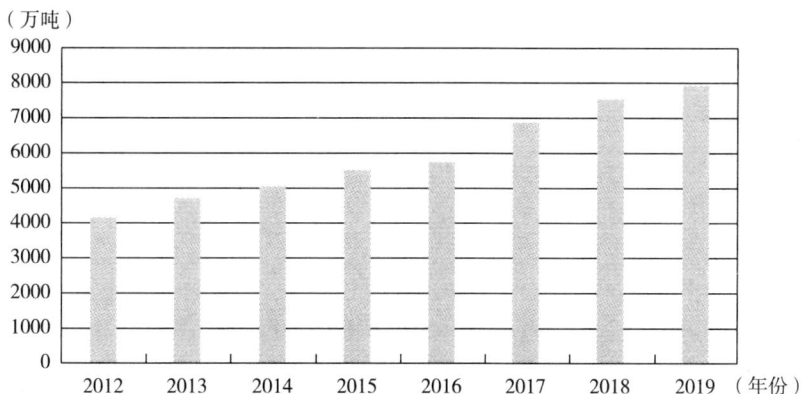

**图7-6　2012~2019年中国石油海外权益原油情况**

资料来源：企业年报。

中国成品油出口量也逐年递增，7年的平均增长率为15.92%，如图7-7所示。近年来，与国际大石油公司销售收入相比，中国石化和中国石油收入总额明显排在前列。综上所述，我国石油石化企业已经实现了业务走出国门，并且与国际公司具备了一定竞争力。

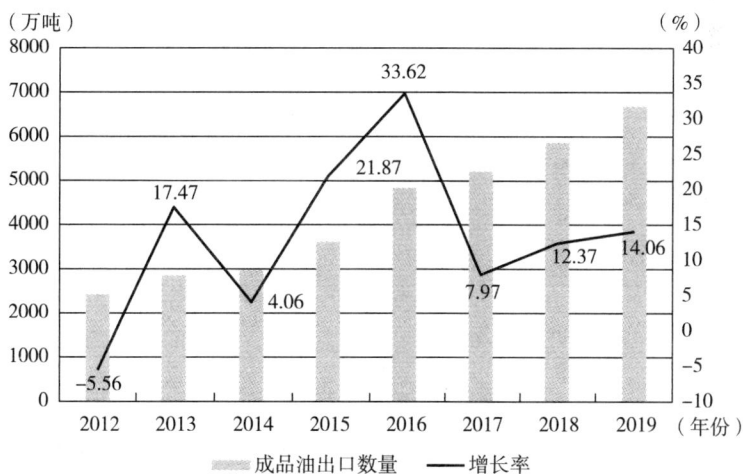

**图7-7　2012~2019年中国成品油出口数量及增长情况**

资料来源：国家统计局。

## 第二节　石油石化行业改革重点和相关政策

### 一、油气管网改革

国家管网公司的组建及运营，对石油石化行业的市场化进程起决定性作用。美国石油石化产业是完全自由化运营模式；欧盟主要采用上下游自由竞争，中游自然垄断模式；俄罗斯采用一体化模式。目前，国家对石油石化行业改革主要借鉴欧盟模式，基本方向为"管住中间，放开两头"，即中间油气管网通过组建国家管网公司，形成垄断环节统一监管，上游勘探开发多主体多渠道参与，下游加工和销售市场充分竞争。

关于石油石化行业中游的管网设施建设，早在2013年，国务院发展研究中心已经提出将管网业务从油气企业中分离出来，形成总体改革思路。2014年，国家能源局发布了《油气管网设施公平开放监管办法（试行）》，旨在提高管网设施利用效率，规范管网设施的市场行为，促进上游和下游多元市场主体的有效竞争。2017年5月，《中长期油气管网规划》和《关于深化石油天然气体制改革的若干意见》发布，推动我国油气管网建设并将逐步与其他国家接轨，明确油气体制改革的指导思想、基本原则、总体思路和主要任务。2019年，中共中央发布了《石油天然气管网运营机制改革实施意见》，提出组建国有资本控股、投资主体多元化的国家石油天然气管道公司，之后多部委联合发布了《油气管网设施公平开放监管办法》，为油气管网改革的进一步落实提供政策支持。如表7-3所示。

表7-3　石油石化行业油气管网建设主要政策

| 序号 | 政策名称 | 发布机构 | 时间 | 主要内容 |
|---|---|---|---|---|
| 1 | 《油气管网设施公平开放监管办法（试行）》 | 国家能源局 | 2014年2月 | 打破油气管网垄断经营状态 |
| 2 | 《油气输送管道与铁路交汇工程技术及管理规定》 | 国家能源局、国家铁路局 | 2015年10月 | 进一步完善配套制度 |
| 3 | 《中长期油气管网规划》 | 国家发展改革委、国家能源局 | 2017年5月 | 积极拓展"一带一路"通道 |
| 4 | 《关于深化石油天然气体制改革的若干意见》 | 中共中央、国务院 | 2017年5月 | 石油天然气行业体制改革的纲领性文件 |

| 序号 | 政策名称 | 发布机构 | 时间 | 主要内容 |
|---|---|---|---|---|
| 5 | 《石油天然气管网运营机制改革实施意见》 | 中共中央 | 2019 年 3 月 | 进一步推动石油天然气管网运营机制改革 |
| 6 | 《油气管网设施公平开放监管办法》 | 国家发展改革委、国家能源局等 4 部委联合发布 | 2019 年 5 月 | 进一步落实油气管网改革 |

资料来源：笔者整理。

伴随着相关政策的出台，改革已取得突破性进展。2019 年 12 月 9 日，国家石油天然气管网集团有限公司（以下简称国家管网公司）正式挂牌成立。国家管网公司改变一体化的经营模式，使垄断环节与可竞争环节分离，把原隶属于各家企业的管网业务重组，共同出资组建独立经营的国家管网公司。为了保证向各个市场主体提供公平服务，任何一家企业都不能成为国家管网的控股股东，是国资委监管直属中央企业，其中国资委、中国石油、中国石化和中国海油分别以40%、30%、20% 和 10% 比例持股。截至 2020 年 6 月，国家管网公司总部九大部门（集团办公室、人力资源、党群宣传、战略发展、财务资产、法律合规、质量安全环保、巡视审计、纪检监察）和四大本部（生产经营、工程建设、资产完整性、科技信息）已基本组建完毕，资产评估、剥离、划转或收购，人员交接，项目转移等工作，计划完成时间为 2020 年 9 月 30 日。

## 二、产业升级改革

党的十八大以来，我国能源结构持续优化调整，社会对清洁、高质量能源的需求日益增长。2013 年，国务院发布了《大气污染防治行动计划》，安全、能耗、质量等标准被进一步提高，倒逼企业完成产业升级，针对石化、钢铁、化工等行业进行清洁生产审核。产业升级成为石油石化行业改革的重点，之后陆续出台了配套政策，产业升级得到迅速发展。

2015 年以来，多部委联合发文，针对成品油质量升级问题提出工作方案，进一步完善汽油、柴油等成品油的质量标准体系建设。根据 2016 年的《关于进一步推进成品油质量升级及加强市场管理的通知》，明确限停售低于国 V 标准油品、规范成品油流通、加强炼厂质量升级和生产监管等问题，促使企业产品质量全面升级。国家能源局会同当地能源主管部门深入开展成品油质量升级专项监管，促进企业如期完成升级改造。

2015 年和 2016 年，我国分别颁布了《中华人民共和国大气污染防治法》和

《中华人民共和国环境保护税法》，通过国家监管和税收调节双重手段实现能源向绿色低碳方向转型。2016 年结合供给侧结构性改革，国务院办公厅形成《关于石化产业调结构促转型增效益的指导意见》，推进石油石化企业产品升级和"处僵治困"工作有序进行。2017 年底，两部委联合发布了《关于促进石化产业绿色发展的指导意见》，全面贯彻党的十九大提出的"生产清洁化"方向，指导石化产业布局优化，推动石化产业绿色可持续发展。

2014 年，国家发展改革委发布了《天然气基础设施建设与运营管理办法》，形成天然气管网建设和运营相关问题的基础性文件。2017 年以来，国家各部委多次发布关于天然气体制改革、有效利用和行业规划等指导性意见。2019 年底发布了《关于促进生物天然气产业化发展的指导意见》，表明生物天然气产业在未来 10 年内将作为国家重点扶持产业，是石油石化行业进行产业升级的一个重要方向。石油石化行业产业升级改革主要政策如表 7-4 所示。

表 7-4　石油石化行业产业升级改革主要政策

| 序号 | 政策名称 | 发布机构 | 时间 | 主要内容 |
|---|---|---|---|---|
| 1 | 《大气污染防治行动计划》 | 国务院 | 2013 年 9 月 | 大气污染防治纲领性文件 |
| 2 | 《天然气基础设施建设与运营管理办法》 | 国家发展改革委 | 2014 年 3 月 | 推进天然气产业发展 |
| 3 | 《加快成品油质量升级工作方案》 | 国家发展改革委、国家能源局等 7 部委联合发布 | 2015 年 5 月 | 推进产品升级改造，减少大气污染 |
| 4 | 《中华人民共和国环境保护税法（征求意见稿)》 | 国务院法制办公室 | 2015 年 6 月 | 加快清洁化发展、环保立法 |
| 5 | 《中华人民共和国大气污染防治法》 | 全国人民代表大会 | 2015 年 8 月 | 实现立法 |
| 6 | 《关于进一步推进成品油质量升级及加强市场管理的通知》 | 国家发展改革委、国资委、国家能源局等 11 部委联合发布 | 2016 年 2 月 | 进一步落实《大气污染防治法》 |
| 7 | 《关于石化产业调结构促转型增效益的指导意见》 | 国务院办公厅 | 2016 年 8 月 | 深化油气供给侧结构性改革 |
| 8 | 《中华人民共和国环境保护税法》 | 全国人民代表大会 | 2016 年 12 月 | 实现立法，通过税收手段促进产业升级 |
| 9 | 《加快推进天然气利用的意见》 | 国家发展改革委、国资委、国家能源局等 13 部委联合发布 | 2017 年 6 月 | 进一步推进天然气产业发展 |

| 序号 | 政策名称 | 发布机构 | 时间 | 主要内容 |
|---|---|---|---|---|
| 10 | 《可再生能源发展"十三五"规划实施的指导意见》 | 国家能源局 | 2017年7月 | 大力发展天然气和可再生能源 |
| 11 | 《关于促进石化产业绿色发展的指导意见》 | 国家发展改革委、工业和信息化部 | 2017年12月 | 建立石化行业绿色发展长效机制 |
| 12 | 《关于促进天然气协调稳定发展的若干意见》 | 国务院 | 2018年9月 | 天然气发展的纲领性文件 |
| 13 | 《关于促进生物天然气产业化发展的指导意见》 | 国家发展改革委、国家能源局、财政部等10部委联合发布 | 2019年12月 | 促进生物天然气产业化发展纲领性文件 |

资料来源：笔者整理。

### 三、行业发展规划相关政策

党的十八大以后，我国陆续开放资源购买、加工、销售、油气勘探开发环节。2015年，《关于进口原油使用管理有关问题的通知》发布，地方原油加工企业获得原油进口权和原油进口使用权，开放了我国原油原材料购买市场，商务部规定原油非国营贸易进口允许总量（见表7-5）和申请条件等，每年分批次按配额非国营企业获得原油进口权。2016年，民营炼化企业暂时获得了成品油出口配额167.5万吨，但实际只完成了约60%，之后几年该配额政策取消。

**表7-5　2016~2020年原油非国营贸易进口允许总量**

| 年份 | 2016 | 2017 | 2018 | 2019 | 2020 |
|---|---|---|---|---|---|
| 原油非国营贸易进口允许量（万吨） | 8760 | 8760 | 14242 | 20200 | 20200 |

资料来源：国家商务部官网，笔者整理。

2017年发布的《关于深化石油天然气体制改革的若干意见》明确了油气产业链的上游和下游将会逐步放开的产业发展格局。依据《中共中央关于深化党和国家机构改革的决定》精神，国家发展改革委、商务部在2018年7月发布文件，取消在中国设立分店、加油站建设需由中方控股的限制，我国成品油终端市场全部开放。2019年6月，《外商投资准入特别管理措施（负面清单）（2019年版）》发布，包括油气的勘探、开发和矿井瓦斯利用等列为鼓励外商投资领域，取消了石油天然气勘探开发的合资、合作限制。2020年5月，六部委联合发布了《关于营造更好发展环境，支持民营节能环保企业健康发展的实施意见》，进一步放开民营企业市场准入资格。

针对石油石化行业发展，国家发展改革委发布多项"十三五"规划，国家能源局多次发布年度能源工作指导意见，明确规定国内石油石化行业各项指标预期目标。2020年6月，《关于做好2020年能源安全保障工作的指导意见》发布，明确2020年石油石化行业企业应推动国内油气稳产增产和推动油气管道建设等。如表7-6所示。

表7-6　石油石化行业发展规划改革主要政策

| 序号 | 政策名称 | 发布机构 | 时间 | 主要内容 |
|---|---|---|---|---|
| 1 | 《关于进口原油使用管理有关问题的通知》 | 国家发展改革委 | 2015年2月 | 深化油气全产业链改革 |
| 2 | 《石化和化学工业发展规划（2016-2020年）》 | 工业和信息化部 | 2016年9月 | 引导石化行业健康发展 |
| 3 | 《石油发展"十三五"规划》 | 国家发展改革委 | 2017年1月 | 引导石油行业健康发展 |
| 4 | 《天然气发展"十三五"规划》 | 国家发展改革委 | 2017年1月 | 引导天然气行业健康发展 |
| 5 | 《关于深化石油天然气体制改革的若干意见》 | 中共中央、国务院 | 2017年5月 | 石油天然气行业体制改革的纲领性文件 |
| 6 | 《2018年能源工作指导意见》 | 国家能源局 | 2018年2月 | 推动能源结构转型，加快推进油气体制改革 |
| 7 | 《石油天然气规划管理办法》（2019年修订） | 国家能源局 | 2019年2月 | 加强油气行业规划管理 |
| 8 | 《鼓励外商投资产业目录（2019年版)》 | 国家发展改革委、商务部 | 2019年6月 | 落实油气全面产业链改革 |
| 9 | 《油气开发项目备案及监管暂行办法》 | 国家发展改革委、国家能源局 | 2019年11月 | 落实油气全面产业链改革，大力提升国内石油天然气勘探开发力度 |
| 10 | 《关于营造更好发展环境，支持民营节能环保企业健康发展的实施意见》 | 国家发展改革委、科技部、工业和信息化部等6部委联合发布 | 2020年5月 | 营造公平开放的市场环境，进一步开放石油石化行业市场 |
| 11 | 《关于做好2020年能源安全保障工作的指导意见》 | 国家发展改革委、国家能源局 | 2020年6月 | 明确能源保障重点 |
| 12 | 《2020年能源工作指导意见》 | 国家能源局 | 2020年6月 | 明确2020年能源目标 |

资料来源：笔者整理。

在国有企业发展初期，行政垄断起到了保护作用，随着市场体制的进一步发展，石油石化行业改革需要适当引入市场机制。截至目前，中国石油石化行业的上游和下游已基本实现了开放。改革仍在继续，石油石化行业破除市场垄断、清理、废除妨碍统一市场和公平竞争的各种规定和做法还将陆续出台，以大型国有企业为主导、多种经济成分共同参与、市场有效竞争的机制正在逐步形成。

### 四、投融资结构改革

2013 年，党的十八大三中全会提出"积极发展混合所有制经济"。2014 年，《关于创新重点领域投融资机制鼓励社会投资的指导意见》发布，鼓励充分发挥民间资本的积极作用。2014 年，《天然气基础设施建设与运营管理办法》总则中第六条明确鼓励和支持各类资本参与投资建设纳入统一规划的天然气基础设施建设。2015 年，国务院发布了《关于国有企业发展混合所有制经济的意见》，混改一方面作用是引进外部资本，另一方面是有利于开放竞争性业务。2016 年推出第一批混合所有制改革试点，截至 2019 年 5 月推出四批，多家中国石油、中国石化等集团下属企业被纳入混改名单。2016 年，《关于在能源领域积极推广政府和社会资本合作模式的通知》发布，旨在鼓励和引导社会资本积极投资能源领域。如表 7 - 7 所示。

表 7 - 7　石油石化行业国有企业融资结构改革主要政策

| 序号 | 政策名称 | 发布机构 | 时间 | 主要内容 |
|---|---|---|---|---|
| 1 | 《关于创新重点领域投融资机制鼓励社会投资的指导意见》 | 国务院 | 2014 年 11 月 | 发挥社会资本积极作用 |
| 2 | 《关于国有企业发展混合所有制经济的意见》 | 国务院 | 2015 年 9 月 | 混合所有制改革的纲领性文件 |
| 3 | 《关于在能源领域积极推广政府和社会资本合作模式的通知》 | 国家能源局 | 2016 年 4 月 | 扩大资本市场准入 |

资料来源：笔者整理。

中国石油石化行业企业在融资结构改革方面积极响应国家政策。2013 年，中国石油油气管道对民间资本开放，标志着国有资本对民间资本的开放取得实质性进展，2014 年，中国石化推出销售板块吸引社会资本参股，形成混合所有制经营。2019 年，石油石化行业多家企业成为第三批混合所有制改革试点单位。根据《国务院国资委授权放权清单（2019 年版）》，作为国家重点关注的行业领域，混合所有制改革方案审批权并没有下放到所属集团公司。

### 五、监管模式改革

我国石油石化行业企业在 20 世纪 80 年代从国家石油部分离出来，目前仍肩负着保障国家能源安全的重要责任，受国务院直属机构国有资产监督管理委员会（以下简称"国资委"）直接监管，一直是国有企业改革的重点和难点。推进石油石化行业企业改革，国家相关部门和机构的职能转换和机制转变起到了决定性作用。

2013 年，《国务院机构改革和职能转变方案》将原国家能源局与国家电力监管委员会的职能整合，重组国家能源局。目前，国家能源局下设 13 个司，其中石油天然气司负责石油天然气的开发、储备管理、炼油发展规划等工作。2013 年 11 月，中共中央提出《关于全面深化改革若干重大问题的决定》，明确了全面深化改革的指导思想和总体方向。2015 年，根据《关于深化国有企业改革的指导意见》要求，中国石油、中国石化、中国海油修改了董事会董事评价办法。2017 年，根据国务院办公厅的指导意见，三家企业开展中国特色国有企业现代企业制度建设，由于三家企业在我国石油石化行业的重要地位，意味着我国该行业的公司制改制已基本完成。2018 年 2 月，《中共中央关于深化党和国家机构改革的决定》发布，党和国家领导人多次对石油石化行业做出重要批示，之后国务院出台了多项围绕油气发展政策。通过 2018 年国企改革"双百行动"，深化石油石化行业试点企业改革力度，研究解决共性问题，总结经验推广做法。近年来，国务院国资委持续职能转变改革，连续发布公告，把简政放权落到实处，推进现代化企业法人制度建设。2019 年，《国务院国资委授权放权清单（2019 年版）》发布，列出了 35 项授权放权事项，授权放权力度加大，最大限度地减少对企业经营生产活动的直接干预，更加明确国有企业以董事会为核心的公司法人治理结构。石油石化行业国有企业监管模式改革的主要政策如表 7 - 8 所示。

表 7 - 8　石油石化行业国有企业监管模式改革的主要政策

| 序号 | 政策名称 | 发布机构 | 时间 | 主要内容 |
|---|---|---|---|---|
| 1 | 《国务院机构改革和职能转变方案》 | 国务院 | 2013 年 3 月 | 国有企业体制改革的方向性文件 |
| 2 | 《关于全面深化改革若干重大问题的决定》 | 中共中央 | 2013 年 11 月 | 全面深化改革政策纲领性文件 |
| 3 | 《关于深化国有企业改革的指导意见》 | 中共中央、国务院 | 2015 年 8 月 | 国有企业改革的纲领性文件 |
| 4 | 《关于加强和改进企业国有资产监督防止国有资产流失的意见》 | 国务院办公厅 | 2015 年 10 月 | 国有企业改革重点问题 |

| 序号 | 政策名称 | 发布机构 | 时间 | 主要内容 |
|---|---|---|---|---|
| 5 | 《中央企业公司制改制工作实施方案》 | 国务院 | 2017 年 7 月 | 公司制改制 |
| 6 | 《中共中央关于深化党和国家机构改革的决定》 | 中共中央 | 2018 年 2 月 | 深化党和国家机构改革的纲领性文件 |
| 7 | 《国企改革"双百行动"工作方案》 | 国务院国企改革领导小组办公室 | 2018 年 8 月 | 打造国企改革的典范企业 |
| 8 | 《改革国有资本授权经营体制方案》 | 国务院 | 2019 年 4 月 | 国有企业体制改革的落实 |
| 9 | 《国务院国资委授权放权清单（2019 年版)》 | 国资委 | 2019 年 6 月 | 进一步落实国有资本授权经营体制改革 |

资料来源：笔者整理。

### 六、价格机制改革

国家发展改革委是成品油、天然气指导价的制定者，不定期发布价格公告和价格机制改革通知。2013 年，国家发展改革委缩短成品油调价周期，从 22 个工作日缩短为 10 个工作日，采用适当调整国内成品油价格挂靠国际油价的方法对成品油定价进行改革。2015 年 10 月，《关于推进价格机制改革的若干意见》发布，明确要推进石油、天然气、电力等能源价格市场化，选择适当时机放开成品油价格和天然气价格。在国际油价持续下降的情况下，2016 年国家发改委设定国内成品油价格调控下限和上限，如果国际价格低于 40 美元/桶，国内成品油价格将按每桶 40 美元正常加工利润率计算成品油价格，上限为 130 美元/桶。2016～2020 年，又配套出台了关于石油、天然气价格管理和改革办法，价格机制改革逐步实施，天然气价格机制改革重点推进。2018 年，《中共中央关于深化党和国家机构改革的决定》把推进市场化进程、加快价格机制改革作为简政放权的一项改革内容。经国务院审批，国家发改委分别在 2015 年 10 月和 2020 年 3 月发布了《中央定价目录》，两次都明确成品油价格将视体制改革进程全面放开由市场形成。针对石油石化行业二者的主要区别：2016 年文件，国产陆上天然气和 2014 年前投产进口管道天然气的各省门站价格由国务院价格主管部门规定，而油气管道运输不被列在文件中；2020 年文件，把跨省油气管道运输作为国务院价格主管部门的定价范围，计划天然气价格适时放开。2020 年 7 月，《关于加强天然气输配价格监管的通知》中规定天然气输配价格准许收益率不超过 7%。

综上所述，油气产品以成本定价格的机制仍然没有较大改变，价格机制改革仍是石油石化改革的重点问题，如表7-9所示。

表7-9　石油石化行业价格机制改革主要政策

| 序号 | 政策名称 | 发布机构 | 时间 | 主要内容 |
|---|---|---|---|---|
| 1 | 《关于建立健全居民生活用气阶梯价格制度的指导意见》 | 国家发展改革委 | 2014年3月 | 建立由市场决定价格的机制 |
| 2 | 《关于理顺非居民用天然气价格的通知》 | 国家发展改革委 | 2015年2月 | 推进天然气价格形成机制改革 |
| 3 | 《中央定价目录》 | 国家发展改革委 | 2015年10月 | 明确国务院价格主管部门定价范围 |
| 4 | 《关于推进价格机制改革的若干意见》 | 中共中央、国务院 | 2015年10月 | 价格机制改革的纲领性文件 |
| 5 | 《石油价格管理办法》 | 国家发展改革委 | 2016年1月 | 完善石油价格形成机制 |
| 6 | 《关于加快储气设施建设和完善储气调峰辅助服务市场机制的意见》 | 国家发展改革委、国家能源局 | 2018年4月 | 推进油气价格形成机制改革 |
| 7 | 《关于理顺居民用气门站价格的通知》 | 国家发展改革委 | 2018年5月 | 推进天然气价格形成机制改革 |
| 8 | 《中央定价目录》 | 国家发展改革委 | 2020年3月 | 明确国务院价格主管部门定价范围 |
| 9 | 《关于加强天然气输配价格监管的通知》 | 国家发展改革委、市场监管总局 | 2020年7月 | 规范管网输配价格 |

资料来源：笔者整理。

# 第三节　石油石化行业改革尚存的突出问题

## 一、行业结构调整势在必行

在党的十八大以前，经过多次重组和并购，我国形成了以中国石油、中国石化和中国海油等为主体的寡头竞争模式。近年来，国际政治经济环境复杂多变，国内石油石化行业领域改革不断扩大，国外资本和民营资本纷纷加快布局，市场主体和资源来源更加多元，储运基础设施不足问题凸显，低端产品过剩导致竞争更加白热化，行业结构调整势在必行。

（一）行业结构制约市场化步伐

石油石化行业是一个资源密集型和资金密集型产业，一直以来，我国石油石化行业集团企业采用上中下游业务一体化运营模式，不同业务归属于同一企业内部不同业务板块，使生产、储运、加工、销售等各个环节在企业内部完成，第三方根本无法参与竞争，市场分割明显，造成上游和下游的开放流于形式，而本质上仍然是行政性垄断占主导地位。之前，油气管网主干道主要集中于中国石油、中国石化和中国海油，不利于引进竞争机制，推进行业市场化进程。因此，油气体制改革是石油石化行业改革的突出问题，是行业发展的关键。

石油石化产业上游的经济技术特征表现为资本投入密集、技术密集、沉没成本高，属于可竞争性行业。长期的行政垄断造成了企业缺乏市场竞争意识，政府虽然开放了产业上游，但原油和天然气等资源的开发资格审批权仍然严格掌控在政府部门，开放政策有待进一步落实。产业下游包括生产和销售环节，在原油进口权和原油进口使用权开放后，一定程度上吸引了民营和外商的资本进入，但是面对不断变化的原油价格，资源不足和技术落后等问题制约着中小型炼油企业的发展。对于成品油销售，近期已实现市场全部开放，但开放时间较短，市场活力有待进一步激活。

总之，国家管网有利于政府集中对自然垄断环节进行价格和服务监管，让更多市场主体公平使用油气管网基础设施，激活上下游更多市场主体的竞争活力，形成更加有效的市场竞争机制，加大对不正当竞争的监督管理，减少政府市场干预行为，逐步实现供需变动决定油气价格，提高资源配置和市场运行效率。

（二）油气管网基础设施不足

油气储运属于石油石化行业产业中游，虽然油气管网里程数不断提高（见图7-8），但我国油气管网设施仍存在诸多问题：第一，油气管网具有自然垄断属性，我国油气管网存在重复建设，互联互通程度低，造成资源浪费，综合利用率低。第二，我国天然气管道密度远低于美国、德国、法国等国家，基础设施严重不足，在很大程度上限制了我国天然气能源产业发展。在2017年发布的《中长期油气管网规划》中，目标为2020年全国油气管网规模达到16.9万千米，2025年达到24万千米，但是截至2019年，只达到了12.66万千米。

（三）产品结构性矛盾突出

我国石油炼化业近年发展迅猛，民营企业发展迅速，低端产品过剩、高端产品不足的矛盾日益突出。2008年，中国石化、中国石油、中国海油三家国有企业炼油能力合计占比为82%，2018年，三家合计占全国比重为65%，2019年民营炼油能力增幅达到5%（见图7-9）。2019年，在全国石油和化工行业经济形

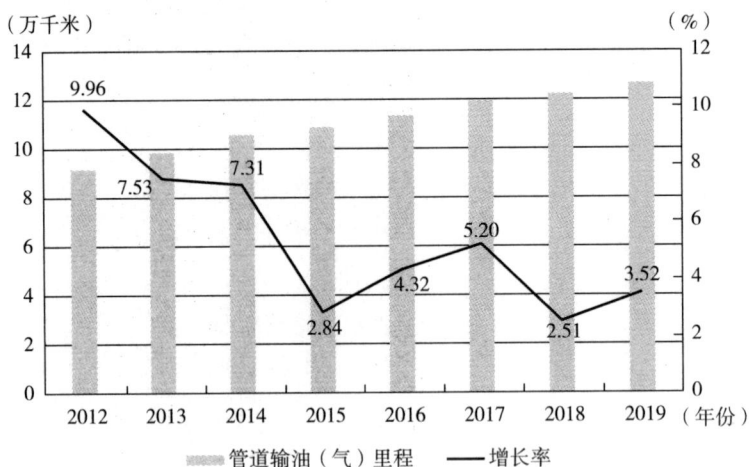

**图 7 - 8　2012~2019 年国内油气管道里程及增长情况**

资料来源：国家统计局。

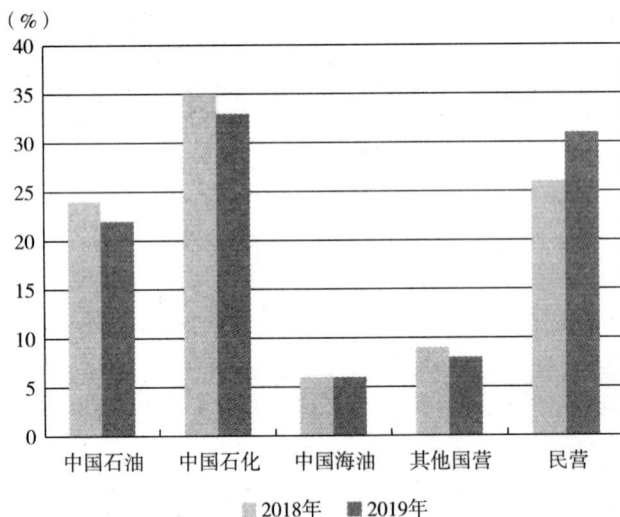

**图 7 - 9　2018~2019 年国内炼油能力格局**

资料来源：笔者根据公开资料整理。

势分析会上指出，我国炼油项目重复建设严重，成品油、基础化学品等大宗石化产品过剩。中国石油企业协会发布的《中国油气产业发展分析与展望报告蓝皮书（2019—2020）》指出，2020 年石油石化扩能仍将继续，我国基础石化原料新增产能占全球 65% 以上，聚烯烃等产品面临高库存压力。总之，差异化、高端化石化产品依然短缺，炼油加工能力过剩与成品油消费增速放缓的矛盾更加突出，随着国内成品油消费进入中低速增长区间，竞争将逐步升级扩大为国际市场竞争。

## 二、价格机制难以发挥作用

市场机制的核心是价格机制，价格应该时刻反映市场供求关系变化，从而对市场资源配置起到调节作用。长期以来，石油石化行业产品的价格一直受政府严格管控，近年部分产品价格开始逐步放开。截至目前，成品油价格在政府调控下与国际市场原油价格接轨，国际油价变动频繁，2015 年以来国际原油价格基本都在 80 美元/桶以下（见图 7－10），最高点为 85.45 美元/桶（2018 年 10 月），最低点为 15.98 美元/桶（2020 年 4 月）。2020 年以来，受全球疫情影响，世界经济下行趋势明显，国际油价持续低位运行，我国 2020 年上半年经历了 3 次下调，7 次不作调整（已经跌破 40 美元/桶下限）。国内炼油能力过剩，原油进口幅度进一步加大。海关总署数据显示，2020 年上半年我国进口原油 2.69 亿吨，比 2019 年同期增长 9.9%，其中非国营 15771 万吨，占总进口额的 58.63%，国内成品油供应充足，民营炼化企业成品油没有出口配额，国内市场竞争激烈程度将进一步加剧。根据 2020 年的《中央定价目录》，随着市场化改革进程的加快，成品油和天然气价格适时放开由市场形成。目前，在这种政府参与定价的情况下，作为市场主体的企业，难以根据市场变化及时做出调整，导致目前石油石化企业仍然采用比较传统的计划模式来组织生产，以"成本＋利润"的方式形成内部转移价格，不考虑市场实际价格变动，价格传导机制失效。

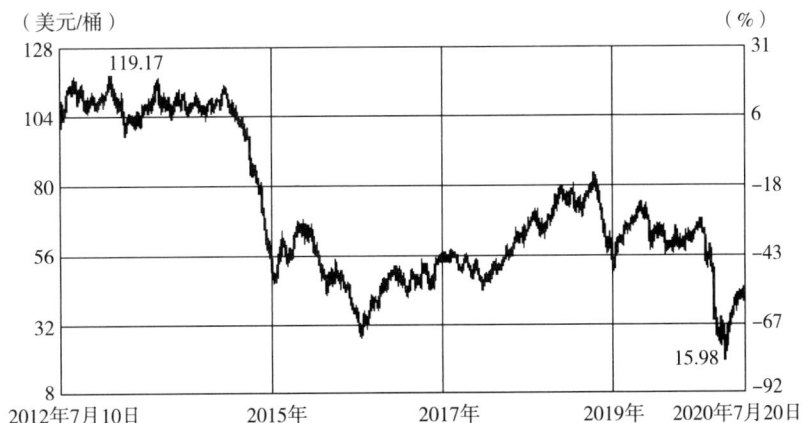

图 7－10 国际布伦特原油价格走势

资料来源：新浪财经。

### 三、对外依存度过高

在国际低油价情况下，我国粗放型生产方式的高成本问题凸显。在市场经济条件下，经济效益欠佳，企业被迫停产，国内石油勘探和开发投资减少，2016～2018年我国原油产量连续3年下降（见图7-11），分别下降了7.1%、4.1%和1.3%，2019年上升1%，原油产量仍低于2017年。我国原油加工一直保持稳定增长模式，2019年比2012年加工量增长了1.84亿吨，年均增长率为4.89%。由于国内原油产量下降及加工能力较快增长，2016～2019年国内原油进口量的增长分别为13.56%、10.12%、10.09%和9.49%，2019年进口量为5.057亿吨，在国内原油产量不断下降的情况下，我国原油对外依存度2018年首次超过70%，2019年为70.8%。面对低油价，2020年上半年国内原油进口量大幅度增长。

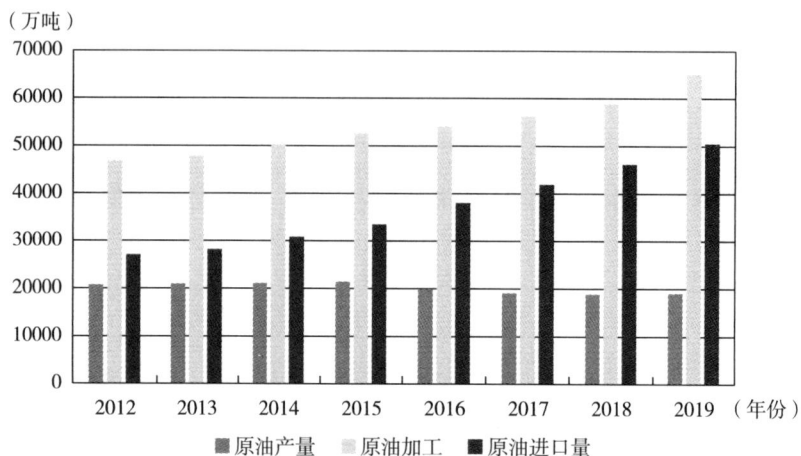

图7-11 2012～2019年中国原油产量、加工及进口情况

资料来源：国家统计局。

2019年，美国是全球最大的原油生产国，全球产油量占比15%，对国际原油市场的影响力进一步增强。近年来，针对天然气和原油对外依存度持续增高问题，党和国家领导人多次做出重要指示，并在部委行业规划中体现，要加大国内油气勘探开发力度，保障国内能源安全。为此，国家能源局设定2020年目标：石油产量约1.93亿吨，天然气产量约1810亿立方米，比2019年分别增长了1.04%和2.74%，以保障我国能源供应安全。

## 四、绿色发展形势严峻

随着全球太阳能和风能发电成本逐渐降低，许多国家提出可再生能源发展目标，预计未来能源结构中可再生能源比例会有大幅度提高，各资源国纷纷积极吸收新能源和核能方面的发展经验和先进技术。部分国家已经实施基于碳定价的环保行动，刺激消费者使用低碳能源。社会对清洁能源、高品质能源的需求日益增加。我国和全球能源结构持续调整优化，能源消费结构向清洁化转型，全球石油消费占比逐年下降，我国石油消费占比略有下降，天然气占比全部上升。然而，我国石油和天然气消费比例远低于国际平均水平，仍以煤炭消费为主。

近年来，国家出台了多项环保法规和政策，全国天然气消费量快速增长。2016 年天然气在国内能源消费结构中占 5.9%，2019 年增长到 7.8%，但远低于全球水平。可见，近期要快速提升天然气在我国的能源消耗比重，依靠大量提高国内产能难以实现。如表 7 – 10 所示。

**表 7 – 10  全球与国内能源消费结构比较**  单位:%

| 年份 | 2016 | | 2017 | | 2018 | | 2019 | |
|---|---|---|---|---|---|---|---|---|
| | 全球 | 国内 | 全球 | 国内 | 全球 | 国内 | 全球 | 国内 |
| 煤炭 | 28.3 | 61.6 | 27.9 | 57.9 | 27.5 | 59.8 | 27 | 57.7 |
| 石油 | 33.7 | 19.7 | 33.5 | 20.1 | 33 | 20 | — | 18.9 |
| 天然气 | 23.3 | 5.9 | 23.5 | 7.4 | 24.1 | 6.6 | 24.8 | 7.8 |
| 水电 | 6.9 | 8.5 | 6.9 | 8.2 | 6.9 | 8.3 | — | 8.2 |
| 可再生能源 | 3.2 | 2.7 | 3.7 | 4.3 | 4.1 | 3.5 | — | 4.3 |
| 核能 | 4.5 | 1.6 | 4.5 | 2 | 4.5 | 1.8 | — | 2 |

资料来源：2016 年数据来源于中国石油分析资料，2019 年全球部分数据缺失，其他数据来源于公开资料整理。

## 五、深化企业改革任务仍然艰巨

（一）现代化法人治理结构仍需不断完善

我国国有企业的法人治理结构是具有中国特色的现代化法人治理结构。董事会构成必须外部董事占多数席位，实行外部董事派出制度。国资委作为出资人，授权放权成为近年来制度创新的重点问题；董事会作为企业最高权力机构，是现代化法人治理结构的核心；外部董事的存在从制度上保证了决策权与执行权分离；职工董事作为最了解一线运营的企业职工，最了解决策在企业基层是否可行。但是，如何使董事会切实发挥其决策和监督作用，仍需不断探索。

由于石油石化行业关系到国家能源安全，属于国家经济命脉的重要行业和关键领域，石油石化行业央企的经营自主权与其他一般企业相比，受到国资委及其他政府部门的高度关注。石油石化行业企业规范董事会已经建立，经过多年运行已经逐步完善。然而，"授权放权"后，董事会对企业的投资事项和主业管理、产权管理、人事任命、薪酬管理、重大财务事项等拥有了更加重大的决策权，规范董事会仍需不断完善。

（二）管理体制改革不够彻底

许多石油石化企业现行的管理体制改革不彻底，由全民所有制经改制成为公司制企业，要求企业按照市场经济模式运行，但原企业的很多管理惯例仍然继续。企业规则制度多、有章不循、管理机构不明确、权责不明确、机关工作效率低等问题仍然存在。此外，集团内部，部分主业进入股份制公司，其经济活动更具有独立性，但与其他部分仍属于同一个系统内。需要推进管理体制创新，逐渐形成严格按章行事的企业氛围，协调和处理好股份与非股份公司之间的关系，发挥团队协作优势。最后，国家管网公司是由中国石油、中国石化和中国海油的资源重组形成的独立公司，其整合不可能一蹴而就。

（三）技术创新有待加强

全球科技创新进入前所未有的繁荣时期，以数字化、智能化等为代表的新一代技术，推动石油石化行业进入高效发展阶段。近年来，国际大石油公司普遍加快了信息化、智能化的投入，并取得突出成效，如 EXXONMOBIL 与微软合作，将企业上游多年积累的项目运营经验形成的知识模块运用到炼厂和管道等项目运作中，节省成本约 10 亿美元；SHELL 通过车联网的客户数据信息，分析客户在燃料油、润滑油等方面的特定需求，向客户推送定制信息；TOTAL 与谷歌合作，在勘探开发项目上采用人工智能程序解析地层图像。部分国际大石油公司做到了无论油价高低都能增产降本，主要依靠的是先进技术。与国际先进技术相比，国内企业在利用信息化、智能化提高效率方面仍有很大提升空间。

（四）缺乏竞争意识

大多数石油石化行业企业是由国有全民所有制企业改制组建，发展历来重规模、轻效益，以完成国务院、国资委等部门的重要指示为第一要务，行业内的市场竞争意识不强，成本居高不下，利润率低。表 7-11 显示了 2019 年世界 500强石油石化行业部分企业的营业收入和利润情况，通过对比发现，在 8 家企业中，中国石油和中国石化的营业收入排名靠前，而净利润排名垫底，利润率远远低于其他企业，只有中国海油的利润率排名第三。利润率低的原因，一方面可能是由于我国企业从粗放型转为集约型过渡阶段技术和管理方面还有待提升，另一方面可能是与国内相关体制机制约束有关，"处僵治困"工作还没有彻底完成，计划经济体制下的遗留问题还需要进一步解决，但根本原因是长期垄断性业务依赖使企业缺乏积极参与市场竞争的内生活力。

表 7 - 11　2019 年世界 500 强石油石化行业部分企业

| 排名 | 公司名称 | 营业收入（百万美元） | 利润（百万美元） | 利润率（%） |
|---|---|---|---|---|
| 2 | 中国石化 | 414649.9 | 5845 | 1.41 |
| 3 | SHELL（荷兰） | 396556 | 23352 | 5.89 |
| 4 | 中国石油 | 392976.6 | 2270.5 | 0.58 |
| 7 | BP（英国） | 303738 | 9383 | 3.09 |
| 8 | EXXONMOBIL（美国） | 290212 | 20840 | 7.18 |
| 20 | TOTAL（法国） | 184106 | 11446 | 6.22 |
| 28 | CHEVRON（美国） | 166339 | 14824 | 8.91 |
| 63 | 中国海油 | 108130.4 | 7331.1 | 6.78 |

资料来源：笔者根据公开资料整理。

此外，2019 年石油石化行业许多企业成为混合所有制改革试点单位，吸引大量社会资金注入，公司治理和企业的运行模式有待根据最新的产权结构进行转变。由于一些体制性、机制性因素根深蒂固，无法快速消除，在混合所有制企业中，仍沿用国有独资企业的管理模式。这些问题的存在，可能会对混合所有制企业的效率和市场竞争力产生负面影响。

# 第四节　进一步深化石油石化行业改革的方向与建议

## 一、推进行业改革

（一）理顺国家管网

国家管网公司，旨在构建油气主干管道"一张网"，实现统筹调度和运行，提高油气管网使用效率，推动油气市场化进程，从理论上得到了社会各界的认可，但是在具体操作的细节问题上，很多内容需要理顺。第一，形成一套切实可行的国家管网公司运营和监督制度，确保公司运行公平、高效、公开；第二，资产剥离涉及问题较多，如股权变更、原管网公司相关辅业资产整合等，无论是否完成重组，国家管网的大部分工作已经展开，对已存在的基层单位而言只是管理体系上发生变更，时间上应根据具体情况适当放宽；第三，我国天然气基础设施严重不足，油气管网建设投资巨大，支持管网建设引入社会资本，采用多元化运营模式，通过政府核准参与油气管网投资建设，扩大油气管网规模；第四，处理好国家管网和地方管网的关系，因地制宜地进行重组和协调，无论是否属于国家管网公司，都应尽快实现互联互通，避免重复建设①。

（二）调整企业运营模式

长期以来，一体化运营模式下大型企业多采用传统计划模式组织生产，企业不需要考虑根据外部环境进行调整，每年年初制订生产计划，原油的生产、加工、销售，从哪个公司运到哪个公司，每个环节的数量都明确的规定。随着我国石油石化行业除中游以外的全产业链开放，价格市场化趋势日渐明显，企业未来将要面对国内其他企业甚至国外石油石化行业巨头的冲击，调整企业运营模式刻不容缓。首先，规范企业内部价格机制。企业内部应严格落实国家油气价格改革要求，坚持并完善内部结算价格市场化机制，建立供储销上下游价格联动机制。其次，转变观念。引导石油石化行业企业增强竞争意识和服务意识，进一步创新营销模式，优化网络营销布局，实现从保证供应到积极参与竞争的观念转变。最后，增强风险意识。面对激烈的市场竞争，引导石油石化行业企业强化风险评估意识，防范重大事故事件发生，加强重点区域防控。

**二、加速市场化进程**

（一）实现价格机制改革

我国在 2015 年已明确设定了价格基本放开和实现市场价格调控的时间，相关政策陆续出台，目前正是推进价格机制改革的关键阶段。石油石化行业价格改革大致方向为推进石油、天然气等领域价格改革，最终实现全面放开竞争性环节市场价格。然而，石油和天然气的价格机制改革不能一蹴而就，形成有效的市场竞争机制是全面放开价格的前提条件。随着行业体制改革的逐步深入，价格机制改革将会全部落实，除油气管道运输政府定价外，成品油和天然气价格未来将全部放开。

目前成品油市场已经基本形成了市场主体多元化和价格竞争常态化的格局，初步具备了价格放开的市场条件，但仍需要考虑两点问题：第一，税赋公平。成品油消费税占零售价的 1/3 左右，汽油为 1.4 元/升。央属企业全额缴税，而地方企业或非国营炼油企业基本不开成品油发票，影响竞争公平性。2020 年 6 月发

---

① 白俊，张雄君. 对于组建国家油气管网公司的思考及建议［J］. 经济管理，2019，39（7）：127-132.

布的《关于做好 2020 年能源安全保障工作的指导意见》明确指出"加大成品油打击走私、偷税漏税等非法行为力度"，并以取消原油进口资质为手段，对严重偷漏税等违法违规行为进行打击，偷税漏税的严重程度不容忽视，因此，要营造公平交易环境必须解决该问题。第二，在价格全面放开前，政府是否应制定成品油价格应急预案，在出现重大事件或价格严重偏离时，对成品油价格进行适当干预，并通过宏观调控手段确保成品油价格体制改革平稳过渡。

（二）进一步转变政府职能

在石油石化领域，进一步转变政府职能，确实执行"放管服"的改革理念。首先，行业上游方面简政放权，注重服务。逐步放宽政府资格审批，提高工作效率，营造便利环境；形成和完善新市场主体进入该领域的相关鼓励、支持政策；完善矿权流转和交易制度，严格区块退出机制。其次，行业中游方面放管结合，加强监督。通过行政手段加大油气管网互联互通；降低准入门槛，引入多元化资本投资基础设施建设，扩大油气管网规模；创新监管模式，制定合理价格，实现公平开放。最后，行业下游方面形成有效监管体制。在价格放开前，建立健全产品质量检验监督体制和税收征管体制等，重新开启民营炼化企业的成品油出口配额审批，从本质上避免行业内某些企业的不正当竞争行为，为成品油和天然气等领域价格市场化提供制度保障。

**三、保障能源安全，加快绿色转型**

（一）加速国内勘探与生产

保障我国能源安全的最主要措施是加大油气勘探开发力度。一方面，通过引入国内外更多市场竞争主体，加大投资力度，提高勘探开发效率，从而增加我国油气资源生产量，控制对外依存度增长程度，适时增加我国油气资源储备。另一方面，引导企业通过技术、信息、设备等共享方式，以先进技术为依托，加大油气勘探开发合作力度。此外，加快油气管网等基础设施建设，促进整个产业链协调发展，保证产供销路径畅通。

（二）推进国际化步伐

通过贸易和并购方式获取境外资源，缓解了我国的油气资源不足问题，但是获取资源有限，应继续拓宽渠道，建立可持续国际化发展体系。首先，我国应进一步推进国际化步伐，国内企业可采用境外自主勘探、置换和贸易等多种方式组合，扩大油气资源来源渠道，增加境外油气权益。其次，以"一带一路"沿线国家为重点，推进项目开发，扩大国际化的业务范围，建立长期合作机制。最后，注重国际化人才的培养，完善国际人才引进机制，提高国际化经营管理水平，为国际化发展奠定良好基础。

（三）加快以天然气为主体的能源结构绿色转型

作为一种清洁能源，天然气是国际和国内未来的主要能源，近年来天然气消费高速增长，但绿色转型还需持续推进。第一，我国应抓紧油气体制改革，同时推动天然气协调稳定发展，确保天然气国内勘探开发投入增长，产量增加，并加大天然气进口力度，形成多元化海外供应体系。第二，构建多层次储备体系，推动天然气储备体系改革，保障国家能源安全。第三，加速传统天然气产业发展，推进生物天然气等绿色清洁能源的产业化发展，实现业务结构调整，构建我国多元能源供应体系。

**四、全面深化改革，推动企业高质量发展**

（一）完善现代化法人治理结构

在确保董事会必须依照国家法律法规和公司规章制度来行使授权职责前提下，适当放权。要确保国有资产保值增值和防范重大风险，必须坚持规范化运行。董事会被授予了更大的权力，就意味着肩负着更大的责任。同时，董事会权力应避免过于集中，导致审议事项过多，一个提案要经过多轮会议，增加了会议成本，降低了决策效率，不利于重大事项的决策效果，影响董事会作用发挥。石油石化行业企业规模大、结构复杂、业务范围广，适当放权有利于增强企业活力，提高企业对市场的应变能力和对政策的调节能力，提高经营效率和效果。

应加强外部董事制衡效果。外部董事由国资委来推选和任命，其考核和薪酬由国资委管理，拥有对企业重大事项决策的投票权和对管理层的监督权。加强外部董事制衡效果，建议为以下四点：第一，完善国资委与外部董事的沟通机制，定期召开国资委相关负责人和领导与外部董事会议，了解外部董事的履约情况和企业经营情况；第二，外部董事建立工作档案，记录董事会每一项议案的讨论过程，确保董事会流程的合规性；第三，有针对性地组织外部董事培训，确保外部董事的知识和能力能够胜任职责；第四，建立考核评价机制，规范外部董事责权体系，建立适当激励机制，激发外部董事履责积极性。

此外，将党的领导融入企业制度的各个方面是我国国有企业建立现代企业制度的一个重要核心内容。具体体现在，党委会和董事会等之间如何协作管理企业，是否使党组织在企业决策时起到规范、指导和监督作用。目前，三家企业董事长兼党委书记，使党委监督保障作用与董事会统领作用紧密结合。未来，更应重视打造高素质干部队伍和人才队伍，加大问责力度，加强防腐建设，深化党建制度不断创新。

（二）以创新驱动企业改革和发展

创新是推动每一次技术革命的主导因素，以创新驱动模式开辟新的创效空间，已经成为大型石油石化公司的普遍共识。与其他行业相比，石油石化行业投资成本和风险都偏高，国有企业本身的约束和管制也更加严格，进而企业受到了较多的创新约束。如何加快推进科技创新，以技术创新带动企业产业结构升级和产品质量升级，提出以下五点建议：第一，加强行业创新体系构建。国内石油石化行业的科技创新不应仅局限于企业内部，相关科研院所、高校以及企业应共同组建国家级科研团队，形成产学研一体化创新平台；第二，加强制度建设，在三项制度改革中，形成知识产权保护的相关规定，保护创新者的合法权益，激发创新活力；第三，围绕核心业务，形成全产业链的技术创新团队，提高科技成果转化效率；第四，必须时刻关注世界能源科技最前沿，时刻关注国内外能源产业政策的变化，把握行业发展趋势，积极开展技术合作；第五，保持高强度研发投入，并向重点技术创新项目倾斜。

此外，应转变创新观念，开展全面、全员创新。由投资驱动向创新驱动为主转变，由跟踪模仿向原始创新转变；以科技创新为主导，加大关键技术突破的支持力度，打造具有国际竞争力的核心技术；调动全员创新积极性，推动制度、管理、文化、战略、营销模式等各个方面创新，以创新驱动企业改革和发展。

（三）激发企业活力

激活和增强企业活力一直是国企改革的核心问题[①]。企业活力表现为企业作为自主经营、自负盈亏的市场主体，在生产经营过程中，充分发挥企业管理层和员工的积极性、主动性和创造性，面对复杂多变的环境，在市场竞争中形成良性循环的自我发展状态。为了保持石油石化行业企业活力，首先应该进一步落实简政放权，加快落实从管企业向管资本职能转变。明确国有资本布局调整的中长期目标，形成国有资本管理的具体、切实可行的方案；董事会依法对企业战略和重大投资等事项做出决策，不需要经过国资委审核同意；国资委通过外部董事制度，了解企业的最新动态。其次应该强化国有企业的激励机制改革，进一步推进三项制度改革。国资委等有关部门应赋予企业更大的激励自主权，如允许企业扩大员工持股范围和比例，特殊高端人才、职业经理人等人员工资不纳入工资总额管理，鼓励薪酬制度类别化、差异化改革，领导干部任期绩效与薪酬水平、职业发展挂钩等，未来三项制度改革仍需要根据具体情况不断调整。最后积极开展混合所有制改革。引入其他资本参与国有企业产权改革和治理机制完善是提高国有企业效率和效益的需要。以混改为契机，扩大国有资本影响力，提高国有企业竞争力，为结构调整和转型升级提供助力。

---

①　袁东明. 改革应以增强企业活力为本［J］. 国家电网，2019（2）：22-23.

# 第八章　加快铁路行业改革[①]

　　铁路运输极大地适应了我国人口众多、幅员辽阔、纵深辽阔且水路不发达的基本现实，成为我国最重要的交通运输方式之一。在中国改革开放和市场化改革的整体背景下，铁路行业改革稳步推进，围绕职能分工、组织优化、政企分开、主辅分离、构建现代公司制度等进行了长期的探索和创新。总体来看，从改革开放至今，铁路行业改革经历了政企分离探索阶段（1978~1999年）、主辅分离与管理体制变革阶段（2000~2011年）、政企分开与现代公司建设阶段（2012年至今）三个阶段。其中，第一阶段主要着眼于推进铁路行业竞争和提升铁路行业效率，铁路系统内推进"大包干"，以及在此基础上探索铁路行业政府管理职能、社会管理职能以及企业管理职能的逐步分离；第二阶段主要围绕提升铁路行业内部各个业务单元的专业性，以铁路工程局剥离为开端，铁路医院、铁路学校、铁路法院等非经营业务有序剥离，与此同时，铁路行业也实现了从四级管理体制向三级管理体制的变迁，铁路行业内部组织结构不断优化，为中国铁路系统大建设和大提速创造了良好的条件；第三阶段是党的十八大以来，在经济体制改革和国有企业改革不断深化的背景下，铁路行业加速改革，铁道部的撤销真正实现了政企分离，中国铁路总公司从全民所有制企业转制成为中国国家铁路集团有限公司预示着铁路行业从计划一体运营朝着现代公司市场运营的转型，此外，在市场化改革、网运分离、市场化定价、政监分开等方面也取得了突出的成效，尤其是高铁的快速发展，使得铁路行业改革成为国企领域改革的突破口和新亮点。总体来看，铁路行业发展取得巨大成就，尤其是高铁的快速发展成为中国新时代发展的重要驱动力量。但是，由于长期以来的政企合一模式路径依赖，铁路行业内部依然存在诸多亟待进一步深入改革的现实问题，加快推进铁路行业有待进一步深化改革十分必要。

---

　　① 本章部分内容发表在《理论学刊》2020年2期。

# 第一节　党的十八大以来铁路行业发展的基本现实

党的十八大以来，我国铁路改革发展成效显著，基础设施建设持续加快，运输能力大幅提升，服务水平明显提高，节能减排效果显著，科技创新取得重大突破。

### 一、铁路行业投资保持高位稳定态势

作为固定资产投资的重要内容，铁路行业固定资产投资依然保持高位，并受整体经济增长放缓的影响，加之铁路行业整体负债率较高的基本现实，党的十八大以来，铁路行业固定资产投资相对稳健。2011～2019 年，铁路行业年固定资产从 5906 亿元增长到 8029 亿元，总增速为 35.95%。其中，2012～2015 年，铁路固定资产投资总额稳步增长，2016～2019 年略有下降，但总投资额较为稳定。如图 8-1 所示。

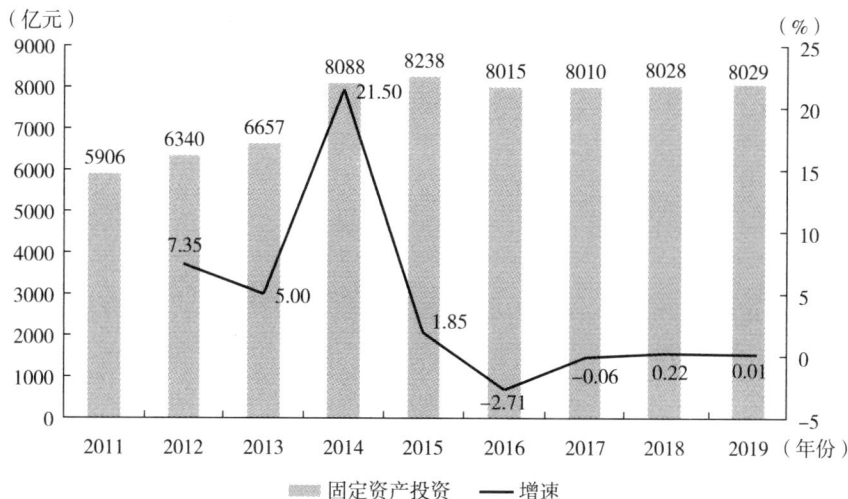

图 8-1　2011～2019 年铁路行业固定资产投资情况

资料来源：国家铁路局。

### 二、铁路营业里程稳步增长，其中高铁营业里程增长显著

在持续高位固定资产投资的影响下，我国铁路营业里程稳步增长，由 2011

年 9.3 万千米增长至 2018 年 13.9 万千米，其中，高铁营业里程快速攀升，由 2011 年的 0.7 万千米增长至 2019 年的 3.5 万千米，占据了全球已通车高铁里程的 2/3 以上。从增速来看，铁路行业整体营业里程保持相对较低的稳步增长，而高铁的营业里程则保持高位增长，2019 年依然保持 20.69% 的年增长率。如图 8-2 所示。

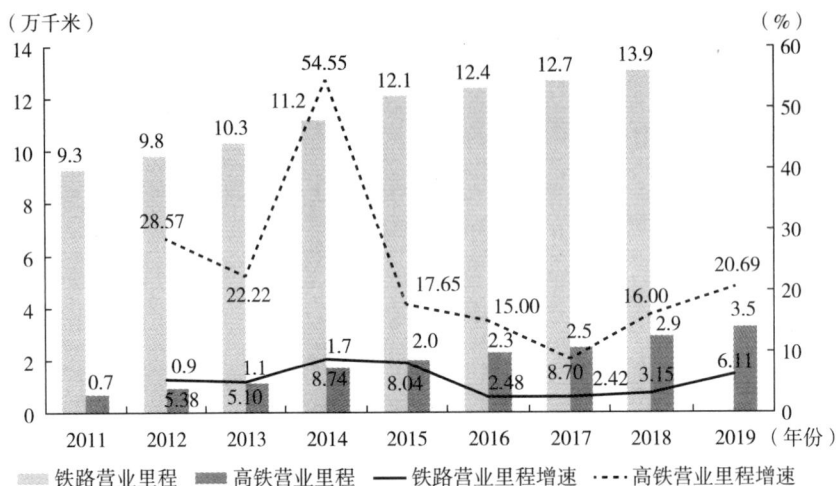

**图 8-2　2011~2019 年铁路行业营业里程及增速情况**

资料来源：国家铁路局。

通过持续的固定资产投资，我国"四纵四横"高速铁路网已经建成，"八纵八横"高速铁路主通道全面快速推进，中西部路网骨架加快形成，综合枢纽同步完善，路网规模不断扩大，结构日趋优化，质量大幅提升，铁路建设取得了显著成绩。

### 三、铁路行业服务能力稳步提升

随着铁路行业营运里程的增长，铁路行业服务能力有效改善，客运能力和货运能力均表现出稳步增长的态势。总体来看，客运能力显著增长，尤其是高铁在全部客运量中的比重快速提升，极大地提升了铁路行业的整体客运质量。2019 年，全国铁路旅客发送量完成 36.6 亿人，较 2011 年的 18.62 亿人增长了 96.54%；全国铁路旅客周转量完成 14706.64 亿人公里，较 2011 年的 9612 亿人公里增长了 53%。高铁旅游周转量在全部旅客周转量中的比重不断增加，已接近全部旅客周转量的一半，2018 年高铁旅游周转量达到 6872 亿人公里，增长了

5.5 倍，占全部旅客周转量的比率从 2011 年的 11.01% 增长到 2018 年的 48.58%。如图 8-3 所示。高铁的快速建设，不仅实现了速度的快速提升，更重要的是促进了铁路运输服务的多样性，铁路运输的选择性、舒适性和便捷性不断增强。

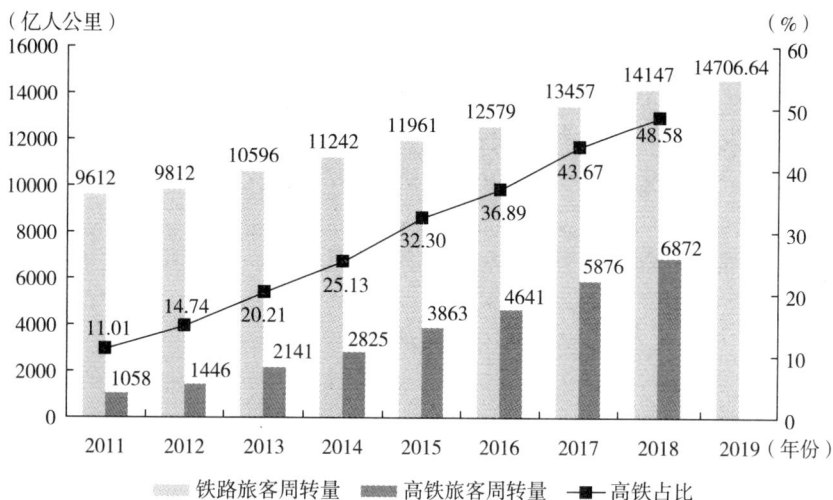

图 8-3　2011~2019 年铁路行业客运情况

资料来源：国家铁路局。

　　货运方面，受经济总体增速下降的影响，铁路行业货运量总体处于相对稳定的态势。从货运总周转量来看，2019 年为 30181.95 亿吨公里，较 2011 年的 29465.79 亿吨公里增长了 2.43%，铁路货运在全部货运中的比重依然保持十分重要的地位；换算总周转量从 2011 年的 39078.08 亿吨公里增长到 2019 年的 44888.59 亿吨公里，增长了 14.87%。如图 8-4 所示。

**四、节能减排取得突出成效**

　　2019 年，国家铁路能源消耗折算标准煤 1634.77 万吨，较 2018 年增长 0.7%。2011~2019 年，铁路行业单位运输工作量综合能耗从 4.76 吨标准煤/百万换算吨公里降至 3.94 吨标准煤/百万换算吨公里，总共下降 17.23%；单位运输工作量主营综合能耗保持相对稳定且呈下降的趋势，2019 年能耗为 3.84 吨标准煤/百万换算吨公里。如图 8-5 所示。

（亿吨公里）

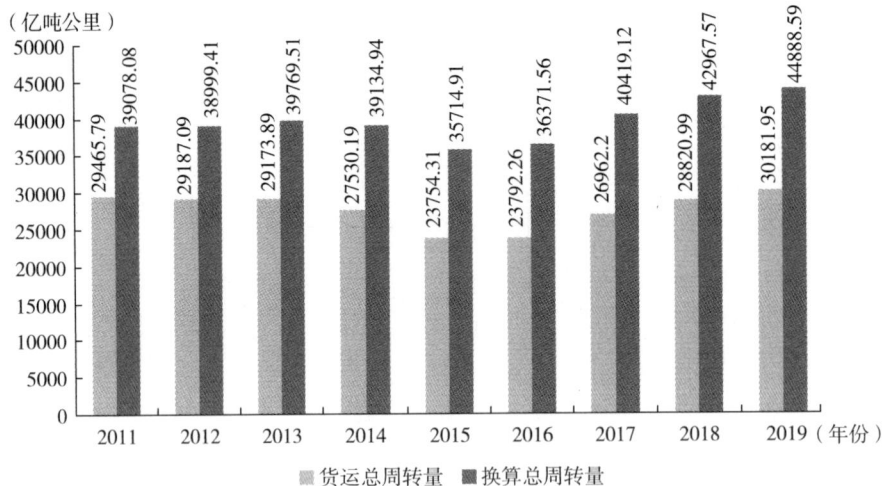

**图 8 - 4　2011~2019 年铁路行业货运情况**

资料来源：国家铁路局。

（吨标准煤/百万换算吨公里）

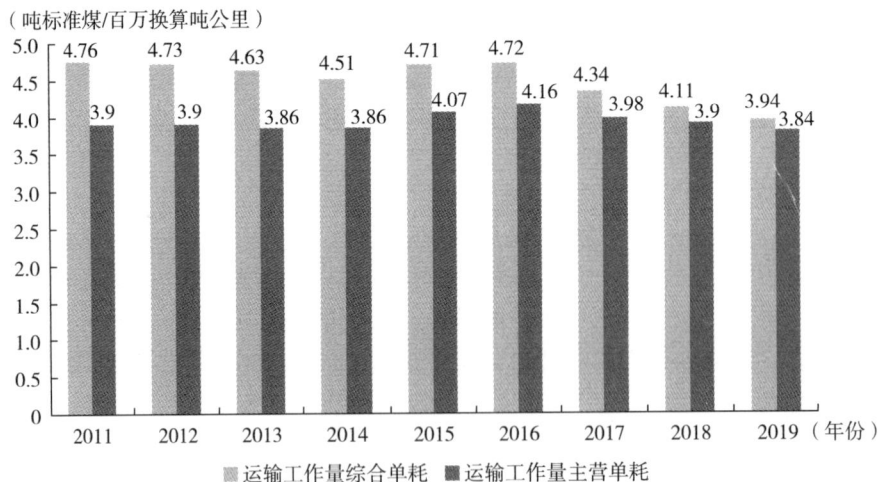

**图 8 - 5　2011~2019 年铁路行业能源消耗情况**

资料来源：国家铁路局。

　　主要污染物排放量显著改善。2019 年，铁路行业化学需氧量排放量 1764 吨，二氧化硫排放量 5438 吨，分别较 2011 年减少 19.67% 和 86.44%，铁路行业的环境功能得以显现。如图 8 - 6 所示。

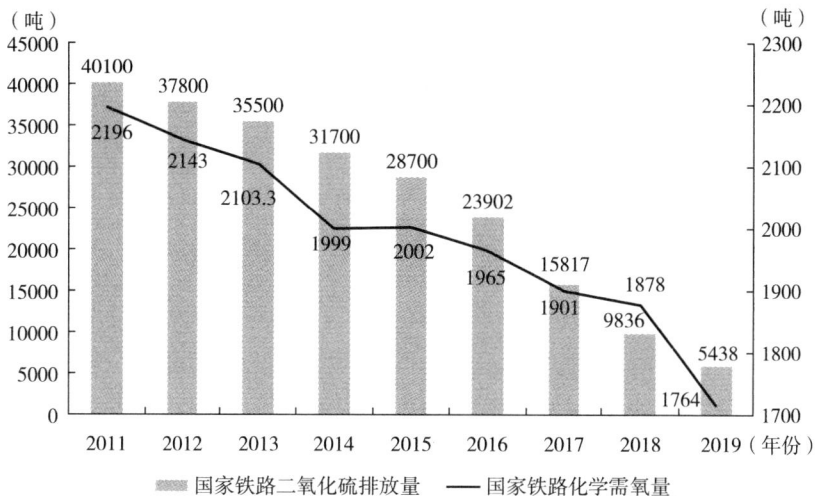

图 8-6　2011~2019 年铁路行业主要污染物排放情况

资料来源：国家铁路局。

此外，工程建设、装备制造等取得一系列科技创新成果，形成自主知识产权技术体系，核心竞争力不断增强，铁路总体技术水平进入世界先进行列；铁路成为我国对外交流合作新名片和共建"一带一路"倡议的重要领域，铁路建设、装备、运输等企业开拓国际市场成果显著。

# 第二节　党的十八大以来铁路行业改革的主要政策

党的十八大以来，按照进一步深化国有企业改革的总体部署，围绕铁路行业改革的相关政策性文件不断完善，铁路行业改革取得了实质性进展。铁路行业改革是国企改革的一个子系统，但其自身的特殊性导致在改革过程中需要不同的配套政策。党的十八大以来，在国有企业改革、投融资体制改革等方面，出台了一系列相关政策，为铁路行业改革提供了良好的制度环境。

**一、国有企业改革的相关政策是铁路行业改革的重要依据**

党的十八大以来，新一轮国有企业改革加速推进。2013 年 11 月，中共中央下发《关于全面深化改革若干重大问题的决定》，提出"经济体制改革是全面深化改革的重点，核心问题是处理好政府和市场的关系，使市场在资源配置中起决定性作用和更好发挥政府作用"，并对推进混合所有制改革和建立现代企业制度提出了进一步的要求，为国有企业改革提出了总体方向。2015 年 8 月，中共中央、国务院下发了《关于深化国有企业改革的指导意见》，从国有企业公司制改革、资产监管、资本配置和加强党的领导四个方面对国有企业改革提出了总体要求，并明确提出推进铁路等领域的混合所有制改革。为推进新一轮国企改革，按照《关于深化国有企业改革的指导意见》的要求，国务院、国资委等制定了一系列规范国有企业改革的制度框架，国有企业改革"1 + N"制度体系不断完善，成为新时期指导我国国有企业改革的整体性制度框架。在此基础上，为推进国有企业改革的落地，国资委推出了"十项改革试点"①、国企改革"双百行动"和"区域性国资国企综合改革的实验"，实现了从政策到实践的不断突破与创新。

党的十九大以后，国有企业改革进入了新阶段。党的十九大报告提出进一步深化国有企业改革，发展混合所有制经济，并首次提出"培育具有全球竞争力的世界一流企业"。党的十九届四中全会发布了《中共中央关于坚持和完善中国特色社会主义制度，推进国家治理体系和治理能力现代化若干重大问题的决定》，首次从强化"竞争力、创新力、控制力、影响力、抗风险能力"的目的提出了国有经济布局优化和结构调整。2020 年 5 月 11 日中共中央和国务院发布了《关于新时代加快完善社会主义市场经济体制的意见》，对国有资产、国有资本、国有经济、国有企业等的进一步发展和改革提出了进一步的要求，对国有经济布局优化和结构调整、发展混合所有制经济以及垄断行业改革提出了具体的要求。

作为国有企业改革的重要内容，在 2013 年实现政企分开之后，铁路行业的改革得到了党中央和国务院的高度重视，相关政策为铁路行业系统性改革指明了清晰的方向，一些文件中专门对铁路行业改革提出了具体要求。例如，《关于深化国有企业改革的指导意见》明确提出，"在石油、天然气、电力、铁路、电信、资源开发、公用事业等领域，向非国有资本推出符合产业政策、有利于转型升级的项目"；在《关于国有企业发展混合所有制经济的意见》中，要求"结合电力、石油、天然气、铁路、民航、电信、军工等领域改革，开展放开竞争性业务、推进混合所有制改革试点示范"。

## 二、投融资体制改革的相关政策是提升铁路行业发展质量的重要支撑

铁路行业改革的特殊性之一在于行业资产规模较高且表现出绝对的垄断地

---

① 十项改革试点分别是：落实董事会职权试点；市场化选聘经营管理者试点；推行职业经理人制度试点；企业薪酬分配差异化改革试点；国有资本投资、运营公司试点；中央企业兼并重组试点；部分重要领域混合所有制改革试点；混合所有制企业员工持股试点；国有企业信息公开工作试点；剥离企业办社会职能和解决历史遗留问题试点。

位。为破解铁路行业竞争不足、活力不足和效率不足的现实，引入外部资本，加快投融资体制改革是铁路行业改革的重要内容。党的十八大以来，伴随着市场化改革的推进，铁路行业的融资方式从原来依靠财政拨款向银行信贷转型，铁路行业自身的低盈利水平和高投资强度导致铁路行业负债越来越高，如何有效地吸引外部资本进入成为关乎铁路行业未来发展的重要议题，得到了党中央和国务院的高度重视。为此，国务院和相关部门出台了一系列促进投融资体制改革的政策文件，为解决铁路行业发展过程中的融资方式创新以及与之相伴随的混合所有制改革提供了有效的指引。

2012 年，为了贯彻落实《国务院关于鼓励和引导民间投资健康发展的若干意见》（国发〔2010〕13 号）以及解决铁路行业自身融资方面的困难，铁道部发布了《关于鼓励和引导民间资本投资铁路的实施意见》，探索铁路行业在产业链各个环节吸引社会资本进入。在此基础上，国务院于 2013 年 8 月下发了《关于改革铁路投融资体制加快推进铁路建设的意见》，提出"全面开放铁路建设市场，对新建铁路实行分类投资建设"的总体思路。之后，为落实国务院关于改革铁路投融资体制的意见，国务院办公厅又出台了《国务院办公厅关于支持铁路建设实施土地综合开发的意见》，支持铁路运输企业以自主开发、转让、租赁等多种方式盘活利用现有建设用地，鼓励对既有铁路站场及毗邻地区实施土地综合开发，提高铁路建设项目的资金筹集能力和收益水平。2014 年 6 月，国家发展改革委、财政部和交通运输部制定了《铁路发展基金管理办法》，明确了铁路行业发展过程中的投资基金建设方案。2015 年 7 月，国家发展改革委等 5 部委联合发布《关于进一步鼓励和扩大社会资本投资建设铁路的实施意见》，提出全面开放铁路投资与运营市场，推进投融资方式多样化。至此，铁路行业对社会资本的开放从建设领域、运输领域向全部领域开放，政策上对社会资本进入铁路行业的限制全部取消。此外，在 2016 年 7 月《中共中央　国务院关于深化投融资体制改革的意见》强调，要进一步加强铁路基础设施领域的政府和社会资本合作，大力发展直接融资。

### 三、行业发展战略的相关政策为铁路行业发展提供了目标指引

铁路行业的改革同时也是与国家对铁路行业发展的定位和战略目标相适配的。党的十八大以后，在全面推进小康社会建设目标的指引下，党中央和国务院将进一步完善基础设施，尤其是推动交通运输业发展置于极高的地位，这也为铁路行业的快速发展创造了良好的政策环境。2015 年 5 月，国家发展和改革委颁布了《关于当前更好发挥交通运输支撑引领经济社会发展作用的意见》，对"十三五"铁路行业发展规划、重大项目建设、体制机制改革等提出了明确的要求。

2016 年 7 月，国家发展和改革委、交通运输部和中国铁路总公司公布的《中长期铁路网规划》中明确了"到 2020 年，一批重大标志性项目建成投产，铁路网规模达到 15 万公里，其中高速铁路 3 万公里，覆盖 80% 以上的大城市；到 2025 年，铁路网规模达到 17.5 万公里左右，其中高速铁路 3.8 万公里左右"。2017 年 11 月发布的《铁路"十三五"发展规划》，进一步明确了 2020 年铁路网规模以及技术实现水平，提出复线率和电气化率分别达到 60% 和 70% 左右。2019 年 9 月，中共中央、国务院印发了《交通强国建设纲要》，提出从 2021 年到 21 世纪中叶，分两个阶段推进交通强国建设，交通强国上升为国家战略，铁路行业的发展也被置于更加重要的位置。这些相关政策的出台，为铁路行业向更高质量发展提供了战略性的指引。

**四、专门的政策性要求为铁路行业改革提出了具体要求**

铁路行业改革涉及面广，社会影响力大，受到社会的普遍关注，近年来在党中央和国务院的重要文件中都有明确的改革要求。2018 年中央经济工作会议提出"加快推动中国铁路总公司股份制改造"，这是对 2015 年《关于深化国有企业改革的指导意见》提出"国有企业公司制改革"的有效回应。2018 年《政府工作报告》提出"深化能源、铁路、盐业等领域改革"，2019 年 3 月，两会再次指出"深化电力、油气、铁路等领域改革，自然垄断行业要根据不同行业特点实行网运分开，将竞争性业务全面推向市场"。2019 年《政府工作报告》提出"深化电力、油气、铁路等领域改革，自然垄断行业要根据不同行业特点实行网运分开，将竞争性业务全面推向市场"。2019 年 9 月，中共中央、国务院印发了《交通强国建设纲要》，明确要求推进"推动国家铁路企业股份制改造"。从这些相关改革的要求来看，进一步破除铁路行业垄断状态、重点做好铁路行业核心经营主体——中国国家铁路集团有限公司的现代公司制改革是政府极为关注的内容，这也为铁路行业改革明确了具体的要求。2020 年 5 月 11 日，中共中央和国务院发布的《关于新时代加快完善社会主义市场经济体制的意见》中提出，要"深化铁路行业改革，促进铁路运输业务市场主体多元化和适度竞争"，从进一步强化竞争的角度对铁路行业改革提出了明确的要求。

铁路行业的改革不仅是行业内的改革，更是国有企业这一整体经济体系的改革，事关市场经济体制的建设和完善。从政策的密集度和关注度来看，被推到改革的"风口浪尖上"，通过改革来改变铁路行业的垄断、推动铁路行业的市场化和促进铁路行业的可持续发展，进而提升民众的获得感和满意度，成为铁路行业改革过程中不可回避的问题。

# 第三节　党的十八大以来铁路行业
## 改革的重点及主要进展

在一系列改革政策的指引下，党的十八大以来铁路行业改革取得重大突破，铁道部撤销组建国家铁路局和中国铁路总公司，改制成立"中国国家铁路集团有限公司"，铁路行业政企分开和市场化改革取得实质性的进步。此外，与之伴随的，铁路行业的监管模式、价格改革以及网运分离也在不断探索，成为支撑铁路行业未来更高质量发展的重要支撑。

### 一、政企分开开启了真正意义上的市场化改革

2013 年 3 月，根据党的第十二届全国人民代表大会第一次会议审议的《国务院关于提请审议国务院机构改革和职能转变方案》的要求，实行铁路政企分开。方案要求：将铁道部拟订铁路发展规划和政策的行政职责划入交通运输部，交通运输部统筹规划铁路、公路、水路、民航发展，加快推进综合交通运输体系建设；组建国家铁路局，由交通运输部管理，承担铁道部的其他行政职责，负责拟订铁路技术标准，监督管理铁路安全生产、运输服务质量和铁路工程质量等；组建中国铁路总公司，承担铁道部的企业职责，负责铁路运输统一调度指挥，经营铁路客货运输业务，承担专运、特运任务，负责铁路建设，承担铁路安全生产主体责任等。此外，该方案要求国家继续支持铁路建设发展，加快推进铁路投融资体制改革和运价改革，建立健全规范的公益性线路和运输补贴机制，继续深化铁路企业改革。2013 年 3 月 17 日，中国铁路总公司成立，机关设置 20 个内设机构，下设 18 个铁路局、3 个专业运输公司等企业。中国铁路总公司的成立，打破了 60 余年中国铁路行业政企合一的局面，也真正开启了中国铁路行业的市场化改革。

在此背景下，中国铁路总公司按照党中央和国务院关于新一轮国有企业改革的要求，创新融资方式，推进高铁建设的混合所有制改革。2014 年，新疆维吾尔自治区铁路建设投资 186.6 亿元，社会资本参与投资 103.5 亿元，占比首次过半。2016 年 12 月，国家发展改革委批复的杭绍台城际铁路是我国第一条民营资本控股的高铁 PPP 项目。

### 二、国铁集团的成立推动了铁路企业的市场化进程

2017 年 7 月，国务院办公厅印发的《中央企业公司制改制工作实施方案》

指出，按照全民所有制工业企业法登记、国务院国资委监管的中央企业（不含中央金融、文化企业），要全部改制为按照公司法登记的有限责任公司或股份有限公司，加快形成有效制衡的公司法人治理结构和灵活高效的市场化经营机制。在此政策要求下，中国铁路总公司率先推进地方铁路局改革。截至 2017 年 11 月 19 日，中国铁路总公司 18 个铁路局完成企业身份转换，改制为集团有限公司，为中国铁路总公司实现从传统运输生产型企业向现代运输经营型企业发展迈出了重要一步，同时也为中国铁路总公司进一步的公司制改革奠定了基础。与此同时，中国铁路总公司机关组织机构改革稳步推进，按照市场化改革的原则，公司不断提高人员效率，精简冗余冗员，机关部门、内设机构、定员编制分别精简了 10.3%、26.6% 和 8.1%。

2017 年以来，铁路行业先后通过实施铁路局公司制改革、铁路总公司机关内设机构改革、所属非运输企业公司制改革、铁路局集团公司内设机构改革，初步完成了从计划模式向市场模式、从垄断向逐步放开的转变，不仅企业的活力得到了很大增强，企业的经营服务能力和服务水平也有了较大提高，而且企业的市场竞争力和盈利能力等都有了明显增强，如京沪高铁已经全面实现了盈利，其他方面的效益也在不断改善。特别是长期困扰广大居民的"一票难求"问题，也在高速铁路建设规模的不断扩大、服务范围的不断拓展、功能的不断提升中逐步得到了缓解，有效改善了广大居民的生活品质和生活质量，促进了人口流动的加快，推动了地方经济发展。①

2019 年 6 月 18 日，中国铁路总公司改制成立"中国国家铁路集团有限公司"并正式挂牌，标志着中国铁路总公司改革的进一步深化，市场主体从"全民所有制"向"公司制"的转变正式完成。中国国家铁路集团有限公司是经国务院批准、依据《中华人民共和国公司法》设立、由中央管理的国有独资公司。经国务院批准，公司为国家授权投资机构和国家控股公司，注册资本为 17395 亿元，由财政部代表国务院履行出资人职责。中国国家铁路集团有限公司实行两级法人（中国国家铁路集团有限公司、铁路局集团公司）、三级管理（中国国家铁路集团有限公司—铁路局集团公司—站段）。截至 2018 年末，中国国家铁路集团有限公司下设 18 个铁路局集团公司（设置运输站段 845 个）、3 个专业运输公司等 34 家企业、3 个事业单位。

与此同时，铁路行业加快了投融资体制改革，铁路行业的混改表现出加速发展态势。2015 年 8 月动工的济青高铁是国内第一条地方政府主导的高铁线路，由山东省政府和中国铁路总公司分别按 80% 和 20% 的比例承担资本金，2019 年，

---

① 谭浩俊．中铁集团挂牌铁路改革再迈新步伐［N］．国际金融报，2019 - 06 - 24（003）.

济青高铁运营后，山东铁路投资控股集团有限公司以 23.86 亿元转让济青高铁的 7.1568% 股权，受让方为中金资本运营有限公司和农银金融资产投资有限公司，其中，中金资本的投资由其代理的科威特投资局投入，这也是中国高铁第一次成功引入国外知名机构投资者。2018 年 4 月，中国国家铁路集团有限公司向腾讯和吉利控股组成的联合体转让动车网络 49% 股权，成交价为 43 亿元，吉利控股占股 39%，腾讯占股 10%，中铁总公司占股 51%，动车网络成立于 2017 年，是中国国家铁路集团有限公司下属企业中唯一经营动车组 Wi－Fi 的企业。2018 年 8 月 29 日，中铁顺丰国际快运有限公司在深圳揭牌成立，中铁快运占股 55%，顺丰占股 45%。2019 年 10 月 22 日，京沪铁路高铁递交了 IPO 申请，并于 11 月 14 日获得证监会 IPO 批文，成为中国国家铁路集团有限公司下属第 4 家上市公司①。

### 三、定价机制的市场化探索

为深化铁路行业市场化改革，铁路行业的自主定价机制逐步形成。由于铁路运输行业关系国计民生，在过去相当长的一段时间内铁路票价保持基本平稳。根据国家发展改革委发布的《关于改革完善高铁动车组旅客票价政策的通知》（发改价格〔2015〕3070 号），铁路运输企业在制定无折扣的高铁动车组一等、二等座公布票价后，可以实行一定折扣，确定实际执行票价。2015 年对《铁路法》第二十五条进行修订，规定在竞争性领域实行市场调节定价，铁路运输杂费的收费标准由铁路运输企业自主决定。自 2015 年开始试点浮动票价，铁路运输企业通过综合考虑市场需求、铁路建设运营成本及旅客消费取向等因素，正在建立多种交通方式合理比价、灵活适应市场、满足不同旅客出行需求、有升有降的高铁动车组列车票价体系和票价浮动机制，加快票价的市场化改革步伐。2016 年 2 月放开高铁动车票价，由国家铁路总公司在综合考虑建设运营成本、市场需求等因素的基础上，以公布票价为上限，根据市场供求关系自主定价。同年 6 月发布《关于完善铁路普通旅客列车软座、软卧票价形成机制有关问题的通知》，表明了在中管企业全资及控股所运营的铁路线路上的普通旅客列车软座、软卧票价，由铁路运输企业依法自主制定；普通旅客列车高级软卧包房票价继续实行市场调节价。国家发展改革委于 2017 年 2 月出台了《铁路监审办法（试行）》，强化对铁路业价格形成机制的监督，同年 9 月，国家发展改革委发布了《关于进一步加强垄断行业价格监管的意见》（发改价格规〔2017〕1554 号），又一次强调在铁

---

① 中国国家铁路集团有限公司及其下属公司中目前共有三家上市公司：1996 年在中国香港和纽约上市、2006 年在上交所上市的广深铁路；1998 年在上交所上市的铁龙物流；2006 年在上交所上市的大秦铁路（主要业务是以煤炭运输为主的综合性铁路运输公司）。

路领域深化价格改革的必要性。①

### 四、网运分开改革的有益探索

从 1986 年铁路行业试行的"大包干"，到 2000 年时任铁道部部长的傅志寰提出的"网运分离"，再到 2005 年实施的"铁道部—铁路局—站段"的三级管理体制，再到 2017 年 18 个铁路局改制为集团有限公司，铁路行业在增强系统内部自主性和竞争性方面的探索持续推进，但运网合一却始终是中国铁路行业的基本特征。2019 年，两会和《2019 年政府工作报告》中均提出了铁路行业的"网运分开"，网运分开是未来激活铁路行业活力和提升铁路行业运营效率的重要力量来源。为此，国家铁路局和中国国家铁路集团有限公司均在探索铁路行业未来网运分开的方法和模式，这为未来提出中国铁路网运分离模式提供了有力的支撑。

### 五、政监分开得以初步实现

2013 年中国铁路总公司和国家铁路局的成立，宣告了铁路行业政企合一、证监合一模式的终结，国家铁路局负责监督管理铁路安全生产、运输服务质量和铁路工程质量等，其作为中国铁路行业监管部门的地位得以确立。随着商事制度改革的不断推进，按照依法治国和市场化改革的基本要求，国家铁路局也在不断优化对铁路行业的监管方式，清理铁路行业的相关行政审批事项，原来 26 个审批事项目前已减少到 6 个②，非行政审批许可全部取消，铁路行业"放管服"取得显著成效。目前，围绕铁路行业在工程、安全等方面的问题，国家铁路局工程司、安监司等均已展开实质性的监管，有效保证了铁路行业的工程质量和运行安全。

总体来看，在国有企业改革、交通运输行业发展、铁路行业改革等各项制度的指引下，铁路行业在党的十八大以来的改革中取得了实质性进展，为进一步深化经济体制改革、完善市场经济体制提供了新的动力支持。

---

① 陈兵. 改革开放以来铁路业定价机制的嬗变与展望 [J]. 兰州学刊, 2019 (1): 5–21.
② 6 项行政许可分别是铁路运输基础设备生产企业审批，铁路机车车辆驾驶人员资格许可，铁路无线电台设置审批及电台频率的指配，铁路机车辆设计、制造、维修或进口许可，铁路运输企业准入许可以及铁路车站和线路命名、更名审批。

# 第四节　当前铁路行业改革尚存的主要问题

总体来看，铁路行业目前依然存在垄断力量难以破除、行业整体效率和效益不高以及服务水平不高等现实问题，这是未来铁路行业进一步深化改革的重点。

## 一、垄断问题依然严峻，行业竞争生态尚未形成

目前摆在铁路行业改革面前的基本现实是，全国铁路一张网，线路运营、客货运输、站点运营等都集中在中国国家铁路集团有限公司一家企业，且中国国家铁路集团有限公司还在一定程度上承担着提供公共物品（如铁路调度、军事保障、财政结算等）的职能。这一基本现实使铁路行业尽管通过政企分开得到一定的改善，但中国国家铁路集团有限公司在整个行业的绝对垄断力量十分强，铁路行业的市场机制难以形成。铁路企业兼具铁路行业改革面临公益性和商业性目标，改革面临着目标选择困境取向的冲突。

另外，随着近年来商事制度改革的不断推进，国家铁路局"放管服"的不断推进，与之相对应的是，由于铁路行业目前的"一家独大"以及相关社会组织或者行业组织的缺失，下放的相关权力被中国国家铁路集团有限公司承接，导致"政府公权"转变为"企业公权"，相关权力的下放不仅没有激发行业内的活力，反而导致铁路行业形成新的垄断，例如运力调度和财政收入的清算掌握在中国国家铁路集团有限公司手中，会形成新的垄断力量，且导致对中国国家铁路集团有限公司的监管难度更大。因为缺乏平等的市场主体，行业内的市场竞争机制难以形成，主管部门的放权形成了新的垄断，对铁路行业的监管出现新的"真空"。

从行业上下游的竞争来看，中国国家铁路集团有限公司在全行业居于绝对垄断地位，上游的车辆制造等设备供应企业对其依赖严重。例如，中车集团的最大客户为中国国家铁路集团有限公司（含所属铁路局及公司），2019 年上半年公司向中国国家铁路集团有限公司的销售额占销售总额的 51.68%[①]，这会导致铁路行业上下游形成新的垄断。

此外，从中国国家铁路集团有限公司内部的实际情况来看，目前 18 个铁路局也完成改制为集团有限公司，但是，从管理体制来看，中国国家铁路集团有限

---

[①]　资料来源：《中国中车股份有限公司 2019 年半年度报告》。

公司作为总部机构，不仅牢牢控制着任免权、投资权，但在很大程度上还是以计划方式行使对各个铁路局集团公司的管理权，各铁路局集团公司充当着中国国家铁路集团有限公司的生产车间，企业内部的竞争机制未能发挥出来。

### 二、整体盈利水平较低，吸引社会资本动力不足

与庞大的资产规模和营业收入相比，铁路行业的总体盈利水平较低，这不利于铁路行业引入外部资本提升行业的市场化水平。从 2018 年到 2019 年上半年国铁集团公司的财务数据来看，2018 年底净利润为 20.45 亿元，2019 年上半年亏损 2.05 亿元，国铁集团公司整体处于亏损状态。从总资产超过 1000 亿元的 20 家下属企业来看，仅有 8 家企业 2019 年上半年实现盈利，其他 12 家企业均为亏损，合计亏损 49.24 亿元。如表 8 - 1 所示。

表 8 - 1　2019 年上半年中国国家铁路集团有限公司下属部分企业经营情况

| 序号 | 公司名称 | 总资产（万元） | 净资产（万元） | 净利润（万元） | 资产收益率（%） | 净资产收益率（%） |
|---|---|---|---|---|---|---|
| 1 | 中国铁路上海局集团有限公司 | 92704901.07 | 59299003.75 | 770714.37 | 0.83 | 1.30 |
| 2 | 中国铁路太原局集团有限公司 | 40227242.03 | 24394279.02 | 635739.74 | 1.58 | 2.61 |
| 3 | 中国铁路投资有限公司 | 64808224.32 | 39076874.28 | 407621.10 | 0.63 | 1.04 |
| 4 | 中国铁路武汉局集团有限公司 | 40865921.11 | 27540189.50 | 382160.74 | 0.94 | 1.39 |
| 5 | 中国铁路郑州局集团有限公司 | 38090796.94 | 26935802.54 | 342533.41 | 0.90 | 1.27 |
| 6 | 中国铁路广州局集团有限公司 | 64505734.14 | 39797517.17 | 144704.86 | 0.22 | 0.36 |
| 7 | 中国铁路西安局集团有限公司 | 33547151.52 | 21368912.10 | 108691.61 | 0.32 | 0.51 |
| 8 | 中国铁路济南局集团有限公司 | 26911981.24 | 18407737.23 | 15632.05 | 0.06 | 0.08 |
| 9 | 中国铁路南昌局集团有限公司 | 55866427.30 | 34194872.65 | - 44167.97 | - 0.08 | - 0.13 |
| 10 | 中国铁路呼和浩特局集团有限公司 | 24330752.07 | 10183026.28 | - 102133.69 | - 0.42 | - 1.00 |
| 11 | 中国铁路青藏铁路集团有限公司 | 16035771.29 | 11522913.87 | - 124072.82 | - 0.77 | - 1.08 |
| 12 | 中国铁路乌鲁木齐局集团有限公司 | 19893892.34 | 12010167.00 | - 140924.33 | - 0.71 | - 1.17 |
| 13 | 中国铁路南宁局集团有限公司 | 29295625.46 | 16019624.43 | - 145290.96 | - 0.50 | - 0.91 |
| 14 | 中国铁路北京局集团有限公司 | 61009253.59 | 35237040.61 | - 154457.31 | - 0.25 | - 0.44 |
| 15 | 中国铁路昆明局集团有限公司 | 27191013.85 | 16908792.72 | - 170071.40 | - 0.63 | - 1.01 |
| 16 | 中国铁路发展基金股份有限公司 | 39358057.90 | 18880558.65 | - 273925.07 | - 0.70 | - 1.45 |
| 17 | 中国铁路兰州局集团有限公司 | 41623720.49 | 24196258.60 | - 318224.36 | - 0.76 | - 1.32 |
| 18 | 中国铁路成都局集团有限公司 | 91505018.43 | 53621674.50 | - 505683.72 | - 0.55 | - 0.94 |

| 序号 | 公司名称 | 总资产（万元） | 净资产（万元） | 净利润（万元） | 资产收益率（%） | 净资产收益率（%） |
|---|---|---|---|---|---|---|
| 19 | 中国铁路哈尔滨局集团有限公司 | 28887924.27 | 8110022.25 | -651711.87 | -2.26 | -8.04 |
| 20 | 中国铁路沈阳局集团有限公司 | 59141541.26 | 30019572.49 | -669509.87 | -1.13 | -2.23 |

资料来源：《京沪高速铁路股份有限公司首次公开发行股票招股说明书》。

从企业的经营情况来看，总资产收益率和净资产收益率远低于一年期国债收益率。较低的盈利能力，使铁路行业吸引社会资本的吸引力严重不足，这不利于当前通过混合所有制改革吸引社会资本。

### 三、财务风险总体较高，阻碍行业进一步高质量发展

长期以来，铁道部政企合一的体制使铁路行业投资基本上来源于财政拨款和银行贷款。随着改革的不断深化，铁路投资的资金来源不断丰富化，基本形成了以国内贷款、债券、国家预算内资金、专项基金、自筹资金、国际贷款、国外借款、社会融资等多样化的投融资体系，但是，目前总体的资金来源依然主要集中在国内银行贷款。从2017～2019年中国国家铁路集团有限公司的负债情况来看，长期负债主要来源于国内借款以及少量的世行借款和日元借款，且负债总额保持增长态势，从2017年的4.19万亿元增长到2019年的4.58亿元。其中，国内借款占全部负债中的比重高达81.10%，企业负债结构整体相对单一。如表8-2所示。

表8-2 2017～2019年中国国家铁路集团有限公司负债情况

单位：百万元

| | 2019年6月30日 | 2018年12月31日 | 2017年12月31日 |
|---|---|---|---|
| 流动负债小计 | 709054 | 697974 | 799172 |
| 长期负债小计 | 4578883 | 4515405 | 4188678 |
| 其中：国内借款 | 4288642 | 4265228 | 3976874 |
| 世行借款 | 10706 | 10690 | 10304 |
| 日元借款 | 2015 | 2168 | 2476 |
| 其他借款 | 277520 | 237319 | 199024 |
| 负债合计 | 5287937 | 5213379 | 4987850 |
| 负债和权益总计 | 8084558 | 8002339 | 7648387 |
| 国内借款占全部负债百分比（%） | 81.10 | 81.81 | 79.73 |

资料来源：《中国国家铁路集团有限公司2019年上半年财务报告》。

与此同时，铁路行业快速的建设投资以及较低的盈利水平，也难以抑制铁路行业负债率的上升，中国国家铁路集团有限公司资产负债率从 2018 年的 65.15% 增长到 2019 年上半年的 65.41%。从负债情况来看，截至 2019 年 6 月 30 日，中国国家铁路集团有限公司的长期负债为 4.58 万亿元，仅 2019 年上半年支付利息 449.87 亿元，还本付息为 1623.42 亿元。部分下属企业 2019 年上半年负债情况如表 8-3 所示。与之形成鲜明对比的是，2019 年上半年建设基金仅有 268.41 亿元，较高的财务压力导致铁路行业用于"再生产"的资本有限，不利于铁路行业未来进一步发展。

表 8-3　2019 年上半年中国国家铁路集团有限公司部分下属企业负债情况

单位：万元

| 序号 | 公司名称 | 负债总额 | 资产负债率（%） |
|---|---|---|---|
| 1 | 中国铁路哈尔滨局集团有限公司 | 20777902.02 | 71.93 |
| 2 | 中国铁路呼和浩特局集团有限公司 | 14147725.79 | 58.15 |
| 3 | 中国铁路发展基金股份有限公司 | 20477499.25 | 52.03 |
| 4 | 中国铁路沈阳局集团有限公司 | 29121968.77 | 49.24 |
| 5 | 中国铁路南宁局集团有限公司 | 13276001.03 | 45.32 |
| 6 | 中国铁路北京局集团有限公司 | 25772212.98 | 42.24 |
| 7 | 中国铁路兰州局集团有限公司 | 17427461.89 | 41.87 |
| 8 | 中国铁路成都局集团有限公司 | 37883343.93 | 41.40 |
| 9 | 中国铁路投资有限公司 | 25731350.04 | 39.70 |
| 10 | 中国铁路乌鲁木齐局集团有限公司 | 7883725.34 | 39.63 |
| 11 | 中国铁路太原局集团有限公司 | 15832963.01 | 39.36 |
| 12 | 中国铁路南昌局集团有限公司 | 21671554.65 | 38.79 |
| 13 | 中国铁路广州局集团有限公司 | 24708216.97 | 38.30 |
| 14 | 中国铁路昆明局集团有限公司 | 10282221.13 | 37.81 |
| 15 | 中国铁路西安局集团有限公司 | 12178239.42 | 36.30 |
| 16 | 中国铁路上海局集团有限公司 | 33405897.32 | 36.03 |
| 17 | 中国铁路武汉局集团有限公司 | 13325731.61 | 32.61 |
| 18 | 中国铁路济南局集团有限公司 | 8504244.01 | 31.60 |
| 19 | 中国铁路郑州局集团有限公司 | 11154994.40 | 29.29 |
| 20 | 中国铁路青藏铁路集团有限公司 | 4512857.42 | 28.14 |

资料来源：《京沪高速铁路股份有限公司首次公开发行股票招股说明书》。

按照《中长期铁路网规划》，到 2020 年铁路网规模将达到 15 万千米，其中高速铁路 3 万千米；到 2025 年，铁路网规模达到 17.5 万千米左右，其中高速铁路 3.8 万千米左右。这要求铁路行业继续追加新的投资，在市场机制未能建立起来、行业整体盈利能力不高的现实背景下，铁路行业未来高质量发展面临着较大的现实压力。

**四、服务水平总体不高，难以满足新时代民众需求**

长期以来的垄断地位导致铁路行业缺乏服务意识，难以从服务的视角来审视铁路行业的本质属性，进而导致服务产品的开发不足，在提供服务过程中也难以为用户营造舒适的体验，这是摆在铁路行业面前的现实问题，也是未来铁路行业能够与其他行业竞争的根本。

（1）服务理念不足。尽管中国国家铁路集团有限公司已完成向现代公司制企业转制，但从公司内部机构的设置来看，企业还是定位为一个运输企业，核心关注于客运、货运、调度、机辆、建设、安全等相关工作，用户服务尚未成为企业发展的关注点。

（2）服务产品不够丰富。从公司现有的业务开展情况来看，尽管也有酒店经营、旅游经营、土地开发、餐饮服务等，但其他业务收入①在全部收入中的比重较低。从其他收入在全部收入的比重来看，2017 年为 31.63%，2018～2019 年甚至有所下降。如表 8-4 所示。

表 8-4　2017～2019 年中国国家铁路集团有限公司收入情况

单位：百万元

| 收入项目 | 2019 年 1～6 月 | 2018 年度 | 2017 年度 |
|---|---|---|---|
| 运输收入合计 | 393754 | 765857 | 694254 |
| 其中：货运收入 | 175146 | 352247 | 316028 |
| 客运收入 | 188792 | 356978 | 319746 |
| 其他运输收入 | 29816 | 56632 | 58480 |
| 其他收入 | 134424 | 329674 | 321195 |
| 收入合计 | 528178 | 1095531 | 1015449 |
| 其他收入占总收入的比重（%） | 25.45 | 30.09 | 31.63 |

资料来源：《中国国家铁路集团有限公司 2019 年上半年财务报告》。

（3）服务质量有待改善。近年来，铁路行业整体服务能力有加大提升之势，

---

① 其他业务收入是指铁路运输企业投资的控股企业及其他企业收入，包括但不限于上述收入。

尤其是高铁快速发展之后所带来的车辆硬件优势。但是，这一优势并未能够带来显著的服务质量优势，高铁服务过程中依然未能很好地解决传统火车长期存在的就餐和餐饮问题，更遑论其他服务的改善。受服务质量的限制，导致铁路行业单位收入相对较低，2017～2018 年，货运单位收入从 7.82 元/百吨公里增长到 8.20 元/百吨公里；客运单位收入从 23.76 元/百人公里增长到 25.23 元/百人公里（见表 8-5）。

表 8-5　2017～2019 年中国国家铁路集团有限公司单位客货运收入情况

| 年份 | 2017 | 2018 |
| --- | --- | --- |
| 货运收入（百万元） | 316028 | 352247 |
| 客运收入（百万元） | 319746 | 356978 |
| 换算总周转量（亿吨公里） | 40419.12 | 42967.57 |
| 铁路旅游周转量（亿人公里） | 13457 | 14147 |
| 货运单位收入（元/百吨公里） | 7.82 | 8.20 |
| 客运单位收入（元/百人公里） | 23.76 | 25.23 |

资料来源：《中国国家铁路集团有限公司 2019 年上半年财务报告》。

### 五、行业改革总体之后，亟须创新路径加速推进

与电力、航空、通信等自然垄断行业相比，铁路行业改革总体滞后，相对于一些竞争性行业的中央企业改革更是推进迟缓。主要表现在铁路行业股权单一、内部治理结构不健全、适应现代公司制的相关制度不完善。①从目前中国国家铁路集团有限公司的股权结构来看，目前由财政部 100% 出资，属于国家全额出资的全民所有制企业。尽管组织形式已变更为有限责任公司，但依然适用于全民所有制企业的相关法律规范和管理条例，不利于进一步的现代公司制改革。②公司设立了党委会、董事会、高管层和工会等一套治理架构，但由于国家独资，股东会无法建立起来；董事会不完整，只有董事长和 2 名董事，没有独立董事、外部董事等，董事会职权不明确；未设监事会；高管人员为行政任命，缺乏市场化的竞争机制。③公司组织架构内的非企业职能部门依然存在，如铁路公安局、铁道党校、中国铁道博物馆、铁道战备舟桥处等，进一步推进政企分离和行政事业单位改革势在必行。④由于企业职能定位、股权结构、治理结构等方面的制约，企业的劳动、人事、分配等制度有待进一步优化，如何按照企业发展目标调整和优化企业内部相关制度是进一步激发企业活力、提升企业发展质量的

重要举措。

# 第五节 进一步深化铁路行业改革的方向与建议

针对铁路行业垄断问题依然严峻、行业盈利水平较低、财务杠杆较高以及服务质量不高、内部治理结构不完善等问题，需要进一步深化改革，以改革促发展，以发展来促进问题的解决。

**一、改革的总体方向：打破当前"大一统"的产业组织形态，大力推进市场化改革**

1. 探索网运分离的市场化改革

从国际经验来看，网运分离是推动铁路行业竞争、提升铁路行业活力的有效方式。美国在网运结构上，放松资产重组限制，实现客货分离，由货运公司管理路网，客运向货运租借路网。日本按照"自立自主、自主经营"的改革方向，将铁路系统拆分为 6 家客运公司和 1 家货运公司，施行以客运为主，客运与路网合一，货运向客运租用线路并支付使用费的运作模式，客货运公司拥有经营权和独立的市场主体地位。德国在政企分离的基础上，拆分铁路基础设施与专业运输业务，将铁路股份公司改为控股公司，对原有的基础设施、货运、长短途客运等进行公司化改组，分别组建为路网、货运、长途客运、短途客运、车站服务五个子公司，各公司间独立核算，实现"网运分离"。英国在铁路私有化的基础上，组建路网公司、特许运营公司、客货运公司、铁路辅助服务公司等，依据网运分离的基本原则，推动铁路行业的市场化竞争。各国在网运分离方面选择了不同的分离模式，这为我国铁路行业进一步推进网运分离提供了有效的参照。基于我国高铁作为客运专线的基本事实，而传统铁路中线路、货运、客运一体的基本现实，以及我国铁路行业保障旅客交通尤其是"春运"重要时间节点出行问题，按照"客运优先"原则，参照日本模式由客运企业管理路网，货运向客运企业租借路网的方式，同时探索车站站点的独立运营。

2. 吸引社会资本，重组中国国家铁路集团有限公司

铁路行业属于重资产行业，现有的中国国家铁路集团有限公司以及各下属公司的资产规模体量极为庞大，中国国家铁路集团有限公司总资产规模超过 8 万亿元，上海局公司和成都局公司总资产都接近 1 万亿元，在整体层面来探索股权多元化或者混合所有制改革难度极大。为此，要推进铁路行业的市场化改革，需要

在探索网运分离模式之后，进一步拆分铁路运行网络、重组和组建运输主体、专业企业，在此基础上推进混合所有制改革等股权多元化方式，吸引社会资本进入，形成网络间运网企业、网络内运输企业、车站运营企业之间的竞争局面。

3. 形成有效的定价机制

基于铁路业经济属性与公共属性密切结合的特征，着眼于影响铁路业定价机制运行的主要因素，如成本因素、竞争因素、非竞争因素、消费者因素、监管因素等，应以市场与政府的关系为基准，以经营者、消费者、监管者多方利益的平衡为阈值，构建铁路业定价机制合规运行的法治进路。具体架构建议为：经营者依照市场供需行使自主定价权，政府仅在市场失灵和法定特殊情势下承担调控和干预职能；当市场自由公平的竞争秩序遭到破坏时，经营者、消费者及监管者依据相关法律法规和政策，经由法定行为和程序参与竞争秩序的修复和正当利益的恢复及填补；当监管者在制定产业政策或者具体行为不当时，法治施行约束功能，规范权力的行使，矫正不当失范的监管行为。[①]

4. 形成市场化的清算体系

改变当前由中国国家铁路集团有限公司垄断铁路调度和清算的现状，将结算中心独立出来，成为独立的中介清算机构，为整个运输企业提供清算、技术、电子商务和其他服务，以保证清算的合理、公正、公开，使投资者对项目投资价值有比较清晰的判断，对未来投资回报有合理的预期，为吸引社会资本投资铁路，推进市场化融资创造最基本的财务核算条件和投资分析基础。

创新监管方式，真正促进铁路行业有序发展。要将应有独立主体运作的相关事务，如将运力调度、财政收入清算等从中国国家铁路集团有限公司剥离出来，成立具有独立市场地位和法律地位的主体，尤其按照市场化原则运营，保障铁路行业小企业和新市场主体公平的市场地位。按照"放管服"改革的基本要求，将事中事后监管置于重要位置，强调负面清单管理，形成对铁路行业企业强大的监管震慑力。优化安全监管方式，更加注重对铁路企业安全体系建设的监管，鼓励铁路企业通过技防物防人防综合体系的建设来保证运行和运输安全。

## 二、改革的核心动力：提升铁路行业盈利能力

提升盈利能力是保障未来铁路行业高质量发展的核心。为提升铁路行业盈利能力，需要从"开源"和"节流"两方面入手。

开源方面，增加铁路行业收入。增加铁路行业收入不仅是提升铁路行业盈利水平的基本需求，也是增加铁路行业职工收入的现实需求，要通过提升业务收入

---

① 陈兵. 改革开放以来铁路业定价机制的嬗变与展望［J］. 兰州学刊，2019（1）：5－21.

来提升公司收入，进而提升职工收入；促进服务能力和水平提升，进而提升服务水平，形成一个良性的收入增长循环。具体来看，提高铁路行业收入可以有以下几方面选择：一是创新业务品种，提高产品和服务附加值。中国国家铁路集团有限公司要推动自身从运输企业向服务企业的转型，重构企业乃至产业的价值链，发挥自身优势，积极介入到一些新业务领域中，如快递运输、沿线移动物流站点等，以这些新业务来弥补自身传统业务利润水平较低的问题。二是推动铁路行业资产变现，尤其是推动土地等资源价值提升。要改善铁路行业利润水平较低和杠杆率较高的基本问题，短期内一方面要在政策上突破，另一方面要在运营上突破，按照重置成本法重新核算铁路行业资产，尤其是增值较高的土地等资产。三是提高运输收入，按照市场化定价机制，提高票价收入。无论是货物运价还是客票价格，当前存在一个认知的误区，即提高票价会影响国计民生，事实上，无论是航空票价还是公路票价从全球铁路行业来看，都是市场定价。采用市场化定价原则，对不同速度、不同服务、不同时点制订不同的价格，一方面有利于提升铁路行业整体收入，另一方面能有效调节峰谷间的需求波动。

　　节流方面，要在降低成本方面下功夫。铁路行业的主要成本在于运输成本，占总成本的80%以上，基于此，降低成本的主要抓手应着眼于运输过程中的降本减耗。要按照《中长期铁路网规划》和《铁路"十三五"发展规划》，通过技术改造，进一步提高电气化率，降低日常运行成本；提升调度效率，保障运行安全，推进提高路网利用效率，降低运行单位成本和总成本。此外，争取在改革过程中通过相关的税收优惠政策，缓解短期内铁路行业经营的困境。

### 三、改革的突破路径：吸引外部资本推进混改

　　要真正推进铁路行业的市场化改革，核心是要引入竞争机制，可以通过股权多元化、企业重组和上市，吸引外部企业进入中国国家铁路集团有限公司，以资本层面的改革助推改革目标的实现。

　　一是探索在中国国家铁路集团有限公司层面的股权多元化。目前，中国国家铁路集团有限公司尚处于从全民所有制企业过渡过来的中央企业，可以利用这一战略机遇期，推进集团层面的股权多元化，由国资委、财政部、交通部、社保基金等机构多元持股，形成多元化的股权来源，便于优化公司治理机制，激活中国国家铁路集团有限公司总部运营活力。

　　二是通过网运分离和企业内部重组，将中国国家铁路集团有限公司培育成为资本投资公司或资本运营公司，各下属铁路局集团公司和铁路运营企业自主运营，引入社会资本参股。其中，对路网运营企业保持绝对控股权，对运输企业和站点运营企业可以放弃控股权，激发社会资本投资获利。

三是大力推进企业直接融资，形成一批上市公司集群，最终推动中国国家铁路集团有限公司整体上市。在京沪高铁上市的基础上，逐步培育一些运输线路、运营企业、站点运营企业逐步上市，之后通过反向收购，使中国国家铁路集团有限公司成为铁路上市公司集群的母公司。

在改革过程中，需要国资委、财政部、交通部，尤其是需要铁路局等部门联动、配套改革，为铁路投融资营造良好的社会环境。从制度层面来明确铁路的分类和判定方法，明确中央、地方、铁路企业应承担的投资责任。落实存量债务、公益性运营补贴的责任划分。研究切实可行的投资补偿机制。争取政府政策导向，铁路运输符合可持续发展理念，建立健全鼓励使用铁路运输的政策措施，拓展投融资渠道，吸引资金流向铁路。建立健全保护投资者利益的相关法律法规，为资本进入铁路创造良好的社会环境。

### 四、改革的核心目标：以提升服务水平满足人民群众新需求

基于铁路行业整体盈利水平较低以及我国经济未来高质量发展的趋势，铁路行业未来改革和发展的根本在于提升铁路行业的服务水平，以服务思维来重构铁路行业商业模式，创新铁路服务产品，提升行业服务能力和服务水平。具体来看，提升铁路行业服务水平主要有以下几个方面的具体方向。

（1）延伸服务内容，推动铁路企业从生产企业向服务企业转型。生产服务化是提升产业价值和促进产业升级的重要动力，这对目前尚处于改革关键期的铁路来讲也十分关键。铁路行业的市场化改革是大势所趋，新的进入者会利用"跨界优势"，而铁路企业要利用好自身在车、机、工、电、辆等铁路专业优势，盘活用好资源，拓展地方铁路、专用线、专用铁路机车牵引、运营、大修、维护等市场，开发城市轨道交通运营及设备检修等业务，扩大自备机车、货车、客车检修业务。要利用好已有的客户优势，提升客货运输核心业务领域的竞争力：在客运方面，更科学地将高速、快速、普速运输与旅客需求合理匹配，积极探索开发空铁联运、路铁联运、空路铁联运，提高旅游出行便利性；在货运方面，进一步拓展大宗货物运输业务，加大快捷运输、集装箱运输、多式联运等高端货物运输产品方面的能力，拓展铁路货运市场尤其是推动货运企业转型适应快速增长的快递行业需求。发掘自身优势，形成在物流领域的独特优势，统筹优化铁路场站和物流基地功能布局，推进专用线、专用铁路、物流基地等设施建设，拓展铁路货运服务功能。拓展车站商业和旅行服务，利用好车站土地资源，与专业商业地产商合作，统筹规划车站商业经营项目，提升服务档次，丰富服务内容，为旅客旅行提供高质量、全方位、全过程服务。

（2）注重服务管理，推动铁路企业提供高质量产品和服务。铁路行业的核

心产品和服务是提供旅客出行及货物运输，这是未来延伸服务内容的根本。基于此，铁路行业可以通过为用户提供全空间领域和全时间过程的服务，以高水平的服务赢得顾客、留住顾客和增加顾客。客运方面，要转变现有"坐商"的经营思维，从旅游需求出发，为旅客提供全生命周期和流程的便捷式服务，现在最便捷的做法是整合12306平台的相关服务，为旅客提供从"家到家"全流程的出行服务以及相关配套服务，提升旅客体验，增长旅客黏性。在货运方面，完善铁路货运客户服务系统，统一受理接取、装卸、仓储、包装、加工、配送等服务业务，实行"一站式"办理、"一条龙"服务，实现由"站到站"到"门到门"服务的拓展，提高物流管理水平，融入客户供应链管理，降低社会物流成本，更好地满足市场需求。

### 五、改革的重要抓手：以国铁集团企业改革推动行业高质量发展

按照新一轮国企改革的要求，促进国有资本结构调整和布局优化是一个重要的方向。作为出资人，国家的产权属性需要进一步明确，交通部、国资委、财政部要加快推进公司的股权多元化，可将现有资产划归财政部、国家社保基金等，将国铁集团纳入国资委管理体系中，形成产权明晰的多国有股东的股份制中央企业。在此基础上，国资委要发挥主管部门的作用，推动国铁集团的股权多元化。例如，可吸引国家电网、中国移动、东方电气、中国远洋、五矿集团、中储粮、中旅集团、中车集团、保利集团等现金流充裕、具有业务互补的中央企业作为战略投资者，实施交叉持股，扩充国有股权类型，同时实现国有资本的跨行业、跨区域流动，促进资本结构调整和结构优化。此外，积极吸引广东、浙江、江苏、上海等省市的财政资金入股；吸引现金流充裕的互联网巨头、商业运营企业等网络型企业参股。进而，在国铁集团、中国铁投和下属子公司层面，应加快建设规范的董事会，修订完善公司章程，建立符合法人治理结构要求、适应铁路公司运营特点的董事会运作制度，为集团稳健发展提供体制机制保障。在完善内部监督制度的基础上，针对长期以来信息披露不足、透明度不高等问题，国铁集团应利用多种渠道、采用多种方式进行日常信息披露，主动接受社会监督。大力推行职业经理人制度，实行内部培养和外部引进相结合，畅通现有经营管理者与职业经理人身份转换通道，合理增加市场化选聘比例，对职业经理人实行契约化管理，建立市场化退出机制。对市场化选聘的职业经理人实行市场化薪酬分配制度，完善股权激励等中长期激励机制。在内外部治理结构的基础上，按照市场化改革的要求，进一步推动三项制度改革，以制度激励员工积极性，真正推动企业的高质量发展。

# 第九章　深化通信行业改革

　　长期以来，通信行业被认为是完全垄断行业，但是技术进步打破了通信行业的自然垄断（Noll，2000），通信行业改革的大幕随之开启。和国际演进路线相似，我国通信行业也经历了从完全垄断向垄断竞争的转变，并且还在进一步深化改革。本章系统梳理了党的十八大以来我国通信行业的国企改革历程，总结了当前通信行业改革的重点，分析了典型电信企业的改革考察情况，指出我国通信行业的国企改革存在的主要问题，并对进一步深化通信行业国企改革提出有针对性的方向与建议。

## 第一节　党的十八大以来通信行业发展与改革进展

　　通信行业是保障人民生活、支撑经济发展的基础性、先导性行业，我国向来高度重视通信行业的发展与改革。党的十八大以来，我国通信行业改革取得了良好成效，业务总量和业务收入保持快速增长态势，基础设施建设进一步加强，在"宽带中国"战略的提出与指导下，"光进铜退"得到进一步促进，通信业务结构大幅改变，网络速度得到进一步提升，"提速降费"、普遍服务取得显著成效。

### 一、政策叠加技术换代，业务总量出现爆发

　　作为基础性、先导性行业，党的十八大以来，电信业务总量保持持续增长，电信业务收入也呈增长态势，除2014年是负增长外，其余年份均为正增长。

　　（一）陆续出台相关文件，形成"1＋N"政策体系

　　2012年以来是我国构建国有企业改革"1＋N"政策体系的主要阶段，为进一步深化国有企业改革打下良好基础。党的十八大提出全面深化经济体制改革，《政府工作报告》也将电信业列为鼓励民间资本进入的领域之一。2012年以来，

政府先后出台了多个政策文件支持国有企业改革，与《中共中央、国务院关于深化国有企业改革的指导意见》（中发〔2015〕22 号）一起形成了"1＋N"政策体系。表 9－1 列出了针对通信业国企改革的相关政策。

表 9－1　"1＋N"政策体系中支持通信业国有企业改革的相关政策

| 序号 | 时间/文号 | 政策名称 | 相关内容 |
| --- | --- | --- | --- |
| 1 | 2012 年 6 月 | 《鼓励和引导民间资本进一步进入电信业的实施意见》 | 鼓励电信业进一步向民间资本开放。引导民间资本通过多种方式进入电信业，积极拓宽民间资本的投资渠道和参与范围。加快推进电信法制建设，坚持依法行政，为民间资本参与电信业竞争创造良好的发展环境，并且提出了重点领域和保障措施 |
| 2 | 2013 年 11 月 | 《中共中央关于全面深化改革若干重大问题的决定》 | 推进水、石油、天然气、电力、交通、电信等领域价格改革，放开竞争性环节价格 |
| 3 | 2013 年 8 月 | 《"宽带中国"战略实施方案》（国发〔2013〕31 号） | 包括"宽带中国"战略的指导思想、基本原则和发展目标、技术路线、发展时间表、重点任务和政策措施等内容 |
| 4 | 2015 年 9 月 | 《国务院关于国有企业发展混合所有制经济的指导意见》（国发〔2015〕54 号） | 开展不同领域混合所有制改革试点示范。结合电力、石油、天然气、铁路、民航、电信、军工等领域改革，开展放开竞争性业务、推进混合所有制改革试点示范 |
| 5 | 2016 年 12 月 | 《信息通信行业发展规划(2016－2020 年)》（工信部规〔2016〕424 号） | 持续深化电信行业改革。主要涉及顶层设计、建网模式、基础设施共建共享、铁塔公司的重要角色、三网融合、进一步增加竞争、考核机制、探索完善外资准入"负面清单"管理模式等内容 |

资料来源：根据政府网站公开资料整理。

（二）业务总量出现爆发，业务收入稳步增长

如图 9－1 所示，2012～2019 年，电信业务总量从 6789 亿元（按照 2010 年不变单价计算）增长到 77684 亿元（按照 2015 年不变单价计算），是 2012 年的 11 倍多。其中，2012～2014 年，电信业务总量稳步增长，年增长率为 10%～16%，2015～2016 年开始快速增长，年增长率在 30% 上下；2016 年以后出现了爆发式增长，超额实现了两年翻两番。这是由于 2013 年 12 月 4 日工信部正式向三大运营商颁发 TD－LTE 制式的 4G 牌照，我国 4G 商用正式开启。2015 年 2 月 27 日，工信部向中国电信和中国联通增发 FDD－LTE 制式的 4G 牌照。因为 4G 基础设施建设需要一定的周期，所以 2016 年以后 4G 用户的规模才大幅上升，带动了通信业务量的爆发式增长。

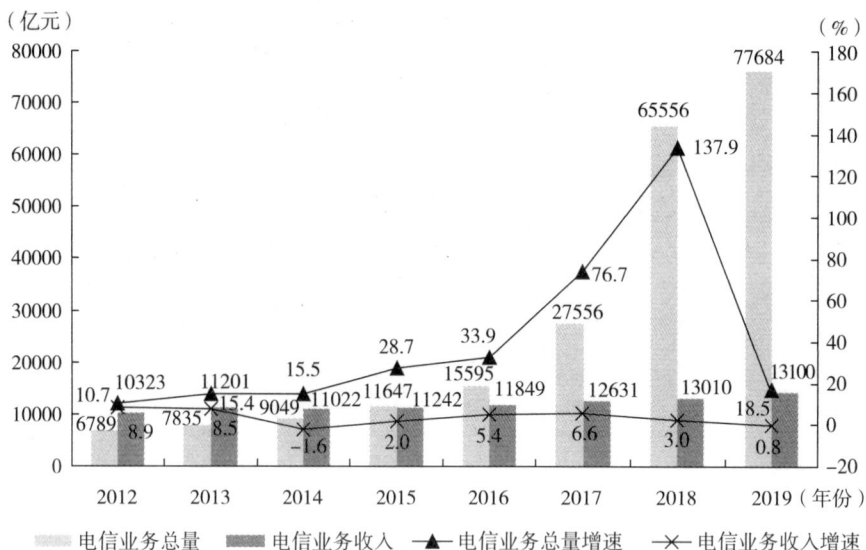

图9-1 2012～2019年电信业务总量、电信业务收入及其增长情况

资料来源：工业和信息化部官网。

2012～2019年，电信业务收入从10323亿元（按照2010年不变单价计算）增长到13100亿元（按照2015年不变单价计算），总增幅为26.9%。其中，2012～2013年电信业务收入保持快速增长，年增长率均在8%以上，2014年为党的十八大以后首次出现负增长，增速为-1.6%，2015～2018年开始稳步增长阶段，年增长率为2%～7%，2019年增长较缓慢，增速仅为0.8%。

（三）技术换代提供动力，刺激业务需求猛增

技术换代是激发业务需求的最大动力。如图9-2所示，2012～2019年我国移动互联网接入流量和月户均移动互联网接入流量呈现出一致性的先稳后扬增长趋势，并且与图9-1中的电信业务总量增速曲线高度相似，即党的十八大后的几年稳步增长，2016年开始出现爆发式增长。其中，移动互联网接入流量从2012年的8.8亿GB上升到了2018年的711亿GB。月户均移动互联网接入流量从2012年的0.11GB/月/户上升到了2018年的4.42GB/月/户。4G移动手机数量的大幅增长促进移动支付、流媒体、网络直播、社交、LBS等移动互联网应用普及，O2O业务加速发展，数据流量随之呈现出井喷态势。2017年我国移动互联网接入流量为246亿GB；月户均移动互联网接入流量达到1.73GB/月/户。2018～2019年，移动互联网接入流量继续呈爆发式增长，2019年移动互联网接入流量高达1220亿GB，同比增长72%；月户均移动互联网接入流量（DOU）为7.82GB/月/户，同比增长76.9%。其中，2018年互联网接入流量和月户均移动互联网接入流量（DOU）增速最快，分别高达189%和160%。

（亿GB）　　　　　　　　　　　　　　　　　　　（GB/月/户）

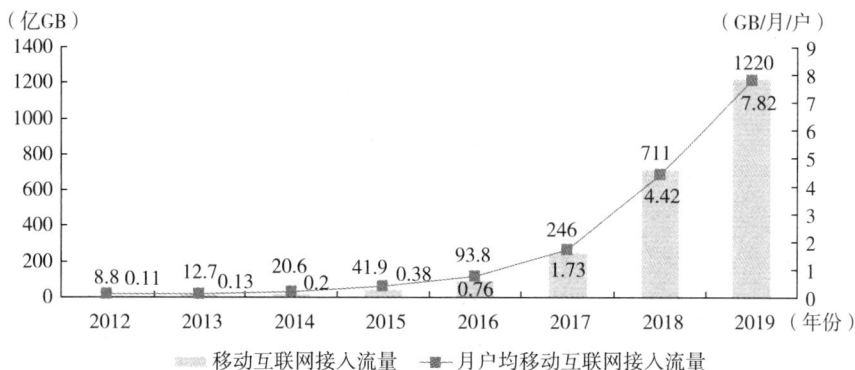

图9－2　2012～2019年移动互联网接入流量增长情况

资料来源：工业和信息化部官网。

## 二、"宽带中国"战略升级，基础设施高速增长

宽带化作为通信网络发展的必然趋势，宽带基础设施的大规模建设和应用至关重要。2013年8月国务院发布的"宽带中国"战略实施方案，将"宽带战略"升级为国家战略来实施、推广。2012～2018年，我国宽带基础设施建设如火如荼，光缆长度、移动宽带基站数量、互联网宽带接入端口及光纤接入端口等均保持高速增长。

（一）光缆长度持续增加，"光进铜退"进展显著

党的十八大以来，"光进铜退"得到进一步强化，光缆线路总长度逐年增长，如图9－3所示，从2012年的1479万千米上升到了2019年的4750万千米，年增长率均在15%以上，其中2012年、2015～2017年的年增长率均在20%以上。年新建光缆线路长度自2016年起均在500万千米以上，其中以2017年最多，该年新建光缆线路长度高达705万千米。2019年我国接入网几乎全部实现光纤化。

（二）宽带用户数量猛增，光纤接入成为主流

互联网宽带接入端口数和光纤接入（FTTH/0）端口数可以更直观地反映我国宽带基础设施建设的推进情况和"光进铜退"发展趋势。如图9－4所示，党的十八大以来，我国互联网宽带接入端口数和光纤接入（FTTH/0）端口数均保持持续增长，并且光纤接入（FTTH/0）端口数的增速快于互联网宽带接入端口数。具体来看，2012～2019年，我国互联网宽带接入端口数从3.21亿个增长到9.16亿个，是2012年的两倍多。其中，2012～2014年，我国互联网宽带接入端口数增量相对较小，之后除2016年外，每年新增端口数均在5000万个以上。2012～2016年，我国光纤接入（FTTH/0）端口数连年保持高速增长，2015年增

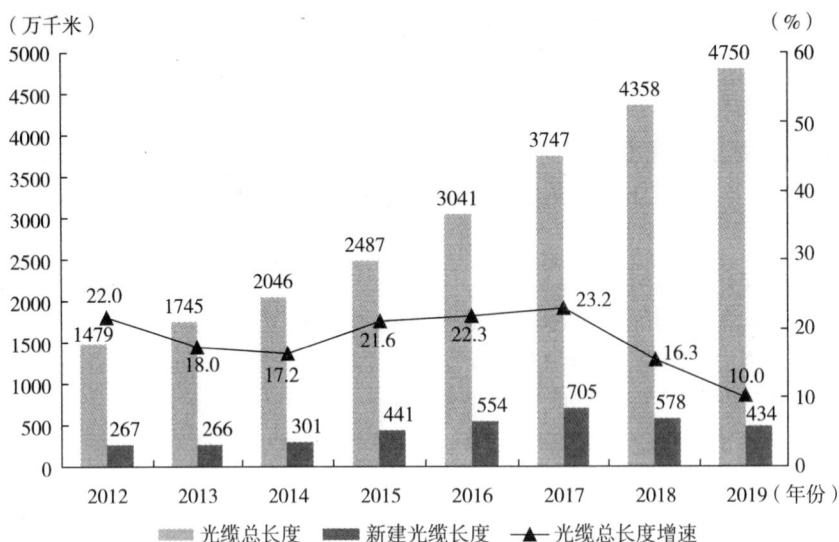

图 9-3  2012~2019 年我国光缆长度及增速

资料来源：工业和信息化部官网。

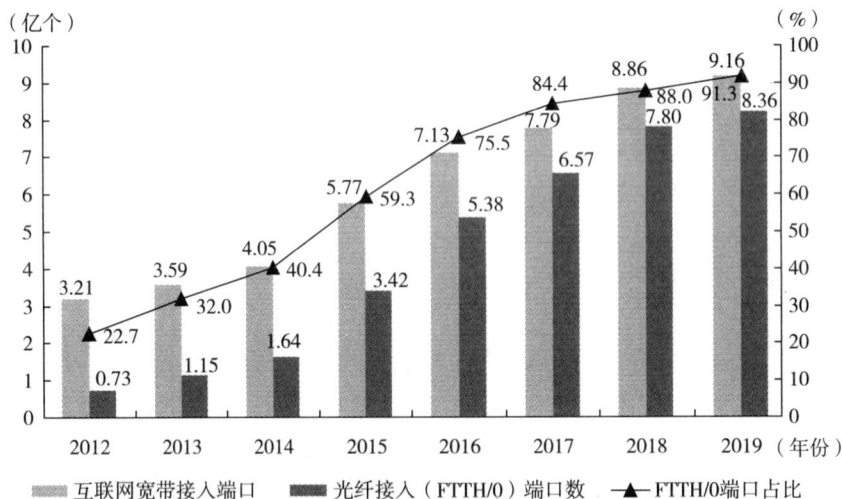

图 9-4  2012~2019 年互联网宽带接入端口及光纤接入端口情况

资料来源：工业和信息化部官网。

速甚至高达 109.1%，虽然 2012~2019 年增速有所放缓，年增长率分别为 22.1% 和 7.2%，但 2012~2019 年，我国光纤接入（FTTH/0）端口数从 0.73 亿个增长到 8.36 亿个，是 2012 年的 11 倍多。可见我国光纤接入（FTTH/0）端口数增速远高于互联网宽带接入端口数，因此光纤接入（FTTH/0）端口数占互联网宽带接入端口的比重不断攀升，从 2012 年的 22.7% 上升到了 2019 年的 91.3%。

（三）基站建设有力推进，移动宽带比例稳增

党的十八大以来，我国 3G/4G 基站建设有力推进，尤其是在 2013 年国家工信部为三大运营商颁发 4G 牌照的政策激励下，我国移动电话基站数和 3G/4G 基站数均于次年出现了建设高潮，2014 年我国移动电话基站数增速和 3G/4G 基站数增速分别高达 45.6% 和 95.4%。如图 9－5 所示，2012～2019 年，我国移动电话基站数从 206 万个增长到 841 万个，是 2012 年的四倍多；3G/4G 基站数从 82 万个增长到 544 万个，是 2012 年的 6.63 倍；3G/4G 基站数占总比例从 2012 年的 39.8% 增长到了 2018 年的 75.5%，达到顶峰，随着 5G 建设的推进，3G/4G 基站数占总比例在 2019 年有所下降，为 65%。

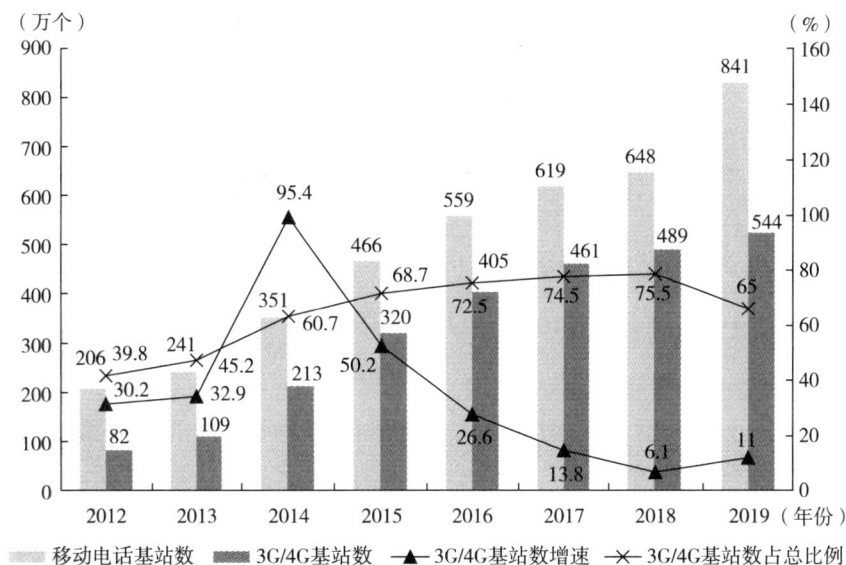

图 9－5　2012～2019 年移动电话基站及 3G/4G 基站情况

资料来源：工业和信息化部官网。

### 三、业务结构大幅改变，总体呈现三大趋势

通信业的业务结构大幅改变，总体呈现三大趋势：一是非话音业务收入反超话音业务收入，领先优势逐步扩大；二是移动电话普及率相较于固定电话普及率的领先优势呈逐步扩大趋势；三是新兴业务需求强劲，IPTV 用户数量快速提高。

（一）非话音业务首次反超，成为收入最大来源

2012 年，话音和非话音业务收入的比例为 51∶49，2013 年非话音业务首次实现对话音业务的反超，成为电信业务收入的最大来源。如图 9－6 所示，在数据业务

需求的刺激下，非话音业务收入占比从 2012 年的 48.8% 逐年上升，尤其是在互联网应用的替代作用及取消长途漫游资费双重影响下，2019 年非话音业务收入占比达到 87.6%。相应地，话音业务收入占比从 2012 年的 51.2% 逐年下降，2019 年话音业务收入为 1622 亿元，同比下降 15.5%，占总业务收入比重仅为 12.4%。

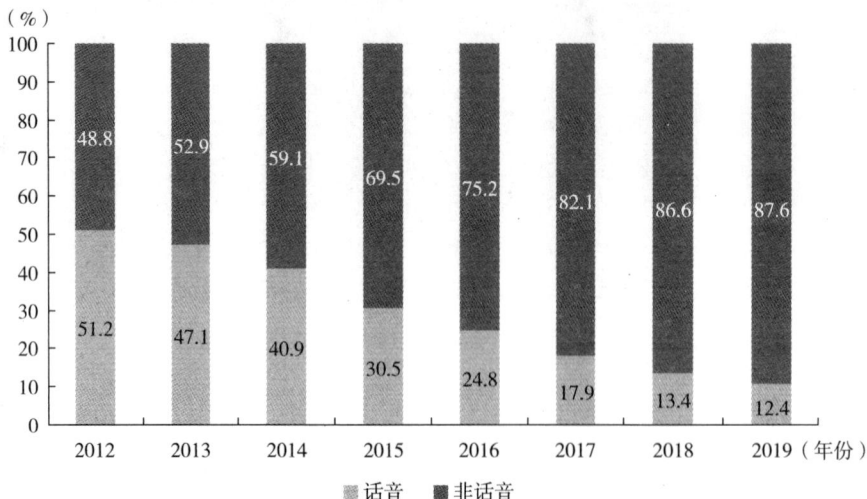

**图 9 - 6　2012～2019 年话音与非话音业务收入占比**

资料来源：工业和信息化部官网。

**（二）移动电话普及率增长，领先优势逐步扩大**

党的十八大以来，移动电话普及率大幅提升，相对于固定电话的领先优势逐步扩大。如图 9 - 7 所示，2012～2019 年，我国移动电话普及率从 82.5 部/百人上升到 114.4 部/百人，共增长 38.7%，其中增长最快的为 2012 年，增速为 12.1%，增长最慢的为 2015 年，增速为 -2.1%，这也是党的十八大以来移动电话普及率唯一负增长的年份，2017 年我国移动电话普及率首次突破 100 部/百人。同一时期，固定电话普及率逐年下降，从 20.6 部/百人降到 13.6 部/百人，共降低 34.0%，其中下降最快的为 2016 年，增速为 -10.7%。2019 年，全国电话用户为 17.9 亿户，同比增长 2.5%。全国共 26 个省份移动电话普及率破百。

**（三）新业务需求动力十足，融合用户增长迅猛**

随着网络设施的不断完善和宽带应用的持续推进，新兴业务需求不断增长，IPTV、物联网等用户快速增长。仅 2019 年一年，我国蜂窝物联网用户就增加 3.57 亿户。如图 9 - 8 所示，2012～2019 年，我国 IPTV 用户数从 2774.5 万户上升到 19404 万户，共增长 599.4%，其中增长最快的为 2016 年，增速高达 89.0%，即使在增长最慢的 2014 年增长也相当迅猛，增速为 18.3%。

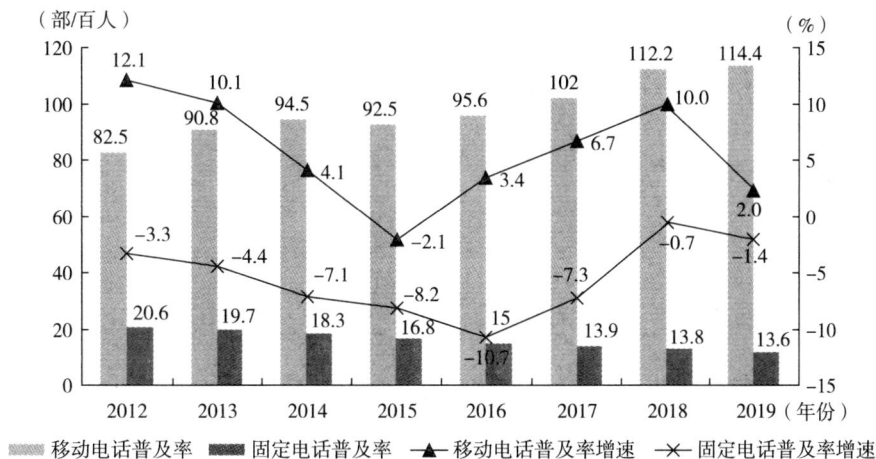

**图 9－7　2012～2019 年移动和固定电话普及率及增速**

资料来源：工业和信息化部官网。

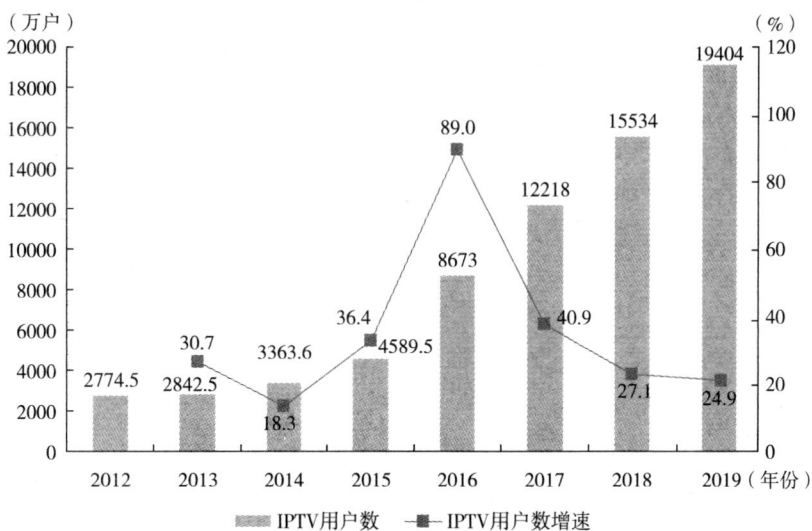

**图 9－8　2012～2019 年我国 IPTV 用户数及增速**

资料来源：工业和信息化部官网。

# 第二节　当前通信行业改革的重点

总的来说，当前通信行业的改革重点是市场结构改革、产权改革、服务与价格改革，以及组织改革，具体包括增加内外部竞争、混合所有制改革、"提速降费"和建立现代企业制度等内容。如果继续往细划分，又可分为诸多路径。

**一、进一步调整市场结构，以减少垄断为导向，增加内外部有效竞争**

长期以来，产权改革和市场竞争就是提高电信业绩效的两大法宝。并且很多学者认为市场竞争比产权改革更有效，不仅经合组织（OECD）23 个国家的数据显示竞争可显著提高电信业绩效（Boylaud 和 Nicoletti，2000）[①]，基于我国 1998～2007 年的省际面板数据的研究也得出了类似的结论：运营商的拆分竞争不仅比上市产权改革更利于绩效，而且还可以强化上市产权改革效果（郑世林，2010）[②]。我国电信业以往的业务分拆、区域分割等改革都是为了引入市场竞争，本轮国企改革中，增加竞争，调整市场结构仍是一大重点。

（一）增发实体和虚拟牌照引入新的竞争者

引入新的竞争者是快速改变市场结构的有效手段，电信行业作为垄断行业，最大的门槛就是牌照，即《基础电信业务经营许可证》。本轮国企改革中出现了三个标志性事件：①2016 年 5 月 5 日中国广播电视网络有限公司（以下简称中国广电）获得工信部颁发的基础电信业务牌照，成为中国第四大基础电信运营商，打破了三分天下竞争格局。中国广电负责全国的有线电视网络相关业务，是我国推进电信网、广播电视网和互联网走向三网融合的试点工作主体之一。国外也不乏广播电视公司开展基础电信运营的先例，因此中国广电成为第四家基础电信运营商并不让人意外。②2019 年 6 月 6 日工信部向中国电信、中国移动、中国联通、中国广电发放 5G 商用牌照，昭示着我国 5G 商用元年的来临。也宣告了中国广电将跳过 4G 网络时代，正式加入 5G 时代的竞争。③2019 年 7 月随着工信部给中信网络发放第一类基础电信业务牌照，中信网络成为了第五家基础电信运营商，我国通信行业竞争格局变成五大基础电信运营商并存的局面。拿到牌照的两家新运营商由于各种原因目前尚未开始基础电信网络建设或运营，如何充分发挥它们的作用，实现增加竞争者的初衷，激发各市场主体的活力是当前改革的重点工作。

此外，2013 年国家在通信领域开始引入虚拟运营商，这是由于技术进步带来了行业创新的更多可能，使得建设、运营可以更便捷地分开。随着用户对业务专业化程度和需求种类的提高，以及技术进步带来的无限可能，虚拟运营商（Virtual Network Operator）这一没有基础网络却通过网络的租赁和业务创新为用户提供优质服务的产物应运而生。虚拟运营商与电信运营商按照约定的比例分

---

① Boylaud O. , Nicoletti G. Regulation, Market Structure and Performance in Telecommunications [J] . Social Science Electronic Publishing, 2000 (6) .

② 郑世林. 市场竞争还是产权改革提高了电信业绩效 [J] . 世界经济, 2010 (6)：118 - 139.

成。2013 年以来已陆续有 42 家民营企业拿到了虚拟运营商牌照。这不仅改变了传统电信运营的模式，而且打破了原有的竞争格局。

（二）成立中国铁塔公司，推动实现网业分离

中国铁塔公司的成立标志着我国通信业进入网业分离时代，很大程度上实现了所有权和经营权的分离。以往三家运营商各自为营，不但重复建设造成资源浪费，而且竞争激烈，使得铁塔、基站、建设土地等基础设施资源价格拉升，甚至出现签署排他性协议、阻止其他运营商进入等无序竞争现象。虽然政府出台一系列政策推进通信基础设施共建共享，但成效不及预期。中国铁塔的成立使得铁塔、基站等基础设施独立于基础运营商的安排，由中国铁塔开展集约化、共享化建设，服务运营商们的 4G 和 5G 业务。有利于克服政府调节的局限性，使市场这一"看不见的手"代替政府"看得见的手"，在集约利用投资资本、减少维护费用和土地占用、提高基础设施使用效率等方面发挥了积极作用。作为国企改革的创新产物，中国铁塔还要进一步探索现代国企制度，推动组织结构向扁平化、规范化发展，防止集权带来的效率低下和权力寻租等现象发生。

（三）"携号转网"降低退出门槛，竞争态势全面升级

一般来说，通信业属于自然垄断行业。用户加入某家运营商很容易，但退出的门槛很高。一是更换号码为工作、生活和社交带来不便。换号码意味着要逐一告诉他人自己的新号码，不但给自己、朋友和合作伙伴带来不少麻烦，还容易与原有的工作、生活等方面的弱连接人群失去联系。二是手机号码常与网站、App等绑定，一旦换号，需要到相应的网站、App 上重置手机号，否则会影响支付、社交等功能的使用，如与手机号绑定的会员功能到期了却由于换号无法收到提醒短信，无法及时续费。三是原有的话费、套餐不能立即提现或终止，无法随时换号。电信运营商的服务常以套餐的形式出售，而套餐的订阅常常以年为单位，这就大大提高了用户换号的经济和时间成本。

携号转网是指电话号码不变的同时更换运营商。实施"携号转网"后，退出门槛大大降低，甚至理论上接近于 0。电信业成为了一个可以自由进出的竞争性市场。信号好、通话质量佳、费用低等因素都成为竞争焦点，倒逼运营商进行技术升级和服务升级。2019 年 11 月 10 日，携号转网服务正式试运行，2019 年11 月 27 日全国携号转网系统正式启用，标志着携号转网服务正式推广到全国范围。由于运营商几乎都对固网宽带和移动手机号在同一服务商的用户提供大幅优惠，所以在固定宽带和移动宽带领域的新一轮竞争已全面开启。

**二、多途径加快产权改革，以股权多元为特点，发展混合所有制经济**

混合所有制经济是基本经济制度的重要实现形式，是建立现代国有企业制度

的主要实现形式（黄速建，2014）。混合所有制改革是本轮全面深化国有经济改革的焦点，涉及兼并重组、员工持股等问题（黄群慧等，2015）。

早在20世纪80年代就出现了关于混合所有制经济的讨论（黄速建，1989），通信行业的几大运营商也早已通过上市实现了资产证券化和一定程度的股权混合，然而本轮的国有经济改革更加深入，也更加触及核心地带。

（一）发动社会力量，引入多元战略投资者

战略投资者是根据法律法规和各项要求，与发行人具有合作关系或合作意向和潜力并愿意按照发行人配售要求与发行人签署战略投资配售协议的法人，是与发行公司业务联系紧密且欲长期持有发行公司股票的法人。2017年4月联通公布了混改方案，引入战略投资者和限制性股权激励作为混合所有制改革方案的主要举措，备受关注。在经国家发展改革委批复后，中国联通于同年8月发布了详细的混合所有制改革方案，引入了中国人寿、腾讯等14家不同行业的战略投资者。

联通混改后的股权结构如图9-9所示，联通集团、战略投资者、员工和公众的持股比例分别是36.7%、35.2%、2.6%和25.5%。有三点值得注意：一是不同于大部分先行者在子公司层面的改革，中国联通是首家在集团公司层面进行混改的央企；二是联通集团失去了绝对控股地位，持股比例大幅下降，从原来的62.7%降到了36.7%，但联通集团和国资委仍然分别是中国联通的控股股东和

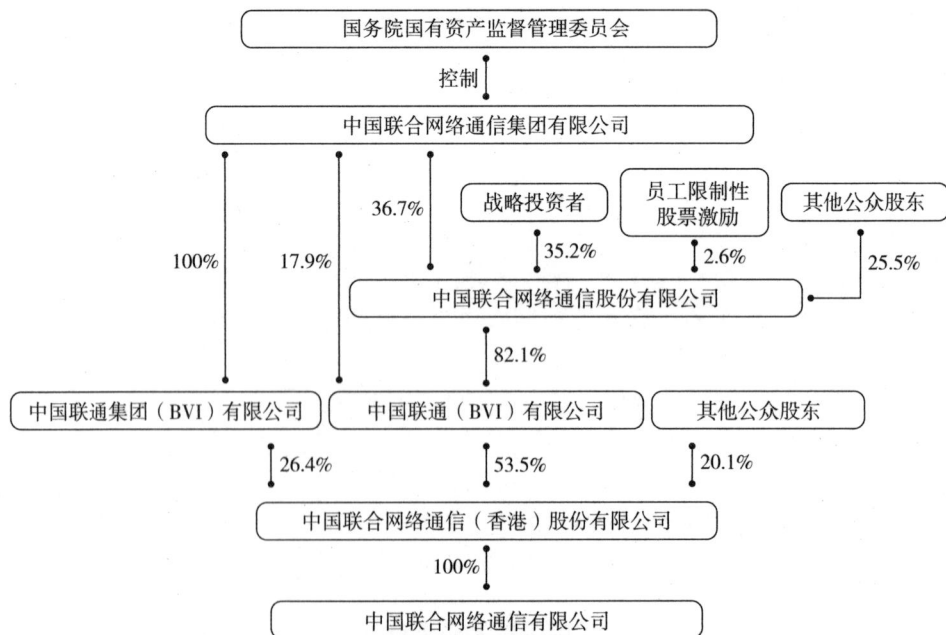

**图9-9 中国联通混改后的股权结构**

资料来源：中国联通官网，http://www.chinaunicom.com.cn，数据截至2019年12月31日。

实际控制人；三是混改完成后，国资持股比例守住了51%的控股线，其中联通集团、中国人寿和结构调整基金的持股比例依次为36.7%、10.3%和6.1%。中国联通的混改力度之大，在本轮国企改革中十分少见，不仅走在了通信行业前列，而且比其他行业的国企改革步子要快一些。而且中国联通在改革对国有比例的处理，以及通过金融集团、投资基金等介入实现国资多元化的做法都值得研究与总结。

作为一种快捷有效的改革方式，引入战略投资者不仅为联通带来了约750亿元的资金流入，而且会聚了来自不同行业的优质合作伙伴，在互联网、产业合作等领域形成了战略协同关系。如中国联通和百度、阿里巴巴等公司在云计算、物联网、人工智能、大数据、基础通信业务等领域可开展战略协同，京东三弘、苏宁云商等在新零售领域可进行战略合作。引入战略投资者也是中国移动、中国电信等电信运营商可以重点关注的改革方向。

（二）依托上市公司，逐步进行股权分散

不同于联通大刀阔斧的引入多元战略投资者，中国移动的产权改革主要通过上市公司的股权交易，逐步进行股权分散。中国移动披露的年报显示，2012年，中国移动集团有限公司和公众人士持有中国移动的股权比例为74.08：25.92，2019年这一比例变为72.72：27.28。相较于2012年，2019年中国电信由中国电信集团有限公司和公众人士的持股比例保持不变，如表9-2、表9-3所示，2012~2019年中国电信的股权更加多元化。

表9-2　2012年中国电信股份及相关股份中的重大权益

| 股东名称 | 股份类别 | 占类别发行股本的比例（%） | 占发行总股本的比例（%） | 身份 |
|---|---|---|---|---|
| 中国电信集团公司 | 内资股 | 85.57 | 70.89 | 实益拥有人 |
| 广东省广晟资产经营有限公司 | 内资股 | 8.37 | 6.94 | 实益拥有人 |
| Commonwealth Bank of Australia | H股 | 11.02 | 1.89 | 受控制法团的权益 |
| Blackrock, Inc. | H股 | 10.92 | 1.87 | 受控制法团的权益 |
| | H股 | 1.21 | 0.21 | 受控制法团的权益 |
| JPMorgan Chase & Co. | H股 | 9.99 | 1.71 | 15132.334股为实益拥有人 |
| | | | | 100.000股为投资经理 |
| | | | | 1127970665股为保管人—法团/核准借出代理人 |
| | H股 | 0.40 | 0.07 | 实益拥有人 |
| | H股 | 8.13 | 1.39 | 保管人—法团/核准借出代理人 |

资料来源：《2012年中国电信股份有限公司年报》。

表 9 – 3　2019 年中国电信股份及相关股份中的重大权益

| 股东名称 | 股份类别 | 占类别发行股本的比例（％） | 占发行总股本的比例（％） | 身份 |
|---|---|---|---|---|
| 中国电信集团公司 | 内资股 | 85.57 | 70.89 | 实益拥有人 |
| 广东省广晟资产经营有限公司 | 内资股 | 8.37 | 6.94 | 实益拥有人 |
| Citigroup Inc. | H 股 | 10.35 | 1.77 | 1652200 股为持有股份的保证权益的人 |
| | | | | 34318810 股为所控制法团的权益 |
| | | | | 1401074746 股为核准借出代理人 |
| | H 股 | 0.02 | 0.00 | 所控制法团的权益 |
| | H 股 | 10.09 | 1.73 | 核准借出代理人 |
| BlackRock，Inc. | H 股 | 9.12 | 1.56 | 所控制法团的权益 |
| JPMorgan Chase &Co. | H 股 | 8.99 | 1.54 | 203732692 股为所控制法团的权益 |
| | | | | 81673300 股为投资经理 |
| | | | | 26.242500 股为持有股份的保证权益的人 |
| | | | | 937029572 股为核准借出代理人 |
| | H 股 | 0.52 | 0.08 | 所控制法团的权益 |
| | H 股 | 6.75 | 1.15 | 核准借出代理人 |
| The Bank of New York Mellon Corporation | H 股 | 7.48 | 1.28 | 所控制法团的权益 |
| | H 股 | 3.57 | 0.61 | 所控制法团的权益 |
| | H 股 | 3.68 | 0.63 | 所控制法团的权益 |
| GIC Private Limited | H 股 | 7.00 | 1.20 | 投资经理 |
| Templeton Global Advisors Limited | H 股 | 6.96 | 1.19 | 投资经理 |

资料来源：《2019 年中国电信股份有限公司年报》。

**（三）激发员工活力，实施限制性股权激励**

限制性股权激励指上市公司依据预设条件赋予本公司符合条件的员工以低于市场价格购入一定数量本公司股票的权利。对激励对象而言，好处显而易见，零资金或很少资金即可获取在市面上价格等于账面价值的股票。任何事物都是两面性的，限制性股权激励自然也存在约束，激励对象需要满足工龄、业绩等方面要求，才可以卖出这些股票，真正将激励变现。中国联通作为通信业混合所有制改革的先行者，于 2017 年 11 月公布了限制性股权激励名单，并于 2018 年开始实施限制性股权激励计划。中高层骨干和核心员工成为带有限制性解冻条件的股票持有者，解锁指标较为全面，包括营业收入、利润和净资产收益率等公司层面的指标，以及员工业绩贡献档次等个人层面的指标。限制性股权激励在激发员工活力，稳定核心团队等方面具有积极意义，因此也是中国移动、中国电信等电信运营商未来可以借鉴的改革方向。

### 三、深化服务与价格改革，以"提速降费"为抓手，提高民众普惠性福利

"提速降费"是电信运营商社会效益的重要体现。2015 年 5 月，李克强总理在国务院常务会议上明确提出鼓励电信企业尽快发布提速降费方案计划。

（一）固定宽带加快提速，百兆光纤超过七成

城市平均宽带接入速率提升 40% 以上是 2015 年李克强总理对电信运营商明确提出的指标要求，同年三家运营商的固定宽带用户增长 6.4%，达 2.13 亿户。其中，光纤接入（FTTH/0）用户增长迅猛，同比增长 74.9%，占宽带用户总数的比重提高 22 个百分点，达到 56.1%。如图 9 - 10 所示，2016 ~ 2018 年百兆光纤用户（即 100MMbps 及以上接入速率的宽带用户）增速加快，从 2016 年的占总比例 16.5% 增长到 2019 年的占总比例 85.6%。2018 年底我国光通信普及继续加快，接入网已基本全部光纤化。

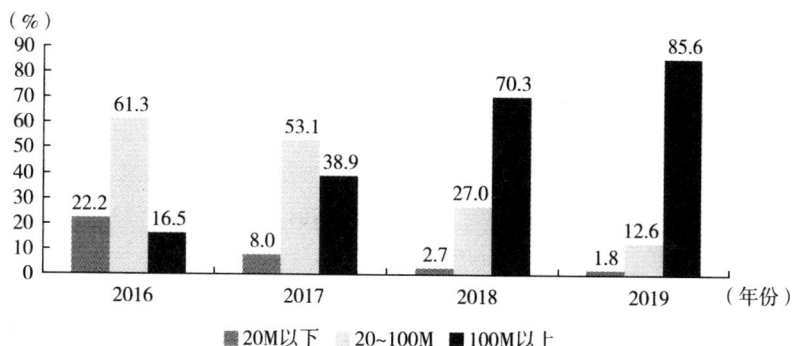

图 9 - 10　2016 ~ 2019 年固定互联网不同接入速率用户分布

资料来源：工业和信息化部官网。

（二）移动宽带逐渐普及，高速用户快速增加

如图9-11所示，2012~2018年我国移动宽带（3G/4G）用户数逐年递增，移动宽带（3G/4G）用户数占总比重从2012年的20.9%上升到了2018年的83.4%。其中，2012~2015年我国移动宽带（3G/4G）用户数保持快速增长，移动宽带（3G/4G）用户总数占比年增长均在10个百分点以上，并且在2015年我国移动宽带（3G/4G）用户首次超过了半数。2016年增长速度变快，我国移动宽带（3G/4G）用户总数占比增长超过15个百分点，达到71.2%。2017~2018年我国移动宽带（3G/4G）用户数净增量依然强劲，然而由于基数变大，所以移动宽带（3G/4G）用户总数占比增长放缓，2017年增长8.6个百分点，达到79.8%，2018年仅增长3.6个百分点，达到83.4%。2019年我国4G用户总数达到12.8亿户，占移动电话用户总数的八成以上。

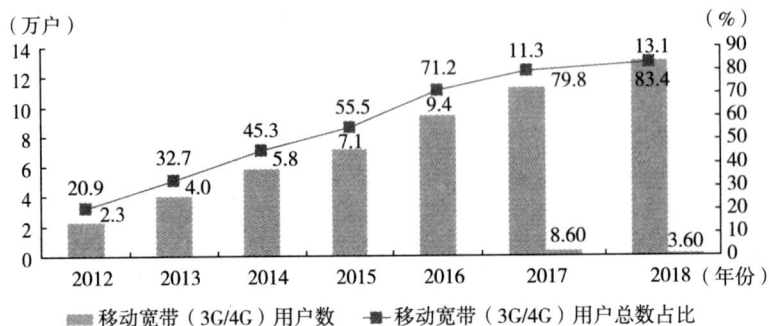

**图9-11　2012~2018年移动宽带（3G/4G）用户数及占总数的比重**

注：由于工信部未公布2019年数据的3G数据，所以本图仅展示截至2018年末的3G/4G用户数。

资料来源：工业和信息化部官网。

（三）深入推进价格改革，切实降费普惠大众

针对电信运营商的漫游费、流量费等多项收费标准有待调整的问题，我国高层高度关切，推动出台了一系列的举措。2015年，李克强总理提出了"提速降费"的提议，鼓励电信企业尽快发布提速降费方案计划，之后"网络提速降费"连续两年被《政府工作报告》列为工作任务。相关企业官网信息显示，三大电信运营商均采取了有力措施，可以总结为"四降低一取消"。其中，"一取消"：取消"漫游"费，包括流量"漫游"费和新老用户手机国内长途和漫游费。"四降低"：一是降低移动网络流量平均单价。通过结合节假日、业务波峰和波谷时段，有针对性地调整旧套餐或推出新套餐，进一步降低套餐门槛和流量平均单价。二是多种方式降低家庭宽带使用费。运营商通过"保持费用不变＋提高宽带

产品速率"和"宽带产品速率不变＋降低使用费用"等不同组合方式逐步达到降低单位带宽使用费用的目的。三是中小企业专线降价。按照《政府工作报告》要求，中小企业专线资费需下调 10～15 个百分点。四是下调国际、港澳台漫游费。2017 年 5 月 1 日起，三大电信运营商均下调了"一带一路"沿线国家和地区的漫游资费①。2018 年 9 月三大运营商对新老用户不同权问题进行纠查整改。根据国资委统计的"提速降费"成果，仅 2018 年一年三大运营商就实现全年累计让利超 1200 亿元的佳绩，提前超额实现要求。②

### 四、多方式开展组织改革，以行业特点为基础，构建现代企业制度

国企改革在组织改革上是要建立现代企业制度，一些政策文件也对此多次提及，如《国务院办公厅关于进一步完善国有企业法人治理结构的指导意见》明确提出，2017 年底前国有企业公司制改革基本完成。建立现代企业制度在通信领域主要包括规范透明的公司治理和市场化经营等重点内容。

（一）规范透明公司治理，保障非公群体权益

如果没有规范透明的公司治理，混合所有制企业中的非公权益就难以得到保障。国有企业对战略投资者、小股东和潜在的股票购买者的吸引力就会大大下降，进而影响国有企业改革的进程和效果。目前，三大运营商均已建立了董事会，并且外部董事均占到了半数以上，其中中国电信的外部董事占全体董事的 5/7，中国移动和中国联通的外部董事占比分别是 5/8 和 10/13。尤其值得注意的是，2018 年 2 月中国联通股东大会通过了提前换届议案，来自腾讯、阿里巴巴、百度等战略投资者的非国有股东代表进入了董事会和监事会。由于三大运营商均已上市，所以会按照证监会相关要求定期披露信息和非定期披露突发事项。可以看出，电信行业国有企业在规范公司治理方面走在国企改革的前列，但"道德风险"和"逆向选择"等问题依然是需要关注的主题。

（二）探索新型组织方式，开展市场化经营

市场化经营至少包括两个方面的内容：一是人力管理市场化，二是业务运营市场化。随着改革的推进，国资委陆续向有规范董事会的国有企业下放权限，国有企业在发展决策、管理人员选聘、业绩考核、工资分配等事项上的权利越来越多。与此同时，运营商在不断探索中开启了"划小承包"、专业化运营等有益尝试。中国电信是"划小承包"的先行者，引入阿米巴理念，使企业内部的细分

---

① 提速降费是任务也是使命［EB/OL］. 北京青年报. http：//www. xinhuanet. com/2017－04/30/c_ 1120896784. htm.

② 陈昊冰，宁涛. 三大运营商 2018 年"成绩单"出炉：累计让利 1200 亿元［EB/OL］. 央视财经. https：//tech. sina. com. cn/t/2019－01－17/doc－ihqhqcis6937812. shtml，2019－01－17.

单元进行市场化运营，大大激发了员工活力，提高了企业绩效。中国移动早在2010年就开始专业化运营，已陆续成立十几个专业化公司，如中国移动的咪咕公司、中移信息技术公司等。既不利用垄断地位大肆获取超额利润，又不安于现状，怠于竞争，而是通过专业化运营深耕细分市场，提高在垂直领域的市场地位。它们的经验不乏其他运营商值得学习借鉴之处，中国联通学习中国电信已开启"划小承包"、中国电信业学习中国移动开始"专业化经营"。未来不同运营商在开展组织改革方面的经验还将进一步交流共享。

（三）联通、电信联手建网，形成柔性、共享的网络组织

为了提高市场竞争能力，中国电信和中国联通于2019年9月签订《5G网络共建共享框架合作协议书》，开展共建共享，确定了"全国合建一张5G接入网""分区建设""谁建设、谁投资、谁维护、谁承担网络运营成本"的基本框架。

可以说在中国移动一家独大的情景下，中国联通与中国电信共建共享合作既是一种无奈之选，也是一项奋起直追，直面竞争的有力举措，更是5G时代合作共赢的优势选择。中国移动的业务规模比中国联通与中国电信的总和还要大，利润情况也优于后两者。不同于4G时代的宏基站，5G时代采用的毫米波、微基站，基站建设需求量巨幅增长。不管是中国联通还是中国电信都无法与中国移动形成有效竞争，合作成了互惠互利的不二之选。电信巨头之间形成柔性、共享的网络组织，不仅可以大大减轻基站建设的资产运营成本，而且可以在统一的契约和规则下实现按需使用，开创了电信行业市场竞争的新局面。

# 第三节　通信行业改革尚存的突出问题

虽然我国电信行业经过业务分拆、区域分拆、合并重组、引入新的竞争者、混合所有制试点等多轮改革，市场结构得到优化，运行效率大大提高，但是仍存在一些亟须解决的问题。

## 一、法律法规亟待完善，亟须通过立法破除障碍

非国有企业具有灵活、有闯劲等优势，国有企业则具有资金、品牌、信用高等优势，发展混合所有制经济有利于优势互补、合作共赢。然而，由于相关领域法律法规的不甚完善，通信行业仍在一定程度上存在民营企业"不能进"和"不敢进"的体制机制障碍。

（一）障碍仍然有待破除，"不能进"问题尚存

我国电信行业从最初的自然垄断，经多次改革变成行政垄断，再到现在的市

场垄断，取得了巨大的进步，但仍存在坚固的壁垒。一方面，虽然国家政策允许民营企业进入，但现实中却难以实施，如在资质资格、行政审批、融资能力等方面仍存在难以跨越的障碍，就像一道"玻璃门"横在民营企业面前，虽然看得到，但却进不来。另一方面，目前涉及通信行业国企改革的法律法规主要有《企业法》《公司法》《中华人民共和国电信条例》等，亟须完善相关的法律法规。这些法律法规没有对政府的监管权力予以明确界定，国有企业、民营企业、混合所有制企业的市场化运作容易受到干扰。

（二）欠缺负面清单管理，"不敢进"问题尚存

非国有资本除了面对垄断行业的进入障碍，还存在参与混合所有制改革后不能享受平等待遇的担忧。虽然进行了多种努力，但目前同股不同权的问题仍然是一个关注的焦点。一方面，目前尚未出台保障混合所有制企业不同所有制股东的资本处理权利的法律，也没有保证同股同权的专门条款。正因如此，民营企业对自己在混合所有制企业中能否获得与股权份额相匹配的话语权、影响决策的能力等方面保持担忧。另一方面，在混改后如何保证民营企业的利益，是否会变相侵吞民营资本等方面也没有法律保障。如2017年中国联通引入战略投资者的每股价格是6.83元，虽然低于停牌前2017年3月31日收盘价（7.47元），但相对于2019年9月30日的收盘价6.01元，已浮亏12%，如图9-12所示。虽然有一定的现金分红，但是并不能弥补价格波动带来的损失。如果加上这两年半的资金占用成本，中国联通战略投资者的损失将更大，这对民营企业的资金链来说是巨大的风险与挑战。

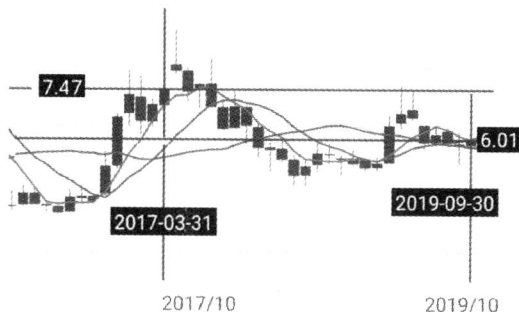

图9-12　中国联通股票价格（不复权）

资料来源：根据同花顺报价绘制。

**二、新技术带来新挑战，行业服务水平有待提升**

5G是颠覆性的通信技术，在关键指标对比上，5G无论是在时延、峰值、吞

吐率、连接数还是高速移动性上都远远优于 4G。量的巨大提高，导致了具体应用上质的飞跃。然而值得注意的是，虽然我国 5G 基础设施已经进入大规模建设时期，但是在垂直应用领域依然较为滞后，商业模式仍然较为模糊，运营商的业务能力有待提升。

（一）商业模式仍不清晰，垂直应用有待开发

电信运营商在垂直领域的具体应用上，商业模式仍不清晰。目前国际电信联盟（ITU）定义的 5G 三大应用场景：增强移动宽带（eMBB）、海量机器通信（mMTC）和超可靠低时延通信（uRLLC）。具体的垂直市场有很多，例如，eMBB 主要用于 β 级的移动通信，3D 超高清视频、语音游戏、云办公、VR/AR 等。mMTC 也可以用于 VR/AR，还有智能家居、智慧城市等领域。uRLLC 主要用于智能化生产、无人驾驶、远程医疗、智慧交通、智慧城市等领域。三大应用场景之间有一些交叉，但是整体来说目前这些垂直应用的商业模式都是比较模糊的，下游市场自身的这些发展情况有的也不太成熟。下游厂商自身需要有一定技术积累，比如说 VR/AR 终端在未来的趋势是终端微型化，把大部分东西放到云端去，5G 可以实现中间的低时延高可靠传输，但是现在这种终端开发也有待于提高，包括成本、性能、重量等各个方面。

（二）业务发展相对滞后，业务能力有待提升

目前电信运营商的业务开发有些滞后，业务能力有待提高。BATJ 等互联网巨头的兴起加速了电信运营商业务被替代的进程，如微信文字留言几乎替代了传统的短信业务、微信语音在很大程度上替代了电话业务，而且还可以提供朋友圈社交、视频等运营商无法提供的业务。电信运营商越来越趋向于提供通道功能，而大量高附加值的新兴业务掌握在互联网巨头手中。电信运营商的业务能力有待提升，亟须通过业务创新、合作共赢摆脱有量无利的处境。

**三、竞争不足效率偏低，优质资源仍然难以盘活**

一般来说，市场结构越趋于垄断，竞争越不充分，效率就越低。目前已形成中国移动一家独大的竞争格局，而通信行业的网络效应和高资金高技术门槛，又使这一格局得到加强。

（一）中国移动一家独大，其他同行难以竞争

2017 年，在上市 20 周年之际，中国移动已成为全球网络和客户规模最大、盈利能力领先、市值排名位居前列的世界级电信运营商[①]。如图 9 - 13 所示，2018 年中国移动的营业收入为 7368.19 亿元，比中国联通 2908.77 亿元和中国电

---

① 资料来源：中国移动官网—大事记，https://www.chinamobileltd.com/sc/about/milestones.php. 2017。

信 3771.24 亿元的总和还要多。在净利润方面，2018 年中国移动的净利润为 1179.51 亿元，中国电信和中国联通则分别是 213.38 亿元和 40.81 亿元。

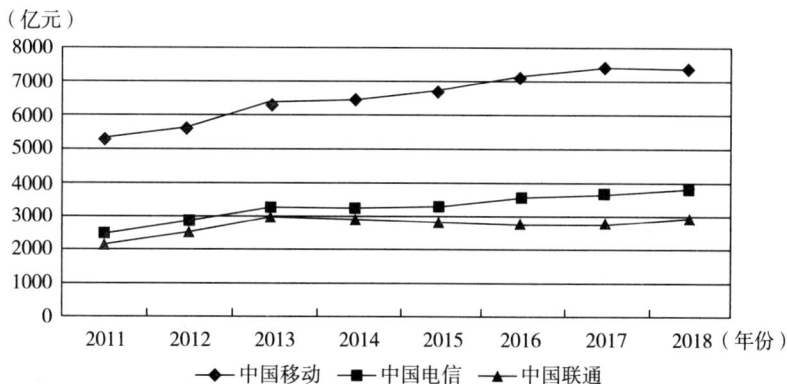

**图 9 – 13　2011 ~ 2018 年三大运营商营业收入**

资料来源：根据三大运营商 2011 ~ 2018 年年报整理。

为了提高市场竞争力，中国电信和中国联通于 2019 年 9 月签订了《5G 网络共建共享框架合作协议书》，开展共建共享，确定了"分区建设""谁建设、谁投资、谁维护、谁承担网络运营成本"的基本框架，但 5G 网络的建设和运营涉及采购、施工、技术兼容、后续升级、利益分配等方方面面的问题，共建共享合作机制有待进一步细化。此外，随着技术的升级和新技术的出现，运营商的业务越来越多元化、复杂化，中国联通和中国电信仅在 5G 网络建设方面做出了合作尝试，在具体的业务上如政企业务、互联网业务、信息技术业务等方面仍摆脱不了实力上难以与中国移动竞争的局面。

（二）网络效应提高门槛，资本资源难以盘活

受体制机制的约束，国有资本的流动性仍然较差，还满足不了有进有退，合理流动和实现国有资本动态优化配置的要求。国有资源也存在闲置问题，难以盘活。以通信行业最稀缺的资源——频谱为例。目前，5G 频段的分配上中国广电手握最优质的 700Mhz 低频段，在建设 5G 网络上有很大的成本优势。四大运营商手握的全国范围 5G 中低频段试验频率中，中国移动获得 2515MHz – 2675MHz 和 4800MHz – 4900MHz 频段共 260M 带宽，中国联通与中国电信分别获得 3400MHz – 3500MHz 和 3500MHz – 3600MHz 频段各 100M 宽带，中国移动占有最大带宽的频谱资源，看似最有优势，其实不然。5G 采用的毫米波技术，相对于高频信号来说，低频信号具有传播损耗低、抗干扰能力弱、对基站数量的需求相对较少、组网成本低等优点。如相对于中国移动的 2515MHz – 2675MHz 来说，中

国广电在700MHz频段建设同样覆盖面积和覆盖密度的5G网络所需的基站数只是中国移动的不到1/10。因此，如此优质的频谱资源却长期闲置，不得不说是一种很大的浪费。

造成这一现象的原因主要有：一是通信行业具有强大的网络效应。根据梅特卡夫定律，一张网络的价值与其用户数的平方成正比。这就意味着网络建设初期，相对于中国移动、电信、联通等已有竞争者，中国广电这一新进入者具有先天的规模劣势。二是通信行业具有高资金、高技术门槛，中国广电在通信网络建设运营方面的资金、技术和人才相对缺乏。三是通信网络的建设运营周期性强。所以中国广电虽然在2016年拿到了基础电信业务运营牌照，2019年拿到了5G牌照，但却迟迟没有开展行动。

### 四、相关制度建设滞后，国有资产流失风险仍存

国有企业流失是国有企业改革伊始就存在的问题，这也是一个老生常谈，需要与时俱进寻找对策的问题。

（一）评估机构发展滞后，存在"资产错估"风险

国有企业流失是关系到国有企业混合所有制改革的一个重大问题。造成国有资产流失的原因有很多，可能是内外部恶意串通，可能是信息不对称，还有可能是因为缺乏合适的评估机构、评估标准，进而导致无法形成一个利益相关者普遍认可的公允价格。

混合所有制改革的路径有增量吸收和存量减持两种，即收购一定比例的非国有股份，或出售一定比例的国有股份。这就存在"资产高估"或"资产低估"的风险。然而现有的资产评估机制和管理监督机制建设仍相对滞后，产权交易市场提供的服务较为泛泛，没有根据具体产业的细分环节提供个性化、定制化的服务。这不仅增加了资产流失的风险和民营企业资本被蚕食的担忧，而且为国企负责人和监管部门带来被怀疑的风险。

（二）股权激励首次出台，价格和解锁条件受疑

股权激励是提高员工的积极性、激发组织活力的一个有效举措。然而在内部申购股票价格和解锁方案制定等方面上要有足够的说服力，否则就容易引起相关人员的不满。以中国联通的限制性股权激励为例，2018年联通实施的激励方案，授予价格为3.79元/股，参与对象约7500人，包括管理层、骨干员工等，是迄今为止参与人数最多的限制性股权激励。其解锁指标包括收入增速、利润总额增速、净资产收益率三个方面。联通年报数据显示，第一个解锁期的解锁条件已经达成。因为激励方案的解锁条件以2017年（或2016年增长4.5%，取两值较高者）为基期，而中国联通2017年的营业收入为2748.29亿元，与2016年

（2741.97 亿元）基本持平，甚至不及 2014 年（2845.71 亿元）和 2015 年（2770.49 亿元）的收入水平，所以出现了计算基数低，解锁条件容易实现，授权价格 3.79 元/股过低，约为同期股票价格的 50.7%，国有资产流失等质疑。此外，虽然联通的限制性股权激励方案等待期为 2 年，解锁期为 3 年，但是从证监会的监管上看，限制性股权激励的等待期仅为不得低于 12 个月，被指责时间太短，不算长期持有。

### 五、改革动力有待增强，激励机制需进一步完善

党的十八届三中全会显示了我国深化国有企业改革的决心，发展混合所有制经济成了人们关注的热点，但由于担心混合所有制改革可能引发国有资产流失、改革先驱显露出一系列难以应对的改变、改革动力有待增强等原因，一度使得国有企业改革放慢了脚步。

（一）多种因素共同牵制，改革动力有待增强

一是面临可能出现国有资产流失的风险，国有企业的相关人员往往会有一些顾虑。如果没有适宜的容错和激励机制，相关人员就会产生畏难情绪，导致改革动力不足。二是电信行业一家独大，领军企业改革压力较小。中国移动已是全球网络和客户规模最大、盈利能力领先、市值排名位居前列的世界级电信运营商，其一年的营业收入比中国电信和中国联通的总和还要多，利润水平更是远超两者之和。因此，不像中国联通那样具有强烈的危机感和绩效压力，因此改革的动力相对偏弱。三是由于中国移动的规模很大，牵一发而动全身，改革难度也相对较大，因此进展相对较少。

（二）改革引发多种变化，激励政策有待细化

国企改革带来了多方面的变化：一是改革引发工作量激增。本轮国企改革是在以往国企改革基础上进行的进一步深化，触及核心地带，势必引起大量非企业经营性、非常规性工作。二是部分国有企业管理者和员工在改革中薪资降低或被边缘化。无论是引入战略投资者、限制性股权激励还是划小承包，随着国企改革的不断推进，大多数核心管理层和骨干员工的利益得到强化，整个蛋糕不断做大，但是也难免会有一些人的利益被弱化、地位被边缘化，也可能有一些人虽然利益被强化，但仍认为分配不公。三是企业文化更加多元。随着非国有资本的引入，企业文化变得既有国有企业的传统，又有民营企业的韵味，两者各有特色，在不断融合中有可能产生文化冲突。总之，国企改革引发了更多的工作量，做大了整个"蛋糕"，一些人员获益，但也有一些人的利益受损，一些人认为分配不公，情绪低落，因此激励政策有待进一步细化，以避免管理层和骨干员工的离职潮，维持团队的稳定。

# 第四节　进一步深化通信行业改革的方向与建议

本节结合我国通信行业改革的具体问题，紧跟国家大政方针，借鉴国外相关经验，从法律法规、政府角色、分类改革和评估机制等方面提出进一步深化通信行业改革的方向与建议。

**一、进一步完善法律法规，加快构建以《电信法》为核心的混改配套法律体系，营造公平透明的市场环境**

各国均对出台推进电信行业改革的配套法律政策持积极态度，我国虽然也开展了相关法律法规的制定工作，但进展较慢，且覆盖面有待拓展，应加快混合所有制改革专项立法工作，构建以《电信法》为核心的混改配套法律体系，强化依法治企的法律依据，主要从以下几方面努力：

（1）尽快出台《电信法》。《中华人民共和国电信条例》（以下简称《电信条例》）于2000年9月20日颁布，因早在1980年就被提议，至今仍未立法，所以又被戏称历时39年难产的《电信法》。《电信条例》因经历时间长、电信行业改革大等原因而适用性大幅降低。应在现有《电信条例》的基础上，针对电信业运营机制、市场格局和管理体制等方面的变化，尽快出台《电信法》。

（2）进一步完善关于垄断竞争的法律法规，保障弱势参与者和消费者的权益，破除"不能进"的体制机制障碍。遵循竞争中立的原则，建立主导运营商监管体系，明确主导运营商的权利和义务，对各种所有制市场主体做到无歧视、公平透明的监管。

（3）研究出台负面清单，将政府的监管范围形成法律法规，并规定政府过度干预的惩罚措施，防止政府干预过度，解决非国有资本"不敢进"的问题。

**二、构筑合作共赢生态系统，促进商业模式不断创新，加快发展大规模垂直应用**

运营商作为通信业的主要市场主体，在整个通信运营业和通信设备制造业中均具有巨大的影响力。运营商作为国企改革的先锋力量，应着力为推动建立合作共赢的生态系统贡献力量，不断促进商业模式创新，加快发展家居、电网、制造、教育、政务等领域的大规模垂直应用。

（1）加强鼓励与支持，构筑合作共赢生态系统。中国移动、中国联通和中国电信已经发起过一些联盟或其他协作组织，但是持续性和效果均有待加强。一方面，运营商作为通信业国企改革的先锋力量，应兼顾社会效益和经济效益，为行业发展做出持续性努力；另一方面，政府应鼓励运营商为推动建立合作共赢的生态系统贡献力量，并为运营商、制造商、方案提供商、行业组织等各类市场主体提供协作便利，创造良好环境，多方协作构建生态系统，共同为发展垂直应用，促进产业发展贡献力量。

（2）研究商业模式创新，制定合理收费标准。商业模式创新和垂直应用的大规模发展类似于"鸡"和"蛋"的关系。商业模式创新刺激垂直应用的大规模发展，在垂直领域大规模应用中又不断孵化出新的商业模式。要想进行商业模式创新，一方面需要结合各个垂直应用的具体情况进行深入研究；另一方面要制定具体的收费标准，在收费标准的基础上，综合考虑成本和用户的接纳度，推出一系列的用户套餐。

（3）结合垂直领域需求，发展大规模应用。基于5G技术可以开发大量垂直领域的应用，比如5G的高传输速率和超低时延使实时智能医疗成为可能，可用于远程诊断、远程手术、远程医疗监控等应用，此外，还有智能制造、智能电网、无人机等各个方面，可以用于公共安全、农林喷药种植、物流运输巡检等各个方面。所以应结合垂直领域需求，发展大规模应用，使5G服务与B端和C端的购买商和使用者相连接。

### 三、加快转变政府角色定位，实现从"管资产"向"管资本"的转变，进一步推进市场化运营

2016年底，中央全面深化改革领导小组会议通过了《国务院国资委以管资本为主推进职能转变方案》，确定了国资委转向"管资本为主"的角色定位。政府应紧跟方针政策，加快实现从"管资产"向"管资本"角色转变，进一步推进市场化运营。

（1）进一步发展"国资委＋运营公司/投资公司＋国有企业"三级管理结构。目前从中央到省级地方已经组建了超过100家国有资本投资运营公司，应进一步提高国有资本投资公司和国有资本运营公司的规范化管理能力和专业化运营水平，确保在电信行业等产业领域有专业、聚焦的运营公司/投资公司对国有企业进行资本管理。

（2）采用优先股的方式远离企业经营。优先股是在公司破产清偿以及股利分配次序上具有优先权的股票，通常优先股持有者没有表决权。国有资本可以通过持有不具有表决权的优先股，来实现给予企业资金支持、分享企业经营收益等功能，同时又规避政府过多干预企业经营的风险。国资持有不具有表决权的优先

股，对非国有资本来说是一种明确而正式的信息传递，即混合所有制企业的经营不会受到国资干预。

（3）在重大决策上守住底线。政府不干预国有企业经营不代表股东可以为所欲为。即使是成熟的市场机制也有市场失灵的可能。因此，可以借鉴英国、欧盟等国家或地区的经验，实行黄金股制度①，在涉及安全、保密等重大决策上保留一票否决权，防止出现偶然性集体决策失误。

### 四、建立客观公允评估机制，创建公平规范产权交易市场，以"四公"防止国有资产流失

国有资产流失是各界关注的焦点，也是阻碍混合所有制改革的一块绊脚石。国有资产流失不仅可能出现在优质企业、优质资产，也有可能出现在亏损企业、闲置资产。只要交易中出现国有资产"价值低估"，就意味着存在国有资产流失。因此为防止国有资产流失，应做到"四公"，即公正对待、公允评估、公平交易、公开操作：一是进一步完善信息披露制度，建立公正、透明、一致的政策标准，即政策标准要一视同仁，不能因所有制不同而有所偏倚；政策标准要公开透明，不能因懒政怠政而不及时披露；政策标准要保持一致，不能因政出多门而相互冲突。二是建立客观公允的评估机制。成立中立的第三方评估机构进行资产估值和产权定价。对评估机构潜在的"作弊"行为制定事前约束机制，并对错估价格的做法制定事后惩罚机制。三是创建公平规范的产权交易市场。以明确、公平的程序和规则为依据，以严格、规范的实施和执行为保障，让市场决定标的物的价格。四是市场操作要公开透明，使所有产权和资产交易都进行公开市场操作。

---

① 岳宇君，胡汉辉．电信业改革中黄金股制度的探索——国际经验与中国选择［J］．北京邮电大学学报（社会科学版），2017（1）：56－63．

# 参考文献

［1］Boateng A. , Huang W. Multiple Large Shareholders, Excess Leverage and Tunneling: Evidence from an Emerging Market ［J］. Corporate Governance An International Review, 2017, 25 (1): 173 – 191.

［2］Brooks S. The Mixed Ownership Corporation as an Instrument of Public Policy ［J］. Comparative Politics, 1987, 19 (2): 173 – 191.

［3］Bruton G. D. , Peng M. W. , Ahlstrom D. , et al. State – owned Enterprises Around the World as Hybrid Organizations ［J］. Academy of Management Perspectives, 2015, 29 (1): 92 – 114.

［4］Fama E. F. , Jensen M. C. Separation of Ownership and Control ［J］. The Journal of Law and Economics, 1983, 26 (2): 301 – 325.

［5］Gupta M. , Fields L. P. Board Independence and Corporate Governance: Evidence from Director Resignations ［J］. Journal of Business Finance & Accounting, 2010, 36 (1 – 2): 161 – 184.

［6］Gomes A. R. , Novaes W. Sharing of Control Versus Monitoring as Corporate Governance Mechanisms ［R］. Working Paper No. 2006: 1 – 29.

［7］Haririan M. State – owned Enterprises in A Mixed Economy: Micro Versus Macro Economic Objectives ［M］. Routledge, 2019.

［8］Hall, Peter. Socialism, the State and Public Policy ［M］. London: Frances Pinter, 1984: 75 – 80.

［9］Jensen M. C. , Meckling W. H. Theory of the Firm: Managerial Behavior, Agency Costs and Ownership Structure ［J］. Journal of Financial Economics, 1976, 3 (4): 305 – 360.

［10］Kato T. , Lee J. H. , Ryu J. S. The Productivity Effects of Profit Sharing, Employee Ownership, Stock Option and Team Incentive Plans: Evidence from Korean Panel Data ［R］. IZA Discussion Papers, 2010.

[11] Lie E. Excess Funds and Agency Problems: An Empirical Study of Incremental Cash Disbursements [J]. The Review of Financial Studies, 2000, 13 (1): 219 – 248.

[12] Liu G. S., Beirne J., Pei S. The Performance Impact of Firm Ownership Transformation in China: Mixed Ownership vs. Fully Privatised Ownership [J]. Social Science Electronic Publishing, 2013, 27 (6): 697 – 711.

[13] Locke S., Duppati G. Financial Performance in Indian State – Owned Enterprises Following Corporate Governance Reforms [M] //Mechanisms, Roles and Consequences of Governance: Emerging Issues (Studies in Public and Non – Profit Governance, Volume 2), 2014.

[14] Muir R., Saba J. P. Improving State Enterprise Performance: The Role of Internal and External Incentives [M]. The World Bank, 1995.

[15] Noll R. G. Telecommunications Reform in Developing Countries [J]. Economic Policy Reform: The Second Stage, 2000: 183 – 242.

[16] Smith D. A. C., Trebilcock M. J. State – owned Enterprises in Less Developed Countries: Privatization and Alternative Reform Strategies [J]. European Journal of Law and Economics, 2001, 12 (3): 217 – 252.

[17] Sang Y., Lee T., Chi C., et al. Entrepreneurs, Managers and Inequality [J]. Working Papers, 2012.

[18] Wei S. J., Z. Xie and X. Zhang. From "Made in China" to "Innovated in China": Necessity, Prospect and Challenges [J]. Journal of Economic Perspectives, 2017, 31 (1): 49 – 70.

[19] Yusuf S., Nabeshima K., Perkins D. H. Under New Ownership : Privatizing China's State – Owned Enterprises [J]. World Bank Publications, 2005 (57): 155 – 156.

[20] 白俊, 张雄君. 对于组建国家油气管网公司的思考及建议 [J]. 经济管理, 2019, 39 (7): 127 – 132.

[21] 白永秀, 严汉平. 试论国有企业定位与国企改革实质 [J]. 经济学家, 2004 (3): 37 – 42.

[22] 白重恩, 路江涌, 陶志刚. 国有企业改制效果的实证研究 [J]. 经济研究, 2006 (8): 4 – 13, 69.

[23] 蔡贵龙, 柳建华, 马新啸. 非国有股东治理与国企高管薪酬激励 [J]. 管理世界, 2018 (5): 137 – 149.

[24] 蔡宁, 刘志勇. 企业家成长环境理论及其启示 [J]. 外国经济与管

理，2003，25（10）：2－7.

［25］曹立．混合所有制研究［M］．广州：广东人民出版社，2004.

［26］常建坤．中国传统文化与企业家创新精神［J］．经济管理，2006（18）：77－81.

［27］常修泽．社会主义市场经济体制的基础：混合所有制经济［N］．光明日报，2014－07－02（015）.

［28］常修泽．国有经济布局的战略调整分析［J］．经济体制改革，1999（6）：20－29.

［29］常修泽．中国混合所有制经济论纲［J］．学术界，2017（10）：16－35，323.

［30］常泽修，现代治理体系中的包容性改革——混合所有制价值再发现与实现途径［J］．人民论坛·学术前沿，2014（6）：14－23.

［31］陈兵．改革开放以来铁路业定价机制的嬗变与展望［J］．兰州学刊，2019（1）：5－21.

［32］陈道江．国有资本投资运营的理性分析与路径选择［J］．中共中央党校学报，2014，18（2）：59－63.

［33］陈东琪，臧跃茹，刘立峰，等．国有经济布局战略性调整的方向和改革举措研究［J］．宏观经济研究，2015（1）：3.

［34］陈冬华，陈信元，万华林．国有企业中的薪酬管制与在职消费［J］．经济研究，2005（2）：92－101.

［35］陈昊冰，宁涛．三大运营商2018年"成绩单"出炉：累计让利1200亿元［EB/OL］．央视财经，https：//tech.sina.com.cn/t/2019－01.

［36］陈佳贵．实行厂长负责制必须建立任期目标责任制［J］．经济管理，1985（11）：38－39.

［37］陈佳贵．中国国有企业改革30年研究［M］．北京：经济管理出版社，2008.

［38］陈林，万攀兵，许莹盈．混合所有制企业的股权结构与创新行为——基于自然实验与断点回归的实证检验［J］．管理世界，2019，35（10）.

［39］陈梅．基于国有企业社会责任的会计新模式探究［J］．中国总会计师，2015（7）：70－71.

［40］陈鹏联．试论国有经济的产业定位［J］．理论导刊，2000（1）：10－11.

［41］陈清泰．资产资本化是深化国企改革的突破口［N］．中国经济导报，2013－02－02（B01）.

[42]《中国企业改革30年研究》课题组.国有经济布局演进轨迹、影响因素与未来动向［J］.改革，2009（3）：63-68.

[43] 陈小洪.国有经济的功能和分类：理论，趋势和政策［J］.产业经济评论，2015（1）：11-25.

[44] 陈晓，王琨.关联交易、公司治理与国有股改革——来自我国资本市场的实证证据［J］.经济研究，2005（4）：77-86，128.

[45] 陈晓东，金碚.国有企业高管薪酬制度改革的历史逻辑与政策效果［J］.经济纵横，2015（11）：54-58.

[46] 陈信元，陈冬华，万华林，等.地区差异、薪酬管制与高管腐败［J］.管理世界，2009（11）：130-143.

[47] 程民选，王罡.关于公益性国有企业的理论探讨［J］.当代经济研究，2014（3）：42-48.

[48] 崔爱丽，耿明.国有资本收益收缴问题［J］.合作经济与科技，2009（13）：117-118.

[49] 董晓庆，赵坚，袁朋伟.国有企业创新效率损失研究［J］.中国工业经济，2014（2）：97-108.

[50] 董烨.关于新时代国有企业深化三项制度改革的思考［J］.石油化工管理干部学院学报，2018，20（6）：1-5.

[51] 都炳军.国有企业利润分配研究［D］.北京：首都经济贸易大学硕士学位论文，2007.

[52] 方军雄.高管超额薪酬与公司治理决策［J］.管理世界，2012（11）：152-163.

[53] 方军雄.所有制、市场化进程与经营绩效——来自中国工业行业统计数据的发现［J］.产业经济研究，2009（2）：21-28.

[54] 方军雄.我国上市公司高管的薪酬存在粘性吗？［J］.经济研究，2009（3）：112-126.

[55] 方明月，孙鲲鹏.国企混合所有制能治疗僵尸企业吗？——一个混合所有制类啄序逻辑［J］.金融研究，2019，61（1）：91-110.

[56] 冯雷，汤婧.大力发展混合所有制应对"竞争中立"规则［J］.全球化，2015（4）：73-83.

[57] 冯祈善，王善臣.外包在人力资源管理中的应用研究［J］.重庆大学学报（社会科学版），2004（2）：114-116.

[58] 符延军，王晓东.国有经济的战略调整与国有企业的进与退研究［J］.当代经济研究，2004（6）：25-28.

［59］盖地，杨华．基于全面收益理念的资产负债观及其在我国会计准则中的体现［J］．江西财经大学学报，2008（3）：26－30.

［60］高明华，杨丹，杜雯翠，等．国有企业分类改革与分类治理——基于七家国有企业的调研［J］．经济社会体制比较，2014（2）：19－34.

［61］高明华．完善国有企业法人治理精髓在于机制［J］．国资报告，2017（6）．

［62］高斯．大型国企员工管理中三项制度的改革与创新［J］．人才资源开发，2020（14）：61－62.

［63］葛寿昌．建立社会保障体系推进国有企业改革［J］．财经研究，1998（3）．

［64］顾功耘，罗培新．试论国资授权经营的法律问题［J］．甘肃政法学院学报，2005（4）：10－16.

［65］郭放，潘中华．对我国混合所有制企业发展的若干思考［J］．经济纵横，2015（4）：65－68.

［66］郭明杰，费塑桀．基于结构方程模型的企业价值影响因素的研究——以制造业上市公司为例［J］．科学决策，2019（1）：47－64.

［67］郭强，于同申，李飞．中国国有企业分布问题［J］．学术交流，2011（10）：81－88.

［68］国家经贸委企改司调研组．关于许继集团三项制度改革的调查报告［J］．中国经贸导刊，2001（10）：14－16.

［69］国企改革历程编写组．国企改革历程1978－2018［M］．北京：中国经济出版社，2019.

［70］国务院发展研究中心"深化国有企业改革中的突出矛盾与对策研究"课题组．深化国有企业三项制度改革的思考［J］．发展研究，2015（11）：9－12.

［71］韩小芳．中国国有企业薪酬制度改革的演化动因与未来取向［J］．江海学刊，2018（2）：214－219.

［72］郝云宏，汪茜．混合所有制企业股权制衡机制研究——基于"鄂武商控制权之争"的案例解析［J］．中国工业经济，2015（3）：150.

［73］胡俊．授权视角下国有资本投资运营公司特殊治理的法律改进［J］．法学杂志，2019（7）．

［74］黄群慧，黄速建．论新时期全面深化国有经济改革重大任务［J］．中国工业经济，2014（9）：5－24.

［75］黄群慧．"十三五"时期新一轮国有经济战略性调整研究［J］．北京

交通大学学报（社会科学版），2016，15（2）：1－14.

［76］黄群慧．"新国企"是怎样炼成的——中国国有企业改革 40 年回顾［N］．首都建设报，2018－02－07.

［77］黄群慧．国企发展进入"分类改革与监管"新时期［J］．中国经济周刊，2013（42）：20－22.

［78］黄群慧．国有经济布局优化和结构调整的三个原则［J］．经济研究，2020（1）：14－16.

［79］黄群慧．新时期如何积极发展混合所有制经济［J］．行政管理改革，2013（12）：49－54.

［80］黄群慧，等．新时期全面深化国有经济改革研究［M］．北京：中国社会科学出版社，2015：12.

［81］黄少雄．铁路非运输企业混合所有制改革的实践与探索——以南昌局集团公司旅游企业混合所有制改革为例［J］．理论学习与探索，2019（2）.

［82］黄速建，胡叶琳．国有企业改革 40 年：范式与基本逻辑［J］．南京大学学报（哲学·人文科学·社会科学版），2019（2）：38－48.

［83］黄速建，刘美玉，张启望．竞争性国有企业混合所有制改革模式选择及影响因素［J］．山东大学学报（哲学社会科学版），2020（3）：94.

［84］黄速建，肖红军，王欣．竞争中性视域下的国有企业改革［J］．中国工业经济，2019（6）：22－40.

［85］黄速建，肖红军，王欣．论国有企业高质量发展［J］．中国工业经济，2018（10）：19－41.

［86］黄速建．公司论［M］．北京：中国人民大学出版社，1989.

［87］黄速建．中国国有企业混合所有制改革研究［J］．经济管理，2014，36（7）：1－10.

［88］吉林省工商联混合所有制经济研究课题组．促进产权顺畅流转发展混合所有制经济［J］．经济纵横，2004（4）：25－29.

［89］季晓南．增强国有经济的活力、控制力、影响力［J］．现代国企研究，2014（13）：4－7.

［90］焦岩，韩丽．国企利润分红的制度建构［J］．企业改革与管理，2008（1）：6－7.

［91］康静萍．改制后的国有企业劳动关系特征及其协调机制研究——基于公平分配的视角［J］．教学与研究，2012（4）：40－46.

［92］蓝定香．建立现代产权制度与国有企业分类改革［J］．经济体制改革，2006（1）：48－52.

［93］劳动保障部. 劳动和社会保障事业发展第十个五年计划纲要
［Z］. 2001.

［94］李丛笑. 国有资本收益分配体制改革：在公平与发展之间权衡［J］.
北京行政学院学报，2010（1）：52 - 55.

［95］李红娟. 国企混合所有制改革难点及对策［J］. 宏观经济管理，2017
（10）：57 - 64.

［96］李靖. 我国国有企业收入分配制度改革探索［J］. 中国经贸导刊，
2017（27）：36 - 39.

［97］李郡. 改革国有资本授权经营体制的时代内涵［J］. 上海市经济管理
干部学院学报，2018，16（5）：27 - 32.

［98］李南山. 国资授权经营体制改革：理论、实践与路径变革［J］. 上海
市经济管理干部学院学报，2018，16（3）：1 - 9.

［99］李鹏. 新时期国有企业人力资源管理存在的部分问题及策略分析
［J］. 劳动保障世界，2019（11）：4.

［100］李荣融. 继续调整国有经济布局和结构，推进中国国有企业更多地参
与国际竞争与合作［J］. 管理世界，2004（2）：1 - 4.

［101］李粟. 浅析国有资本授权经营的机制内涵［J］. 北方经济，2009
（5）：72 - 73.

［102］李文贵，余明桂. 民营化企业的股权结构与企业创新［J］. 管理世
界，2015（4）.

［103］李文溥. 论国有经济配置领域的战略性调整［J］. 江汉论坛，1999
（9）：5 - 9.

［104］李笑一. 国有企业混合所有制改革的困境与出路［J］. 改革与战略，
2017（10）：188 - 190.

［105］李樱灿，权诗琦，傅赟. 国外铁路货运市场化改革经营探析与启示
［J］. 铁道货运，2019，37（1）：32 - 36.

［106］李正图. 混合所有制公司制企业的制度选择和制度安排研究［J］.
上海经济研究，2005（5）：19 - 27.

［107］李志贤. 完善监督机制刻不容缓［J］. 发展，1997（4）：6.

［108］李中义. 国有经济的功能定位与战略调整——兼评"国进民退"
［J］. 财经问题研究，2014（2）：19 - 24.

［109］厉以宁. 中国道路与混合所有制经济［J］. 中国市场，2014（23）：
5 - 13.

［110］林凌，刘世庆. 各国国有经济的布局现状与调整方向［J］. 经济体

制改革，1999（3）：4 – 24.

［111］林小娟．浅议国有企业如何构建有效的授权审批体系［J］．财经界，2014（2）：78 – 78.

［112］林毅夫．国有投资公司与国有资本的市场化［J］．经济研究参考，2001（1）：32 – 38.

［113］林瑛．国有企业深化三项制度改革的实践探索［J］．人才资源开发，2017（8）：227 – 228.

［114］林泽炎．建立与社会主义市场经济相适应的国企经营者选聘体系——关于国有企业经营者选聘机制和技术的探讨［J］．管理世界，2003（4）：136 – 138.

［115］刘兵．国有企业改革过程中人力资源开发存在的问题与对策［J］．中外企业家，2019（23）：112.

［116］刘丛齐．全景式展现国企生存现状与改革历程的佳作——品读《国企备忘录》［J］．现代国企研究，2015（23）：46 – 49.

［117］刘刚．中国铁路发展是改革开放的生动实践［J］．理论学习与探索，2019（1）：7 – 11.

［118］刘明忠．央企集团高管市场化改革试点探索［J］．现代国企研究，2016（11）：44 – 45.

［119］刘青山．中国国新：能投会管，"国民"共进［J］．国资报告，2020（4）：42 – 45.

［120］刘琼芳．混合所有制导向下国有经济布局的改革思路［J］．福建商学院学报，2017（2）：9 – 14.

［121］刘现伟，李红娟，石颖．优化国有资本布局的思路与策略［J］．改革，2020（6）：71 – 86.

［122］刘小玄．民营化改制对中国产业效率的效果分析——2001年全国普查工业数据的分析［J］．经济研究，2004（8）：16 – 26.

［123］刘学梅．论社会主义分配原则与国有企业高管薪酬制度改革［J］．当代经济研究，2016（1）：39 – 44.

［124］刘雪，雷芳．铁路投融资模式面临的主要问题及优化［J］．中国经贸导刊（中），2019（9）：42 – 43.

［125］刘洋．改制后国有企业的劳动关系：现状、问题与协调治理路径［J］．教学与研究，2018（7）：33 – 43.

［126］刘晔，张训常，蓝晓燕．国有企业混合所有制改革对全要素生产率的影响——基于PSM – DID方法的实证研究［J］．财政研究，2016（10）.

［127］刘运国，郑巧，蔡贵龙．非国有股东提高了国有企业的内部控制质量吗？——来自国有上市公司的经验证据［J］．会计研究，2016（11）．

［128］柳学信，孔晓旭，牛志伟．新中国70年国有资产监管体制改革的经验回顾与未来展望［J］．经济体制改革，2019（5）：5-11.

［129］芦锐，柳建华，许宁．内部控制、产权与高管薪酬业绩敏感性［J］．会计研究，2011（10）：42-48.

［130］罗宏，黄文华．国企分红、在职消费与公司业绩［J］．管理世界，2008（9）：139-148.

［131］罗虎．新时代中国特色社会主义国企深化改革新思想［J］．现代国企研究，2017（21）：50-53.

［132］罗元青．国有经济布局的战略性调整与退出机制比较研究［J］．生产力研究，2005（7）：142-143.

［133］吕铁，江鸿，贺俊，等．从铁科院改革看我国共性技术研发机构的建设发展［J］．中国发展观察，2016（4）：34-37，40.

［134］马连福，王丽丽，张琦．混合所有制的优序选择：市场的逻辑［J］．中国工业经济，2015（7）：5-20.

［135］马连福，张燕，高塬．混合所有制改革的转变新趋势［J］．现代管理科学，2017（10）：15-17.

［136］马云攀．国企三项制度改革有效实施的关键因素分析［J］．人才资源开发，2016（12）：155.

［137］马忠，张冰石，夏子航．以管资本为导向的国有资本授权经营体系优化研究［J］．经济纵横，2017（5）：20-25.

［138］缪清朝．文化环境对企业家生成的影响［J］．全球科技经济瞭望，2005（5）：58-59.

［139］牛静．浅论当前国有企业薪酬分配制度中的问题及对策［J］．商场现代化，2017（2）：111-112.

［140］平新乔，范瑛，郝朝艳．中国国有企业代理成本的实证分析［J］．经济研究，2003（11）：42-53.

［141］戚聿东，肖旭．新中国70年国有企业制度建设的历史进程、基本经验与未竟使命［J］．经济与管理研究，2019（10）：3-15.

［142］戚聿东．中国经济运行中的垄断与竞争［M］．北京：人民出版社，2004.

［143］祁怀锦，刘艳霞，王文涛．国有企业混合所有制改革效应评估及其实现路径［J］．改革，2018（9）：66-80.

［144］綦好东，郭骏超，朱炜．国有企业混合所有制改革：动力、阻力与实现路径［J］．管理世界，2017（10）：8 - 19.

［145］秦华英．混合所有制改革影响国有企业创新的机制分析［J］．管理世界，2018（7）：174 - 175.

［146］权小锋，吴世农，文芳．管理层权力、私有收益与薪酬操纵［J］．经济研究，2010（11）：75 - 89.

［147］任广乾，冯瑞瑞，田野．混合所有制、非效率投资抑制与国有企业价值［J］．中国软科学，2020（4）：174 - 183.

［148］肜新春．我国公路、铁路投融资结构变迁分析［J］．中国经济史研究，2016（6）：125 - 135.

［149］邵宁，臧跃茹，银温泉．关于组建国有控股公司若干重大问题的探讨［J］．中国工业经济，1996（3）：5 - 9.

［150］邵宁．国有企业改革实录［M］．北京：经济科学出版社，2014.

［151］邵宁．国有企业改革：回顾与展望［J］．新金融，2015（9）：9 - 13.

［152］沈昊，杨梅英．国有企业混合所有制改革模式和公司治理——基于招商局集团的案例分析［J］．管理世界，2019，35（4）：171 - 183.

［153］沈亮．央企负责人薪酬调查：年薪20万至118万不等［N］．南方周末，2017 - 03 - 03.

［154］盛毅．新一轮国有企业混合所有制改革的内涵与特定任务［J］．改革，2020（2）：125 - 137.

［155］十八届三中全会．中共中央关于全面深化改革若干重大问题的决定［EB/OL］．http：//finance. people. com. cn/n/2013/1115/c1004.

［156］四川省经济体制改革研究所产权制度改革课题组．国有企业产权制度改革研究［J］．经济研究，1988（12）：29 - 35.

［157］宋韶君，刘文希．国有资本投资公司职能及绩效评价体系的构建逻辑［J］．中国商论，2019（13）：117 - 119.

［158］苏继东．借鉴国外国有企业改革经验的几点思考［J］．黑龙江社会科学，1994（6）：16 - 18.

［159］苏靖棋．德国铁路改革25年［J］．现代城市轨道交通，2019（5）：128 - 131.

［160］谭浩俊．中铁集团挂牌铁路改革再迈新步伐［N］．国际金融报，2019 - 06 - 24（003）．

［161］谭秋霞．日本国企改革的法律分析及对我国国企混改的启示［J］．法学论坛，2016，31（1）：144 - 150.

［162］汤浒，赵坚．中国铁路运输的生产制度结构及企业组织模式研究［J］．北京交通大学学报（社会科学版），2015，14（4）：18－25.

［163］唐贵瑶，魏立群，贾建锋．人力资源管理强度研究述评与展望［J］．外国经济与管理，2013，35（4）：40－48.

［164］唐伶：国有企业工资制度改革的回顾与思考［J］．特区经济，2010（6）．

［165］唐清明．国有企业收入分配制度改革的必要性和紧迫性初探［J］．现代经济信息，2019（16）：52－53.

［166］提速降费是任务也是使命［EB/OL］. http：//www. xinhuanet. com//2017－04/30/c_ 1120896784. htm. 2017－04－30.

［167］汪海波．对国有经济改革的历史考察——纪念改革开放40周年［J］．中国浦东干部学院学报，2018，12（3）：102－119.

［168］汪平，李光贵．资本成本，可持续增长与国有企业分红比例估算3［J］．会计研究，2009（9）．

［169］王波，荣朝和，黎浩东．铁路旅客票价定价机制分析与改革探讨［J］．价格理论与实践，2015（10）：62－64.

［170］王曾，符国群，黄丹阳，等．国有企业CEO"政治晋升"与"在职消费"关系研究［J］．管理世界，2014（5）：157－171.

［171］王宏波，曹睿，李天姿．中国国有资本做强做优做大方略探析［J］．上海经济研究，2019（7）：5－13.

［172］王珏．国有经济结构调整与制度创新［J］．中国青年政治学院学报，2001（5）：9－10.

［173］王巧英．关于国有企业人事制度改革中制度创新的一些思路［J］．中国管理信息化，2016，19（7）：114－115.

［174］王世显．政府在推进国有企业社会责任中的作用研究［J］．经营管理者，2014（6）：280－280.

［175］王小鲁，樊纲．中国地区差距的变动趋势和影响因素［J］．经济研究，2004，50（1）：33－44.

［176］王晓洪，马新智，唐立林．国有企业改革背景下的三项制度改革思考［J］．内蒙古财经大学学报，2018，16（1）：88－92.

［177］吴海民．国有企业红利上缴：理由，原则与制度设计［J］．中外企业家，2007（8）：67－71.

［178］吴敬琏，张军扩，吕薇，等．实现国有经济的战略性改组——国有企业改革的一种思路［J］．改革，1997（5）：11－21.

［179］吴敬琏，等．国有经济的战略性改组［M］．北京：中国发展出版社，1998．

［180］吴申耀．改制企业劳动关系矛盾的特殊性与调处原则［J］．工会理论研究（上海工会管理干部学院学报），2007（2）：22－23．

［181］吴万宗，宗大伟．何种混合所有制结构效率更高——中国工业企业数据的实证检验与分析［J］．现代财经（天津财经大学学报），2016（3）．

［182］吴雄甫．关于国有企业人事管理工作的思考［J］．人才资源开发，2019（16）：83－84．

［183］吴育辉，吴世农．高管薪酬：激励还是自利？——来自中国上市公司的证据［J］．会计研究，2010（11）：42－50，98－99．

［184］伍业君．新中国铁路投融资体制发展改革：回顾与展望［J］．理论学习与探索，2019（4）：28－31．

［185］武常岐，钱婷．集团控制与国有企业治理［J］．经济研究，2011（6）：94－105．

［186］夏立军，方轶强．政府控制、治理环境与公司价值——来自中国证券市场的经验证据［J］．经济研究，2005（5）：40－51．

［187］项光勤．改制企业劳动关系的新变化及其协调对策［J］．中州学刊，2005（2）：61－64．

［188］辛清泉，谭伟强．市场化改革、企业业绩与国有企业经理薪酬［J］．经济研究，2009（11）：70－83．

［189］徐辉，李运娜．国有企业工资分配制度存在的问题及创新［J］．中外企业家，2016（7）：174．

［190］徐细雄，刘星．放权改革、薪酬管制与企业高管腐败［J］．管理世界，2013（3）：125－138．

［191］许金柜．论我国国有企业利润分配制度60年变迁［J］．安徽工业大学学报（社会科学版），2009（6）：30－33．

［192］许向真．国有经济布局与调整的若干思考［J］．社会科学辑刊，2006（3）：146－149．

［193］许小年．以法人机构为主体建立公司治理机制和资本市场［J］．改革，1997（5）：27－33．

［194］薛暮桥．我国生产资料所有制的演变［J］．经济研究，1987（2）：15－28．

［195］严汉民，陈阳雯．国企混合所有制改革效应和影响机制研究［J］．会计之友，2019（13）：150－156．

［196］严汉平，郝文龙．国有经济布局和结构调整理论依据综述［J］．开发研究，2008（2）：113－117．

［197］严学锋．新兴际华探路总经理直选［J］．董事会，2015，132（12）：77－78．

［198］杨建君．大型国企混合所有制改革的关键环节［J］．改革，2014（5）：41－43．

［199］杨娟，郭琎．我国垄断行业改革进展与深化思路［J］．宏观经济管理，2019（5）：38－44．

［200］杨黎明．关于改革完善国企高管薪酬分配制度的再思考［J］．中国党政干部论坛，2014（6）。

［201］杨明洪．论国有经济布局的战略性调整［J］．中国工业经济，1998（2）：25－30．

［202］杨瑞龙．"准官员"的晋升机制：来自中国央企的证据［J］．管理世界，2013（3）：29－39．

［203］中国宏观经济分析与预测课题组．新时期新国企的新改革思路——国有企业分类改革的逻辑、路径与实施［J］．经济理论与经济管理，2017（5）：5－24．

［204］中国人民大学经济研究报告课题组．国有企业的分类改革战略［J］．教学与研究，1998（2）：5－12．

［205］杨善星．国有企业领导选拔任用方式的经济学思考［J］．管理现代化，2004（5）：38－40．

［206］杨玉池．国外国有企业股份制改造中值得借鉴的几个问题［J］．金融与市场，1998（1）：39－40．

［207］叶德珠，刘少波．外资持股与企业技术创新［J］．制度经济学研究，2015（2）：126－142．

［208］银温泉，董彦彬．国有与非国有部门：改革定位和发展政策［J］．经济研究，1996（3）：43－50．

［209］尹少成．铁路运价市场化改革及其政府监管研究［J］．价格理论与实践，2015（11）：52－54．

［210］余晖，何静．欧盟铁路改革的体制框架、关键路径及其启示［J］．江海学刊，2016（1）：72－78．

［211］余元洲，刘小丽．论国有现代企业的治理结构［J］．经济评论，1996（3）：56－60．

［212］袁东明．深化国企三项制度改革关键是完善三个市场化［N］．中国

经济时报，2015 - 08 - 12（005）．

[213] 袁东明．中国国有资本布局亟待再调整［N］．中国经济时报，2016 - 09 - 01（003）．

[214] 岳宇君，胡汉辉．电信业改革中黄金股制度的探索——国际经验与中国选择［J］．北京邮电大学学报（社会科学版），2017（1）：56．

[215] 臧跃茹，刘泉红，曾铮．促进混合所有制经济发展研究［J］．宏观经济研究，2016（7）：21 - 28．

[216] 张晨，张宇．"市场失灵"不是国有经济存在的依据——兼论国有经济在社会主义市场经济中的地位和作用［J］．中国人民大学学报，2010（5）：38 - 45．

[217] 张楚筠，孙遇春．人力资源管理和心理契约关系研究综述［J］．同济大学学报（社会科学版），2010，21（5）：108 - 117．

[218] 张晖明，陆军芳．混合所有制经济的属性与导入特点的新探究［J］．毛泽东邓小平理论研究，2015（2）：23 - 28．

[219] 张敏捷．国有企业公司治理之研究——完善国有资产监管机制和优化国有企业公司治理结构［J］．经济体制改革，2013（6）：88 - 92．

[220] 张涛，曲宁．基于股东报酬率的国有企业分红问题研究［J］．山东财政学院学报，2009（3）：25 - 29．

[221] 张维达．国有经济结构调整要有新突破［J］．理论导刊，2003（1）：86 - 88．

[222] 张文魁．中国混合所有制企业的兴起及其公司治理研究［M］．北京：经济科学出版社，2010．

[223] 张新芝．中国传统家文化对企业家行为的影响［J］．华东经济管理，2010，24（1）：98 - 100．

[224] 张学勇．深入推进国有经济布局结构调整［J］．宏观经济管理，2015（4）：73 - 75．

[225] 张雪永．外部影响与内在理路：百年变局视野下的中国铁路改革开放历程［J］．西南交通大学学报（社会科学版），2018，19（6）：1 - 8．

[226] 张志成．加强国有企业三项制度改革的主要策略［J］．企业改革与管理，2019（14）：88 - 89．

[227] 张卓元．混合所有制经济是基本经济制度的重要实现形式［N］．经济日报，2013 - 11 - 22．

[228] 张卓元．积极发展混合所有制经济促进各种资本优势互补共同发展［J］．中国资产评估，2015（1）：7 - 11．

［229］章迪诚．中国国有企业改革编年史（1978～2005）［M］．北京：中国工业出版社，2006．

［230］聚焦中国科技发展若干重大问题——2004年软科学要报汇编［M］．北京：科学技术文献出版社，2005．

［231］赵春雨．混合所有制发展的历史沿革及文献述评［J］．经济体制改革，2015（1）：48－53．

［232］赵履宽，杨体仁，姚先国，等．劳动经济学［M］．北京：中国劳动出版社，1998．

［233］赵玉红．国有企业混合所有制改革的主要模式及对辽宁的启示［J］．辽宁经济管理干部学院．辽宁经济职业技术学院学报，2017（6）．

［234］郑海航，张多中．新国有资产管理体系中国有控股公司的定位与运作探讨［J］．首都经济贸易大学学报，2004（2）：18－23．

［235］郑海航．关于国有资产管理体制与国有企业改革的若干问题［C］．中国经济分析与展望（2009—2010），2010．

［236］郑世林．市场竞争还是产权改革提高了电信业绩效［J］．世界经济，2010（6）：118－139．

［237］郑志刚，胡晓霁，黄继承．超额委派董事、大股东机会主义与董事投票行为［J］．中国工业经济，2019（10）．

［238］中国国际石油化工联合有限责任公司，中国社会科学院数量经济与技术经济研究所．中国石油产业发展报告（2019）［M］．北京：社会科学文献出版社，2019．

［239］中国劳动编辑部．国家经济贸易委员会、人事部、劳动和社会保障部关于深化国有企业内部人事、劳动、分配制度改革的意见［J］．中国劳动，2001（5）52－54．

［240］中国人民大学《企业活力》调研组．企业增强活力的必由之路——劳动、人事、分配制度改革考察［J］．经济理论与经济管理，1994（4）．

［241］中国社会科学院工业经济研究所课题组．论新时期全面深化国有经济改革重大任务［J］．中国工业经济，2014（9）：5－24．

［242］中国社会科学院经济学科片课题组．建立社会主义市场经济体制的理论思考与政策选择［J］．经济研究，1993（8）：3－24．

［243］中国社会科学院经济研究所课题组．"十四五"时期我国所有制结构的变化趋势及优化政策研究［J］．经济学动态，2020（3）：3－21．

［244］钟昀珈，张晨宇，陈德球．国企民营化与企业创新效率：促进还是抑制？［J］．财经研究，2016，42（7）：4－15．

［245］周春梅．论国有企业改制中劳动关系的调适［J］．江苏社会科学，2010（6）：62－66．

［246］周丽莎．改革国有资本授权经营体制实现授权放权机制有效运行［N］．经济参考报，2019－06－24（007）．

［247］周丽莎．推进混合所有制改革，要重视"竞争中性原则"［N］．第一财经日报，2018－10－23（A11）．

［248］周绍妮，张秋生．国有资本布局结构与效率评价［J］．新疆社会科学，2017，207（2）：26－31，168．

［249］周为民．战略重组会削弱国有经济的主导作用吗［J］．改革，1997（3）：6－9．

［250］周渝波．创新资本运营服务实体经济——中国国新国有资本运营的探索实践［J］．国资报告，2019（7）：22－25．

［251］朱妙宽，朱海平．深化国有企业分配制度改革的思考［J］．当代经济研究，2008（5）：22－26．

［252］朱效平．平等原则下混合所有制企业国有资产的刑法保护［J］．政法论丛，2007（6）：67－70．

［253］左大杰，黄蓉．铁路改革：历史方位、关键问题与突出任务［J］．综合运输，2019，41（1）：23－30．

# 后　记

　　经过 40 多年的改革，我国的国有企业改革取得了显著的成效。但是，国有企业发展过程中仍然存在一系列突出问题，与党和政府对国有企业的要求尚存在一定的差距。深化国企国资和重点行业改革具有重要意义，有助于全面准确地了解国企国资改革尤其是重点行业改革的现实，总结改革经验和分析改革过程中存在的问题、遇到的困境，从而为进一步深化国企国资和重点行业改革提供决策依据和政策支撑。本书从宏观、中观、微观三个层面，对推进国有经济布局优化和结构调整、垄断行业改革和其他重点行业改革、国有企业混合所有制改革、公司治理创新、三项制度改革等方面展开研究，对国企国资和重点行业改革形成了一些新的认识，提出了进一步深化国企国资和重点行业改革的方向。

　　本书的研究框架由肖红军、黄速建总体设计，书稿撰写后由肖红军、黄速建、李倩完成统稿。各章的执笔人分别是：总论（肖红军、黄速建、李倩执笔）、推动国有资本布局调整优化（李井林执笔）、深化混合所有制改革（刘美玉执笔）、推进国有企业公司治理创新（谭玥宁执笔）、深化国有企业三项制度改革（刘湘丽、李鸿磊执笔）、深化国有资本授权经营体制改革（陈彦博执笔）、深化电力行业改革（程俊杰执笔）、深化石油石化行业改革（任梦执笔）、加快铁路行业改革（李先军执笔）、深化通信行业改革（李亚光执笔）。

　　本书在实地调研和写作过程中，得到了政府、企业、高校以及研究机构的多位领导和专家学者的帮助，在此向他们表示由衷的感谢！此外，经济管理出版社的申桂萍博士对本书的出版付出了辛勤的劳动，也向她表示诚挚的感谢！

　　由于笔者水平有限，本书定有疏漏之处，恳请读者与专家提出批评和宝贵意见。

作者

2021 年 3 月于北京